SHANGHAI PROSECUTION RESEARCH

上海检察研究

2021年
第2辑

上海市人民检察院　主办

龚培华　主编

上海人民出版社

《上海检察研究》编辑委员会名单

《上海检察研究》责任编辑团队

陈　晨　上海市人民检察院第四检察部
郭勇辉　上海市人民检察院第六检察部
赵　蔚　上海市人民检察院第七检察部
许　宏　上海市人民检察院第八检察部
林竹静　上海市人民检察院法律政策研究室
吴　真　上海市人民检察院案件管理办公室
季敬聚　上海市人民检察院第一分院
朱能立　上海市人民检察院第一分院
黄　翀　上海市人民检察院第二分院
徐　翀　上海市人民检察院第二分院
潘　莉　上海市人民检察院第三分院
金华捷　上海市人民检察院第三分院
薛莉萍　上海市黄浦区人民检察院
陆　静　上海市徐汇区人民检察院
周　健　上海市虹口区人民检察院
李文军　上海市闵行区人民检察院
王春丽　上海市嘉定区人民检察院
梁春程　上海市嘉定区人民检察院
陈龙鑫　上海市松江区人民检察院
樊华中　上海市奉贤区人民检察院

目 录
CONTENTS

·观点争鸣·

·智慧检察·

刑事合规评价制度构建的检察路径

贺 卫*

单位犯罪作为一种区别于传统自然人犯罪的新型犯罪类型，与社会经济发展模式的多元化趋势相伴而生。早在第一次工业革命时期，英国刑法便因受单位犯罪之扰而将其确立为一种新的犯罪类型。自从单位行为可以独立成罪以来，单位犯罪便涉及政治、经济、医疗卫生等社会发展的方方面面，其以一国的经济发展秩序为犯罪对象，所造成的危害伴随着单位法人规模的扩大以及在社会经济发展中地位的提高，而显现出愈发猛烈的趋势。此后，美国在成为第二次工业革命中心国家的同时，也出现了单位犯罪的浪潮，其中，2002 年的安然事件与波音公司证券欺诈案一度震惊整个美国，[1]由此，美国开始了单位犯罪立法系统的构建。也正是基于这一背景，美国单位犯罪的刑事责任评价从"一元模式"逐步演变为"二元模式"。在"一元模式"之下，单位刑事责任的判断与个人责任直接挂钩；在"二元模式"中，单位刑事责任是否存在不再直接与个人相联系，而是根据企业是否合理制定并实施了合规计划（前置性的自我约束与内控机制）来进行具体判断。单位责任评价的模式演变，标志着美国在新的社会发展时期建构起了针对单位犯罪更为有效的治理策略。而正是在这一单位犯罪刑事责任评价模式的演变过程中，在单位以及个人的刑事责任相分离的评价模式之下，刑事合规孕育而生，继而成为新的刑事制裁手段。通过刑事合规，涉案单位可以通过建立内部管理机制，形成自我约束，从而减免其犯罪所带来的刑事责任，同时，又与刑罚预防功能相关照。

一、刑事合规评价制度构建的国内背景

从整体上而言，我国对于合规的研究晚于国外，目前企业也并没有形成普遍的合规意识，这就导致许多企业往往因为未充分意识到其重要性而未能建立并有效实施合规计划，以致企业经营管理活动陷入刑事风险。尤其近年来，我国民营企业由于合规问题而导致刑事犯罪的案例屡见不鲜，根据北京师范大学中国企业家犯罪预防研究中心于 2019 年 4 月 20 日发布的《企业家刑事风险分析报告（2014—2018）》统计，近些年来，民营企业涉罪案件从体量上而言整体呈现出递增的态势，仅在 2018 年，涉嫌犯罪的民营企业家便达到 2 476 人之多，共计犯罪数量 2 559 次。这其中包括"P2P 爆雷"事件、安邦集团集资

---

* 贺卫，法学博士，上海市黄浦区人民检察院党组书记、检察长。

[1] Kimberly D. Krawiec (2005), Organizational Misconduct: Beyond the Principal-Agent Model, Florida Stats University Law Review, No. 32, pp. 571—614.

诈骗、职务侵占案、武汉安逸之家房地产租赁有限公司"最黑黑中介案"……①从报告中可以看出，我国民营企业开始呈现出犯罪高发的现象，这些案例无不揭示着我国民营企业的经营管理亟待建立并完善相应的合规体系，也需要有一个公权力机关对企业进行积极地介入，对其进行合规评价，防止企业或者企业家一旦涉罪，企业便无奈垮掉，以致企业、内部职工、与企业有经济联系的第三方主体利益严重受损的惨剧发生。

（一）国内制度背景

在 2015 年国际标准化组织发布"合规管理体系指南"（ISO19600）之后，我国国家标准委便将该指南所确立的标准具体内化为中国标准，并在全国范围内推行。②在 2017 年，我国标准化研究院又牵头制定《合规管理体系指南》（GB/T35770-2017），其明确指出合规的基本内涵，系企业对法律规范及相关监管规定、合同标准及相关有效治理原则、道德准则的遵守。2018 年，《中央企业合规管理指引（试行）》颁布，其进一步重申了合规的概念，明确阐释了合规是指中央企业及其员工的经营管理行为符合法律法规、监管规定、行业准则和企业章程、规章制度以及国际条约、规则等要求。这为我国检察机关构建刑事合规评价监督体系提供了一定的制度依据。正如前文所提及的那样，由于我国企业（尤其民营企业）普遍怠于建设内部的风险内控机制，以致合规计划的深层次开展往往处于停滞状态。由此，就使得建立外部的刑事合规监督评价体系以防止企业陷入刑事风险，以及督促涉罪的企业有效建立并实施合规计划避免犯罪的再次发生，做到"及时止损"，显得尤为重要。

（二）国内司法背景

在实践层面，司法机关也有过相应的探索，2018 年，最高人民检察院发布《明确规范办理涉民营企业案件执法司法标准》，该文件阐明了检察机关在办理涉民营企业案件过程中所要坚持的基本原则标准以及具体做法，强调在办理涉民营企业案件时要帮助涉案民营企业防控风险，做好风险防控预案，以避免因办案时机或者方式的把握不当，严重影响民营企业正常生产、工作秩序或者引发群体性、突发性事件。同时，在办案过程中还要积极采取有效措施，充分做好以案释法工作，帮助民营企业化解矛盾……在法律允许的范围内合理顾及民营企业关切，最大限度维护民营企业的声誉。这一文件的颁布，意味着我国对刑事合规的接纳，在刑事合规全球化的趋势中，我国检察机关也开始关注并积极投入对企业合规管理制度的构建过程当中。

鉴于此，在刑事合规理念以及最高司法机关的政策指导下，地方检察机关也开始检察监督介入企业刑事合规的探索。以上海为例，部分检察机关已经开始对单位认罪认罚从宽制度的实践尝试，对于涉嫌刑事犯罪的企业，检察机关会聘请相关的主管单位、监管部门人员组成专家团队，由其为涉案的企业进行社会危害性、处罚适当性等方面的全面综合评

---

① 北京师范大学中国企业家犯罪预防研究中心：《企业家刑事风险分析报告（2014—2018）》，载《河南警察学院学报》2019 年第 4 期。

② 赵炜佳：《论刑事合规的发展沿革、法理基础与本土内化》，载《中国刑警学院学报》2019 年第 5 期。

估。经评估，如果该企业认罪认罚且整改到位，则由检察机关依法适用不起诉。①检察机关对单位认罪认罚从宽制度的这一尝试，意味着我国刑事合规制度初步成型，也标志着检察机关监督职能的发挥在我国刑事合规制度的构建上产生了影响。

二、刑事合规评价制度的构建基础与检察职能体现

经过调研以及所掌握的资料可知，最高人民检察院已经开展了多次督导调研，并召开参与刑事合规相关调研座谈会、工作会。制定制度，旨在能针对办案中发现的企业管理漏洞和不规范问题，帮助企业建章立制，加大打击危害民营企业犯罪的力度，为企业发展提供更多司法服务。2020年3月，最高人民检察院在调研的基础上，启动企业合规监管试点工作，从地方层面来看，已经有包括但不限于上海、广东、浙江等地的部分基层检察院开始了企业犯罪附条件不起诉（相对不起诉）的试点，积极探索在现行刑事诉讼制度框架内将刑事合规引入司法实践的可行路径。

就地方试点而言，在最高人民检察院的指导之下，各试点单位也开始了对企业刑事合规监督考察的实践探索。从总体上而言，试点地区对企业犯罪适用的模式，基本上都是基于企业犯罪事实清楚，证据确实、充分，认罪认罚的共同条件，都需要企业签订包含企业刑事合规计划在内的相关协议，但试点也有各自特色，形成了不同的模式。具体而言，目前存在以下几种：

（一）由犯罪嫌疑企业聘请独立监控人的合规考察模式

在试点单位中，设置独立监控人模式以深圳市宝安区人民检察院为代表，相关制度有《关于企业刑事合规协作暂行办法》《关于企业刑事合规独立监控人选任及管理规定（试行）》。在该模式下，针对具有合规建设可能、补救挽损可能并具有正向效应等合适条件的涉罪单位试点附条件不起诉，程序机制上设立独立监控人制度，并且上述两项试行明确独立监控人的选任、培训、考核、监督等工作。根据当地试点的方案，独立监控人由犯罪嫌疑单位聘请，其主要职责是协助企业刑事合规情况的调查、规划、监督等工作，为企业合规经营提供专业的法律支撑。该模式在一定程度上可以减轻检察机关监督的成本与负担，但也容易产生涉罪企业与独立监控人之间串通的风险。

（二）由检察机关直接介入的合规考察模式

这一模式刚开始的试点单位为深圳市南山区人民检察院，相关制度为《企业犯罪相对不起诉适用机制试行办法》。该模式由检察机关主导刑事合规，与涉罪单位签订刑事合规监管协议。这一模式设立专职企业刑事合规监管检察官，由专职检察官直接介入监督考察，协助配合涉企案件的启动审查、协议签订、监督考察等全部程序环节，并独立做好后续跟进工作。一般情况下，检察官每2—3个月就要对协议单位的刑事合规计划的执行情况进行监督考察。这一模式保证了监督考察的积极性和规范性；但相对而言，检察官负担

①《上海浦东新区：探索单位犯罪认罪认罚从宽试点工作》，载《法制日报》2018年3月7日。

较重，也缺乏专业性。

（三）由检察机关聘请监督（管）小组（第三方）的合规考察模式

这一模式是相对而言试点单位较多的模式，比如上海金山区人民检察院、浦东新区人民检察院，还有江苏省张家港市人民检察院均制定了《企业犯罪相对不起诉适用办法》，认为可以通过组成监督小组来探索企业犯罪的刑事合规监督考察，当然，这种监督考察仍以检察机关为主导。在这一模式的基础之上，检察机关协调第三方进行监督的模式有了进一步的创新探索，比如浙江省岱山县人民检察院出台《涉案企业刑事合规办理流程（试行）》，将合规监督员进一步细分，明确合规监督员包括专业合规监督员与普通合规监督员，并就不同合规监督员的确定方式、义务职责等作了详细规定。相对而言，通过检察机关发挥主导作用选任聘请第三方进行合规监督的模式是较为合理的路径选择，既能保证检察机关在监督考察中的主导作用，又能确保专业性，还更容易控制风险，避免第二种模式下出现的检察机关既是决定机关又是考察机关的身份重合问题，也避免第一种模式下独立监控人与涉案企业串通做假合规的风险。

（四）引入行政监管手段的合规考察模式

这一模式则是检察机关在不起诉之前，引入行政监管考察，将考察期间对涉罪企业合规建设情况的考察主要交由相关行政主管部门，要求涉罪企业在考察期内构建合规计划，弥补管理缺陷，完善治理结构和经营方式，并以此作为对其是否起诉的重要依据。其试点单位主要是浙江省宁波市人民检察院，相关制度是《宁波市检察机关关于建立涉罪企业合规考察制度的意见（试行）》，该《意见》明确检察机关在不起诉之前，引入行政监管考察，要求涉罪企业在考察期内构建合规计划，弥补管理缺陷，完善治理结构和经营方式，以此作为对其是否起诉的重要依据。根据辽宁省人民检察院的《辽宁省人民检察院等十机关关于建立涉罪企业合规考察制度的意见》可知，辽宁省检察机关对于企业刑事合规监督考察的试点也有引入行政监管的成分，要求在考察期内以及考察期结束后，均应会同行政监管机关，指导涉罪企业合规计划的制定，并根据合规计划的实行情况、犯罪事实等因素决定是否起诉。引入行政监管手段的模式考虑到了刑事执法和行政监管的有效衔接，但在相对缺乏合规计划统一范本的前提条件下，要求考察机关审查发现合规计划缺陷，存在专业技术难度。

三、刑事合规评价制度的具体构建与完善

综合对地方试点及相关探索的考察与分析，对企业犯罪开展刑事合规评价，从本质上而言仍应是检察机关通过监督职能的发挥来治理企业犯罪。而在这一过程中，相伴而来的是一系列配套机制以及刑事合规评价制度本身的构建完善等问题。具体而言，刑事合规评价制度的构建尚需考虑解决以下几个方面：

（一）刑事合规评价的适用范围

由于我国对于单位犯罪的处理采取的是"双罚制"模式，既对犯罪单位，也要对涉罪

单位的主要负责人追究刑事责任，因此，刑事合规评价制度的适用也要充分考量犯罪嫌疑单位以及犯罪嫌疑人。

1. 对犯罪嫌疑单位以及犯罪嫌疑人适用条件的分别考察

在我国刑法体系中，被判处有期徒刑三年以下的一般而言属于轻罪案件。而参照同样具有刑罚激励功能，采用检察机关和犯罪嫌疑人、被告人合作协商模式的认罪认罚从宽制度，该制度一般适用于轻罪案件。那么，对于同样带有刑罚激励功能的刑事合规监督，笔者认为也应该以犯罪嫌疑人可能判处的刑罚作为适用条件之一。而考虑到轻罪案件的所判刑罚一般是在三年以下，故可以考虑以三年有期徒刑作为是否适用刑事合规监督的分界点。具体而言，根据犯罪嫌疑人可能判处刑罚的轻重，可以将刑事合规评价的适用条件分为三种，从而扩大单位犯罪不起诉的适用范围。首先，对于犯罪嫌疑人可能判处三年有期徒刑以下刑罚的单位犯罪案件，由于此类犯罪一般情节较轻，只要满足以下条件，即可对涉罪单位适用刑事合规监督考察，在经综合考察评价合格的情况下，则可对犯罪嫌疑单位以及犯罪嫌疑人决定不起诉：（1）犯罪事实清楚，证据确实、充分；（2）自愿认罪认罚；（3）企业能够维持正常经营，具备合规建设可能；（4）有退款、退赃、补缴税款、修复环境等补救挽损可能。在以上条件中，（1）（2）项是既定的条件，（3）（4）项则是对单位进行刑事合规评价以及监督考察的基础，具体的评价考察标准均以此两项为基本展开。其次，对于犯罪嫌疑人可能被判处三年以上十年以下有期徒刑的单位犯罪案件，由于犯罪情节相对较重，则除了要满足以上条件，还有必要考虑对该类犯罪适用不起诉的必要性。换言之，在满足前述四项条件的基础上，对于可能被判处三年以上十年以下有期徒刑的单位犯罪案件，如果对单位不起诉具有更好的政治效果、法律效果以及社会效果，并且经考察之后合格，则可以在对犯罪嫌疑人提起公诉的同时，对犯罪嫌疑单位决定不起诉。最后，对于前述两种所提及的刑罚以外的单位犯罪案件，如果犯罪嫌疑单位以及犯罪嫌疑人均满足（1）（2）（3）（4）这四项基本条件，且经考察合格，检察机关则可以考虑对犯罪嫌疑单位、犯罪嫌疑人提起公诉的同时，提出比一般案件更为宽缓的意见。当然，针对此种情形，如果确有需要对犯罪嫌疑单位或者犯罪嫌疑人作不起诉处理的，可以根据案件情况，运用《刑事诉讼法》第一百八十二条所规定的"特殊案件的撤销、不起诉"条款来加以处理。

2. 除外情形的设置及其从宽处理

探讨构建刑事合规评价制度，其目的在于通过检察机关刑事合规监督考察职能的发挥，督促那些不合规的企业回归到合乎法律规定、行业伦理及企业内部规章制度的轨道上来，有效治理单位犯罪，防止"企业涉罪了，相应地企业也就垮了"这一局面的发生。从一定程度上而言，构建刑事合规评价制度是出于保障优化营商环境，立足于社会大局、维护公共利益的考虑。也正因为此，如果是出于案件办理的政治效果、法律效果以及社会效果的考虑，在犯罪嫌疑人或者犯罪企业存在不容许司法机关对其适用不起诉的恶性情形，则应当将此排除在刑事合规评价监督的适用范围之外。具体而言，笔者认为不适宜运用刑事合规评价对单位犯罪作不起诉处理的，包括以下情形：一是犯罪行为属于严重危害国家安全、社会经济秩序、社会管理秩序的情形；二是犯罪嫌疑企业、犯罪嫌疑人因同种类行为受过刑事处罚或行政处罚；三是兜底情形，即其他不宜适用的情形。当然，这里所讨论的除外情形是不适宜运用刑事合规评价对单位犯罪适用不起诉的情形，但如果该单位犯罪认罪认罚，符合认罪认罚从宽制度的适用条件的，对其依法从宽处理并不冲突。这是因为认罪认罚从宽制度与刑事合规评价制度之间，并非是"一无则全无"的关系，在实践中，如果单位犯罪存在以上相应情形不适宜采用刑事合规监督考察对其进行不起诉，并不会因此而剥夺运用认罪认罚从宽制度对其进行保护的资格。

（二）刑事合规评价的程序构建

对于刑事合规评价制度的程序构建，具体分述如下：

1. 程序启动：检察机关决定和涉罪单位申请

在程序启动的时间点上，如果检察机关负责捕诉的部门对单位犯罪案件是提前介入的，在其引导侦查取证的同时，便应初步评估是否有对涉嫌犯罪的单位开展刑事合规监督考察的必要。而在启动刑事合规监督程序的主体上，既包括检察机关，也包括涉罪单位。

首先，对于检察机关启动刑事合规监督程序的情形。如果承办检察官经审查后，认为确实有必要对受理的单位犯罪案件开展刑事合规监督考察的，则应当在决定程序启动前，对涉嫌实施犯罪单位的行业情况、生产经营状况以及刑事处罚后可能造成的社会影响等开展调查，或者委托有关组织机构进行调查，形成调查报告。对涉罪单位的相关情况开展调查，旨在更好地把握涉罪单位是否具备采用刑事合规评价的监督从而实现对其不起诉的条件，与此同时，也可以为后续的监督考察工作打下基础。

其次，对于涉罪单位启动刑事合规监督程序的情形。一般而言，涉罪单位的主管机关、法定代表人或者诉讼代表人、案件的辩护人，均有权向检察机关提出刑事合规评价监督的申请。在申请的形式以及要求上，出于程序规范性的考虑，建议采用书面申请的方式，同时要求申请者充分说明理由和依据，并提交企业经营、纳税、员工情况说明以及主管机关证明等有关材料。对于提交的申请以及材料，承办检察官应当进行审查，必要时可以进行补充调查，或者要求补充提供有关材料。

2. 评价内容：审查的全面性和对违规的"零容忍"

对于涉罪单位而言，是否具备一个设计良好的合规计划，应始终是检察官决定是否对单位适用不起诉的首要考虑因素，也是合规计划有效性的前提。有鉴于此，承办检察官有必要审查涉罪单位合规计划的"全面性"，以确保单位不仅明确表明对违规行为的零容忍，而且制定了适当的合规政策和合规程序。[①]因此，对于刑事合规监督评价的内容，具体而言包括以下几个方面的内容：（1）是否制定完备的合规管理规章，包括所有员工应当遵守的合规义务、行为准则以及针对全体员工的合规培训。（2）是否建立合规审查监督体系，

---

① 陈瑞华：《企业合规基本理论》，法律出版社 2020 年版，第 102 页。

通过设置合规监管部门或者合规官，对合规计划的执行、规章制度的制定、重大事项的决策等重大经营管理行为进行监管和审查。(3)是否建立合规风险预警和应对机制，制定风险预案和预备违规行为发生后的补救措施。(4)是否设置纪律处分程序，明晰违规责任范围和处罚标准，纠正违规行为，必要时主动上报司法机关。(5)是否建立合规审查评估机制，定期对合规计划的有效性进行评估，同时定期更新合规管理规章，将外部的法律法规变化和监管动态及时纳入其中。(6)是否建立违规行为上报机制，将严重的违法违规行为上报有关部门。(7)是否建立合规文化培养体系，通过合规培训、合规手册等方式树立依法合规、守法诚信的价值观。

3. 合规承诺：保障单位参与的主动性与检察机关监督的有效性

在设定具体评价标准的基础上，为保障刑事合规监督的有效性并体现涉罪单位积极配合合规监督的主动性，建议设置相应的合规承诺机制。对于拟开展刑事合规监督考察程序的单位，承办的检察官应要求其提供书面合规承诺。其中，承诺的内容应包括：(1)积极配合司法机关的调查和追诉；(2)退缴犯罪所得，明确对相关单位和人员的补救挽损措施；(3)制定实施有效的企业刑事合规计划，明确内部治理整顿及改进措施；(4)定期汇报企业合规情况和刑事合规风险的排除措施。

为有效实现上述合规承诺的内容，涉罪单位积极配合是其主动性的体现，而出于保障合规承诺有效性的考虑，检察机关发挥其法律监督职能的作用必不可少。一是要通过设定具体的义务，明确犯罪嫌疑单位、犯罪嫌疑人在考验期内应遵守的规定和需要完成的事项，其内容应与合规承诺的内容相对应，由检察机关监督落实。具体而言，义务的履行包括以下几个方面：(1)遵守法律法规，服从人民检察院、监督考察小组的监督；(2)如实、全面披露涉及刑事合规事项的信息；(3)认真、有效地执行刑事合规计划；(4)定期报告企业刑事合规情况；(5)及时披露及制止企业、员工可能存在的违法犯罪行为。二是要设置评估报告机制，在监督考察期届满之前，检察机关应在监督考察小组的协助之下，对犯罪嫌疑单位、犯罪嫌疑人遵守规定、履行承诺以及刑事合规计划的执行等情况进行评估，制作监督考察报告。监督考察报告作为刑事合规监督考察的总结，为最终的处理决定起到基础和指导作用。

4. 监督考察：检察机关主导和考察小组协助相结合

根据前述对于刑事合规评价监督的分析以及内涵界定，从本质而言，刑事合规评价仍是以检察机关为主导的司法活动。目前，从试点的模式看，对企业合规的监督考察模式，可以有四种：一是由涉案企业委托独立监控人；二是检察机关直接介入负责监督考察和评价；三是检察机关聘请第三方成立监督小组；四是引入行政监管手段进行合规考察。综合考虑四种模式的优劣，相对而言，第一种、第二种和第四种模式难以兼顾避免假合规风险与专业性评价两者之间的关系。因此，刑事合规监督考察仍应是以检察机关为主导，并由监督考察小组协助的模式展开。

首先，在刑事合规监督考察期间，检察机关应聘请相关单位代表和专业人员组成监督考察小组，协助检察机关对犯罪嫌疑单位履行合规承诺情况进行监督、考察和评估。其次，对于监督考察小组的成员组成。建议由省级的检察机关指导组建省内的企业刑事合规监督考察人员库，人员库则主要包括市场监督管理、税务、生态环境、安全生产等行政主管部门骨干，审计、会计、律师等专业人员以及工商联、行业协会等组织代表以及相关领域专家。刑事合规监督考察小组的成员则由承办案件的检察机关根据涉嫌犯罪企业的状况和案件情况，从该人员库中选取。另外，检察机关还可以根据实际情况，指派承办检察官进驻企业进行刑事合规监督考察。再次，对于监督考察期限。笔者认为，检察机关开展刑事合规监督考察，还应当确定考察期限。考察期限一般不宜超过十二个月，从检察机关决定开展刑事合规监督考察之日起计算。当然，根据实际情况，检察机关可以在十二个月内适当延长或者缩短考察期限。之所以以十二个月为时间节点，一方面是要给予企业必要的时间开展合规建设，另一方面则考虑到取保候审办案期限最长期限为一年，以避免办案超期。复次，对于决定开展刑事合规监督考察前的意见听取。由于刑事合规监督考察涉及多方利益，检察机关应当通过事先听取单位犯罪有关各方，包括犯罪嫌疑单位的法定代表人或者其他有关人员、犯罪嫌疑人、辩护人以及公安机关、行政主管机关、被害人等的意见，作为决定监督考察的重要依据，以提高各方认可度。必要时，还可以组织公开听证。最后，对于决定开展刑事合规监督考察的，有必要设置考察宣告程序。由检察机关制作、送达刑事合规监督考察决定书，并向犯罪嫌疑单位、犯罪嫌疑人公开宣布刑事合规监督考察决定，告知其考察期限、应当遵守的规定以及违反规定应负的法律责任等。

5. 处理决定：听证审查是必要环节

在经过刑事合规监督考察程序之后，对于考察监督的结果是否符合对单位犯罪适用不起诉的要求，则需要经过检察机关综合评估决定。由于刑事合规监督考察尚处于起步阶段，据此作出的处理决定则需要接受社会的监督。为此，建议设置听证审查程序，使处理决定更具公开性、公信力。并且对于开展刑事合规监督考察的案件，在作出处理决定前，一般都应当组织公开听证，通知公安机关侦查人员、涉嫌实施犯罪企业的法定代表人或者其他有关人员、犯罪嫌疑人、辩护人、被害人及其诉讼代理人以及行政主管机关、工商联、行业协会代表、人民监督员等到场，听取各方意见。

经过公开听证审查，检察机关应当在综合考察评估之后，作出相应的处理决定。具体而言，包括以下几种情形：

一是作出不起诉决定或相应宽缓处理的情形。犯罪嫌疑单位以及犯罪嫌疑人在监督考察期间履行完毕刑事合规计划，尚未违反监督考察的要求，经监督考察评估合格且没有撤销情形的，则在监督考察期满后，由检察机关作出不起诉决定或者其他宽缓处理。对单位犯罪作出不起诉决定，但依照法律、法规或者规章应当给予企业或者有关人员相应行政处罚、行政处分、行业惩戒的，检察机关还是要提出检察意见，连同不起诉决定书一并移送有关主管部门或行业组织处理。

二是通过制发检察建议预防单位犯罪的情形。刑事合规评价监督并非仅着眼于对单位犯罪的事后治理，而是旨在将检察机关监督考察职能的发挥提前至单位犯罪之前，以避免刑事犯罪风险演变为实际的犯罪。对于单位的行为尚未构成犯罪但存在刑事犯罪风险的情形，也可以启动刑事合规监督考察程序，通过制发检察建议，来堵漏建制，预防犯罪。具体而言，检察机关在办案中发现存在以下情形的，可以向涉案企业或者其他有关单位制发检察建议：（1）规章制度不健全，欠缺员工应当遵守的合规行为准则；（2）对企业及员工的合规运作，缺少有力的监督；（3）对违法犯罪行为的风险预警和应对机制欠缺；（4）其他存在管理制度不健全，存在违法犯罪隐患，需要及时消除的情况。

三是撤销刑事监督考察决定，提起公诉的情形。如果犯罪嫌疑单位、犯罪嫌疑人在刑事合规监督考察期间，不符合考察要求，检察机关有权撤销刑事合规监督考察决定，并对其提起公诉。具体而言包括以下情形：（1）实施新的犯罪的；（2）发现决定刑事合规监督考察以前还有其他犯罪需要追诉的；（3）违反有关监督管理规定，造成严重后果，或者多次违反有关监督管理规定的；（4）其他需要撤销监督考察决定的情形。

（三）刑事合规评价的配套机制

刑事合规监督由于涉及社会各方主体的利益，关乎单位犯罪治理的成效以及社会经济的稳定发展，因此，在构建完善刑事合规监督考察程序机制的同时，还有必要建立全方位的配套机制以保障落实检察机关监督职能的充分发挥。具体包括以下方面：一是建立后续跟踪监督机制。在单位犯罪办理过后，为了检验刑事合规监督的成效并防止涉案单位有新的刑事犯罪风险产生，检察机关应关注单位后续状况，进行必要的跟踪回访，一旦发现问题即督促其及时整改。一般意义上而言，检察机关应在对单位不起诉决定宣布后的十二个月内，进行后续跟踪监督。一旦发现被不起诉单位存在刑事合规风险和管理漏洞，不利于体现合规考核监督的效果，检察机关则应向被不起诉单位或者相应的监管部门提出建议，并督促其及时整改，消除违法犯罪隐患。二是建立风险防控机制，检察机关在开展刑事合规监督考察中，要及时作出风险评估，并采取有效措施帮助犯罪嫌疑单位化解矛盾纠纷，避免因办案时机或方式把握不当，影响企业正常生产、工作秩序或引发群体性、突发性事件。三是设立行刑衔接机制，对涉案单位作出不起诉决定的，单位虽然不再承担刑事责任，但并不意味着行政责任也不再履行。因此，在作出不起诉决定之后，依法应对该单位或相关人员给予行政处罚、行政处分、行业惩戒的，检察机关也应提出检察意见，连同不起诉决定书一并移送有关主管部门或行业组织处理，做好行刑衔接。四是要设立相应的救济机制。对于企业刑事合规监督考察而作出的轻缓决定，笔者认为，有必要赋予刑事诉讼各方救济的权利。如果公安机关对检察机关所作出的处理决定不服，则公安机关有权提出复议、提请复核；如果被不起诉人、被害人不服检察机关所作出的决定，则被不起诉人、被害人有权依法申诉。

（责任编辑：郭勇辉）

检察机关涉案企业合规试点实证分析

谈　倩　赵德亮　孙宋龙*

一、企业合规制度的背景

（一）企业合规制度的社会背景

在全球化的背景下，中国企业"走出去"的步伐正在加快，而近年来国际贸易保护主义抬头，给"走出去"的中国企业带来重大挑战，国家的法律服务功能和司法政策已经跟不上企业发展的需要。企业合规在全球范围内逐渐兴起，作为公司治理的重要组成部分，已经成为企业的核心竞争力、防范市场风险和法律风险的重要手段。特别是 2018 年中兴、华为公司被美国制裁事件曝光后，引起了社会的广泛关注。

（二）企业合规制度的经济背景

国际国内经济下行压力加大，加之疫情影响，多数企业面临发展困境。企业是经济活动的主要参加者、就业机会的主要提供者、技术进步的主要推动者，在经济发展中发挥着十分重要的作用。无论是做好"六稳""六保"工作，还是推动形成国内大循环为主体、国内国际双循环相互促进的新发展格局，关键都在保企业，要尽量避免"警笛一响、企业遭殃"，办一个案件倒闭一个企业的现象。

（三）企业合规制度的制度背景

根据《刑事诉讼法》的相关规定，检察机关的不起诉主要有五种：法定不起诉、酌定不起诉、证据不足不起诉、附条件不起诉、特定条件不起诉。从现有法律规范来看，当前检察机关想要在刑事法律框架内对犯罪企业作出附条件不起诉的制度空间不是很大。具体来说，包括检察建议、不起诉制度在试点过程中也碰到法律上的障碍。如目前附条件不起诉只能限制于未成年人犯罪；相对不起诉的对象也限于犯罪情节比较轻微，依法本来就可以不判处刑罚的。而对于重大案件能否做合规，涉及社会大众的接受度，以及与传统观念上罪责刑相适应的理念会不会产生冲突等。还比如考验期限，我国取保候审案件最长一年时间。因此无论是制度空间，还是具体问题上，实务部门都可能遇到困难。

二、企业合规制度的理论基础

（一）传统企业犯罪刑法理论的缺陷

传统的企业犯罪治理中的理论存在以下三个方面需要反思：

---

* 谈倩，法律硕士，上海市金山区人民检察院党组书记、检察长；赵德亮，法学硕士，上海市金山区人民检察院检察官；孙宋龙，法学硕士，上海市金山区人民检察院检察官助理。

一是对单位与自然人一元化入罪理论的反思。当前单位犯罪入罪架构是建立在单位的主观罪过这一个基础上的，在犯罪具体构成上参照自然人犯罪的体系，并没有为单位犯罪设置独立的犯罪构成体系，这导致实践中存在一种现象，如果单位中的自然人犯罪，只要犯罪利益与单位相关，单位就难辞其咎。单位如果没有管理过错，即便其中的自然人构成犯罪，单位并不必然被追究刑事责任，这是在实体法理论上需要反思的内容。

二是对犯罪体系中法律错误理论的反思。这里的错误认识包括事实错误和法律错误两种。关于事实错误，需要区分单位的事实认识错误和违法性认识错误怎么界定。对于法律错误，需要对以往实践中基于"知法推定"而得出的"不知法不赦免"这一结论进行反思。

三是对主观故意中的意志因素认定的反思。如果一个企业已经具有合规制度，并且在运行当中按照合规制度要求运行，只是某一个行为偶然违背了企业已经建立的合规制度，这种情况下即便直接负责的主管人员和直接责任人员犯罪，单位的合规制度能否成为否定单位犯罪意志的要素，也是值得探讨的。合规制度不应当只体现为程序法上的不起诉，或者暂缓起诉等，或者是给予一定的从宽处理，更应当在实体法层面寻找其理论依据。

（二）企业合规制度的检察价值

在检察制度话语体系下，企业合规制度的价值主要体现在以下三方面：

一是企业合规是司法理念的更新变革。在以往实践中，检察官往往就办案而办案，存在"重打击、轻保护""重法律效果、轻社会效果"的错误理念。检察官要适应刑事案件结构变化的实际，树牢少捕慎诉的办案理念，最大限度地减少社会对立面，厚植党的执政根基。理念是行动的先导，要与时俱进更新司法理念，转变履职方式，针对涉企刑事案件要更有效地指引做好服务企业工作。

二是企业合规是服务大局的担当作为。企业合规试点工作尚处于摸索阶段，难免会遇到法律供给不足，没有本土经验可供借鉴的困难。企业合规方案必须立足当前经济社会发展的需要，充分考虑涉案企业经营需求，做到原则性和灵活性有机统一。既要坚守法治的底线，也要勇于担当；要创新工作方式，善于作为，探索出一条符合中国本土司法实践的企业合规方案。

三是企业合规是综合治理的制度运用。把刑事处罚和行政处罚衔接起来，发挥检察机关和行政执法机关合力，促进企业践行合规承诺。企业完成合规建设，经评估合格后，检察机关对于可以不作犯罪处理但经济上、行政上需要追责的，可以根据《刑事诉讼规则》的规定向有关主管部门提出检察意见；对于那些不能严格执行合规计划的，出现再次犯罪的，要从严追责，形成威慑力。对于国企、上市公司和民企的合规建设，在从宽政策上要有区分，精准施策，不能一刀切。要将企业合规与认罪认罚从宽、刑事和解程序、检察建议制度等相结合，充分运用现有法律制度规定，综合治理企业在经营中存在的法律风险。

三、第一期企业合规改革试点工作的实证分析

（一）第一期企业合规改革各试点单位综合情况分析

各企业合规试点单位第一期试点情况分析：

1. 第一期试点模式分析

除山东郯城方案是基于认罪认罚从宽框架内的相对不起诉模式外，其他试点单位都是基于企业合规的附条件不起诉或相对不起诉模式。其中，深圳宝安模式直接使用的附条件不起诉决定方式；上海浦东、江苏张家港虽然使用相对不起诉名称，但在行文中使用附条件不起诉协议或决定的方式；上海金山虽然未使用附条件不起诉方式，但本质还是附条件不起诉；深圳南山做法相对比较保守，强调在现有法律法规和司法解释规定范围内推进试点工作。

2. 第一期案件适用范围分析

从企业类型来看，各试点单位均作出规定，其中深圳宝安、山东郯城明确规定适用各种所有制企业；上海金山方案中强调不包括合伙企业、个人独资企业，理由是其不属于单位犯罪范畴。从适用罪名来看，深圳南山认为刑事合规应适用刑法分则第三章、第八章罪名，江苏张家港认为刑事合规应适用刑法分则第三章、第六章、第八章罪名，山东郯城认为刑事合规应限制在破坏社会主义市场经济秩序犯罪、侵犯财产犯罪、贪污贿赂犯罪、妨害社会管理秩序犯罪。目前金山区人民检察院的意见是，对适用罪名不宜作限制。从适用条件来看，基本上包括事实清楚、证据充分，认罪认罚，有合规可能和补救挽损可能。上海浦东、金山，深圳宝安，山东郯城和江苏张家港都规定了排除适用情形，主要包括遗漏犯罪事实、对指控有异议、再犯累犯、涉黑涉恶等。从适用刑罚来看，深圳宝安、山东郯城、上海金山规定要求三年有期徒刑以下，江苏张家港对于提起公诉可能引发企业重大风险的案件，适用范围拓展到有期徒刑三年以上十年以下。

3. 第一期案件办理程序机制分析

关于企业合规程序机制的相同点：均要求签订相关协议；均要求开展社会调查；在作出不起诉决定前，均要求开展听证；均要求作出合规承诺，制定合规计划；均设定合规考察期。关于企业合规程序机制的不同点：深圳宝安在程序中引入独立监控人机制。独立监控人受犯罪企业委托，对企业合规情况开展调查、监督，对独立监督监控人的资质条件、选聘与协商、独立监控协议、监控职责、人员变更以及形式合规调查作出细化规定。深圳南山设立专职企业合规监管检察官，协助配合承办案件对涉罪企业案件的启动审查、协议签订、监督考察等全部程序环节，并独立做好后续跟进工作；检察官定期对犯罪企业合规计划的执行情况进行监督考察。江苏张家港建立公共利益影响评估制度，全面分析和评估提起公诉对公共利益可能产生的影响，将企业合规纳入人民监督员监督事项，邀请参加公开听证和评估全过程。山东郯城成立专业化办案团队，对犯罪企业的经济影响进行评估，对不起诉必要性进行审查，其程序机制涉及风险防控、犯罪企业社会责任履行、与非刑罚措施的衔接等。

（二）第一期企业合规改革试点案例分析——以 S 市 J 区检察机关试点案件为例

1. 试点案件基本情况

2015 年至 2018 年间，犯罪企业负责人姜某在经营 R 公司、S 公司过程中，在无实际交易的情况下，以支付开票费的方式，让任怡实业（上海）有限公司为自己实际经营的上述两家公司虚开增值税专用发票，数额较大，且均已申报抵扣。2020 年 7 月 13 日，犯罪企业负责人被公安机关取保候审。2020 年 7 月 21 日，涉案犯罪企业向税务机关补缴全部税款及相应滞纳金。2020 年 11 月 27 日，S 市 J 区人民检察院决定对犯罪企业 R 公司、S 公司进行企业合规考察，后经公开听证，确认涉案企业均已按期完成合规整改。

2. 涉案企业合规检察机关履职内容

第一，调查核实，多维立体评估企业合规必要性与可行性。在案件办理过程中，检察机关了解到：R 公司、S 公司主要从事汽车类高科技软件开发应用，经常与日本、德国等国际先进技术团队开展合作，而国外企业对合作方的合规状况审查较严，受过刑事处理的企业很难获得合作机会，技术交流的封锁极易造成公司经营困难。而两家公司自注册成立以来经营状况一向良好，如果继续保持稳定发展态势，未来在附加现代服务、总体利税等方面会有较大提升，对地方经济发展和增进就业也会有所助益。此外，考虑到疫情影响，民营企业为了维持生存，不得不付出更高的运营成本，如果公司因刑事处罚致使经营陷入困境，很可能会出现降薪、裁员甚至倒闭的局面。因此，引导民营企业积极开展企业合规建设，对确有成效的予以从轻处罚，在当前稳企业、保就业、促发展的大形势下确有必要。

检察机关多管齐下，全面考察 R 公司、S 公司开展企业合规建设的可能性：一是通过 S 市大数据中心及"信用上海"数据平台，对涉案公司的经营信息进行初步了解，获知 R 公司 2019 年获授高新技术企业称号，现拥有 15 份计算机软件著作权登记证书、3 项发明专利已通过形式审查，向政府、多家事业单位及大型企业提供技术服务；二是列明清单要求涉案公司提供近五年财务审计报告及纳税记录、近两年经营合同等材料，了解到公司近几年营业收入较好，账面现金流充足，足以支撑合规构建所需费用；三是分别向企业所在地人民政府、税务局、市监局查询了解，获知 R、S 两家公司此前纳税正常，均无违法经营处罚记录；四是实地走访调查，查明公司员工中研究生、本科学历占比达 75%，人员素质较高，对合规管理的接受度高、执行力强。2020 年 11 月 27 日，S 市 J 区检察院决定对 R 公司、S 公司进行企业合规考察。

第二，分开处理，区分单位和自然人刑事责任。本案被告人姜某作为涉案两家公司的实际经营人，让他人为自己公司虚开增值税专用发票，且系数额较大，法定刑为三年以上十年以下有期徒刑。姜某虽有自首及补缴税款的从轻处罚情节，但其作为一名具有较高学历的经营者，为了降低企业经营成本而实施虚开行为，时间长达近三年，体现出一定的社会危险性，也具有刑事处罚必要性。因此，检察机关对被告人姜某以单位犯罪直接负责的主管人员提起公诉，对涉案 R 公司、S 公司决定开展企业合规建设，依据合规制度建立和实施情况最终作出起诉与否的决定。

第三，繁简分流，选择适宜合规方案。S 市 J 区人民检察院在探索助力企业合规制度构建过程中，根据企业性质、经营规模、合规难易程度和必要性等内容，设置繁简程度有所差异的合规程序。对经营规模较大、制度完善的空间和需求大的涉案企业严格按照区院制定的标准化实施样板开展合规审查；对以本案 R 公司、S 公司为代表的小微企业，基于合规成本和可行性考量，实行简化版的合规程序，以制发检察建议的形式提出刑事合规的要求，根据企业整改表现作出相应处理决定。

第四，对症下药，检察建议助推合规构建。检察机关结合前期调查内容，于 2020 年 12 月 18 日分别向 R 公司、S 公司制发检察建议，指出本案暴露出公司管理层法律风险防控意识不强，辨识法律风险的敏锐度不够；日常经营缺乏有效的合规经营管理体系，既没有专职法务及财务人员，与税务管理相关的资金流动、采购付款、合同管理等业务流程，也没有完整的规章制度；税收筹划和成本控制能力较弱，导致成本控制压力完全落到财务管理层面，最终选择通过虚开增值税专用发票的方式保障企业利润。据此，检察机关建议涉案企业：一是加强学习，切实提高守法经营的重要性认识。通过购买法律服务等方法，学习了解企业经营过程中的高发犯罪风险，将依法治企纳入公司经营重点内容；二是加快构建，有效制定落实合规计划。应当根据自身发展特点和主营业务类型，制定符合实际的合规计划，有效实现风险管理；三是加强交流，畅通与当地税务机关的沟通联系。通过及时获取最新税法规定及涉税政策变化，更准确地进行涉税处理，有效降低税务风险；四是加快创新，着力建设公司合规文化。通过日常管理、团队建设、业务培训、入职谈话等多种形式潜移默化地塑造良好合规文化氛围。

通过检察建议宣告送达，检察机关督促涉案公司在规定期限内依照建议内容查缺补漏，建立健全企业合规制度，并告知会根据公司的合规建设考核评估状况作出最终刑事处理决定。

第五，回访考察，切实了解涉案企业合规建设情况。检察建议制发后，涉案 R、S 公司均在规定期限内书面复函。检察机关上门考察，审查相关合规材料，确认两家公司已按照检察建议内容开展相关整改工作：一是开展涉税法律知识培训。先后向法律事务所、财务公司及注册地所在经济城咨询、学习企业经营相关税务知识政策；二是根据公司的业务模式和经营重点建立相应财务、销售及工程项目管理流程，初步形成公司内控管理制度及规范文档，同时专职财务人员已经到岗，有效健全了公司的管理体系；三是开发公司数据管理系统，目前已完成日常应用和核心功能模块开发，未来将通过该系统开展经营管理，减少人为干预带来的管理偏差。此外，在走访过程中涉案公司负责人还表示，已经深刻吸取此次教训，切实感受到合规经营的必要性，对所承担的社会责任有了更真切的认识。作为研发型企业，R 公司以此次合规建设为契机，主动开展 ISO9001 标准体系咨询认证，并向上海市慈善基金会"蓝天下的至爱"项目进行了捐款。

第六，公开听证，第三方参与彰显司法公开。2021 年 2 月 3 日，检察机关组织召开公开听证，对 R 公司、S 公司企业合规建设进展及成果进行验收评估，并邀请区城管局、工商联、区内部分企业负责人及主管人员作为听证员到场。听证会上，涉案公司实际经营人姜某分别介绍了两家公司企业合规制度的建设情况。经评估，检察机关认为 R 公司、S 公司均已制定了较为完善的企业合规制度并遵照执行，有效降低了再犯可能性。实际经营人姜某在公司合规建设过程中积极主动作为，认真落实检察建议相关内容，具有较强悔罪表现。据此，检察机关拟对 R 公司、S 公司相对不起诉，对被告人姜某进行量刑减让，由原先提起公诉时建议的有期徒刑三年降为有期徒刑二年。各听证员均同意检察机关上述拟处理意见。

第七，司法激励，依法对涉案企业及负责人从轻处罚。2021 年 2 月 5 日，检察机关对被告人姜某调低量刑建议为有期徒刑二年，缓刑二年，双方重新签署《认罪认罚具结书》，随后又对 R 公司、S 公司进行相对不起诉公开宣告，向两公司送达不起诉决定书。涉案公司表示在接下来的经营过程中会进一步加强公司法律法规培训、牢固树立合规经营理念，丰富完善企业合规文化，继续积极回馈社会。同日，S 市 J 区人民法院对被告人姜某作出一审宣判，判决刑期与检察机关调整后量刑建议一致。

第八，行刑衔接，有效落实涉税案件不起诉后的行政处罚介入。宣告不起诉后，检察机关向涉案公司所在地税务机关制发检察意见书，通报涉案公司虚开增值税专用发票的基本案情及不起诉决定，建议由税务机关对涉案公司给予行政处罚，以确保对涉案公司的监管处罚不缺位。

第九，加强跟踪，持续关注涉案公司企业合规建设落实情况。检察机关要求涉案 R 公司、S 公司根据拟定的合规制度建设计划制定项目进度表，定期向检察机关书面反馈工作进程，并计划在不起诉公开宣告一个月后进行实地考察，以确保涉案公司切实遵照承诺开展合规经营。

四、检察机关涉案企业合规的运行程序

（一）涉案企业合规程序的运行原则

一是坚持"厚爱"与"严管"相结合。张军检察长在全国"两会"报告中提出，检察机关对民营企业负责人涉经营类犯罪，依法能不捕的不捕、能不诉的不诉、能不判实刑的提出适用缓刑的量刑建议。同时指出，要探索涉案企业合规管理，促进"严管"制度化，不让"厚爱"被滥用。检察机关的这项工作得到全国人大代表、全国政协委员的充分肯定。企业合规并不是放任犯罪，也不是不诉了之，检察机关要充分发挥主导功能，切实地把企业合规"管起来"。检察机关作出不起诉决定后，认为需要给予被不起诉单位行政处罚的，应当向有关主管部门提出检察意见。各司其职，发挥检察机关和行政执法机关合力，以检察建议引导企业落实合规整改的形式体现"厚爱"，以检察意见推动行政处罚衔接的形式促进"严管"，向涉案企业及全社会释放明确信号：不起诉不等于犯罪毫无代价。有效实现追究责任与维护企业正常生产经营的有机统一。

二是坚持平等适用与区分对待相结合。企业合规制度的平等适用，主要指的是适用对象上的平等，无论犯罪企业规模的大小、犯罪企业性质是国有还是民营企业，只要其有合规意愿，制定合规计划，依法执行合规计划，并评估合格，均可以适用企业合规制度。但在平等适用的基础上，应当坚持区分对待。比如，对国有企业、上市公司的主管人员犯罪的，该追诉的应当依法从严追诉；对民营企业，要落实习近平总书记的重要指示精神，落

实平等保护政策，既要追究责任，又要尽可能地不影响其正常经营，坚持能不捕的不捕、能不诉的不诉，进行严格、可检查落实的合规管理。在履职方式上，要坚持"范式合规"与"简式合规"的区分运用。对于规模小、问题少的企业，且犯罪行为轻微、危害不大的企业，又有合规管理必要的，可以尽可能的适用"简式合规"程序，减轻企业负担。

三是刑事法律评价与综合治理相结合。企业合规是企业犯罪行为的刑事司法评价，不起诉并不意味着没有犯罪事实。不起诉类型既包括《刑事诉讼法》第一百七十五条第四款规定的不起诉，也包括《刑事诉讼法》第一百七十七条第一款、第二款规定的不起诉，以及《刑事诉讼法》第一百八十二条规定的不起诉。除了《刑事诉讼法》第一百七十七条第一款外，其他不起诉情况的前提是企业实施了犯罪行为，触犯了刑法。不起诉也是一种否定性的法律评价。企业的综合治理体现在综合制度的运用，既是"严管"也是预防再次犯罪。如不起诉后，需要承担经济或行政责任的，要向其主管部门提出检察意见，行刑衔接，发挥检察机关和行政执法机关合力，不枉不纵；与认罪认罚从宽制度、检察建议制度等现有规范有机结合起来，精准施策，督促涉案企业作出合规承诺并积极整改落实，促进企业合规守法经营，减少和预防企业犯罪，实现司法办案政治效果、法律效果和社会效果的有机统一。

（二）企业合规案件办理的程序内容

企业合规的程序内容归纳起来主要有以下几个方面：

第一，企业合规的前端启动程序。前端程序是指，检察机关在作出企业合规审查决定前，企业、检察机关或其他组织为实施企业合规制度开展的活动，主要对企业合规必要性和可能性开展审查，涉及其资格条件和能力条件，这是后续企业合规建设和整改落实有效性的重要前提。包括受案时的权利义务告知、企业合规监督考察的初评、企业合规程序的社会调查报告、强制措施的变更、企业的合规承诺以及听取相关人员的意见等。

第二，企业合规的中端建设程序。中端程序是企业合规制度的核心，其主要包括三部分内容：企业合规计划的内容、企业合规计划的执行、企业合规计划的监督考察。这是企业合规制度的主体部分，也是最复杂的部分，这里面既有"静态性"的合规计划，也有"动态性"的合规计划有效执行，又有如何防范"纸面合规"问题；既有"自治性"的合规建设，也有"规制性"的合规监管，也需要理清企业内部治理和经营自主权与外部合规监管的边界问题。

第三，企业合规的末端评价程序。监督考察期届满，检察机关在第三方监管人的协助下，对犯罪企业的合规建设情况进行评估，由第三方监管人出具评估报告。此评估报告是连接中端建设程序和末端评价程序的桥梁和纽带。检察机关在作出决定前，应当举行公开听证会，召集涉案企业、侦查机关、考察机关或合规监管人、被害人、社会公益组织等各方参与，听取涉案企业的监督考察评估报告，听取涉案企业的陈述，听取各方意见。检察机关案件承办检察官根据监督考察评估报告以及公开听证会的情况制作审查报告，提出案件处理意见，报检察长作出决定。对于作出宽缓处理后，需要跟进监督的，应当制定跟踪回访计划。

（责任编辑：郭勇辉）

企业合规检察改革路径思考

戚永福[*]

近年来，企业合规在国内掀起一股热潮，成为我国经济社会高质量发展、推进国家治理体系和治理能力现代化的重要内容之一。作为检察机关服务保障法治化营商环境建设和民营经济健康发展的重要举措之一，最高人民检察院于 2020 年 3 月启动企业合规改革试点工作，并在全国 6 个基层检察院开展试点探索。最高人民检察院专门成立企业合规问题研究指导工作组，在十三届全国人大四次会议上专门报告这项工作，并将企业合规写入"十四五"时期检察工作发展规划。2021 年 3 月，最高人民检察院启动第二期试点工作，将试点范围扩大至 10 个省份，并于 6 月出台《关于建立涉案企业合规第三方监督评估机制的指导意见（试行）》，试点工作不断向纵深推进。然而当前关于企业合规的一些基础性问题，如检察机关职能角色，与认罪认罚从宽制度的关系，与侦查权、行政权的关系等仍有不少分歧。进一步增进社会各界观念认同，在整个国家和社会治理体系架构内推动这项工作探索不断发展完善，是当前试点工作中需要重点研究的课题之一。笔者认为，借鉴吸收域外刑事合规实践经验做法，在推进具有中国特色的企业合规改革试点过程中，需要厘清与认罪认罚从宽制度的关系，探索与侦查机关在企业犯罪治理中的一体化协作机制，与行政机关形成合规监管合力，更好地发挥检察建议社会治理效能，共同推动企业合规守法经营，有效预防企业违法犯罪。

一、检察试点语境下企业合规内涵外延厘清

（一）企业合规概念及其基本功能

合规（Compliance）始于经济学领域，一般与企业生产经营活动直接关联，故又称"企业合规"，相当于企业的"内部立法"。[①]关于合规或企业合规，目前还没有形成统一的概念表述。按文义理解，合规就是"合乎规定"，也即企业在经营管理活动中，要遵守法律法规、商业行为守则、企业伦理规范以及企业自身所制定的规章制度。[②]有学者提出，合规有四个维度，即公司治理方式、行政监管激励机制、刑法激励机制以及解除国际组织制裁激励机制。[③]这从功能和路径视角对合规概念及其类型作了全面解构，特别是其中的

---

* 戚永福，法学硕士，上海市奉贤区人民检察院党组成员、副检察长。

① 刘相文等：《中国企业全面合规体系建设实务指南》，中国人民大学出版社 2019 年版，第 81 页。
② 陈瑞华：《企业合规制度的三个维度——比较法视野下的分析》，载《比较法研究》2019 年第 3 期。
③ 陈瑞华：《企业合规基本理论》，法律出版社 2020 年版，第 5 页。

三种外部激励机制，使得合规不再简单只是企业内部的一种治理方式，而是企业受自身违法违规行为所致为寻求继续生存发展而由外部力量推动建立完善合规体系，这正是国家治理层面最具价值意义的合规形式之所在。

合规横跨经济、法律和管理等诸多领域，但进入法律视野成为关注焦点，主要是刑事合规（Criminal Compliance）。作为一个舶来品，刑事合规一般是指为避免因企业或企业员工相关行为给企业带来的刑事责任，国家通过刑事政策上的正向激励和责任归咎，推动企业以刑事法律的标准来识别、评估和预防公司的刑事风险，制定并实施遵守刑事法律的计划和措施。[①]从此定义来看，刑事合规不是合规在刑事法律领域的简单具体化，而更多承载了刑事评价上的宽缓激励及相应的犯罪预防功能。也即，国家将企业合规与刑事责任建立了某种联系，[②]通过刑事责任的加重或者减轻、免除，给予企业合规压力和动力，从而推动制度合规逐步转向合规文化，实现企业犯罪预防从国家规制模式向国家和企业共治模式转型。[③]与我国传统司法实践中的企业刑事法律风险防控相比，刑事合规的内涵更加丰富，在司法理念、程序机制和法律效力上均有着鲜明的特点。从域外合规发展历史来看，刑事合规是推动整个企业合规发展的重要外部力量。[④]

（二）检察试点语境下的企业合规

企业合规进入检察试点视野，其内涵外延更具张力。2020年12月25日召开的最高人民检察院企业合规试点工作座谈会上提出，助力构建有中国特色的企业合规制度。2021年1月10日至11日召开的第十五次全国检察工作会议上提出，努力推出既体现从严司法，让违规犯罪付出高昂代价，又最大限度降低社会追诉成本的中国特色现代企业规制司法制度。在十三届全国人大四次会议上，最高人民检察院工作报告指出，对企业负责人涉经营类犯罪，依法能不捕的不捕、能不诉的不诉、能不判实刑的提出适用缓刑建议，同时探索督促涉案企业合规管理，促进"严管"制度化，不让"厚爱"被滥用。2021年3月下发的《关于开展企业合规改革试点工作方案》中指出，开展企业合规改革试点工作，是指检察机关对于办理的涉企刑事案件，在依法作出不批准逮捕、不起诉决定或者根据认罪认罚从宽制度提出轻缓量刑建议等的同时，针对企业涉嫌具体犯罪，结合办案实际，督促涉案企业作出合规承诺并积极整改落实，促进企业合规守法经营，减少和预防企业犯罪，实现司法办案政治效果、法律效果、社会效果的有机统一。从上述公开报道来看，检察试点语境下的企业合规同时涵盖"诉前"和"诉后"两个阶段，企业合规激励也从对企业不起诉拓展至对企业相关人员的不捕、不诉、提出轻缓量刑建议等，相较于域外刑事合规范围更广，更加契合我国企业发展实际和合规治理需要，有利于推动企业犯罪治理刑事政策在司法实践中深化落实。

---

① 孙国祥：《刑事合规的理念、机能和中国的构建》，载《中国刑事法杂志》2019年第2期。

② 李本灿：《刑事合规制度的法理根基》，载《东方法学》2020年第5期。

③ 李本灿：《企业犯罪预防中国家规制向国家与企业共治转型之提倡》，载《政治与法律》2016年第2期。

④ 韩轶：《企业刑事合规的风险防控与建构路径》，载《法学杂志》2019年第9期。

二、域外刑事合规发展历史对我国企业合规改革试点的启示

（一）域外刑事合规历史演进

刑事合规最早来源于美国司法实践。20 世纪初，美国在少年司法程序中创设了审前转处协议（Pre-Trial Diversion Agreement），由缓刑机构设定一定期限对未成年罪犯开展矫正、监督和考察，后被扩展适用于需要采取强制性治疗措施的毒品犯罪。1990 年，美国司法部《联邦检察官手册》对审前转处协议制度的适用目标、条件、程序等作出详细规定。针对自然人轻微犯罪创设这项制度，旨在避免定罪带来的耻辱和附随后果，从而使被告人得到改造并更容易融入社会。[1]

20 世纪 90 年代，美国检察官将审前转处协议制度扩张适用于公司涉嫌犯罪案件中，并注入了新的要素，[2]形成了美国的"法人审前转处协议制度"，涵盖暂缓起诉协议（Deferred Prosecution Agreement，以下简称 DPA）和不起诉协议（Non-Prosecution Agreement，以下简称 NPA）两种基本类型。具体而言，检察官与涉罪企业签署 DPA 或 NPA 并设置一定的考验期，企业承诺重建并有效执行合规计划，并按要求接受合规监督考察，检察官对遵守协议的涉罪企业可以撤销起诉或不起诉。进入 21 世纪以来，美国适用暂缓起诉协议或不起诉协议的案件数量逐步攀升，美国司法部也陆续发布一系列备忘录，[3]为暂缓起诉协议和不起诉协议的司法适用提供具体指引。

由于美国法人审前转处协议制度在企业犯罪处置和预防中产生了积极效果，因此被英国、法国、新加坡、加拿大、澳大利亚等国纷纷效仿并引入。鉴于美国不起诉协议模式下法官不作司法审查，检察官自由裁量权过于宽泛，因此这些国家普遍采取的是暂缓起诉协议模式。如英国 2013 年《犯罪与法院法》规定，其反严重欺诈办公室（SFO）与皇家检察署（CPS）均可与涉罪企业达成 DPA，并需接受法官的审查批准及持续监督。法国 2016 年《萨宾第二法案》在全世界率先建立强制合规制度，并规定检察机关与涉罪企业可以达成附条件的"基于公共利益的司法协议"（CJIP），经法院听证审查后正式生效，并需接受法官的持续监控。在这种司法审查模式之下，检察官虽在暂缓起诉协议的达成、履行、监控等方面仍然享有较大的自由裁量权，但法官对其进行了很大程度地限制和约束，其公平性、合理性和透明度得到极大保障。

（二）对我国企业合规改革试点的启示

从域外刑事合规实践来看，暂缓起诉协议制度在预防企业犯罪中发挥了重要作用。尽管在经济社会发展、司法制度、法律文化等方面存在较大差异，但域外实践中的一些关键性要

---

[1] 欧阳本祺：《我国建立企业犯罪附条件不起诉制度的探讨》，载《中国刑事法杂志》2020 年第 3 期。

[2] 叶良芳：《美国法人审前转处协议制度的发展》，载《中国刑事法杂志》2014 年第 3 期。

[3] 其中霍尔德备忘录（Holder Memo）、汤普森备忘录（Thompson Memo）、麦克纳尔蒂备忘录（McNulty Memo）、菲利普备忘录（Filip Memo）等具有重要节点意义。参见李本灿：《域外企业缓起诉制度比较研究》，载《中国刑事法杂志》2020 年第 3 期。

素，在我国引入这项制度并进行本土化改造中仍可借鉴参考。

1. 企业合规的功能定位

从域外司法实践来看，刑事合规深植于暂缓起诉协议或不起诉协议之中，企业重建合规体系是检察机关暂缓起诉的重要附加条件，①两者自诞生之日起便一体两面、有机融合。这种关系具体表现为：一是在协议签订环节，涉罪企业与检察官签订 DPA 或 NPA 的关键前提是企业承诺建立刑事合规计划，刑事合规被认为是暂缓起诉协议的最重要准入条件；二是在协议履行期间，涉罪企业必须提出具体可执行的刑事合规计划方案，检察官及独立的第三方围绕企业刑事合规计划执行情况开展全程监督考察，刑事合规是整个监督考察过程的关注焦点；三是在协议验收阶段，刑事合规计划是否有效执行是对企业作出撤销起诉或不起诉处理的最重要依据，刑事合规成为企业犯罪宽缓处置的法定情节。由此可见，刑事合规贯穿暂缓起诉协议制度始末，在企业自治与国家规制、刑法实体评价与司法程序激励之间实现跨界融合和平衡发展，暂缓起诉协议也由此成为一种附条件的司法协商产物，这与辩诉交易、认罪协商等协商性司法制度形成鲜明的区别。

2. 检察机关的主导作用

在美国司法实践中，检察官在不起诉协议中享有绝对的终局性裁量权，在暂缓起诉协议中法官一般也只作形式审查，这与辩诉交易中法官承担实质性的"看门人"角色形成对比，因此检察官在这项制度适用中具备实质性主导诉讼进程的权力。在其他国家的暂缓起诉协议制度中，虽然法官通过司法审查对检察官的自由裁量权进行了限制，但检察官在暂缓起诉协议整个运行过程尤其是在刑事合规计划的建立、执行、监管评估等关键环节仍然发挥着主导性作用。当然，考虑到检察官并非企业合规治理专家，域外国家在暂缓起诉协议制度中普遍引入第三方监管机制，通过设立合规监察官、聘请第三方独立专家等，加强对企业刑事合规计划建立及有效执行的持续监督，以有效解决合规专业性和有效性问题。

3. 制度嫁接的最佳维度

从域外实践来看，暂缓起诉协议制度是合规刑法激励机制中所确立的最为重要和影响深远的制度。我国法学界普遍讨论的刑事合规，则主要基于传统的单位刑事法律风险和犯罪预防、实体法上的单位刑事责任和归责制度以及程序法上的单位犯罪附条件不起诉（暂缓起诉）制度三个维度。随着协商性司法逐渐成为我国刑事司法的重要理念之一，借鉴国外经验引入刑事合规并构建本土化的企业合规不起诉制度，将原本限于未成年人犯罪的附条件不起诉制度拓展适用于企业犯罪，可能是当下检察机关参与企业合规治理的最佳路径选择。从长远目标来看，以合规不起诉作为先期探索，在推动刑事诉讼法完善基础上，进一步推动刑法单位犯罪相关制度体系的发展完善，最终形成具有中国特色的现代企业规制司法制度。

---

① 陈瑞华：《企业合规视野下的暂缓起诉协议制度》，载《比较法研究》2020 年第 1 期。

三、我国企业合规检察改革路径构建的"四个维度"

（一）强化与认罪认罚从宽制度有序衔接

1. 基于司法政策理念和企业发展实际维度

从司法保障企业发展的政策导向来看，基于惩罚和一般预防的传统司法理念已经无法完全适应企业高质量发展的需求，在处理企业犯罪时需要更多运用恢复性司法理念和刑法的特殊预防功能，促使企业建立完善并有效执行合规体系，从而全面预防企业犯罪，实现刑罚的矫正、威慑和重塑功能。[①]在我国现行法律框架下，企业合规制度与认罪认罚从宽制度具有一定的相容性，但两者在立法定位、功能目标等方面均有不同之处。[②]认罪认罚从宽，其制度价值在于通过更好发挥检察机关审前主导作用，推动刑事案件繁简分流，有利于法院将更多的精力放到不认罪案件特别是重大疑难复杂案件上，从而实现司法资源的优化配置。[③]故而更具程序效率价值，与企业合规"持续式"的监管理念存在一定冲突，且无法承载企业合规相应的刑法宽缓评价功能。故需将两种制度加以分离，[④]独立的企业合规制度，因其具备强大的刑法激励和恢复性司法功能而有引入的必要性。

与美国暂缓起诉协议制度适用对象多为大型企业、跨国公司不同，国内企业违法犯罪多集中在中小微企业，此类企业数量巨大，治理结构简单，内部防控违法犯罪机制较为薄弱，其合规治理要求更为迫切。因此，在探索引入域外刑事合规制度时，需对其进行适度的本土化改造，可考虑将其与认罪认罚从宽制度进行适度衔接，推动企业合规程序繁简分流，使之更加适应我国国情和企业发展需要。[⑤]对于大型企业，其发展前景、经济贡献、社会责任等状况较好，自身经济实力较强，治理结构较为完备，故可适用标准化、规范化的企业合规程序；对于中小微企业，其经济实力有限，合规要求相对较低，对其合规建设及监督评估宜遵循最低限度原则，可纳入认罪认罚从宽程序，通过检察建议等方式适用简化的企业合规程序。

2. 基于合规的不同刑法激励维度

从合规有效激励角度，亦可为认罪认罚从宽制度介入企业合规提供一定空间。我国现行刑事法律体系存在明显的自然人中心主义特点，[⑥]在企业合规制度探索中面临尴尬。有学者主张从"组织体"角度重构单位犯罪刑事责任体系，[⑦]并对企业犯罪中的单位责任与自然人责任

① 郭林将：《论暂缓起诉在美国公司犯罪中的运用》，载《中国刑事法杂志》2010年第7期。
② 石磊、陈振炜：《刑事合规的中国检察面向》，载《山东社会科学》2020年第5期。
③ 朱孝清：《刑事正当程序视野下的认罪认罚从宽制度》，载《法学》2020年第8期。
④ 陈瑞华：《企业合规不起诉制度研究》，载《中国刑事法杂志》2021年第1期。
⑤ 美国司法实践也在尝试暂缓起诉协议与传统辩诉交易的制度"嫁接"，集各自之长，更好实现公司犯罪治理。参见李本灿：《域外企业缓起诉制度比较研究》，载《中国刑事法杂志》2020年第3期。
⑥ 时延安：《单位刑事案件的附条件不起诉与企业治理理论探讨》，载《中国刑事法杂志》2020年第3期。
⑦ 黎宏：《单位刑事责任论》，清华大学出版社2001年版，第324页；黎宏：《合规计划与企业刑事责任》，载《法学研究》2019年第9期。

加以分离，有效拓展企业合规制度的适用范围。这在中小微企业中存在"水土不服"问题。由于中小微企业法定代表人一般是企业创始人，在企业实施犯罪过程中往往起着组织、领导、策划的作用，一旦被入刑追责，将因缺乏出罪或宽缓处理机制而无法形成合规动力。故而，对可能判处三年以上刑罚的中小微企业主管人员，在对企业作出不起诉的同时，对企业主管人员可考虑对接认罪认罚从宽制度，对其提起公诉但可提出建议适用缓刑等轻缓量刑建议，以此增强其合规积极性，同时为企业合规制度适用范围寻得更多适用空间。

当然，这里将衍生出检察权与审判权在企业合规制度中的关系问题，如法院是否有权对检察机关适用企业合规制度进行司法审查，无例外情形是否必须在检察机关提出的轻缓量刑建议幅度内作出裁判？更进一步讲，是否可在审判环节参照基于附条件不起诉的企业合规制度，创设一种基于附条件判决无罪、适用缓刑、减免罚金①等从轻减轻处罚的企业合规制度？这种量刑激励②在理论上有其可行性，使得企业合规制度与认罪认罚从宽制度一样成为贯穿整个刑事诉讼程序的重要制度。但问题在于，经过侦查、检察环节的大量司法资源投入，且企业生产经营秩序已受较长时间司法诉讼活动的不利影响，此时的企业合规意愿和动力已无法支撑审判阶段适用合规程序，故而没有实践适用的必要性和可能性，这在域外司法实践中亦是如此，也恰好说明这两种制度存在根本性的差异。

（二）健全与侦查机关一体协作机制

当前我国检察机关基于现行不起诉制度开展企业合规改革试点，主要着眼于审查起诉阶段。在检察环节以不起诉的终局处理形式，可对企业及其主管人员形成有效激励。但从减少企业利益损耗角度考虑，是否可发挥检察机关审前主导作用，将企业合规程序端口作适当前移，在侦查阶段就开始将其纳入"特殊程序通道"，③也即在提前介入侦查或审查逮捕阶段启动一定的合规必要性评估或初步审查机制，并作出相应的宽缓处理？这一方面关系到检察机关对企业进行必要保护、挽救和督促整改的最佳时机，另一方面也涉及在单位犯罪立案侦查上存在重自然人、轻单位问题④的情况下，检察机关如何通过强化前端审查进一步拓展企业合规制度的适用范围。

在现行法律制度下，检察机关可通过提前介入，引导侦查机关强化对企业犯罪的事实认定和证据收集，深入挖掘企业经营管理问题，为检察环节启动企业合规程序奠定基础。但这仍然局限于合规必要性的提前审查，从未来发展来看，有必要重新审视检察权与侦查权在企业合规制度中的关系，从以下两个方面作进一步研究和思考：

1. 企业合规刑法激励措施的多元化

企业合规以刑法激励措施作为终极推动力。⑤检察机关开展企业合规制度探索，主要以

---

① 万方：《美国刑法中的合规计划及其启示》，载《人民检察》2018 年第 11 期。
② 李本灿：《企业犯罪预防中合规计划制度的借鉴》，载《中国法学》2015 年第 5 期。
③ 陈瑞华：《刑事诉讼的合规激励模式》，载《中国法学》2020 年第 6 期。
④ 陈瑞华：《企业合规不起诉制度研究》，载《中国刑事法杂志》2021 年第 1 期。
⑤ 〔德〕弗兰克·萨力格尔：《刑事合规的基本问题》，载李本灿编译：《合规与刑法：全球视野的考察》，中国政法大学出版社 2018 年版，第 71—72 页。

不起诉并附加不捕、变更强制措施、提出轻缓量刑建议等作为合规刑法激励。这些激励措施主要针对人身权利设定，但涉罪企业可能面临除主管人员被羁押、判刑之外的经营困境，如企业涉案财产被限制交易、经营或上市资格被暂停甚至否决等，这些强制性措施在实践中对企业的威慑力较大。[1]是故，对作出合规承诺的企业及其主管人员，在免除人身性强制措施基础上，是否可探索给予一定的财产性强制措施刑法激励？如对企业财物解除查封、扣押、冻结措施，可对企业生产经营活动形成更大激励恢复作用。从企业经营实际来看，这种刑法激励越早实施越好，因此可将企业合规制度探索前移至侦查阶段，由检察机关在提前介入时即可与公安机关协商实施。

2. 刑事立案前和侦查阶段企业合规的实质化

从推进企业合规制度在刑事诉讼全流程适用的角度，尤其是尽早启动合规从宽程序以最大程度避免涉罪企业陷入经营困境，是否可参照认罪认罚从宽制度，强化企业合规在不同诉讼阶段的刑法激励力度，在刑事立案前或侦查阶段由公安机关或检察机关主导开展企业合规制度探索？这将使企业合规制度的适用范围进一步拓展至刑事立案前或侦查阶段，以不予刑事立案、撤销案件作为全新的合规刑法激励措施，从而形成刑事立案之前的"附条件刑事立案制度"和侦查阶段的"附条件刑事撤案制度"。[2]相较于不起诉乃至前文所述的无罪、适用缓刑或减免罚金判决，检察前环节的合规刑法激励对企业而言无疑具有巨大吸引力，可在最短时间内避免企业遭受重大损失，对司法机关而言亦可节约更多司法资源，有利于实现各方共赢，具有重要价值意义。在此模式下，检察机关与侦查机关之间已非监督与被监督的关系，而是一种在特定领域、特定情形下基于同一目标而形成的一体协作关系，有利于在企业犯罪治理中实现司法资源的优化配置和司法政策运用的统一性。

（三）与行政机关合力强化企业合规监督管理

近年来，行政机关主导企业合规治理已提上日程，包括相关行政法规中引入企业合规制度，一些行政监管部门发布针对特定领域、特定类型的企业合规管理指引标准等。在进入司法环节之前，通过行政合规监管方式并辅之以免予或减轻行政处罚作为有效激励的方式，是企业合规治理的重要路径之一。从国内立法来看，我国企业违法犯罪中的"死刑"（吊销营业执照）和"自由刑"（责令停产停业）都规定在行政处罚之中。[3]从域外实践来看，美国处理企业违法违规行为的案例多数来自行政监管部门，企业与行政监管部门达成行政和解协议与跟美国联邦司法部达成DPA、NPA的比例大致为3∶1。[4]因此，行政监管部门在企业合规治理中可以发挥更加重要的作用，行政合规或许是企业合规治理最为关键的维度。

然而我国行政监管领域中对合规激励机制的引入，目前只适用于证券、反不正当竞争等少数领域，具有局部性、试验性、探索性特点，还没有发展成为一种普适性的行政监管

① 李玉华：《我国企业合规的刑事诉讼激励》，载《比较法研究》2020年第1期。
② 马明亮：《作为犯罪治理方式的企业合规》，载《政法论坛》2020年第3期。
③ 田宏杰：《刑事合规的反思》，载《北京大学学报（哲学社会科学版）》2020年第3期。
④ 陈瑞华：《企业合规的基本问题》，载《中国法律评论》2020年第1期。

激励机制。①故而在当前检察机关主导的企业合规改革试点中，有必要在企业合规第三方监督评估机制整个体系架构内，推动与相关行政监管部门达成合规共识形成合规监管合力，既在涉罪企业合规第三方监督评估、合规不起诉后"行刑衔接"等方面加强协作，同时也可依托检察机关行政检察职能和平台机制，共同推动在特定领域试行基于合规理念的减轻、免除行政处罚机制。

1. 行政监管部门在企业合规第三方监督评估机制中发挥关键作用

从国家法制体系下不同部门法之间的适用逻辑来看，经济领域刑事司法某种程度上是对市场活动行政监管失灵的有效补位。但补位不意味着取代，司法的中立性、被动性亦无法取代行政的职权性、主动性。从行政职权角度来看，行政监管部门本身即具备对企业行为进行规制的行政职权，企业合规监管与行政许可、行政指导、行政检查、行政处罚等一样，均在其职权范围之内。②此外，从专业性角度来看，企业合规涉及大量行政法律制度规范，且不同领域、类型、规模企业经营管理复杂多样，行政监管部门在行政执法过程中积累有丰富的实践经验。故而，在企业合规第三方监督评估上，行政监管部门具有强大的专业优势和人员力量优势，在企业合规第三方监督评估机制管理委员会、第三方机制专业人员名录库组建、对个案办理中的第三方监督评估组织进行监督以及对其成员违反职业操守的行为进行惩戒等方面，宜由行政监管部门发挥关键性作用甚至是主导性作用，以此确保企业合规第三方监督评估机制的权威度和公信力。

2. 建立完善企业合规多元化监督管理机制

在行政机关主导的社会信用体系建设上，可推动基于大数据的企业信用报告制度建设，将企业信用报告纳入作为涉罪企业合规必要性的审查范围，强化涉罪企业重大信息自我披露、自我报告，作为对其信用评价的重要内容，增强其对有效执行合规计划的激励。从长远来看，有必要建立企业合规数字化管理体系，打造一体化的企业合规综合信息平台，在国家治理和企业自治两个层面共同推动企业加强合规管理，提升合规治理成效。在"行刑衔接"上，对企业被合规不起诉后，可强化行政执法与刑事司法衔接，以建议行政机关对企业科处罚款等财产性惩罚措施，替代取消特许经营资格、取消上市资格、吊销营业执照、责令停产停业等资格剥夺型行政处罚；对于经审查认为企业不构成犯罪，但企业行为确实存在行政违法性的，可向行政监管部门提出经济追责的检察意见，建议督促企业合规整改并可作出从轻或减轻行政处罚。由此，在保全并激励企业合规发展的同时，也能让企业为其违法犯罪行为付出应有的经济代价，实现经济制裁的威慑效果，推动企业形成尊重法律、敬畏法律的合规文化。

（四）推动企业合规检察建议功能再造

检察建议是我国检察机关履行法律监督职能、参与社会治理、预防和减少违法犯罪的

---

① 目前我国在证券监管领域试行行政和解制度，建立强制合规制度，对在合规管理方面存在违法违规行为的证券企业，采取以完善合规计划来换取宽大行政处理的做法。在反不正当竞争领域推行严格责任制度，企业以合规计划的完善来证明员工的贿赂行为属于个人行为，从而免除企业法律责任。参见陈瑞华：《论企业合规的中国化问题》，载《法律科学（西北政法大学学报）》2020年第3期。

② 时延安：《单位刑事案件的附条件不起诉与企业治理理论探讨》，载《中国刑事法杂志》2020年第3期。

重要方式。其中，社会治理检察建议对帮助涉罪企业堵漏建制、完善治理、防止再犯发挥着重要作用，同时也可督促行政机关加强行业监管，推动企业形成合规经营文化。然而司法实践中，社会治理检察建议往往在作出案件处理决定的同时或之后予以制发，将其纳入企业合规程序，将因缺乏有效的刑法激励，以及在涉罪企业不履行检察建议时非经法定程序、非因法定事由无法撤销已生效的原不起诉决定①等因素，在推动企业合规建设上容易流于形式，很难达到"治本"的合规治理效果。

有学者提出，从长远来看，检察建议和附条件不起诉将是企业合规两种并行不悖的激励模式选择。②检察建议模式具有附条件不起诉模式不具有的优势，如制发时间、制发对象较为灵活等。③虽然传统的社会治理检察建议相较于附条件不起诉，效力上一软一硬，效果上一间接一直接，④但在其制发动因、建议形式内容以及调查审查、督促整改落实、后续跟踪监督等程序机制上，与基于不起诉制度开展的企业合规制度探索具有异曲同工的效果。因此，在拓宽企业合规程序模式和路径上，可考虑结合不同类型企业及其犯罪实际情况，将检察建议工作机制作适度的功能改造，即在遵从受理、调查、合议、决定、宣告、督促及跟踪反馈等一般性程序机制基础上，增加对检察建议整改落实情况的监督考察评估及相应的司法审查机制，使之趋向于成为企业合规制度的一种独特模式。

具体而言，对于规模较小、合规建设要求较低的涉罪企业，可遵循便利原则，不再适用形式完整、成本不菲的企业合规程序模式，而代之以可依职权启动的检察建议模式。即在作出检察处理决定前，通过向涉罪企业制发企业合规检察建议，要求涉罪企业建立与企业经营管理实际相适应的合规计划，落实合规制度建设、机构设置、人员配备、教育培训、追责惩戒等机制，根据其整改落实的效果，再行决定是否作出不起诉决定，将涉罪企业接受检察建议后的合规表现引入诉讼之中，作为检察终局处理的依据，以此增强检察建议刚性效力。这种企业合规检察建议不同于事后制发的社会治理检察建议，虽然表现为一种简化的合规程序形式，但仍需经过充分的社会调查、听取意见、听证审查，在此基础上提出符合企业合规需求并切实可行的整改建议，并可在整改落实期限上作适度延展，相比一般的社会治理检察建议亦需强化持续不间断的合规监管并据此作出最终效果评估。在此模式下，检察建议从启动纠错程序的法律监督事项衍变成为影响实体处置的办案决定事项，权力属性发生根本性变化，权力运行呈现出案件化、司法化⑤的特点，相较于目前的社会治理检察建议功能定位有所突破，有利于进一步增强检察建议在检察办案、企业合规治理中的刚性法律效力，并进而在国家治理体系视野下推动检察建议制度实现现代化转型⑥和发展。

（责任编辑：郭勇辉）

①③ 李奋飞：《论企业合规检察建议》，载《中国刑事法杂志》2021 年第 1 期。
② 陈瑞华：《刑事诉讼的合规激励模式》，载《中国法学》2020 年第 6 期。
④ 石磊、陈振炜：《刑事合规的中国检察面向》，载《山东社会科学》2020 年第 5 期。
⑤ 周新：《论我国检察权的新发展》，载《中国社会科学》2020 年第 8 期。
⑥ 谢鹏程、陈磊：《检察学：围绕检察基本理论创新立说》，载《检察日报》2021 年 1 月 9 日第 3 版。

检察职能延伸视角下互联网企业
刑事合规体系建设与完善

顾晓军　翁音韵　张楚昊*

企业刑事合规制度是英美法系国家创立的一种公司治理机制，与西方国家的蓬勃发展不同，我国企业刑事合规制度尚处于萌芽阶段。当前，互联网经济持续快速增长，成为国家经济增长的重要引擎。互联网企业具有效率高、创新快的特点，但同时存在管理弱、风险大的普遍问题，刑事案件和潜在风险日趋呈现高发态势。探索建立互联网企业刑事合规激励机制，推动企业筑牢守法合规经营底线，努力落实让企业"活下来""留得住""经营得好"的目标，是检察机关履行法律监督职能、参与社会综合治理、持续优化营商环境、服务保障"六稳""六保"的重要举措。

一、互联网企业刑事合规的概念厘清

"合规"（Compliance），通常包含企业在运营过程中要遵守法律法规，企业要遵守商业行为守则、伦理规范和企业要遵守自身所制定的规章制度三层意思。[1]1991年美国《联邦组织量刑指南》首次将企业合规计划引入到法律实践中。"企业合规"经过数十年的发展，已经被诸多西方企业成熟运用，许多进入我国市场的跨国企业也制定了完善的合规计划，"企业合规"业已成为成熟企业监管和企业文化的重要构成。

"企业刑事合规"是"合规"的下属概念，是指为避免因企业或企业员工相关行为给企业带来的刑事责任，国家通过刑事政策上的正向激励和责任归咎，推动企业以刑事法律的标准来识别、评估和预防公司的刑事风险，制定并实施遵守刑事法律的计划和措施。[2]实质上是实体规则与形式规则的整体，在法定可罚性领域的前置领域内，确保企业的员工遵守现行的刑法规定，同时前瞻性地避免企业的刑事责任风险。[3]而"互联网企业刑事合规"是其中的重要组成部分，主要关涉互联网企业自身对刑事犯罪风险的监管、防控与应对。作为互联网企业刑事合规的应有之意，在实践中至少应包括以下内容：第一，互联网企业应制定确保企业及其员工履行刑事义务，其中应包含高层管理人员廉洁性监控

* 顾晓军，大学本科，上海市普陀区人民检察院党组成员、副检察长；翁音韵，法学硕士，上海市人民检察院检察官；张楚昊，法学硕士，上海市普陀区人民检察院检察官。
① 陈瑞华：《企业合规制度的三个维度——比较法视野下的分析》，载《比较法研究》2019年第3期。
② 孙国祥：《刑事合规的理念、机能和中国的构建》，载《中国刑事法杂志》2019年第2期。
③ Frank Saliger, Grundfragen von Criminal Compliance in: RW Rechtswissenschaft, Seite 263—291, RW, Jahrgang 4(2013), Heft 3, ISSN print: 1868—8098, ISSN online: 1868—8098.

内容，从而规避刑事责任的合规计划；第二，互联网企业应制定相应预案，增强犯罪风险的防控能力；第三，执法部门在刑事执法过程中，需创设适当的刑罚激励机制和提供针对性的改善意见，促进企业持续健康的发展；第四，互联网企业应当与执法部门积极协作，对侦查案件和证据收集提供必要数据和技术支持。

二、关涉互联网企业刑事合规的实证考察

我国对合规的研究起步较晚，在中兴、华为事件之后，社会和企业逐渐认识到"合规管理制度""合规计划""企业文化"等一系列合规相关概念所蕴含的价值和意义。2017年国家质量监督检验检疫总局发布《合规管理体系指南》指出"合规意味着组织遵守了适用的法律法规及监管规定，也遵守了相关标准、合同、有效治理原则或道德准则"。[①]2018年的《中央企业合规管理指引（试行）》规定"本指引所称合规，是指中央企业及其员工的经营管理行为符合法律法规、监管规定、行业准则和企业章程、规章制度以及国际条约、规则等要求"。政策法规驱动的同时，涉互联网企业刑事案件的数量也呈现上升趋势，以S市P区人民检察院近年来办理的涉互联网企业案件办理情况为样本进行考察：

1. 受理数量

自2016年1月至2020年12月，审查起诉阶段共受理利用网络实施犯罪的案件355件698人，其中2016年26件40人；2017年25件62人；2018年23件63人；2019年激增至123件230人；2020年158件304人，近两年受理的件数和人数分别占过去五年的79.15%和76.50%，案件数量和涉案人数总体呈高速上升趋势。

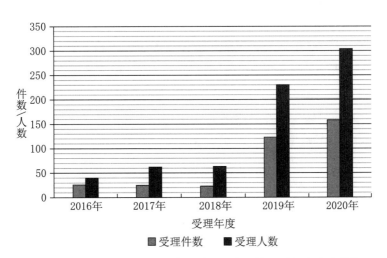

图1 2016—2020年S市P区人民检察院办理涉互联网企业案件情况

① 《合规管理体系指南》是基于2014年国际标准化组织（IOS）发布的《Compliance Management System-Guidelines》的等同转换。

2. 罪名分布

从移送案由案件数来看，上述 355 件案件共涉及 28 个罪名，案件数前五的案由依次是诈骗罪，掩饰、隐瞒犯罪所得、犯罪所得收益罪，开设赌场罪，盗窃罪，制作、复制、出版、贩卖、传播淫秽物品牟利罪。从案件类别来看，侵财类案件 253 件，占比 71.27%；涉黄、涉赌案件 48 件，占比 13.52%；侵犯金融和知识产权案件 19 件，占比 5.35%；侵犯计算机信息安全案件 18 件，占比 5.07%；其他罪名案件 17 件，占比 4.79%。通过对案由分布情况的分析，可以发现现阶段传统犯罪越来越多的寄生于网络犯罪当中。以诈骗罪为例，犯罪手法从骗取网络平台"首单优惠"向骗取网络平台"补贴""赔付"等演变，犯罪手法层出不穷。

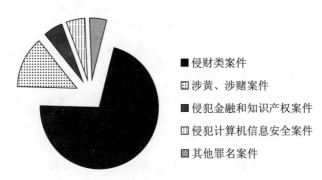

图 2   2016—2020 年 S 市 P 区人民检察院办理涉互联网企业案件罪名分布

3. 涉及领域

在以上互联网经济领域刑事案件中，从被害单位角度，相当比例的被侵权的互联网企业是具有较好公众口碑和一定社会影响力的知名网络品牌，如某知名"送餐平台""租车平台""交友平台"等，均为互联网行业内具有一定影响力的企业。如 2017 年 7 月起，A 互联网公司法定代表人甲等人，明知下游用户使用大量新手机号码和对应验证码冒充新用户骗取互联网公司首单补贴，遂合伙通过"××平台"兜售手机号码和对应验证码牟利，导致某互联网被害单位被骗取首单补贴共计人民币数万元。从犯罪单位角度，互联网企业易发的犯罪主要集中在诈骗罪、虚开发票、非法经营等罪名。如 2019 年 10 月，被告单位 M 互联网公司通过制作、搜集虚伪事实并向监管部门恶意举报竞争对手的方式，导致被害单位 K 互联网公司运营的 App 被处罚下架，其间，产品口碑、市场份额等均存在明显下滑，K 公司的运营发展、融资进程等均受到严重的负面影响。

三、检察职能运用于互联网企业合规治理的必要性

（一）互联网企业刑事合规建设的必然需求

互联网企业属于新兴产业，正值高速发展的快车道，但是在经济效益节节攀升的同时，多数企业合规建设仍然落后甚至停滞。而互联网企业安全风险的多发不仅对社会安全

造成危险，也会导致互联网企业的法律风险陡然上升。主要表现在以下方面：第一，经营链条脆弱风险。很多互联网企业可以在数月内增长几倍用户和销量，短期内就能聚集大量的资金和科创成果。但经营过程中随时会出现新的竞争者、网络数据攻击等突发情况，刚才提到的案例就直接导致企业停业整顿、产品下架，企业很快就陷入经营困难。第二，腐败法律风险。互联网行业大多为新兴产业，产业链结构复杂，灰黑产业调查取证难度大，腐败寻租行为严重阻碍互联网经济发展，同时企业的经营者较传统企业更加年轻化，在建立企业架构时更多偏向经营，对于合规方面考虑较少，员工侵害企业利益问题控制不力。第三，犯罪滋生风险。互联网企业因其经营和发展高度依赖网络，而网络的虚拟性、开放性容易导致犯罪滋生，产生用户隐私泄露、非法网络金融、侵犯知识产权等诸多方面的犯罪土壤。鉴于上述风险的存在，社会上有声音认为，互联网企业要对刑事合规不完善而产生的问题负担全部责任，这样的一味苛责可能最终会导致互联网企业业态发生改变，企业负担过重而产生断崖式衰退。正确的刑事合规理念要求对互联网企业，特别是网络服务商的管理责任和公共职能部门监管责任进行分配和调和，实现网络平台刑事合规的单位风险防范效果和社会公共利益保护的效果。

（二）参与合规治理是检察职能的必要拓展

从犯罪治理的整体效果而言，刑法和刑罚的实际运用是被动的，不应成为犯罪治理的唯一手段。与这种犯罪治理模式相比，犯罪治理的理想状态是在犯罪发生之前，刑法和刑罚就能显著地发挥作用，切实预防犯罪的发生。[1]法律监督是检察机关的法律定位所在，法律监督权在检察权的法律构架中具有重要地位，对于互联网企业营商环境的保护不能仅局限于打击相关违法犯罪，运用法律监督职能合理参与合规治理才是治本之策。因而，指导和监督社会成员包括各类企业、社会组织依照刑事法律开展刑事合规管理，是检察职能的题中应有之义，将刑事合规监督纳入检察职能中，不仅可以有针对性地预防和减少犯罪，维护社会稳定和公平正义，而且可以提高检察机关自身的司法水平。在更宏观的意义上，拓展检察职能空间，探索开展刑事合规检察监督工作，也是检察机关服务经济发展，在国家法理体系和治理能力现代化进程中落实检察责任的具体体现。

（三）检察职能参与刑事合规方式对企业影响巨大

我国企业对法律风险的关注长期集中在民事和行政法律风险，实际上，同民事和行政法律风险相比，刑事风险的管控更能决定企业生死存亡。纵观全球，合规刑事化发展已然成为经济全球化发展下的趋势，尤其是在腐败、行贿、欺诈和洗钱等领域。如果继续忽视刑事合规，机械适用刑事法律对涉互联网企业犯罪进行回应，将会对企业和社会经济发展造成负面影响。一方面，对企业启动追诉程序往往会令其遭受巨大的损失甚至永久损害。[2]以安达信（Arthur Andersen）事件为例，2002年安达信会计师事务所因在安然公司的

---

① 石磊：《刑事合规：最优企业犯罪预防方法》，载《检察日报》2019年1月26日第3版。
② 萧凯：《美国金融检察的监管功能：以暂缓起诉协议为例》，载《法学》2012年第5期。

审计业务上多次出现疏漏以及销毁文件，以妨碍司法公正的罪名受到刑事追诉，最终导致其被吊销执照，被迫在美国退出从事了 89 年的审计行业，同时裁减了 28 000 个岗位。可见，企业在受到刑事追诉后无可避免地对自身甚至经济发展造成负面影响和经济动荡。另一方面，对于犯罪事实和情节轻微的犯罪，检察机关出于公共利益的考量，虽然可以运用不起诉的方式减缓犯罪对社会经济和涉案企业的损害，但涉案企业在预防违法犯罪方面制度不健全、不落实，管理不完善等弊端依然存在，违法犯罪隐患仍需要及时消除，即涉案企业的再犯可能性仍然存在，因而检察机关不宜简单作出不起诉决定，极有必要监督、帮助企业开展刑事合规工作。

四、检察职能参与互联网企业刑事合规体系构建路径探析

（一）常握加护之手——打击和预防涉互联网企业犯罪

1. 互联网企业人员触刑案件联合处置

作为新兴企业群体，互联网企业财物有着有形资产和无形资产并重的特点，而除了常见的外部侵害外，内部员工针对企业的职务犯罪和财产犯罪同样防范难度较大且容易被企业忽视，而这类侵害对企业的打击也是巨大的，主要特点如下：第一，在有形资产侵害方面，诸多互联网企业方兴未艾，有形资产利用率高，资金链较为紧张，如果遇到员工职务侵占或者进行其他财产犯罪，将会蒙受巨大损失。第二，在无形资产方面，互联网企业的核心资产是知识资本、技术等无形资产，针对无形资产的犯罪往往虚拟性、隐蔽性强，而技术、专利等被盗取、侵害，也可能给企业造成难以挽回的损失。此外，内部员工对企业的侵害相较于外部人员侵害有着更加严重的后果，在财产损失的同时，会对企业文化、企业凝聚力甚至企业信用带来创伤，而这种无形创伤往往是难以在短时间内抚平的。例如，崔某某职务侵占案中，被告人崔某某任职某某数码科技有限公司销售经理期间，代表公司与某某物资有限公司交换机销售合同并交货完毕，后被告人崔某某利用职务便利，以帮助某某物资公司安装调试交换机为由，趁机要求某某物资公司向其个人账户支付货款 10 万元，并将 10 万元非法占为己有。该案中崔某某的行为一方面涉嫌欺骗合作公司，对公司的商誉造成了严重损害，另一方面作为销售经理将公司应得的 10 万元占为己有，在侵犯公司财产的同时也为其他同事作了消极的示范。因此，针对互联网企业内部人员针对企业财产的犯罪，检企应当联合起来进行针对性刑事打击，利用强制力刺激企业合规不断完善。

为此，检察机关与重点互联网企业应当建立刑事案件沟通协调机制，具体要求应包括：第一，互联网企业对企业内部员工犯罪案件应做到在发觉的第一时间进行平行通报。互联网企业的核心财物多为无形资产、技术这类轻资产，侵害这些轻资产的违法犯罪行为，具有转移快、察觉难等特点，往往难以通过司法机关主动发觉，互联网企业利用专业优势，在发现犯罪线索后应及时通报，避免不规范自行取证导致重要证据灭失、刑事案件公司内部消化导致后果恶化等问题。第二，检察机关在接到企业通报后，应迅速作出反

应，通过提前介入的方式会同侦查机关共同行动，尽早完成案件定性，一方面对于属于刑事范畴的案件，及时提出侦查方向及证据收集意见；另一方面，对于属于民事范畴的企业用工纠纷等问题，避免进入刑事程序，做好释法说理并及时移交职能部门处理。第三，在处理该类型刑事案件过程中，检察机关要充分与企业进行沟通，对于企业提出的合理要求，应当尽量满足。如在互联网企业高级管理人员职务侵占、挪用公款案件中，企业为避免商誉受损、员工受负面情绪波及，提出制作笔录、搜查等工作避开上班时间，案件审查及起诉过程中相对保密等要求，检察机关应当在不违反法律及办案规定的情况下予以满足，做到打击犯罪过程中对企业利益伤害的最小化。

2. 检企联合打击互联网相关刑事犯罪

第一，对于即时通信平台的网络服务企业。当前社会生活离不开通过即时通信手机App和电脑软件进行互联互通，而这些互联网平台也成为了犯罪勾连工具、虚假恐怖信息传播载体，对于经营此类业务的互联网公司，"刑事合规"的内涵不仅应当包含"强化技术防范，堵漏建制防范被犯罪分子利用风险"的内容，还应当包括"积极参与网络环境治理，配合司法机关进行证据收集和恢复"的内容。这与即时聊天平台的特性相关：这种平台具有天然的便捷性，人们通过文字、语音、视频在平台上达到跨空间交流，但这些交流的文字、语音、视频容易被通过删除、卸载、刷机等手段清除，而通常网络服务商的后台服务器会对这些文字、语音、视频有存储和恢复功能。犯罪分子常常会利用通信平台进行犯罪预谋、数据交流，甚至直接利用软件实施犯罪，在犯罪被发觉后往往选择毁灭聊天证据，而这些证据对刑事案件侦破有着重要作用。这就要求掌握这些后台数据的网络服务企业，与司法机关签订相关技术支持协议，责任应主要集中在"通过即时聊天平台监控及时发觉犯罪并上报"和"对聊天内容及文件进行梳理、恢复并依法提供"，这需要检企进行充分的事先沟通，并以合作协议、备忘录等形式予以固定。

第二，对于第三方支付平台。随着第三方支付平台应用的普及，其在为网上支付过程提供速度和信用保障的同时，也暴露出一些隐患。由于第三方平台用户注册较银行更加简单，业务全部网上办理的特性，常常被不法分子利用进行转账开展犯罪活动，而犯罪分子的转账明细，能够反映犯罪过程、犯罪账户关联以及犯罪所得流向等关键问题。因此，第三方支付平台合规中应包含"向司法机关提供涉案转账信息等证据"的责任，而国内重要的第三方支付平台企业比较集中，主要办公地在固定城市，在调取证据，特别是跨省调取证据过程中，仍然存在沟通不畅、节奏缓慢的问题，在刑事合规工作中，应当由司法机关与重点企业深度合作，联合组成专门机构，对该类证据的调取和响应做到及时、迅捷、准确。

第三，对于网络电商平台。网络电商平台是当前消费领域的重要媒介，近年来，我国网络电商产业已经日益成熟，平台管理也不断发展，但是由于经营活动空间的转移，关涉网络电商的犯罪活动频发也值得警惕，涉及诈骗、职务侵占、销售假冒注册商标的商品、非法经营等诸多领域犯罪，主要证据应当是平台账户活动记录、商品情况、销售记录、退款记录、投诉记录、平台中聊天记录等，对于证明犯罪活动的时间段、犯罪金额、商品实际情况、销售手段和方式等有着重要作用。平台在提供服务和管理的同时，也负有及时发现犯罪和提供相关证据的义务。在实践中，由于网络电商平台数量众多、竞争激烈，司法机关难以与每个平台全部一对一签订相关证据调取协议，应当由上级司法机关牵头，与行业监管部门及行业协会，从更高层面达成共识，对各个电商平台提出合规要求，下级司法机关和电商平台运用既成的协议开展工作。

（二）常备救赎之翼——谦抑和理性处遇互联网企业及人员犯罪

1. 诉前强制措施适用需结合需求和注重轻缓

第一，建立企业负责人先行"取保候审"制度。在办理涉互联网企业案件，犯罪嫌疑人系企业负责人等重要岗位，逮捕可能严重影响企业正常合法经营的，要严格审查是否符合法律规定的逮捕条件，可捕可不捕的，应先行不捕，变更强制措施为非羁押强制措施。这项措施可以在依法依规情况下最大限度地保障合法企业利益，因为互联网企业的发展较传统企业更加快节奏，企业董事长、总经理或影响企业科研、生产、经营的关键"骨干"，肩负企业研发、管理的责任，而刑事强制措施的目的是保障而不具有惩罚属性，在不影响刑事诉讼合理进程的情况下，对上述人员采取"取保候审"措施，可以避免因人员被逮捕而导致的重要项目突然中断、核心技术无法运行等情况，致使企业蒙受重大损失甚至无以为继的情况。对于上述犯罪嫌疑人确实应当判处实刑的，可在法院判决后收监，对其承担应有刑事法律责任不产生任何影响。对于确实需要逮捕，采取取保候审等强制措施不能防止其社会危险性的案件，应建立相应的捕后监督措施。[①]一方面，建立涉企案件报告备案和通报制度。业务部门办理涉及互联网企业董事长、总经理或影响企业科研、生产、经营的关键"骨干"在批捕前向分管检察长报告，对于确需对企业经营管理者和关键岗位人采取强制措施的，及时向企业其他负责人和有关部门通报，协助做好生产经营衔接工作，尽可能减少办案对企业的不利影响；另一方面，强化捕后羁押必要性审查工作，对已经批准逮捕的上述人员，应当依法履行羁押必要性审查职责，如果确实不需要继续羁押的，及时建议公安机关予以释放或者变更强制措施。第二，慎重使用查封、扣押、冻结等强制性措施。检察机关在自行补充侦查过程中，需要查封、扣押、冻结的，一般应当为互联网企业预留必要的流动资金和往来账户；对于涉案互联网企业正在投入生产运营和正在用于科技创新、产品研发的设备、资金和技术资料等，原则上不予查封、扣押、冻结，确需提取犯罪证据的，可以采取拍照、复制等方式提取。同时，对侦查机关侦查手段、方式、适用强制措施等进行有效监督，及时纠正查封、扣押、冻结财物不当等加重企业负担、加剧企业生产经营困难的行为。

2. 探索建立检察环节"附条件起诉制度"

域外企业合规计划的发展大致呈现出不断升级的样态，最初仅仅是要求公司作出特定

---

① 顾晓军、张楚昊：《检察视域下互联网企业营商环境保护的实践考察与对策分析》，载《检察工作》2019年第5期。

承诺，以此作为对轻微违规行为处罚的替代措施；之后成为减轻处罚的情节；再后来成为监管部门普遍要求的一般性机制。而域外暂缓起诉制度的适用以企业建立合规机制为前提，是一种重要的合规激励机制。司法实践中，一方面，检察机关对于企业一旦提起公诉，可能会带来资产查封、扣押、冻结、拍卖甚至变现，企业员工、投资人、股东，乃至客户、第三方、消费者等，都受到不应有的损失，尤其是对于企业更可能遭受灭顶之灾。另一方面，检察机关如果对涉罪企业采取不起诉，但又不进行罚款，也不提出建立合规计划的要求，就可能使企业存在侥幸心理，难以避免企业再次犯罪行为。就我国而言，目前合规制度的许多要素内容已存在于各类管理与法律制度中，但和源于美国的合规制度相比，所欠缺的是以合规体系作为刑事处罚减轻、豁免情形或者处罚的替代或者附加手段。纵观国际，各国的暂缓起诉协议都将企业重建合规体系纳入协议中，将其作为检察机关暂缓起诉的重要附加条件，这也成为众多企业完善合规计划的最大动力之一。有鉴于此，通过推进合规管理体系建设，促使企业依法依规经营，是治理企业犯罪的有效方式。暂缓起诉协议制度所包含的检察机关督促企业重建合规计划等要素，显然符合我国当下针对互联网企业所采取的重保护、轻惩罚的刑事政策。

鉴于此，可以对我国附条件不起诉制度的适用对象和适用条件进行调整，使之符合企业犯罪的特性，并能有效合理地惩治企业犯罪。具体而言，在考察内容方面，检察机关在决定是否对涉案企业提起刑事诉讼时，应当具体斟酌以下几项因素：第一，不法行为是否属于涉嫌破坏社会主义市场经济秩序罪、贪污贿赂罪等犯罪；第二，不法行为的社会危害性程度，比如是否会对国家、其他公司企业或者社会公众造成严重的损害或者危险；第三，企业类似行为的历史，包括曾经被采取的刑事、行政和民事措施和处罚；第四，不法行为在企业内部的普遍性，以及企业高层或管理层对不法行为的态度；第五，企业是否主动及时地披露不法行为，并愿意与调查人员合作；第六，企业是否拥有有效的、完备的合规计划，例如企业是否指派高层人员监督合规计划的执行，是否对所有员工进行合规守则的培训；第七，企业是否在不法行为发生后采取了补救措施，例如设置举报系统、奖惩机制等；第八，对企业不法行为负责的个人进行犯罪指控是否已经足够；第九，对企业提起诉讼是否存在不成比例的附带后果，例如令无个人责任的股东、员工遭受过量的损失，或者是对国内知名大型企业的指控会对当地经济发展造成严重冲击；第十，企业是否自愿签订"附条件不起诉协议"，并同意由按照协议内容接受监督和考察。[①]需要注意的是，根据互联网企业的类型不同，可以划定不同的判定标准，例如，对于涉及数据信息收集、处理的网络平台，对国家数据安全、个人信息财产安全具有较大的风险性，应该设定较为严格的审核标准；而对于法律风险强度较低的互联网企业，则可以设定相对宽松的审核标准。在考察方式方面，检察机关通过调查，对符合条件的企业作出合规考察决定，适用合规考察的企业，应当在接到考察决定之日起一个月内，按要求向检察机关提交合规计划，合规

① 检察理论研究所：《检察职能有待拓展的空间：刑事合规监督——检察理论研究所专题研究报告》。

计划应针对企业涉嫌犯罪事实，完善企业内部举报机制、员工培训教育制度、合规风险评估防范机制等内容，经检察机关审核通过后开始考察，考察期应根据具体案情设定为3—6个月。在考察主体方面，应当由检察机关会同市场监管、工商联等负有行政监管职能的单位联合进行，同时，由于不同企业的具有一定的专业性，根据执行合规计划的具体要求，在合规考察期内聘请律师事务所、会计师事务所等第三方机构参与合规计划的执行和评估。对于合规整改在考察期后通过评估的涉案企业或企业负责人，可以考虑通过"犯罪情节轻微"的认定采取附条件不起诉或酌定不起诉，在检察阶段终结诉讼程序。

（三）常怀警示之心——规范和常态建设互联网企业犯罪监督预警机制

1. 善用检察建议督促互联网企业堵漏建制

当前，检察建议应当成为检察机关参与企业治理的重要抓手，根据《人民检察院检察建议工作规定》，检察官在办案中发现企业预防违法犯罪方面制度不健全、不落实，管理不完善，存在违法犯罪隐患，应提出完善监管机制，堵塞漏洞等检察建议，从而促进涉案企业合规经营。而互联网行业作为新兴产业，技术更新换代频繁，企业堵漏建制更需要检察机关的专业化服务、社会化治理。检察机关在办理侵犯互联网企业合法权益的案件过程中，应高度重视案件延伸和参与社会治理，利用检察建议方式，针对案件反映出的网络平台入驻商户审核不严、技术开发不成熟、内部管理不规范等问题，制发检察建议，帮助企业防范风险。在制发检察建议过程中，除了满足文书规范化、内容针对性的要求，还应注重社会效果。制发检察建议的对象为企业等社会机构时，应当注重释法说理，适当结合公开宣告制度，使制发对象真正理解和接受建议内容。例如，S市P区人民检察院办理的向某某侵犯公民个人信息案，被告人向某某在某某网络科技有限公司担任高级研发工程师期间，将公司的SSO源代码、rbac认证系统源代码以及数据库信息上传至代码分享平台github网站，致使上述数据可供他人任意下载，在被告人向某某上传的数据库中，包含公司的员工姓名、性别、工号、工作地、部门以及岗位等涉及员工个人信息的数据，经鉴定，涉案数据库中包含的个人信息去重后数量为56 327条。该院针对上述情况进行剖析，总结对策，制发检察建议，同步开展检察建议公开宣告，增加面对面释法说理环节，取得了良好的社会效果。

2. 通过创新工作方式强化检察参与企业合规治理

第一，在参与互联网企业合规治理过程中，检察机关应当根据区域实际，有针对性地建立"黑名单"制度、重点企业联络人制度、典型案例宣讲制度等，切实对区域内企业提供指导和服务，从源头遏制犯罪滋生。以构建罪错从业人员"黑名单"制度为例，"黑名单"制度适用于区域内互联网企业众多、相关案件频发的情况，检察机关应创新职能，分两步帮助企业提高预警能力、降低经营风险：第一步，以全市已公开的涉互联网刑事法律文书信息为基础，汇总形成互联网行业罪错从业人员信息检索数据库，向区域内行业协会和有需求的企业定期通报相关"黑名单"，便于企业在开展员工招聘、商家资质审核、经营伙伴选择等活动时，提前过滤有"前科"的从业人员。第二步，在定期通报罪错从业人员"黑名单"基础上，围绕互联网经济领域的典型案例和发案规律，及时向行业协会和相关企业制发检察建议，帮助建章立制、堵塞漏洞，并着眼实现企业和行业自治，推动建立"区域互联网企业合规经营联盟"，强化企业合规经营责任，提升合规经营水平。第二，检察机关应当将检力向基层下沉，自主开拓问题发现机制，深入案件易发、多发互联网企业和区域，主动发现问题和线索。一方面，通过办案深挖线索，实地走访案发企业及被害企业，了解企业运营状况，有无同类被犯罪侵害的情形，通过座谈、走访等方式深入一线收集案件线索。另一方面，构建检察联系方式、依托派驻检察室，延伸检察服务优化营商环境的触角，做到对辖区重点企业的网格化覆盖。另外，通过联合工商联、商会组织召开座谈会等形式，了解企业的最新发展动态和经营诉求，做好服务优化营商环境的方法、经验的总结、吸收，提升检察干警的工作能力。多措并举，将检察工作贴近企业，实现检力下沉，及时发现问题隐患及违法犯罪行为。

（责任编辑：郭勇辉）

刑事合规的本土化问题及机制建构路径探析*

上海市青浦区人民检察院课题组**

一、一系列案件引发的思考：刑事合规概念的证成及迫切性、重要性分析

（一）刑事合规概念的证成及实质

企业合规制度是企业为了识别、预防和控制各类法律风险而实施的一系列规则、措施和机制，本质上属于公司内部治理机制。因公司合规制度不完善而招致的公司治理危机，一般会使公司承担诸多不利后果，但这些后果更多表现为企业的民事责任或者行政责任。[1]近两年来，一个与公司合规制度存在关联但又有所不同的概念——刑事合规，引起国内学者、律师与企业的高度关注。尤其 2018 年的"中兴通讯事件"[2]与"华为事件"的发生，意味着合规制度的不完善也会为企业带来刑事责任，使其遭受刑事处罚。

所以，"刑事合规"不同于单纯作为公司治理方式的"合规管理"制度，两者的本质区别在于是否蕴含"刑事法政策"。因此，"刑事合规"的概念可以在此基础上展开。本文认为，刑事合规包含三个核心要素：一是内部控制体系；二是刑事法政策吸收与影响；三是刑事责任的"可视化影响"。原则上，只要涉及前述三项要素，企业在依托所掌握的特别知识将符合企业可持续发展的组织文化、内部管理体系与刑事法政策相结合，建立用以

---

* 本文系国家检察官学院 2020 年度科研基金资助项目阶段性成果。

** 课题组组长：刘华敏，法学硕士，上海市青浦区人民检察院党组成员、副检察长；课题组成员：潘志峰（上海市青浦区人民检察院）；张昌明（上海市青浦区人民检察院）；张超（上海市青浦区人民检察院）；张元琦（执笔人，上海市青浦区人民检察院）。

① 邓峰：《公司合规的源流及中国的制度局限》，载《比较法研究》2020 年第 1 期。

② 2017 年 3 月 6 日，中兴通讯公司因违反美国政府的出口管制规定而遭受刑事追诉，最终通过谈判与美国商务部达成认罪协议，并支付 8.9 亿美元的高额罚金。但其在签署认罪协议后继续实施相关违规内容，严重违反认罪协议中设定的义务，最终在 2018 年 4 月 16 日，美国商务部发布公告，称 7 年内禁止美国企业与中兴通讯开展任何业务往来。后来经过近两个月的谈判，最终于 6 月 7 日，中兴与美国商务部工业安全局（BIS）达成和解协议。协议内容为，中兴通讯向美国政府支付 10 亿美元罚款，另行支付 4 亿美元的代管资金，如果再次违规，则予以没收；必须在 30 天之内更换董事会，施行最为严格的合规管理制度。其实早在 2013 年，美国就已经对中兴通讯公司开展过立案调查，彼时中兴通讯公司未采取必要的出口管制合规管理措施，也未建立由合规管理部门直接报告的渠道，但其非但未按照规定予以完善，反而不配合甚至消极抵抗。在整个事件背后，不禁要追问，为何美国政府可以对中兴通讯公司实施制裁？除了要进行技术上的反思外，亦应该反思自身的合规意识以及合规制度。结合中兴通讯公司与美国司法部签署的认罪协议就会发现，协议除了要求公司缴纳罚金外，更多是要求公司进行合规体系的完善与发展，确保公司不会再发生类似的合规风险。正是类似企业刑事合规风险的集中爆发，才促使越来越多的眼光开始聚焦于此，直接目的在于保护企业免受境内外刑事合规风险的打击，但是更多的是关切刑事合规制度本身的价值。

识别、预防、制止和反馈犯罪行为的能动机制并有效贯彻与执行，从而实现刑事责任的减免甚至正当化的目的，即可认定属于刑事合规范畴。

（二）"被逼梁山"：刑事合规制度引入的迫切性

1. 服务保障营商环境缺乏关键抓手

企业犯罪情况以及企业家犯罪状况，在某种程度上也是检验一国营商环境以及法治环境的基础样本。当前，企业犯罪已经成为我国经济转型期中一个亟待解决的社会难题。

企业犯罪更多的反映出企业自身存在组织缺陷与不良企业文化，①若不注重从企业文化制度与机制建设上消除不法行为的诱因和条件，将从根本上限制企业可持续性发展的能力。同时，以往那种重事后打击的犯罪治理策略也收效甚微。因而，找准切入点和关键抓手至关重要。然而，刑事合规制度正是从企业内部管控体系与刑事法政策相结合的角度着眼于企业法律风险防范，避免企业因刑事风险而遭受致命性打击。其与企业本身可持续性发展直接关联，可以从根本上提高企业在市场竞争中的优势。

2. 企业走出去渴求刑事合规之发展

随着全球化的不断深入以及新一轮产业转移的加速，国内企业走出国门发展海外业务早已不是新鲜事，同时这也是企业扩大发展空间、提高市场占有率的必然选择。但国内企业尤其是民营企业在法律风险防控理念、内部管理体系建设方面仍较为落后，与国际标准水平存在一定差距。尤其是随着合规意识的不断强化，越来越多的国家开始实行更为严格的刑事合规管理制度，相关法律法规有了域外效力，存在"长臂管辖"现象。②在国际法领域方面，世界各国开始加强在一些特殊领域的合作以加大国际犯罪的打击力度，如反海外贿赂、反洗钱、加强知识产权保护、个人数据保护等领域，都有国际公约进行统一规范，监管力度也逐步加强，我国也加入了诸多国际公约。在此背景下，我国企业面临的法律风险也越来越复杂，为了避免遭受来自国外甚至是国际上的法律制裁后果，有必要建立完善的刑事合规制度，起到相应的犯罪预防作用。

3. 当前企业犯罪治理模式存在"顽根痼疾"

随着单位犯罪的日益猖獗，国家开始加大打击力度，通过不断严密对单位犯罪的控制法网，丰富单位犯罪的种类与罪名，提高单位犯罪的刑法供给量，以形成威慑作用。但是，这种犯罪治理模式效果并未彰显，反而滋生很多负面效应，主要表现在：

一是，我国虽然严密了关于单位犯罪的控制法网，但是在关于单位犯罪构成要件的规定上，仍采用与"个人犯罪"相同的认定标准，即坚持"主客观相统一"的原则，除了要求单位本身实施犯罪行为外，还要求体现单位犯罪的主观意思，导致司法实践中难以对单位犯罪进行认定，立法者关于单位犯罪的规制意图及目的也难以实现。二是，鉴于前述单

---

① 张远煌、龚红卫：《合作预防模式下民营企业腐败犯罪的自我预防》，载《政法论丛》2019年第1期。
② 例如，美国的《萨班斯法案》规定，所有申请在美国上市的国外公司，必须进行严格的内部合规审查程序，建立符合要求的内部合规管理体系。英国的《反贿赂法》规定，只要是在英国注册的公司，或者是在英国从事经营业务的公司（无论公司"国籍"属性），其所实施的贿赂行为无论发生在哪个国家，英国都可以对之进行法律制裁。

位犯罪的认定标准，司法实践中往往依托单位成员的主观要素来推论单位的主观犯罪意思，即单位的主要负责人在职务范围内，为了单位的利益而实施经由单位集体决策的犯罪行为，属于单位犯罪。这导致单位犯罪的认定依附于个人行为，形成如今的"严惩个人、附带追诉企业"模式[①]或者在处理单位犯罪时出现"以行代刑"的现象，[②]降低了刑法威慑性，原则上也不利于法治统一。三是，一定时期的经济形势和经济政策或多或少会影响一定时期的刑事政策，导致刑事政策在一定时期出现"宽严往复"现象。当前，我国迫切需要优化营商环境，对企业的刑事政策表现为"可捕可不捕的不捕，可诉可不诉的不诉"，减轻对企业及直接责任人的处罚力度，为企业发展松绑。但是我国刑法对企业犯罪存在"重刑主义"，[③]同时对单位犯罪的"出罪"机制与程序发展不到位，如缺乏"企业缓刑"以及"审前转处协议"等。因而当立法难以实现"刑罚宽缓化"时，便会出现"司法抑制重刑"的实践，通过司法机关的自由裁量权实现对企业犯罪的宽缓化处遇。但这种司法实践难免会带来一定的质疑，即放纵企业犯罪，谦抑导致迁就。[④]如何实现两者平衡，既能在国家政策层面实现对企业的有效保护又能将司法机关的自由裁量权限制在法律框架内，刑事合规制度的引入似乎可以有所作为。

（三）"顺势而为"：刑事合规制度引入的重要性

1. 现代企业犯罪治理理念的发展："二元化"犯罪治理模式

十九届四中全会提出要实现国家治理体系和治理能力的现代化建设，从企业犯罪治理模式角度来看，将刑事合规制度引入其中正是契合这一重大主题的选择。刑事合规制度是指企业在依托所掌握的特别知识将符合企业可持续发展的组织文化、内部管理体系与刑事法政策相结合，建立用以识别、预防、制止和反馈犯罪行为的能动机制并有效贯彻与执行，从而实现刑事责任的减免甚至正当化目的的制度。而"二元化"企业犯罪治理模式是指国家与企业基于互信互利共治的理念，通过企业自主自治的合规管理体系以及国家刑事法上的强制性规范威慑、刑罚激励机制的引导，以实现企业犯罪预防、惩罚目的，并在市场原则公共利益和价值认同之上充分调动市场主体参与犯罪治理的积极性和培育公民社会的自主性意识，在社会管理共治中实现公共利益最大化，充分凸显国家与企业在企业犯罪中治理目标与治理方式的"双向互动"。

2. 犯罪预防理论的发展：积极的一般犯罪预防理论

早期刑事政策注重刑罚的惩罚与威慑功能，遵循"犯罪报应论"，即"实施犯罪行为就得受到处罚，报应权由国家代替被害人实施并将报应结果附加于行为人之上"。这种刑

---

①② 马明亮：《作为犯罪治理方式的企业合规》，载《政法论坛》2020 年第 3 期。

③ 结合同一时期台湾关于单位（企业）犯罪的刑罚供给量来看，大陆和台湾在法定最低刑方面差异不大，大多罪行都配置了比较低的最低法定刑，体现了轻缓的一面。但是在法定最高刑方面，大陆要高于台湾，尤其是死刑配置上！这就充分说明了一点，大陆刑法相比于台湾地区刑法，在重刑主义上走得更远。李本灿：《企业犯罪惩治中两元化刑事政策的构建——基于企业犯罪惩治负外部效应克服的思考》，载《安徽大学学报（哲学社会科学版）》2014 年第 5 期。

④ 李本灿：《企业犯罪惩治中两元化刑事政策的构建——基于企业犯罪惩治负外部效应克服的思考》，载《安徽大学学报（哲学社会科学版）》2014 年第 5 期。

罚政策也可以起到犯罪预防作用：一是，对已经实施犯罪的行为人进行惩罚，教育、感化其不再重复犯罪并对存在犯罪倾向的起到遏制犯罪的效果；二是，通过刑罚将犯罪行为与合法行为划分界限，为在法律框架内实施行为提供指引，构建国民对行为合法性的预测可能性，从而起到犯罪预防作用。但是，这种犯罪预防目的——消极的一般预防目的的实现是以过去行为为参照标准的，针对的是过去的行为，亦即意味着犯罪行为已然发生，已经造成了国家、社会、社会成员的损失和伤害。消极的一般预防会存在一定的滞后性，"亡羊补牢虽为时不晚"但效果却也不明显。

近年以来，伴随着风险社会与风险理论的发展，出现了风险刑法的概念。风险刑法在犯罪惩罚的基本立场上更加强调刑事法律风险的预防，也催生了积极的一般犯罪预防理论。积极的一般犯罪预防理论着眼于对未来行为预测与识别，通过制度规定以帮助社会成员培养对"规范忠诚的价值信念和提高辨别是非观念的能力"。[1]风险刑法在立法上选择"在犯罪发生之前、在针对某个行为人特定犯罪的嫌疑具体化之前就已经开始介入"，[2]即国家主动强化刑法的预防功能，将促成犯罪成立的风险点与时间点前移，确保干预的前置化与早期化，但是这也会导致人们的行为过早且过多的被纳入犯罪刑罚圈的考量范围，这就使降低刑法风险的事先防范愈加重要。结合当前经济犯罪频发且带来的严重危害后果，使得基于积极一般预防理念的合规计划的意义凸显。

二、刑事合规制度的本土化引入及刑罚激励机制构建

（一）土壤培植：考察我国单位犯罪理论对刑事合规制度容忍度

合规计划实际上是一种企业犯罪的处遇制度，它的产生与存在以对企业犯罪能力的承认为基础，在一定的责任形式上得以发展。主要集中在企业可罚性问题与企业犯罪的责任认定问题上。因此，引入刑事合规制度首先应当考虑我国单位犯罪理论对刑事合规的容忍度以及匹配度，并在单位犯罪理论中将刑事合规安置妥当，实现兼容。

1. 我国关于单位犯罪的归责原则及其与刑事合规间的龃龉

正如上文所言，我国在关于单位犯罪构成要件尤其是主观责任状态的认定上所采取思维逻辑：一是，仍采用"主客观相统一"的原则。二是，我国刑法原则上不承认单位具有独立犯罪意思，[3]因而，单位犯罪的犯罪意思仍然需要通过单位内部成员的犯罪意思进行推论。同时，在处罚方式上仅限于"罚金刑"，诸如"吊销营业执照""责令停业整改"等"资格罚"仅适用于行政处罚领域，方式比较单一。如此会产生以下问题：

---

① [德]托马斯·罗什：《合规与刑法：问题、内涵与展望——对所谓的"刑事合规"理论的介绍》，李本灿译，载赵秉志主编：《刑法论丛（2016年第4卷）》，法律出版社2017年版。
② 孙国祥：《刑事合规的理念、机能和中国的构建》，载《中国刑法杂志》2019年第2期。
③ 正如相关司法解释所言，"成立单位的主要目的就是为了犯罪或者成立单位后主要活动就是犯罪的，应当以自然人犯罪而不是单位犯罪论处"，在此基础上，单位被认定为是自然人实施犯罪的工具，单位作为独立个体不具备独立犯罪意思。虽然，我国刑法强调单位犯罪应当体现单位的整体意志，但是这种整体意志仍然是依附于单位内部成员的犯罪意思集合，这种集合不是单纯的"少数服从多数"，而是"能够代表单位作出决策的群体意志"。

一是单位犯罪主观状态认定问题。一方面，对于单位内部的直接责任人或者其他负责人、员工所实施的犯罪行为，单位对之以不作为方式默认或者在阻止内部成员方面存在过失的，单位应否承担刑事责任，我国刑法尚未作出明确规定。这同时也衍生出另一个问题，我国当前是通过单位成员的犯罪行为与犯罪意思推论单位的犯罪构成的，那么在单位内部如何有效划分单位与单位直接责任人、单位与普通员工、单位与其分支机构之间的刑事责任，界限较为模糊，成为迫切需要解决的问题。另一方面，可以看出我国在单位犯罪领域尚不认可"严格责任"，这在造成单位犯罪认定较为困难的司法难题时，也导致司法机关难以允许单位根据刑事合规制度对犯罪成立进行积极抗辩，单位亦即丧失了实施刑事合规的动力与积极性。因为"严格责任与无罪抗辩是一对孪生儿"，严格责任制度的确立，才能为无罪抗辩提供机会与空间。

二是单位处罚方式过于单一。我国刑法仅对单位犯罪规定了"罚金刑"，但是，依据《行政处罚法》的有关规定，当企业存在违法行为时，行政机关除了可以对企业进行罚款外，还可以对之采取没收违法所得、暂扣或吊销营业执照、责令停业停产等处罚手段，涉及"罚没"惩戒和"资格"惩戒，实现了处罚手段的多元化与"梯度化"，更能体现正确行为引导与处罚威慑作用。与我国单位犯罪处罚方式不同的是，英美法系很多国家对企业犯罪除了科处罚金刑外，还会处以不同严厉程度的资格刑或者其他限制，而同为大陆法系的法国，甚至通过《萨宾第二法案》将企业强制合规义务作为一种刑事处罚措施，即当企业构成犯罪后，需要承担建立有效的反腐败合规计划的责任。

2. 我国刑事合规制度在单位犯罪中设置

（1）归责原则：特殊领域增设预防犯罪失职罪

我国刑事合规制度在引入时如何与单位犯罪理论兼容是首先需要考虑的问题。有学者指出，可以将企业刑事合规制度与单位犯罪的刑事责任直接挂钩，作为企业犯罪行为出入罪或者量刑减免的事由，[①]这种引入方式可称为"直接模式"。"直接模式"在刑法条文设置上主要表现为"在企业内部成员实施犯罪行为时，企业若制定并执行有效刑事合规制度的，则不因此成立单位犯罪"，由此可见，其是将刑事合规制度作为单位犯罪成立与否的基本判断原则。但是这种模式存在最为致命的一点，即认为刑事合规制度是排除企业刑事可罚性的唯一事由，然而刑事合规制度作为企业合规管理的手段往往是其尽到合理监管义务的"内在品质"与"道德观念"，并不能当然地阻止所有个别化的犯罪行为。还有一点需要说明，"直接模式"可能对我国现有单位犯罪归责理论存在较大的正面冲突，在实务界中的接受程度以及可操作性不强，也会导致刑事合规制度本身适用存在障碍。

所以，本文认为英国的"预防犯罪失职罪"理论值得借鉴。首先，"预防犯罪失职罪"

---

① 李本灿：《刑事合规的国内法表达——以"中兴通讯事件"为切入点》，载《法律科学（西北政法大学学报）》2018年第6期。

在责任形式上属于"过失犯罪",而我国单位犯罪中既存在故意犯罪也存在过失犯罪,增设此项罪名并不会显得突兀。其次,"预防犯罪失职罪"在罪名上的设置,可以先限定在一些特殊行业与领域,诸如涉及公共安全、生命健康、生态环境与航空航线等领域,随后再逐步推广。"预防犯罪失职罪"采取的是严格责任原则,虽然我国单位犯罪尚不认可,但是基于上述特殊行业与领域事关公共安全与利益,可以允许其有存在的空间,也不会对当前主流的单位犯罪归责原则产生颠覆影响。再次,"预防犯罪失职罪"中的刑事合规制度并没有直接与企业的刑事责任关联,而是通过允许企业以刑事合规进行无罪抗辩的方式设置中间桥梁或者转引机制,因而也可以称之为"间接模式"。原则上,只要企业内部员工实施了特殊领域的犯罪行为,企业就应当承担"预防犯罪失职罪",但是企业以制定且执行有效的具有阻止或预防相关犯罪的刑事合规就可以进行无罪抗辩,正如"雀巢公司员工侵犯公民个人信息案",①企业本身可避免承担刑事责任。最后,"预防犯罪失职罪"其实也是对"雀巢公司员工侵犯公民个人信息案"的发展。因为该案中,法院裁判的逻辑仍然是以企业员工行为推论企业刑事责任为路径,而"预防犯罪失职罪"则避免了由个人行为推演组织行为的弊端,更加注重企业本身的"组织责任",推动了关于单位犯罪归责原则的发展。

（2）构建多元化单位犯罪刑罚体系

刑事合规制度的引进同时还需要与单位犯罪的处罚方式相关联,促进单位犯罪处罚方式的多元化体系构建。刑事合规制度作为单位犯罪处罚方式主要表现为"强制合规"。对于适用范围而言,本文认为可首先推行于金融行业领域。理由在于,我国行政法在金融领域已经推行了类似于强制合规制度,正如中国证监会于 2017 年发布的《证券公司和证券投资基金管理公司合规管理办法》,②但该管理办法规定的"强制合规"本身不具有处罚意义,属于事前监管措施,以确保我国金融安全与经济秩序稳定。而将该制度与刑事处罚相关联,能够促使刑事合规制度与行政法的相关规定产生呼应,以刑罚强制手段确保金融行业领域更好完善合规管理制度。在此意义上"强制刑事合规"则是一种事后救济手段,对于合规管理体系存在漏洞、执行不到位以及尚未建立合规制度的公司而言,刑罚不再仅着眼于刑法的惩治与威慑,而更多体现的是"法律关怀与嘱托"。本文认为"强制刑事合规"应当与其他刑罚处罚方式同时适用,一般不单独适用,同时还需要配套实施后期监管与验收程序,由司法机关主持对强制建立与完善的合规制度的有效性、合理性与合法性进行综

---

① 关于该案:一审庭审中,被告人郑某、杨某、杨某某、李某某、杜某某辩称,是为完成公司任务收集公民个人信息的。但是,雀巢公司的政策与指示、雀巢宪章、与卫生保健系统关系的图文指引,证实雀巢公司遵守并按照世界卫生组织《国家母乳代用品销售守则》及我国卫生部门的规定,禁止员工向母亲发放婴儿配方奶粉免费样品,禁止向医务专业人员提供金钱或物质的奖励,以引诱其推销婴儿配方奶粉等。雀巢公司以此为主张,认为雀巢公司禁止员工从事侵犯公民个人信息的违法犯罪行为,各被告人系违反公司管理规定、为提升个人业绩而实施的个人犯罪,公司本身不承担刑事责任。最终法院支持雀巢公司的主张,无需承担刑事责任。

② 该办法以总领的方式对各类证券公司的合规管理制度明确提出了要求,要求中国境内的证券企业必须全面建立合规管理体系,开创了"强制合规制度"的先例。

合考量，而这种司法监管会一直持续到涉罪企业彻底完成强制刑事合规制度的建立与完善的义务。

（二）暂缓起诉协议的制度安排——附条件不起诉与认罪认罚的有机结合

暂缓起诉协议①与我国的附条件不起诉在程序设定上具有共通之处，其源于美国司法实践并主要适用于公司犯罪领域，与企业的刑事合规制度结合产生良好的"化学反应"，可以为我国进入刑事合规制度提供参考价值。

1. 制度前提与方向

一是附条件不起诉制度的确立。我国于 2012 年刑事诉讼法开始确立我国的附条件不起诉制度。该制度的立法原意在于：对未成年人犯罪中罪行较轻且有悔罪表现的，结合未成年人犯罪中刑事责任能力的特殊性，检察机关在综合考量下，通过附条件不起诉可以将考验期内的附随义务作为刑罚的替代手段，转而注重刑罚的教育、感化与预防功能。因而，在制度设计以及立法原意上，暂缓起诉协议制度都与我国的附条件不起诉存在诸多共同之处，暂缓起诉协议可以在扩大附条件不起诉适用范围、改进附条件不起诉的适用条件的基础上加以引进。具体可以表现为：对于企业犯罪情节较轻，且有悔罪表现、积极赔偿损失的，人民检察院可以对之作出附条件不起诉的决定。

二是认罪认罚制度的实践。2018 年《刑事诉讼法》确立的认罪认罚制度，从实质上分析，其借鉴了国外的协商性司法理念，即通过犯罪嫌疑人的认罪认罚、积极配合调查、以程序分流形式实现法的效率价值，进而以最少的司法资源换取更大的社会治理成效。认罪认罚制度体现了几个变化趋势：促使检察机关与犯罪嫌疑人、被告人由单纯对抗局面向合作与对抗并存的局面转变；由浅层的调查取证配合向深层的实质性刑事诉讼权利与义务协商转变；突出被追诉人诉讼主体地位与辩护权的加强；强调被害人的当事人地位实质性诉讼权利的强化等。可以说，认罪认罚制度在强化刑事诉讼各方主体地位的前提下，改变传统的诉讼结构，承认甚至鼓励被追诉方与检察机关进行合作与协商，②从而最大限度地修复被犯罪行为所伤害的社会关系。暂缓起诉协议达成的前提条件是涉罪企业对自身犯罪行为的承认与配合调查，这与我国的认罪认罚从宽制度产生了"程序共鸣"，而这种"程序共鸣"确保暂缓起诉协议在我国本土化过程中可以有与之同频共向的配套措施。

总体而言，暂缓起诉协议制度的本土化可以以我国的附条件不起诉程序为制度基础，以认罪认罚从宽制度为实施前提，将刑事合规制度镶嵌于两者之间，架构一种带有我国刑事诉讼程序特色的程序转处制度。

---

① 暂缓起诉协议诞生于美国的"审前转处程序"，即检察官与被告方达成协议，承诺设置一定的考验期，在考验期之内暂时不对其提起公诉，而被告方在此期间要履行一系列的义务，如自愿承认被指控的犯罪事实、赔偿被害方、承诺全力配合调查等。在考验期结束后，检察官经过审核认为被告方履行了协议义务的，就可以放弃对被告方的起诉，案件以被告人受到无罪处理而告终。

② 欧阳本祺：《我国建立企业犯罪附条件不起诉制度法探讨》，载《中国刑事法杂志》2020 年第 3 期。

2. 具体制度设计

一是前期调查程序。暂缓企业协议可以依涉罪企业申请启动，也可以依检察机关职权而启动。无论是依申请还是依职权启动暂缓起诉协议，都应当进行事前的调查与协商程序。事前的调查与协商程序以涉罪企业的认罪认罚内容与过程为主要内容，一方面结合涉罪企业犯罪行为的社会危害性、主观过错程度、坦白、自首、配合调查取证、积极赔偿损失以及获取被害人谅解等悔罪表现的案件事实进行客观评估，另一方面就暂缓起诉协议所追求与实现的社会公共利益与价值目标等主观要素进行综合评判，最终确定是否触发暂缓起诉协议的启动条件。经调查认为符合达成暂缓起诉协议适用条件的，检察机关可以依职权或者涉罪企业可以依申请启动暂缓起诉协议的协商程序，就暂缓起诉协议的主要内容进行协商。

二是中期协商程序。此程序主要对暂缓起诉协议的主要内容进行协商。首先，暂缓起诉协议书应当与认罪认罚具结书、公诉案件和解书相结合，协议的内容应当是在听取被害人意见、专业机构意见的基础上，与涉罪企业进行平等、自由、充分协商达成协议的，必要时可以举行听证会，进行多方沟通、采纳多方意见。其次，协议的主要内容通常应当包括：涉罪企业在认罪认罚的基础上缴纳刑法所规定的罚金数额、对被害人造成损失的赔偿金等；就涉罪企业合规管理体系的建立与完善方案达成一致，确保协议方案既能体现刑罚的惩戒与预防功能，满足法律监管需求，同时又能与企业发展需求契合、体现企业自身独特组织文化；鉴于企业刑事合规制度建立与完善涉及利益面广、周期长、难度大，暂缓起诉协议的考验期可设定法定考验期为6个月至3年，再结合个案具体情况在法定考验期内协商确定最终考验期限；再次，协商主体应当是检察机关、企业行政监管者、专业合规机构或者合规官、被害人代表等，以确保协议内容的完整性；最后，具体协商的费用由涉罪企业承担。

三是后期审查程序。检察机关在与涉罪企业达成暂缓起诉协议后，应当将协议书的内容提交法院进行审核与批准。法院的审核应为实质审查，审查内容应主要围绕暂缓起诉协议的适用条件是否符合以及协议方案是否完备。审查程序为：首先由检察机关对暂缓起诉协议的适用条件、主要内容进行说明；其次，法院在听取检察机关意见后进行质询与提问，由检察机关予以释义；最后，经过质询与回答后，法院作出审查裁定。裁定的结果既可以对所提交的暂缓起诉协议予以否决，也可以直接裁定通过或者对非实质内容进行修改后裁定通过，还可以认为暂缓起诉内容不够完备需要对实质内容作补充或者修改的，要求检察机关与涉罪企业重新协商制定。法院行使直接否决权的，必须是基于暂缓起诉协议的适用条件不达标或者是其他基于特殊利益的考量，但是必须以书面裁定的形式向检察机关说明理由，至于检察机关对法院裁定不服是否可以提出检察建议或者以其他形式要求法院重新审核，本文认为可以留有一定余地作进一步讨论，但此处不作过多探讨。法院审核通过并以裁定形式公开后，暂缓起诉协议方才生效，具有法律约束力。

四是终期执行监管与结果评估程序。执行监管的内容包括涉罪企业是否在考验期内完成暂缓起诉协议的内容以及配合执行的情况。暂缓起诉协议的内容主要分为两部分，一是刑事处罚部分如罚金刑的执行以及对被害人的损失赔偿，该部分通常直接由法院在暂缓起诉协议通过后直接执行；二是关于涉罪企业的刑事合规管理体系的构建与完善，此部分主要由检察机关负责执行监管。而监管方式是由检察机关委托独立的专业机构进行，由专业机构对企业刑事合规管理体系的构建与完善进行指导与监督，并定期向检察机关汇报整改与落实进度，以及涉罪企业是否存在违规或者违法行为等情况。对于在考验期内，涉罪企业存在违法违规行为的，检察机关可以检察建议形式责令涉罪企业整改并延期考验期，对违规严重或拒绝整改的，检察机关应当决定终止执行暂缓起诉协议并向法院直接提起公诉。对于在考验期内顺利完成暂缓起诉协议内容的，在考验期满后既可以由检察机关依职权也可以由涉罪企业依申请委托专业机构出具最终评估与考察报告，对于完成情况较好的，也可以在考验期满前委托出具最终评估与考察报告。最终由检察机关依据报告作出不起诉决定或者直接起诉的决定，决定不起诉的则涉罪企业以无罪处理，流程结束；认为暂缓起诉协议执行不符合要求的，则直接向法院提起公诉，暂缓起诉协议失效。

（三）实体法上：刑事合规的刑罚激励机制建构

刑事合规制度的适用还可以体现在涉罪企业的最终量刑激励与犯罪成立阻却犯罪事由上。此处刑事合规的作用与暂缓起诉协议中的作用与地位不同，是指案件已经进入诉讼程序后，企业刑事合规的制定与有效执行对法院最终裁判的影响。检察机关也可以以企业刑事合规为依据向法院提出量刑建议。

1. 刑罚激励机制构建的前提

刑罚激励机制的作用需要在对比中实现，而对比对象则为刑事责任的严厉程度。可以说，增加单位犯罪的刑罚供给量以及构建多元化的单位犯罪刑罚体系是实现以刑事合规促成量刑激励机制的基础。严密关于单位犯罪的法网、加重单位犯罪的刑罚力度也是我国当前的一种立法趋势。[①]在这种背景下，才会显得出罪或者量刑激励机制的重要性与迫切性。同时在经济成本效益理论分析下，只有在合规的经济成本小于没有合规的成本时，企业才会考虑使用合规。[②]类推之下，当企业犯罪的成本较高后，刑罚的量刑激励机制才显得"弥足珍贵"，既实现严厉打击犯罪的威慑作用，又通过刑事合规制度考量企业的刑罚供给量，在"严严减减"的刑事政策中实现刑罚的平衡。

2. 犯罪阻却事由的认定

前文已论及，在我国的一些特殊行业与领域，设置"预防犯罪失职罪"，将举证责任倒置并且赋予涉罪企业无罪抗辩权，由涉罪企业以企业已建立完善且执行有效刑事合规，从而排除犯罪成立事由，实现刑事合规的出罪义务。而在特殊领域之外，也有论者认为可以赋予刑事合规的阻却犯罪成立的功能，但具体判断标准应当在企业建立且有效执行刑事合规、尽到合理监管义务的基础上，综合企业是否有前科记录、犯罪行为危害性、事后认

---

① 李本灿：《企业犯罪惩治中两元化刑事政策的构建——基于企业犯罪惩治负外部效应克服的思考》，载《安徽大学学报（哲学社会科学版）》2014年第5期。

② ［德］托马斯·罗什：《合规与刑法：问题、内涵与展望——对所谓的"刑事合规"理论的介绍》，李本灿译，载赵秉志主编：《刑法论丛（2016年第4卷）》，法律出版社2017年版。

罪认罚与退赃退赔态度、配合调查程度等多方因素的基础上作出决定。企业的刑事合规应当是作为判断标准之一，而不是唯一判断标准。

3. 刑罚量刑减免的情节

刑事合规对企业犯罪的量刑的减免情节上主要表现为减轻、从轻甚至是缓刑。在我国，缓刑只适用于对自然人的量刑宽缓中，理由在于企业作为法律拟制人格，本身并不有在考验期内自我改造的能力。然而，随着单位犯罪归责理论的发展以及暂缓起诉协议制度的司法实践，认为企业本身具有独立的主观意志，以缓刑机制激励其进行自我改造是有可能也是有必要的。因此，法院同样可依据涉罪企业的刑事合规建立与执行情况进行综合考量，对涉罪企业作出量刑的从轻、减轻以及缓刑。鉴于此，本文认为应该构建多元化的单位犯罪刑罚体系，因而除了可以对判处的罚金进行量刑激励外，还可以表现在责令停业停产的期限缩短、设置考验期的暂扣或吊销营业执照缓刑处罚等。在多元化的单位犯罪刑罚体系中，从轻意味着同种处罚措施中的金额减免、限制期限缩短等，而减轻意味着不同刑罚手段之间的递减与降格，如法院经过综合判断后，可以依据涉罪企业刑事合规的制定与有效执行将刑罚手段由吊销营业执照降格为暂扣营业执照等，以此类推。

三、结语：回归现实与孕育"阵痛"——刑事合规制度的未来

任何制度都不是完美的，刑事合规也是一样。纵使刑事合规制度在司法实践中实现了企业犯罪治理模式的转变、企业犯罪预防目的等诸多价值，但在对刑事合规的引入以及"本土化"过程中，还需要客观、全面且清醒认知它，不能仅片面看到其制度价值而忽视其固有缺陷，还应当回归现实与检视孕育"阵痛"。

当刑事合规与刑事法政策产生关联后，必然意味着司法机关会以诉讼程序或者附带程序介入与干涉企业正常生产经营，尤其是暂缓起诉协议或者"强制刑事合规"必然会对企业自主经营产生影响，如何平衡司法机关在监督企业建立、完善刑事合规过程中与企业经营自主权的关系是刑事合规制度引进中首先应该考虑的问题。"有效性"是贯穿刑事合规制度始终的概念，也是司法机关对企业犯罪归责、刑罚激励与减免的重要依据，更是实现企业可持续发展价值追求的基础，因而我国刑事合规制度"有效性"的判断标准应当如何构建是亟待需要解决的问题。延伸之，刑事合规制度嵌入我国刑法体系后，还涉及司法机关对企业建立刑事合规制度有效性的事先调查评估以及后续持续监管的职责，而这种监管职责的落实又与司法机关的综合能力与水平直接相关，以我国对司法机关法职能定位以及司法思维来看，在很长一段时间内都会成为讨论的焦点。还有诸如企业通过模仿实施"装点门面式"的刑事合规，可能对企业不当行为的刑罚威慑力不足，而且会变相鼓励企业投机、逃避罪责甚至引发司法腐败等担忧。这些问题都是刑事合规中国化所面临的基本课题，也为未来刑事合规制度在我国的进一步发展指引方向。

（责任编辑：郭勇辉）

企业合规独立监控人的监督机制研究

——以我国破产管理人监督机制为借鉴

阴明皓 *

一、引言

企业刑事合规监管理论上有两种模式:一是"检察建议模式",即检察机关作出相对不起诉决定后,向企业送达检察建议,要求其在期限内制定并执行专项合规制度;二是"附条件不起诉模式",[①]即对于提交合规计划的企业,作出附条件不起诉的决定,并委托行政机关或独立监控人在考验期内对企业的合规计划执行情况进行监管,检察机关在考验期结束后根据合规计划执行情况决定是否提起公诉。[②]

理论上来说,附条件不起诉模式相较于检察建议模式,激励和约束作用更显著,能够有效促进企业合规计划的实施,从而实现"预防刑"的功能,[③]给企业"戴罪立功"的机会。当前,我国推行企业合规试点的检察机关中也有很多采取类似附条件不起诉的模式。在该模式下,根据监管主体的类型,又可以分为独立监控人(又称独立监管人、合规监管人等)模式、[④] 行政机关监管模式[⑤]和多种主体合作监管模式。[⑥]这三种模式各有利弊:比如西方国家普遍适用的独立监控人模式能够保证监督工作的专业性、有效性,但如何对监控人进行监管面临挑战;行政机关监管模式下,行政机关在特定领域的监管专业性有优势,但其监管动力以及与检察机关的衔接配合问题有待解决;多种主体合作模式调动多方主体,弥补了前两种模式的缺点,但实际上,它仍是以检察机关为主导,一方面,检察机关内部人才是否具备相关的能力和精力存在疑问,另一方面,多种主体投入的成本是否必要也有待论证。

相比之下,在西方国家实践多年的独立监控人制度较为成熟,更有利于我国企业刑事合规制度的发展起步。但是,照搬全收异国制度势必会引发适用中的"水土不服",如何将企业合规本土化,成为检察实践中面临的一个重要命题。其中,独立监控人的监督机制

---

* 阴明皓,法学硕士,上海市松江区人民检察院检察官助理。

① 我国刑诉法中的附条件不起诉仅适用于未成年人,本文的企业合规附条件不起诉仅在理论层面探讨。

② 陈瑞华:《企业合规不起诉制度研究》,载《中国刑事法杂志》2021年第1期。

③ 李本灿:《刑事合规制度的法理根基》,载《东方法学》2020年第5期。

④ 马明亮:《作为犯罪治理方式的企业合规》,载《政法论坛》2020年第3期。

⑤ 时延安:《单位刑事案件的附条件不起诉与企业治理理论探讨》,载《中国刑事法杂志》2020年第3期。

⑥ 杨帆:《企业合规中附条件不起诉立法研究》,载《中国刑事法杂志》2020第3期。

如何本土化的问题尤为关键，关系到独立监控人作用的发挥，决定了企业刑事合规制度的效能。陈瑞华教授曾提出，法院对破产管理人的监管制度可以成为检察机关对于合规监管人进行监督的借鉴。①破产管理人制度在外观上与独立监控人制度确实存在一定的相似性，并且，破产管理人的监督机制在我国已有一定的研究基础，对于独立监控人监督机制具有借鉴意义。笔者将对独立监控人和破产管理人进行对比研究，探讨独立监控人监督机制的完善进路。

二、独立监控人与破产管理人静态特征之对比

2006 年颁布的《中华人民共和国企业破产法》（以下简称《破产法》）设立了破产管理人制度。《最高人民法院关于审理企业破产案件指定管理人的规定》（以下简称《指定管理人规定》）和《最高人民法院关于审理企业破产案件确定管理人报酬的规定》（以下简称《管理人报酬规定》）的颁行，进一步充实了破产管理人制度的内涵。我国破产法语境下的破产管理人，由人民法院指定，负责管理破产的各项具体事务，其外观特征与企业合规独立监控人有诸多相似之处，也存在本质上的区分。

（一）相似之处

1. 法律地位

从法律地位上来说，独立监控人与破产管理人都属于中立第三方。根据破产法理论，破产管理人的法律地位有"债权人代表说""破产财团代表说"和"法定机构说"等学说。②我国《破产法》立法层面采纳的是"法定机构说"。③现行《破产法》对 1986 年《破产法》的修改之一是以"破产管理人"替代原有的"清算组"进行破产事务的管理，目的就是为了避免由行政部门人员组成的清算组受到行政干预。破产管理人受法院指定，但不代表法院；为债权人的利益而履职，但不仅代表债权人的利益。因此，破产管理人属于中立的法定第三方机构，职责在于平衡多方利益。而独立监控人，西方的企业合规实践中也将其定义为中立第三方，如《Morford 备忘录》定义其是"Independent Third Party"。④放眼国内的研究和实践，企业刑事合规监督与考察结果对附条件不起诉的结果有决定性的作用，如果监控人与检察机关或企业发生利益上的联系，不仅会滋生腐败问题，更会对司法公正产生影响。因此，独立监控人的中立性对企业刑事合规监管目标的实现具有决定性意义。

2. 权利来源

从权利来源来看，独立监控人与破产管理人的权利都来源于司法机关。《破产法》规定，破产管理人的选任由人民法院指定，并且要向法院报告工作，其报酬支付、辞去职

---

① 陈瑞华：《刑事诉讼的合规激励模式》，载《中国法学》2020 年第 6 期。
② 钱凯：《破产管理人监督机制研究》，西南政法大学博士论文 2019 年。
③ 李燕：《论我国破产法中管理人的法律地位》，载《当代法学》2007 年第 6 期。
④ 马明亮：《论企业合规监管制度——以独立监管人为视角》，载《中国刑事法杂志》2021 年第 1 期。

务、聘用必要的工作人员等事务都要经过法院的许可。破产案件本身也是法院管辖的内容，所以破产管理人的权利从某种意义上说来自法院的让渡和授予。而独立监控人服务于附条件不起诉制度，其任命同样要经过检察机关的批准，向检察机关报告企业合规计划的执行情况，为检察官作出是否起诉的决定提供参考。从某种角度来说，独立监控人与破产管理人的行为都有一定的准司法性，他们的工作内容都服务于某个司法程序，但又受制于司法机关的最终决定权。

3. 人员选任

从人员选任来看，独立监控人与破产管理人的职责内容都具有高度专业性，因此选任条件都比较严格。破产涉及法律事务与专业性、技术性较强的非法律事务。《破产法》第二十四条规定，破产管理人应当是依法设立的律师事务所、会计师事务所、破产清算事务所等社会中介机构中具备相关专业知识并取得执业资格的人员，另外还规定了不得担任管理人的四种情形。而企业合规事务交叉了法律、会计、税务等多个行业，只有具备交叉领域实践经验的专业人才方能胜任。实践当中如宝安区司法局发布的《关于企业刑事合规独立监控人选任及管理规定（试行）》（以下简称《宝安规定》）要求独立监控人从符合六项基本条件的律师事务所中选任，并且规定选任的名单必须向社会公示。

4. 职责目标

从职责目标来看，独立监控人与破产管理人的目标都包括保障企业的生存和延续。尤其是在破产重整程序中，这一目标体现得更加明显。破产重整中，为了避免企业灭亡，管理人负责制定重整计划草案，并对公司财产进行处分和经营管理，担负着复兴企业的特殊职责，[①]破产管理人能够"挽狂澜于既倒"。在企业合规监管中，独立监控人权利较少，主要是对企业的合规计划执行进行监督和指导，其工作职责同样也是为了避免企业由于受到刑事追诉而影响经营的风险。对于中小微民营企业，一旦被定罪量刑，甚至可能走向停工停产和破产倒闭的结局；而上市企业则可能面临被迫退市的后果。[②]所以独立监控人同样能够"扶大厦之将倾"。

（二）不同之处

显然，两者最突出的区别在于性质之分，独立监控人依托于刑事程序（附条件不起诉程序），而破产管理人则依托于民商事程序（企业破产程序）。根据刑事法与民商法的不同特点，独立监控人与破产管理人具体有以下几个差异：

1. 权利大小

破产管理人直接管理破产企业，拥有财产处分权和事务的决定权，能够代表企业参加法律程序，实质上拥有代理破产企业的权利和义务。而独立监控人仅仅是对企业刑事合规计划进行指导和监管，并形成报告提交检察官参考，并没有实体上的权利。权利的不同体

---

① 张加犁：《破产重整管理人的权利义务之完善》，载《法制与社会》2011年第11期。
② 陈瑞华：《刑事诉讼的合规激励模式》，载《中国法学》2020年第6期。

现了民法意思自治原则与刑法罪刑法定原则的本质区分。

2. 作用地位

如前所述，破产管理人在破产程序当中履行各项具体事务，是破产企业资产的管理人，拥有财产处分权和事务决定权，对于企业破产程序具有主导和决定作用。而独立监控人的主要职责是指导并监督企业刑事合规计划的制定和执行，相对来说处于辅助的地位，检察机关对起诉的判断和裁量权才是整个附条件不起诉制度的核心。

3. 报酬支付

根据《破产法》和《管理人报酬规定》的有关规定，破产管理人的报酬从债务人财产中支付，具体数额由法院根据债务人最终清偿的财产价值总额，在比例限制范围内分段确定。而独立监控人的报酬支付，国内实践存在不同做法，一种是由检察机关支付，另一种是由企业支付。[1]另外，由于刑事合规监管的特殊性，涉及法律、税务、审计、管理等多个领域交叉事务，无法像破产管理一样根据财产价值对报酬进行量化，而不同的罪名、不同规模的企业进行合规监管的工作量显然也存在差异，具体的报酬标准如何确定，也有待实践中的探索。

三、独立监控人与破产管理人监督机制动态运行之对比

2020 年 8 月 28 日，深圳市宝安区司法局发布《宝安规定》，条文涉及独立监控人的定义、原则、选任程序等，描绘出独立监控人制度的雏形。笔者认为，根据前述两个机制的静态特征异同分析，两者具备比较借鉴的基础，独立监控人监督机制可以从破产管理人监督机制中取长补短。以下将从事前监督、事中监督和事后监督三个阶段分述之。

（一）事前监督

1. 破产管理人的选任和退出机制

《指定管理人规定》规定，法院应当编制管理人名册，只有会计师事务所、律师事务所、破产清算事务所以及执业律师和注册会计师可以申请编入名册，同时应提交资质、业绩证明等申请材料；法院应当成立不少于七人的专门评审委员会确定初审名册，并通过媒体公示后逐级报最高法备案。法院一般采用轮候、抽签、摇号等随机方式从本地管理人名册中选定破产管理人，在复杂、重大的案件中还规定了"异地选任"的模式。[2]当前实践中，普遍会根据管理人的能力进行分级，从而匹配不同疑难程度的破产案件。[3]值得一提的是，我国立法对自然人担任管理人持较为谨慎的态度，一般在简单的破产案件中，法院可以指定由个人担任破产管理人。一方面是考虑到成本和效率的因素，另一方面，相较于国外普遍性适用自然人破产管理人的情况，反映出立法者对自然人工作能力的不信任。[4]

---

① 陈瑞华：《刑事诉讼的合规激励模式》，载《中国法学》2020 年第 6 期。
② 王洪月：《破产管理人监督机制研究》，中央民族大学硕士论文 2017 年。
③ 李晓涵：《论破产管理人分级制度》，载《市场周刊》2019 年 6 月 1 日。
④ 钱凯：《破产管理人监督机制研究》，西南政法大学博士论文 2019 年。

破产管理人的退出机制，即规定在《指定管理人规定》中的管理人更换制度，涉及三方主体的权利：债权人认为管理人不能胜任职务的，可以向法院申请予以更换，具体情况包括失去资质、有利害关系、因故意或重大过失导致债权人利益受到损害等；同时，管理人有正当理由，经人民法院许可可以辞去职务；人民法院也可以依职权径行决定更换管理人。无论由哪一方提出更换，最终的决定权都在人民法院。

综上，破产管理人的事前监督主要是以法院依职权为主，以社会公众和债权人监督为辅。

2. 独立监控人的选任和退出

关于独立监控人的选任工作，《宝安规定》指明由区司法局协助区检察院开展，并设立了类似"管理人名册"的"名录库"，但限定只有律师事务所可以申请，且对资质、规模、成立时间都有较高的要求。从条文的表述上，区司法局居于辅助的地位，[1]但选任的事务，包括公告程序、审查确定拟任名单、公告异议的调查核实，都由区司法局来承担。对此，笔者猜测可能有两点考虑：一是司法局本身有管理本地区内律师业务的职责，由其建立独立监控人名录库更加便利高效；二是尽量避免分散检察机关的工作重心。[2]

对于独立监控人的退出机制，《宝安规定》设置了免职、辞任两种情况。独立监控人在选任时弄虚作假、受到处罚处分、损害企业权益、考核不合格或有违反社会公德和职业道德的行为，将被免职；当独立监控人无法履职时应报告司法局并同时辞任。

3. 小结

对比之下，《宝安规定》的独立监控人制度，主要有以下几个问题：

一是独立监控人的条件限制过于严格。虽然企业合规不起诉属于刑事诉讼的一种激励模式，[3]与法律业务紧密相连，但合规监管中也涉及税务、公司治理等专业领域，《宝安规定》并未像《破产法》一样赋予独立监控人"聘请必要的工作人员"之权利。因此独立监控人的选任限定在律师事务所中可能难以满足合规监管的现实需求。另外，多位学者提出小微企业有承担合规费用的压力，[4]完全排除自然人参与合规监管，自然也阻碍了通过降低人力成本减轻企业的合规负担的渠道。

二是名单的确定程序和监控人案件匹配机制缺失。《宝安规定》仅规定了选任的原则，[5]却没有确定最终名单的流程，具体如何公开，怎样做到公正，都缺少机制性的约束；选任出监控人的名录库后，如何指定个案的监控人，有待明确。不同的案件，不同规模的企业，合规监管的工作量和难度都是有区别的，每一个案件如何与监控人相匹配，有待实践中建立健全。

---

① 《宝安规定》第八条：区司法局协助区人民检察院建立独立监控人名录库并定期更新。
② 时延安：《单位刑事案件的附条件不起诉与企业治理理论研讨》，载《中国刑事法杂志》2020年第3期。
③ 陈瑞华：《刑事诉讼的合规激励模式》，载《中国法学》2020年第6期。
④ 马明亮：《论企业合规监管制度——以独立监管人为视角》，载《中国刑事法杂志》2021年第1期。
⑤ 《宝安规定》第三条：选任和管理独立监控人应当遵循"平等自愿、公开公正、科学高效"的原则。

三是监控人的辞任程序过于简易。因客观原因不能履职和出现其他影响履职的重大事项时，监控人在报告后可以辞去职务，没有像破产管理人一样严格的审批程序，只要监控人提出辞职，则可退任。笔者认为，独立监控人职责包括调查企业刑事合规情况、协助企业制定合规计划、监督合规计划的执行、出具阶段性书面监控报告，是一套完整的流程，中途更换监控人可能会破坏合规监管的连续性和公平性，应当谨慎审批监控人的辞任。

四是监控人与涉案企业之间的关系不清。《宝安规定》第二条对独立监控人的定义是"受犯罪嫌疑企业委托"，那么企业与监控人之间就是委托与被委托的关系，监控人为企业提供刑事合规的服务，属于一种"去中心化"的社会自我规制，注重非政府主体的存在价值和活动潜力。[1]但是，独立监控人却是由司法局和检察院任免的，且只向检察院报告工作，[2]这与前述的委托关系明显是冲突的。厘清监控人与企业之间的关系，涉及独立监控人制度的理论根基，无论是选择社会自我规制模式，还是政府规制模式，至少应当做到制度内部逻辑上的自洽。

（二）事中监督

1. 破产管理人的履职监督

从监督主体来看，《破产法》第二十三条规定了对破产管理人进行监督的三方主体：法院、债权人会议和债权人委员会。在此阶段，法院的监督权依然是主导，例如管理人直接向法院报告工作，法院对管理人报酬有决定权，管理人实施对债权人利益有重大影响的财产处分行为应当经法院许可等。而管理人虽然对债权人会议有报告工作和接受询问的义务，体现了债权人会议的监督权，但其毕竟不是常设性机构，可能无法做到日常、全面的监督。作为债权人会议的下设常务机构，债权人委员会则面临监督权受限的问题，但其对管理人的监督却最直接。管理人实施有重大影响的财产处分行为时应报告委员会，委员会也有权要求管理人作出说明、提供文件。

关于管理人的报酬问题，涉及管理人履职的积极性和廉洁性，是监督的重点之一。《管理人报酬规定》指明管理人报酬由审理破产案件的法院进行确定，并且应当从债务人财产中优先支付。在"无产可破"的情况下，实践中已有法院进行管理人报酬基金的试点，包括政府拨款建立基金，[3]案件交叉补贴，[4]以及多方筹建等形式。

由此可见，事中监督阶段，法院依然是主导地位，但属于间接监督，债权人居于辅助地位，但属于直接监督。

2. 独立监控人的履职监督

在独立监控人的履职过程中，主要是检察院和司法局两方主体的合作监督。《宝安规

---

① 李本灿：《刑事合规制度的法理根基》，载《东方法学》2020 年第 5 期。

② 《宝安规定》第十三条：独立监控人应当恪尽职守，履行诚实、信用、谨慎、勤勉、中立的义务，并遵守下列规定：……（三）定期向区人民检察院报告合规监控情况。

③ 陈其生、谢唯成：《企业破产管理的"破冰之旅"》，载《人民法院报》2010 年 8 月 17 日。

④ 张羽馨、孔维璜：《常熟再签破产专项基金公约》，载《江苏法制报》2013 年 5 月 14 日。

定》第十四条的禁止性规定：独立监控人在履职过程中如果有损害企业合法权益的行为，比如违反保密义务等，可以视情节给予相应的惩戒，但这里的监督更偏向事后监督。另外，还有对独立监控人进行年度考核的机制，考核机制是独立监控人履职能力和履职态度的重要依据，以考核结果作为其资格免除和续任的重要依据，也为名录库的更新提供一种新的方式，促进独立监控人之间的良性竞争。

3. 小结

对比之下，独立监控人制度的履职监督内容比较单薄。主要问题有以下几点：

一是监督主体不明确。例如对独立监控人的年度考核制度，是由司法局联合检察院进行。两方主体合作监督考核确实能够确保公正性，但是同样可能产生互相推诿责任的风险，由某一单位主导具体执行和考核评估才能保证工作的效率。关于独立监控人履职义务的违反，由哪一单位来调查或惩戒，规定中也没有明确。

二是监督机制缺失。对于履职中的监督，《宝安规定》第十三条规定了独立监控人的报告义务，但书面报告应当由哪些部分组成尚不明确。况且对报告的审查并不是对履职情况本身的监督，实践中具体如何监督其是否恪尽职守，履行诚实、信用、谨慎、勤勉、中立的义务，还需要建立有关配套机制。

三是报酬问题。独立监控人的报酬关系到监管的成本和中立性问题，但《宝安规定》却付诸阙如。

（三）事后监督

1. 破产管理人的责任承担

《破产法》规定了四个方面的责任内容。一是民事责任。给债权人、债务人或者第三人造成损失的，依法承担赔偿责任。二是执业保险。考虑到破产管理人工作的高风险性，个人管理人必须参加执业责任保险。三是司法行政处罚，管理人未能勤勉尽责，忠实执行职务的，人民法院可以依法处以罚款。四是刑事责任，破产管理人可能涉及的罪名包括贪污罪、受贿罪、挪用公款罪、职务侵占罪、妨害清算罪等。

2. 独立监控人的责任承担

《宝安规定》中独立监控人的责任承担，主要是违反规定义务后的免职惩戒。一方面是损害犯罪嫌疑企业合法权益的几种行为，将视情节给予劝诫或者免职，构成犯罪将追究刑事责任。这里的犯罪可能涉及侵犯商业秘密罪、侵犯公民个人信息罪、破坏生产经营罪、窝藏罪、包庇罪、非国家工作人员受贿罪等，同时应当适用从业禁止规定。另一方面是违反社会公德、职业道德等有损独立监控人形象、社会公信力的行为，将免除其选任资格。

3. 小结

相较于破产管理人四个方面体系化的责任形式，独立监控人的责任形式还有待拓展和完善。《宝安规定》中主要是以免职的措施为主，构成犯罪时当然地追究刑事责任，但在免职与追究刑责之间还有很大的真空地带。例如，对企业造成损失的民事责任的承担，违反律师义务时的罚款、停止执业、吊销执业证书等行政处罚，都是必要的。要让完备的事后监督体系成为悬在独立监控人头上的"达摩克利斯之剑"，有效督促独立监控人恪尽职守，履行诚实、信用、谨慎、勤勉、中立的义务。

四、独立监控人监督机制的完善路径

2021 年 6 月最高人民检察院等九部门联合印发的《关于建立涉案企业合规第三方监督评估机制的指导意见（试行）》（以下简称《第三方机制指导意见》）对试点工作进行统一和指导，事前和事后监督机制基本上参照《宝安规定》的思路，主要对事中监督机制的构建指明发展和完善的方向。笔者将在此基础上，探讨独立监控人监督机制的完善路径。

（一）健全事前监督机制

1. 独立监控人选任机制完善

一是扩大监控人的职业范围。如前所述，企业合规涉及的并不仅仅是法律业务，不是一般意义上的"法律风险防范"，而是针对各类行政、刑事处罚、国际组织制裁而建立的公司治理体系。[1]律师在某些领域不具备足够的能力，例如，危害税收征管类犯罪的企业合规中，由税务师或会计师进行指导和监管更为适宜。所以将监控人名录库的范围进行扩展，更有利于提升个案中企业合规监管的专业性。

二是赋予监控人聘请必要的工作人员的权利。这也可以作为扩大监控人职业范围以外的另一种完善途径。企业合规业务需要复杂、多元领域的专业知识技能，监控人在必要情况下，聘请其他专业的工作人员，有利于提升合规计划的制定与执行效率。

三是探索建立专业资格考试制度。随着企业合规监管的推广，适时设置更加精细化、专业化的准入门槛，一方面可以结合法律法规和理论进行专业知识考试，另一方面可以效仿律师行业设立实习期，经实习后取得执业资格证书。

2. 建立人案匹配分级和异地选任机制

所谓的人案匹配就是指不同的监控人匹配不同的企业合规监管对象。例如，对于中小微企业或犯罪情节轻微、监管难度较低的企业，匹配资历相对较浅或经验较少的监控人。在机制上，可以建立监控人分级制度，对名录库中的监控人依据一定的标准进行分级，从而适配不同难度的监管案件。人案匹配分级制度给新的监控人积累经验的机会，同时也是一种督促监控人提升业务能力的激励机制。

异地选任机制是建立在人案匹配基础上的回避制度，当独立监控人与承办的案件及监控的企业存在利害关系时，为保证监管的公正性，理应回避。目前，以区县为单位建立名录库范围非常有限，有时可能无法满足回避的需求。在临近的区县或市之间共享名录库，建立异地选任机制不失为一种变通，既扩充了监控人的可选任人数，为更严格的回避要求创造了条件，也促进了监控人之间的良性竞争。

---

① 陈瑞华：《论企业合规的性质》，载《浙江工商大学学报》2021 年第 1 期。

3. 规范监控人更换程序

一方面，要设置监控人辞任的审批条件，监控人请辞时，检察机关应当对辞任理由进行审查。笔者认为请辞的正当理由包括三个方面，一是由于身体健康的原因无法进行合规监管工作，二是发现需要回避的情况，三是工作时间冲突。检察机关经查证属实，方可审批同意其辞任。

另一方面，监控人辞任后，应当尽快选任新的监控人，并由检察院督促双方做好工作交接，避免交接期间合规监管的缺位。

（二）建立事中监督机制

1. 构建以检察机关为主导，行业协会指导监督的体系

企业合规监管的目的就是为检察机关提供附条件不起诉的依据，检察机关作为合规监管的最终验收者，应当由其主导。另外，可以建立独立监控人的行业协会，制定行业规范和道德标准，通过行业协会的自律管理，协同检察机关的他律监督，构建"混合规制"的体系，这种"去中心化规制"的思路也与企业合规所体现的理念契合。《第三方机制指导意见》提出建立的"第三方机制管委会"正是在该思路下进行的探索。

2. 设置其他具体监督方式

除了检察机关和行业协会的外部监督，还应当畅通企业的内部监督渠道。企业作为独立监控人监管的对象，在合规考验期间，与之接触最为密切，《第三方机制指导意见》赋予了企业一些权利，例如举报权（监控人行为不当或涉嫌违法犯罪）、异议权（对监控人的合规监管报告内容有异议）等，形成企业与独立监控人之间的合作与制衡关系。

另外，检察机关可以丰富监督的形式，《第三方机制指导意见》提出建立的巡回检查小组就提供了一些启发。检察机关不应局限于审查监控人提供的合规报告，可以进行不定期、不定时、不定方式的"飞行监管"，现场抽查、亲身了解企业运行以及合规计划的执行情况，既体现了检察机关对企业的"严管与厚爱"，也实现了对独立监控人履职情况的监督。

3. 建立独立监控人报酬基金

首先是费用的确定。合规监管不同于破产管理，无法以客观的标准来衡量。可以参考律师服务收费的定价经验，结合企业规模、犯罪情节、损害后果等因素，通过招投标等方式在选任监控人时确定。[①]

其次是费用的承担。原则上应当由涉事企业来承担，因为合规计划的制定和执行本质上是服务企业并使其获益的程序，另一个角度也可以看作对企业先发制人的惩罚。[②]至于有观点认为由企业支付报酬会造成利益的牵连，有损监管的独立性，[③]笔者认为可以建立独立监控人报酬基金。该基金由政府、检察机关、涉案企业共同出资建立（企业出资部

---

①② 马明亮：《论企业合规监管制度——以独立监管人为视角》，载《中国刑事法杂志》2021 年第 1 期。
③ 陈瑞华：《刑事诉讼的合规激励模式》，载《中国法学》2020 年第 6 期。

分：报酬超过特定数额的，提取一定比例进入基金），由第三方管委会进行管理。这种形式既避免由企业直接支付监控人报酬的利益牵连问题，也能为一些资金周转困难的中小微企业提供监管费用上的接济。

（三）落实事后监督机制

1. 明确独立监控人责任豁免

企业合规制度不可能完全预防企业再犯，在今后的实践中如果出现再犯，独立监控人是否应当承担责任？笔者认为，由监控人指导的企业合规计划的制定和执行已经经过检察机关审查验收，作出不起诉决定，那么该决定就是对监控人在合规考验期内勤勉履职的确认。如果因为企业再犯而认定监控人的监管责任，实质上也是否定检察机关的不起诉决定。只要监控人指导企业建立起有效的合规制度，那么企业的再犯理应归咎于其合规制度的虚置。因此，在企业被不起诉后应切割合规监管与企业再犯之间的关联，给予监控人责任豁免权，将责任重心转移到检察机关，一方面突出检察机关在企业合规中的主导地位，另一方面也降低监控人的风险和监管的成本。

2. 民事责任具体化与执业保证金制度

民事责任的承担在企业合规中有两种形式：一是独立监控人在监管过程中干扰企业正常生产经营或泄露商业秘密等，造成企业财产损失的侵权责任；二是消极怠工不勤勉履职的违约责任。为了督促监控人善意、勤勉履职，可以考虑建立执业保证金制度，监控人依据报酬的数额，向检察机关缴纳一定金额的保证金。如果因监控人故意或重大过失导致企业财产受损，可以从保证金中优先偿付。

3. 配置相应的行政处罚

《第三方机制指导意见》规定了第三方管委会向主管机关、协会提出惩戒建议的权利，惩戒的具体措施有待相关部门进一步细化和明确。应当视情节轻重，给予警告、罚款、停业整顿、吊销执照、免除监控人资格等处罚，形成轻重衔接、宽严相济的处罚体系。

五、结语

《第三方机制指导意见》指明，我国企业合规的发展方向正是引入第三方监管。第三方监管机制是构建我国企业合规不起诉制度的一颗关键的螺丝钉，能够促进"严管"制度化，避免"厚爱"被滥用。现阶段的主要任务就是在第三方监管实践中大胆地试错，同时注重总结经验教训，加强制度顶层设计。除了借鉴国外企业合规的实践，也要将目光放眼国内，走出适合自己的中国特色企业合规道路。笔者通过对比借鉴破产管理人监督制度，希望能为第三方监管制度的优化完善提供一些思路。

（责任编辑：郭勇辉）

企业合规制度的域外借鉴与中国构建

闫宝宝 *

各国实践证明，合规已不再是某一公司选择的管理方式或某一国家针对企业犯罪选择的治理方式，而是一种世界趋势。尚处初始阶段的中国企业合规制度，应将目光投向世界，博采众长，在试点基础上，逐渐扩大合规企业范围、明确合规制度内容，从个人和企业两个方面着手激励企业建立合规制度，并在配套制度上逐步完善，以完备中国化的企业合规制度。

一、合规制度构建的动力

（一）企业合规的外生动力

1. 构建企业合规存在激励机制

建立企业合规制度，存在强制措施的激励机制。尽管我国一直努力降低羁押率，但受制于诉讼文化、社会治理手段等的影响，我国羁押率还是相对较高，在国务院发布的《关于完善产权保护制度依法保护产权的意见》中提到，"利用公权力侵害私有产权、违法查封扣押冻结民营企业财产等现象时有发生"。强制措施因其"严"和"易"的阶段性适用特点，以及对犯罪嫌疑人人身和财产的干涉程度比较深的特性，实践中对公司及其管理人员威慑力较大。企业合规的强制措施激励机制即是在刑事诉讼过程中，根据企业是否采取有效的合规手段，决定是否采取强制措施或者采取何种强制措施，有效避免因对公司负责人采取强制措施，致使公司经营困难甚至破产的发生。

建立企业合规存在程序分流的激励。企业合规的程序分流激励机制，主要是指通过与企业达成一定的协议，对企业不起诉或者暂缓起诉。在国外这几乎成为一种普遍做法，因为"如果有替代方式，几乎没有公司愿意冒被起诉的风险，更不要说审判。替代方式确实存在，暂缓起诉和不起诉给公司提供了避免被起诉的机会"。①程序分流对涉案企业的激励主要有三个方面：一是通过程序分流来节约由于审判等诉讼活动所导致的时间、精力和财力的支出。西方大部分国家对审判期限没有明确规定，即使在有诉讼期限的我国，审结周期可能因为延期审理、发回重审等因素的影响达到数年之久。在诉讼期间，企业不仅要承担调查成本，还面临巨大的不确定性带来的压力，这对公司运营和员工生产力是巨大的打

---

* 闫宝宝，法学硕士，上海市人民检察院第二分院检察官助理。

① Peter J. Henning, The Organizational Guidelines: R. I. P.? 116 Yale L. J. Pocket Part 312（2007），http://www.thepocketpart.org/2007/03/20/henning.html(accessed Oct.1，2019).

击。二是通过程序分流有利于尽早挽回企业形象，避免遭受严重的附带后果的刑罚。相较于民事处罚，刑事程序的启动具有更大的威慑力，原因除了可能的人身自由限制外，还有刑事处罚带来的污名化，以及企业可能面临的从业资格限制。三是通过程序分流可能有更好的解决公司问题的方案。刑事合规，在传统解决企业犯罪的两极式方案（指控或不指控）外增加了第三种选择。在这一方案中，检察官和公司共同努力解决公司的现有问题并改善公司治理模式，使公司在避免被定罪的同时，获得了重新发展的机会。[①]

2. "一带一路"倡议背景下国际组织的要求

在经济全球化的今天，越来越多的跨国公司进入中国市场。中国企业也在谋求在全球范围内的成功，尤其是在国家大力倡导"一带一路"建设的背景下，越来越多的中国公司开始走出国门。但中国公司想要在世界范围内获得成功，只靠质优价廉的商品是不够的，还要知悉并遵守所在国的法律法规，以避免遭到当地监管机构的处罚。世界范围内，很多国家法规规定，即使没在当地投资经营，仅仅只是作为当地企业的代理商、经销商，也会被纳入该国监管。尤其是在欧美各国知识产权保护、反海外贿赂方面法网越来越密的背景下，中国企业走出去面临越来越大的行政及刑事处罚风险。"企业通过建立有效的合规计划，可以避免企业整体利益的损失。准确地说，合规无法直接帮助企业创造商业价值，却可以帮助企业避免重大的经济损失"，[②]这为目标放在国外的企业提供了构建合规的动力。

此外，更为重要的动力是国际银行等国际金融机构的相关合规制裁制度。以世界银行为例，其制裁措施不仅施加于涉案企业，还会波及被制裁方的关联公司以及被制裁方的受让者和继承者，同时世界银行的除名制裁机制还会拓展至世界银行集团的其他成员机构。[③]相较而言，这些国际组织的制裁措施更为严苛、制裁范围更加广泛。截至2019年，我国被世界银行处罚的母公司只有44家，但所有关联公司多达700多家。[④]一方面，针对企业的这些制裁措施对企业自身发展造成很多困难，比如贷款融资等。另一方面，在制裁会波及关联企业的情况下，企业会倾向于选择具备良好的管理能力、完备合规制度的企业作为合作伙伴，甚至部分跨国公司直接拒绝同因合规问题被处罚的公司合作。在当前国际主流倡导合规的背景下，中国企业完善有效合规制度，不仅能帮助企业识别和预防合规风险，还可以在现有的国际机构制裁体系下，预防潜在的制裁可能性，避免因法律问题制约企业发展。

3. 行政主导型合规模式的倡导

纵观欧美各国，公司合规并不是企业内部自发生成的，行政、司法机关在其中起到导向性甚至决定性的作用。在企业合规制度生成阶段，合规的框架及细则都是行政机关搭建充盈的；在合规制度的普及阶段，行政、司法机关对一些龙头企业的执法则起到重大的推

---

① 李玉华：《我国企业合规的刑事诉讼激励》，载《比较法研究》2020年第1期。
② 陈瑞华：《企业合规制度的三个维度》，载《比较法研究》2019年第3期。
③ 尹云霞、李晓霞：《中国企业合规的动力及实现路径》，载《中国法律评论》2020年第3期。
④ 陈瑞华：《企业合规的基本问题》，载《中国法律评论》2020年第1期。

动作用。国家倡导刑事合规，一方面有利于提高执法水平。以美国调查局对德国西门子公司调查案为例，执法机构除难以承担案件调查所需的全部费用、时间及人力成本外，还可能面临巨大的技术壁垒，这都给调查带来巨大的挑战。刑事合规的框架下，执法机关可以委托具备资质的专业机构对企业进行调查，打破专业限制的枷锁，极大地提高了国家的执法水平。另一方面，有利于激发公司自我管理的潜力，弥补国家管控的不足，避免"一放就乱一管就死"。在现代管理理念中，国家控制主要不是体现在具有等级与规范性质的立法与执法方面，而是体现在软性的行为影响方面。与一般行政法或刑法相比，当事公司往往有能力根据自身的业务特点、防范犯罪的能力来制定适合本公司的合规制度，以适应现代经济社会的众多特殊性质。①

（二）合规的内生动力

1. 企业可持续发展理论

现代社会，越来越多的企业理解成功并不局限在眼前的、片面的利润增长，而与可持续发展密切相关。作为一项并不能创造价值的制度，合规制度就是为企业建立一道防火墙。合规建设的追求永远都是实现企业的可持续发展，避免企业因违规而受罚破产，甚至使整个行业遭受重创。以吉利集团为例，其在 2010 年收购沃尔沃过程中首次接触到合规的理念。其后，拥有全球战略的吉利组建了自己的合规团队，对公司进行了合规改造并收到了回报。2018 年，吉利以 90 亿美元收购德国戴姆勒公司近 10% 的股份，这项收购引起了德国高层的关注，相关部门随后对收购进行合规审查。最终，德国方面证实收购行为合法，吉利得以顺利成为戴姆勒最大单一股东。

2. 公司社会责任理论

阿奇·卡罗尔在 20 世纪 80 年代提出了社会责任的金字塔模型，将企业的社会责任划分为四个维度，分别为经济责任、法律责任、伦理责任和自决责任。经济责任是指企业在遵守社会基本原则的基础上更多地创造利润，这是一个企业得以存续的根本。法律责任是指企业在原始地追求利润外，作为社会成员的一分子还要遵守法律法规。如果企业突破了法律允许的界限，就会受到处罚或谴责。企业的道德责任要求企业在经营过程中要保障基本的社会伦理道德，包括保护公民隐私、生态环境等。自决责任是企业社会责任的最高体现，如果企业决定不履行这一责任，公众也不会产生对企业的批评，比如进行社会福利活动等。虽然企业的商业属性造就其以自身利益为首要目标，但是其社会责任亦不容忽视。一个积极承担社会责任的企业，才能够在长远上赢得消费者的认可，从而获得更大的发展。合规制度有利于将企业的商业思维框在社会责任之中，避免"劣币驱逐良币"。

3. 无辜第三人保护理论

在自然人犯罪领域，刑责自负原则早已深入人心，但在刑事合规领域却并非总是如

---

① ［德］乌尔里希·齐白：《全球风险社会与信息社会中的刑法：二十一世纪刑法模式的转换》，周遵友、江溯等译，中国法制出版社 2011 年版，第 263—264 页。

此。英国刑事合规的严格责任规定，如若企业员工实施不当行为，即视为该企业实施该行为，除非企业能自证已实施了完备的合规制度。同时，严格责任增加了积极的作为义务来免除企业责任，若企业通过制定并实施合规制度，有效地开展合规培训，可以将员工的违法行为认定为个人行为，这就阻断了损害由个人向企业的蔓延。同样地，在严苛的国际惩处体系中，针对某一企业惩罚，很可能会累及其分公司、关联企业。所以在国际合作中，企业可以通过选择尽职调查并进行合规风险评估，从而与相关企业之间建立"防火墙"，在最大程度上争取责任豁免。保护员工、投资人代理商、经销商甚至社会大众等大量第三人的利益，避免无辜者受到不公平的损害。再如，通过及时有效地对内部员工或高管开展内部调查或者反舞弊调查机制，展示企业自我防治的决心，实现"交出责任人，放过企业"的目的。

二、域外合规制度考察

（一）美国的刑事合规制度

1. 美国合规制度的确立

20 世纪 30 年代，美国银行业首次提出"合规"的概念，此后，这一概念陆续在银行金融业风险监控、企业犯罪预防、企业内部风险控制等领域适用。在刑事犯罪领域，合规计划同暂缓起诉制度相结合，发挥了重要作用。具体方式是针对涉及贿赂、欺诈等不法行为的公司，联邦执法机关或者监督机关与涉事企业达成协议，涉事企业承认相关罪行、缴纳一定数额的罚款、并在一定期限内查补公司运营的制度漏洞建立公司合规体系，检察机关便可以对涉事企业作出不起诉的决定。①美国的起诉协议分为暂缓起诉协议和不起诉协议，两者存在部分差异。对于尚未提起公诉的案子，检察官可以直接适用不起诉协议。对于已经提起公诉的案子，因为检察官已将案件提交预审法官，暂缓起诉协议会记载相关犯罪事实，因此适用不起诉协议需经过法官批准，尽管这种审查经常是形式上的。

2. 合规协议的执行保障

作为刑事和解的重要内容，是否构建并运行相应的合规制度是执法机关在考察期后决定是否提起诉讼的重要参考标准。那么合规计划是如何在企业内推行起来的呢？

首先，在合规团队方面，联邦检察官将会向涉案企业施压，要求其组建或完善合规团队，并覆盖公司所有业务部门和分支机构。为保障合规团队的独立性和权威性，要求企业建立首席合规官制度。首席合规官负责合规事务，直接对首席执行官负责，还可以向公司董事会报告工作。为了避免利益冲突，合规人员不得在公司兼任其他职务。必要时还会要求公司变更公司治理方式，包括解散并任命新的管理团队等。联邦检察官还会向涉案企业派驻一名合规监督官甚至一个团队，监督企业尽快建立或完善合规机制。合规监督官一般由专业人士担任，很多时候是来自律所、审计机构等专业机构。根据实际

---

① 陈瑞华：《论企业合规的性质》，载《浙江工商大学学报》2021 年第 1 期。

案例显示，美国的合规监督官不仅参与合规机制的建立，还会在协议达成之后继续监督协议内容的履行。

其次，合规协议不仅要建立还必须有效运行。具体包括建立动态的合规机制，向所有员工有效普及企业的合规政策和标准；采取合理措施检测员工的犯罪行为；建立违规举报制度，让员工举报可能的违规行为；通过适当的惩戒机制保证合规标准始终严格执行。①为确保协议的专业性和独立性，涉事企业还会委托外部专业法律人员进行内部调查，以准确诊断合规风险，进而提出改善经营方式、促进员工遵守法规的建议。通过起诉协议，联邦检察官与涉案企业建立一种"以合规换取无罪处理"的机制。促使已经违法的企业建立和完善相应的合规制度，对潜在的违规企业确立威慑和激励机制，极大地推动了合规制度和合规文化的发展。

（二）英国刑事合规与"充分程序"

1. 严格责任与"不当模式"的确立

2010 年，英国通过《反贿赂法》，该法采用"不当行为模式"理论，确立了商业组织因疏于构建内部预防贿赂制度而导致行贿行为发生要承担严格刑事责任。所谓严格责任，即商业组织的"关联人员"为获取或保留公司商业优势实施了行贿行为，该商业组织即构成"商业组织预防贿赂失职罪"，除非有证据证明该组织已经实施了"充分程序"防止贿赂行为的发生。这一严格责任将证明责任倒置，只要发生了贿赂即默认组织构罪，检控机构不需要承担相应的证明责任。同时，商业组织唯一的出罪抗辩事由是商业组织实施了预防贿赂行为的"充分程序"，这给了商业组织建立内部刑事合规制度的强大动力。

2. 严格责任下的充分程序

关于"充分程序"具体包含哪些内容，并没有统一的认识。但 2011 年 3 月颁布的《反贿赂法指南》确立了"充分程序"的六项原则，即相称程序原则、高层承诺原则、风险评估原则、尽职调查原则、有效沟通原则、监控和评估原则。值得一提的是，"六原则"仅是一种指导性规制，即使商业组织采取了与《反贿赂法指南》不一致的内部合规制度，也不意味内部没有建立充分的"预防程序"，具体是否充分还应交由法院结合案件情况进行判断。

相称程序原则要求公司在评估公司性质、规模以及复杂程度的基础上，对公司进行整体上的风险评估，进而制定明确、实用、易于理解的反贿赂程序，并保证这些程序得到有效执行。高层承诺原则要求公司董事会及其他具有同等地位的组织或个人参与制定反贿赂程序并作出反贿赂承诺。这向与公司有交往的外界表明了反贿赂的立场，也向公司内部传达了对贿赂行为的零容忍态度。风险评估原则要求公司定期开展评估，评价企业面临的内外部贿赂风险及内部反贿赂程序健全与否。主要内容为在进行资源整合的基础上，根据公司规模和风险特点对高层进行整体风险评估，并如实准确地记录风险评估结论。尽职调查

---

① 万方：《美国刑法中的合规计划及其启示》，载《人民检察》2018 年第 11 期。

原则要求在开展相关业务时，对为公司服务、或将为公司服务的个人或企业进行尽职情况调查，以减少行贿发生的可能性。有效沟通原则包括内部沟通和外部沟通。内部沟通主要通过宣讲政策、制定程序等方式，向公司传达高层的声音，建立安全可靠的渠道，保证内部人士拥有适合的反贿赂建议反馈渠道。外部沟通则是通过宣言或行为准则等方式，向合作方及潜在的合作方传递反贿赂的信息。监控和评估原则主要是强调公司内外部相应程序是否完备，以监控评价改进反贿赂政策和程序。

相较于美国的协商起诉制度，英国通过"严格责任"，大大地提高了公司面临刑事处罚的风险。美国的诉讼协商制度将公司进行合规制度建设的要求放宽至案件发生后，只要进行相当的弥补在很大程度上就可以免除刑事处罚。而英国将公司刑事合规的义务提前至行贿行为发生前，这固然加重了企业的负担，但也客观地促进了刑事合规在英国更为广泛的建立。

（三）法国的强制合规与暂缓起诉制度

1. 强制合规的实践探索

2016 年法国国会通过了《关于提高透明度、反腐败以及促进经济生活现代化的2016—1691 号法案》。该法案沿袭了原财政部长米歇尔·萨宾于 1993 年提交的第一份反腐败法案，故被称为《萨宾第二法案》。该法案吸收借鉴了美国《反海外腐败法》和英国《反贿赂法》的相关内容，确立了反海外腐败行为的制度。这一制度吸收美国和英国的经验，确立了法国的暂缓起诉制度。强制合规制度要求，用工人数达 500 人以上，或者虽然不在法国，但隶属于总部设在法国且用工人数达 500 人的集团，同时公司营收超 1 亿欧元的企业必须建立合规制度。这一制度是公司及其高管的法定职责，如果没有建立合规制度，即使没有发生贿赂行为，公司及其高管也可能遭受处罚。惩罚是双轨制，既包括对公司处以 100 万欧元以下的罚款，还包括对高管处以 20 万欧元以下的罚款，并要求企业或高管三年内建立合规制度。[①]对于实施了行贿行为的企业，除法院判定企业建立合规制度之外，还有权对企业及其高管判处罚金，并对相关人员判处两年以下监禁。

2. 世界经济一体背景下的起诉协议改良

法国的暂缓起诉制度制定的大背景是美国通过长臂管辖，对涉嫌商业贿赂的法国企业进行执法活动，并处以巨额罚款，法国海外腐败方面陷入被动。此外，与美英相比，法国的暂缓起诉协议有如下特点：一是协议双方是涉案企业及检察机关，公司高管不是协议任何一方；二是协议只涉及特定的违法行为，如腐败、洗钱等；三是涉案企业不需要认罪，只需要承认检察机关提供的"事实陈述"及法律意义，但这种承认并不等同于认罪，也不会产生犯罪记录；四是法官只审定协议适用的必要性、制裁措施的合法性、处罚措施的合理性、协议被执行的可能性。除此之外法官不能对检察机关提出的协议进行修改，只能接

---

① 陈瑞华：《企业合规制度的三个维度——比较法视野下的分析》，载《比较法研究》2019 年第 3 期。

受或拒绝。在协议被批准后，法官不承担监督职责，也没有对企业是否遵守协议的评估权限。可以说，法国通过实施这部反腐败法律，既对法国公司的海外不法行为实施更为严厉的制裁，也通过强制合规制度和暂缓起诉制度将企业合规机制予以强行推行，从而大大推进了法国企业建立和完善合规机制的进程。[①]

三、合规制度中国化的路径选择

（一）中国合规制度的框架完善

1. 明确合规企业范围

纵观各国企业合规制度的状况，既有美国这种在犯罪行为发生后，如果能在一定时期内进行企业合规制度的构建便可以获得诉讼上的便宜的模式；也有英国这种"不当行为模式"，默认企业应当为关联人实施的行为负责，除非企业能自证已实施了"充分程序"；还有法国这种强制合规制度，只要企业满足一定的条件，无论是否犯罪，只要没有进行合规制度的构建，便会受到相应的处罚。但不难看出，企业合规制度在全球范围内从一个相对宽松到逐渐具备强制属性的状态。[②]

基于我国实际情况，笔者认为，企业刑事合规的模式应当采用"自主 + 强制"的模式。所谓自主模式即是吸纳美国企业合规制度的做法，不强制企业实施合规制度或者赋予企业刑事合规的强制责任，即使企业有相应的违法行为，只要及时进行合规构建，即可以获得诉讼上的便宜。之所以选择这种模式，一是因为任何制度的构建都需要一个渐进的过程，合规制度自然也不例外，英法两国采取的合规制度也不是一蹴而就的，而是建立在本国已有相当的制度基础上；二是中国企业中，小微企业的占比较高，这些企业本身的生存发展便存在诸多难题，在起步阶段即赋予其强制合规的义务，在一定程度上可能会分散其本身发展壮大的精力。所谓强制模式即吸纳英国和法国的合规的经验。要求某些具备相应条件的企业，必须建立合规制度，否则便会受到相应的行政或者司法的负面评价。原因有三，一是国内某些企业已经取得了长足的发展，在本行业内有相当的优势，甚至在世界范围内都具备相当的竞争性，完全有能力进行合规制度的构建；二是某些行业关系重大，如证券类金融类公司一旦发生错误会造成严重的系统性社会问题，出于社会稳定和行业健康发展的角度，这些行业应当强制实施企业合规制度的构建；三是出于国际化发展的需要，企业想要迈出国门必然要适应国际规则构建合规制度。

2. 合规制度的应有之义

在合规制度设立的初期，为进一步推动制度落地，可以考虑以列举的方式明确合规制度应当包含的内容。根据国外经验及我国的实际，笔者认为一个行之有效的合规制度主要

---

① 陈瑞华：《法国〈萨宾第二法案〉与刑事合规问题》，载《中国律师》2019 年第 5 期。
② 孙国祥：《刑事合规的概念、机能和中国的构建》，载《中国刑事法杂志》2019 年第 2 期。

包含四个基本要素，分别是合规宪章、合规组织体系、合规政策和合规程序。①

合规宪章是公司具有最高效力的宣言性文件，也是公司股东共同意志的体现。合规宪章是指公司要在总章程或者专门制定的合规章程中载明本公司合规的基本内容。合规宪章一方面对内展示了公司合规的决心，并为公司内部成员所知悉；②另一方面也对外宣示了合规意图，从而规避那些不具备合规制度的合作对象。

合规组织体系主要包括首席合规官、合规委员会、合规部门等。合规组织遵循独立、权威、必要资源和沟通顺畅原则，贯穿公司的每一个部门、每一个分公司，实行垂直管理。

合规政策在合规体系中扮演"实体法"的角色，主要是以合规管理指引和员工手册的方式载明合规风险领域和合规风险点。在全球范围内合规的重点领域为出口管制合规、反不正当竞争合规、个人信息数据保护合规、反商业贿赂和反洗钱合规。划分风险领域和风险点是为了有的放矢，更是为了实现单位责任和员工责任的切割。值得注意的是合规风险领域应根据企业的特点加以确定。

合规程序主要包括防范体系、预警体系和应对体系。防范体系是指在日常性的经营活动中，构建合规制度，避免违规事件的发生。主要包括每年度的定期风险评估，开展业务时对合作对象的尽职调查，评估、调查过后的及时报告制度，以及针对员工的定期及专门培训。预警体系是通过合规制度的构建，及时反馈合规风险。主要包括系统内部的定期合规报告制度，及整合多系统的巡回合规检查制度。应对体系指一旦发生违规行为，企业应当如何应对。主要有三个方面，分别是及时的调查、适当的奖惩和制度的再完善。

（二）合规激励机制的中国选择

为更好地调动企业参与合规构建的积极性，中国合规制度的激励机制可以尝试个人激励和企业激励双轨并行。

1. 个人激励制度

2020年3月起，最高人民检察院在上海浦东、金山，江苏张家港，山东郯城，广东深圳南山、宝安等6家基层检察院开展企业合规改革第一期试点工作。试点检察院对民营企业负责人涉经营类犯罪，依法能不捕的不捕、能不诉的不诉、能不判实刑的提出适用缓刑的量刑建议，同时探索督促涉案企业合规管理，得到当地党委政府和社会各界的认可、支

---

① 陈瑞华：《企业合规的基本问题》，载《中国法律评论》2020年第1期。
② 2016年兰州市城关区人民法院一审认定雀巢公司6名员工为抢占市场份额，推销雀巢奶粉，通过拉关系、支付好处费等手段多次从多家医院医务工作人员手中非法获取十余万条公民个人信息，构成侵犯公民个人信息罪。在案件审理过程中，雀巢公司就援引合规作为抗辩事由。雀巢公司抗辩称，其从不允许员工以非法方式收集消费者个人信息，并且从不为此向员工、医务人员提供资金，其内部文件中明确规定"对医务专业人员不得进行金钱、物质引诱"，对于这些规定要求，其还要求所有营养专员接受培训并签署承诺函，已建立了有效的合规计划，本案中员工行为应属个人行为。经过两审，法院认为合规文件充分证明雀巢公司已尽到合规管理的义务，具有规避、防范合规风险的意识，并进行了合规培训，员工违反雀巢公司的合规管理规定，应属个人行为。参见兰州市城关区人民法院（2016）甘102刑初605号刑事判决书、兰州市中级人民法院（2017）甘01刑终89号刑事裁定书。

持。中国企业合规制度的开端即是对企业主要负责人的刑事处遇上，在结合具体案情并附加一定条件的基础上，给予一定的"厚爱"。之所以针对企业主要负责人，主要有三个方面的考量。一是，企业负责人受到严厉的刑事处罚，可能传导至企业，致使企业面临重大困难，甚至遭受灭顶之灾，不利于司法办案的政治效果、法律效果、社会效果的统一；二是，强制措施的阶段性特点，司法机关应当首先在这方面下功夫为民营企业松绑；三是，由于法人格具有独立性，仅针对企业的处罚，可能无法触动大体量企业或者拥有多家企业的企业主的神经，针对负责人有利于调动企业进行合规构建的积极性，快速推进企业合规落地生根。

2. 企业方面

随着企业合规制度的推进，在企业范围和案件类型方面将会得到拓展。除企业负责人、管理者、关键技术人员等重要生产经营人员和与企业生产经营相关的个人犯罪案件外，又可适用单位犯罪案件。还可借鉴国外的有益经验，在企业员工触犯刑法时，如果企业构建了完整的合规制度并实际运行，便阻断企业责任。如果企业没有构建合规制度，则可以和企业达成一定协议，在履行一定赔偿、补偿义务，并在一定期限内构筑、完善合规制度的基础上，适当减免企业的刑事责任。从针对人的激励到针对企业的激励是企业合规制度的最终归宿，也是国际化发展趋势的必然要求。

（三）在配套制度方面

1. 协调发力的合规监管

对企业的合规监管，不是检察机关一家就能完成的，需要会同涉及的行政主管部门共同发力。在改革的初级阶段，要进一步争取试点地区党委、政府对企业合规改革的支持和保障。检察机关可以设立专门的企业合规工作机构，在明确专门机构的功能性质、任务目标、工作机制的基础上，强化与相关单位的沟通协调，进一步提高企业合规工作的质量、效率、效果。合规制度落地的过程中还可以积极吸纳相关行政部门，如在合规企业的调查报告、企业书面承诺涉及税务、生态环境时可听取行政机关意见，以确定可行性，并可以委托相关行政部门持续跟踪监督考察。此外还应重视内部挖潜和借助外脑，比如省级院抽调骨干力量组成专班，通过组织管理、办案保障、考核激励，激发试点检察系统内部潜能。同时，积极与院校科研单位联手，充分运用平台载体，强化改革试点理论支持，聘请知名学者担任改革试点专家顾问，指导合规工作依法规范开展。

2. 第三方评估机制的构建

涉案企业合规第三方监督评估机制，是指人民检察院在办理涉企犯罪案件时，对符合企业合规改革试点适用条件的，交由第三方监督评估机制管理委员会选任组成的第三方监督评估组织，对涉案企业的合规承诺进行调查、评估、监督和考察，考察结果作为人民检察院依法处理案件的重要参考的一种制度。关于第三方评估机制的构建有四方面的问题需要注意。

一是强化检察机关的主导职责。第三方机制是检察机关在司法办案过程中委托第三方组织进行监督评估的机制，检察机关对其启动和运行负有主导职责，决不能放任自流、不管不问。负责办理案件的检察机关应当对第三方组织组成人员名单、涉案企业合规计划、定期书面报告以及第三方组织合规考察书面报告负有审查职责，必要时还可以开展调查核实工作。

二是强化第三方机制管委会监督管理职责。比如，第三方机制管委会应当细化实化对第三方组织及其成员的选任、监督、管理职责，对第三方组织成员的违规行为，及时向有关主管机关、协会等提出惩戒建议，涉嫌违法犯罪的，及时向公安司法机关报案或者举报，并将其列入第三方机制专业人员名录库黑名单。再如，第三方机制管委会可以组建由人大代表、政协委员、人民监督员、退休法官、检察官以及相关领域专家学者担任成员的巡回检查小组，对相关组织和人员在第三方机制相关工作中的履职情况开展不预先告知的现场抽查和跟踪监督。

三是健全第三方组织启动运行机制。第三方机制管委会应当根据案件具体情况以及涉案企业类型，从专业人员名录库中分类随机抽取人员组成第三方组织，并向社会公示。有关方面对选任的第三方组织组成人员提出异议的，第三方机制管委会应当调查核实并视情况作出调整。第三方组织组成人员也应当实行回避制度，即第三方组织组成人员系律师、注册会计师等中介组织人员的，在履行第三方监督评估职责期间不得违反规定接受可能有利益关系的业务；在履行第三方监督评估职责结束后一定期限以内，上述人员及其所在中介组织不得接受涉案企业、个人或者其他有利益关系的单位、人员的业务。

四是切实保障涉案企业的合法权益。涉案企业及其人员在第三方机制运行期间，认为第三方组织或其组成人员存在行为不当或者涉嫌违法犯罪的，可以向负责选任第三方组织的第三方机制管委会反映或提出异议，或者向负责办理案件的人民检察院提出申诉、控告。

四、小结

检察机关开展企业合规试点，是贯彻落实党中央和习近平总书记关于鼓励、支持、引导、保护民营经济健康发展的方针、政策、指示的重要举措，也是新时代检察机关参与推进全面依法治国、促进国家治理体系和治理能力现代化的必然要求。重大改革创新试点要于法有据，企业合规改革试点是检察工作的改革创新，更加不能随意突破法律。这种情况下，检察机关要坚持真"严管"、真"厚爱"，协助企业开展合规建设，促进企业守法合规经营、建立现代企业管理制度，促进"严管"制度化，不让"厚爱"被滥用，切实保障涉案企业合法权益，实现政治效果、社会效果、法律效果的有机统一。

（责任编辑：郭勇辉）

羁押必要性审查机制研究

——以上海市实践为切入点

上海市人民检察院课题组*

一、羁押必要性审查机制概述

在我国刑事诉讼领域，长期存在羁押率较高的问题，"构罪即捕、一捕了之、一押到底"的现象较为普遍。为解决我国司法实践中滥用羁押措施、逮捕质量不高等问题，2012年《刑事诉讼法》首次以立法的形式将羁押必要性审查制度确立下来。

（一）羁押必要性审查的内涵和性质

从学理上讲，羁押必要性审查可以分为职权型审查和监督型审查。前者是指侦查机关、检察机关、审判机关在办理案件时进行的审查，包括检察机关审查逮捕、审查起诉时的逮捕羁押必要性审查制度，是广义概念上的羁押必要性审查；狭义概念上的羁押必要性审查仅指监督型羁押必要性审查，即检察机关决定是否向公安机关和法院建议解除羁押强制措施。①

从行权性质上看，在捕后侦查阶段和审判阶段，检察机关行使的是建议权，即在检察机关依申请或者依职权启动羁押必要性审查后，通过审查向该阶段办案机关作出建议，是检察机关行使法律监督权的具体表现，其性质属于监督权；在审查起诉阶段，检察机关在对犯罪嫌疑人进行羁押必要性审查时，如果发现需要变更强制措施的情形，可自行决定是否予以释放或者变更强制措施而无需征得其他机关意见，属于决定权。

（二）羁押必要性审查机制的原则

一是比例性原则。比例性原则是指羁押的适用程序及期限应与所指控的犯罪行为的严重性、危害诉讼正常进行的可能性、可能判处的刑罚相适应。检察机关开展羁押必要性审查时，应当关注羁押的适当性和适度性，注重考查强制措施的种类、严厉程度是否与犯罪嫌疑人、被告人所犯罪行的社会危害程度相适应。

二是持续审查原则。羁押必要性的审查应当适用于整个诉讼过程。在审判之前，犯罪嫌疑人、被告人的人身危险性、身体状态、精神状态可能发生变化，当变化导致无羁押必

---

* 课题组组长：龚培华，法学博士，上海市人民检察院党组成员、副检察长；课题组成员：杨永勤（上海市宝山区人民检察院）、王喆骅（上海市人民检察院）、邹先锋（上海市人民检察院）、施誉求（上海市人民检察院）、孟庆华（上海市宝山区人民检察院）。

① 谢小剑：《羁押必要性审查制度实效研究》，载《法学家》2016年第2期。

要且不羁押不妨碍诉讼顺利进行的，就不应继续羁押。持续性审查使检察机关能够及时发现不当羁押，有利于对犯罪嫌疑人、被告人的人权保障。

三是全面审查原则。全面审查包括审查批准逮捕理由是否充分，证据审查情况有无变化以及犯罪嫌疑人、被告人认罪悔罪态度、刑事和解情况、有无再犯可能性等情况。检察机关须全面审查，开展非羁押风险评估，作出是否有继续羁押必要的准确判断。

四是羁押例外性原则。联合国《公民权利及政治权利国际公约》明确规定等候审判的人受监禁不应作为一般原则，不羁押是常态，羁押是例外。羁押作为一种预防性措施，其适用应当具有紧迫性。从我国《刑事诉讼法》修订情况看，人权保障理念日益凸显，尤其近年来持续倡导"少捕慎诉慎押"刑事司法政策，逐渐体现羁押例外性原则。

二、羁押必要性审查机制的沿革

2012年《刑事诉讼法》首次以立法的形式确立羁押必要性审查制度，随后最高人民检察院出台的《人民检察院刑事诉讼规则（试行）》中细化了逮捕后实行羁押必要性继续审查的具体操作步骤和操作要求，各地检察机关纷纷开始试点探索。2016年，最高人民检察院在各地试点基础上，出台《人民检察院办理羁押必要性审查案件规定（试行）》（以下简称《规定》）等多份规范性文件，进一步细化适用规则。2019年，修订后的《人民检察院刑事诉讼规则》（以下简称《刑事诉讼规则》）将羁押必要性审查的职能赋予办理捕诉业务的刑事检察部门，并对审查的方式、标准进行了更为明确的规定。至此，羁押必要性审查机制在我国刑事诉讼程序的建立、发展大致可分为如下三个阶段：

（一）制度初创：分阶段多主体审查模式（2012年至2016年）

1. 相关规定较为原则，初步确定操作方式

2012年《刑事诉讼法》第九十三条确立了我国羁押必要性审查制度，尽管规定较为原则，但彰显了立法机关对犯罪嫌疑人、被告人人权的尊重和保护，提升了我国刑事立法的文明程度，体现了我国刑事诉讼程序的发展进步。2012年10月最高人民检察院颁布《人民检察院刑事诉讼规则（试行）》，用六个条文细化了逮捕后实行羁押必要性继续审查的具体操作步骤和操作要求，建立了分阶段多主体的审查模式。

2. 实践中有多种办案模式，为后续制度设计提供经验

制度创设初期，各地检察机关采用分阶段审查模式，但对内部机构履职分工各有不同，探索模式各有侧重，获得了有益的经验积累。当时的模式差异集中在办案主体，主要分三种：一是以某一个办案部门为主，其他办案部门和监所检察部门为辅的审查模式，比如以侦查监督部门为主，公诉部门、监所检察部门配合审查；二是"1＋1"模式，即"侦查监督部门＋监所检察部门"或者"公诉部门＋监所检察部门"的分段负责、相互配合模式，目的是充分利用侦查监督部门与公诉部门对案情动态信息的掌握以及监所检察部门的中立性和对犯罪嫌疑人、被告人在押情况的及时了解，保障羁押必要性审查的公正性；三是监所检察部门归口模式，以监所检察部门为主体，相关业务部门协作配合。

（二）制度发展：刑事执行检察归口审查模式（2016年至2019年）

1. 最高人民检察院出台规范，全国羁押必要性审查模式逐步统一

2016年1月，最高人民检察院出台《人民检察院办理羁押必要性审查案件规定（试行）》，同年7月，最高人民检察院刑事执行检察厅下发并实施《关于贯彻执行〈人民检察院办理羁押必要性审查案件规定（试行）〉的指导意见》（以下简称《指导意见》），由此确定了由刑事执行检察部门（原监所检察部门）归口审查模式。

2. 办案流程更具操作性，适用数量稳步提升

《规定》和《指导意见》细化了羁押必要性审查机制的办理流程，改变粗放式的办案流程，规定了可量化的考察方式，增强可操作性。同时，增加了监督制约手段，对未在规定日期内回复的，可以制发《纠正违法通知书》，提升监督刚性。实践中，上述规定产生了良好的效果，以上海市2017年至2019年三年的办理数据为例，刑事执行检察归口审查模式运行期间，上海市羁押必要性审查的提出建议数及采纳数都明显上升。

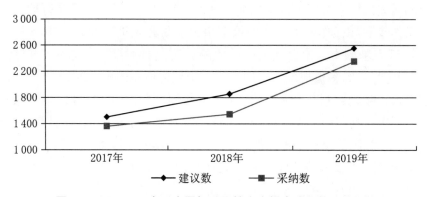

图1 2017—2019年S市羁押必要性审查提出建议数及采纳数

（三）制度改革：捕诉部门审查模式（现行）

随着捕诉一体改革的全面推进以及检察职能的调整，原有的羁押必要性审查模式无法适应新的改革发展。为此，2019年年底修订的《刑事诉讼规则》将羁押必要性审查的职能调整至办理捕诉业务的刑事检察部门，并对审查的方式、标准进行了更为细致的规定。

三、羁押必要性审查机制的现状

（一）现行制度设计更加符合"捕诉一体化"办案机制

1. 审查主体以捕诉部门为主

根据《刑事诉讼规则》第五百七十五条的规定，对于侦查和审判阶段的羁押必要性审查由负责捕诉的部门审查；对于审查起诉阶段，发现不需要继续羁押的，由捕诉部门决定释放或者变更强制措施；刑事执行检察部门收到申请或发现不需要继续羁押的，应当及时将材料移送负责捕诉的部门。上述规定的实质是将侦、诉、审三阶段的羁押必要性审查权力都赋予捕诉部门，落实了中央深化机构改革工作时提出的"坚持一类事项原则上由一个

部门统筹，一件事情原则上由一个部门负责"的要求。对于刑事执行检察部门，仅负责移送材料，提出意见。

2. 依职权启动更为便捷，符合能动检察要求

羁押必要性审查共有三种启动方式。一是依职权审查，即人民检察院可以依职权主动进行羁押必要性审查；二是依申请审查，即犯罪嫌疑人、被告人及其法定代理人、近亲属或者辩护人可以申请人民检察院进行羁押必要性审查；三是依建议审查，即看守所根据在押人员身体状况，可以建议检察院进行羁押必要性审查。实践中，现行模式下依职权启动数量明显增加，且依职权启动的诉讼阶段更靠前。

3. 审查内容全面，充分关注案件及个体情况

根据《刑事诉讼规则》第五百七十四条的规定，对于犯罪嫌疑人、被告人是否有继续羁押的必要，需要评估包括犯罪事实、主观恶性、悔罪表现、身体状况、案件进展情况、可能判处的刑罚和有无继续危害社会的危险等因素。并且根据不同情况，分为应当提出建议和可以提出建议两种情形。

4. 审查方式多样，可结合案件特点综合适用

根据《刑事诉讼规则》第五百七十七条的规定，检察机关进行羁押必要性审查的具体方式包括：书面审查：审查犯罪嫌疑人、被告人不需要继续羁押的理由和证明材料；听取意见：听取犯罪嫌疑人、被告人和其他相关参与主体的意见；调查核实：调查核实犯罪嫌疑人、被告人的身体健康状况；公开审查：必要时，可以依据有关规定进行公开审查。同时，规定了其他方式审查这一兜底条款，以备特殊案件需要。

（二）实践运行中羁押必要性审查成为落实"慎押"刑事政策的有效手段

2020 年 4 月起，上海市的羁押必要性审查工作转由捕诉部门负责。4 月至 11 月，上海市羁押必要性审查提出建议采纳率①达 11.45%。审查规模增加，总体效果向好。具体情况如下：

1. 适用阶段前端转移，更体现人权保障

侦查阶段与审判阶段开展羁押必要性审查的比例约为 8∶2，审查起诉阶段因技术原因，未统计到精确数值。据了解，与刑事执行检察归口审查时期相比，检察官了解案件更及时，在侦查阶段开展羁押必要性审查数量明显提升，有效缩短犯罪嫌疑人、被告人不必要的关押时长。

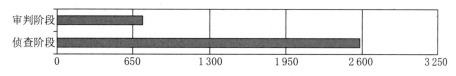

图 2 2020 年 4—11 月羁押必要性审查阶段分布情况

---

① 最高人民检察院《检察机关案件质量主要评价指标》第四十二项规定，羁押必要性审查提出建议采纳率含义为（侦查、审判阶段）羁押必要性审查后变更或解除强制错输人数占同期执行逮捕人数的百分比。

2. 启动方式更加均衡，羁押必要性审查社会认可度提升

制度调整初期，检察机关依职权启动数量较多，随着该项制度的普及推广，越来越多的犯罪嫌疑人、被告人，尤其是辩护律师开始认可并善于运用该制度。总体看，两种启动方式的数量较为均衡。

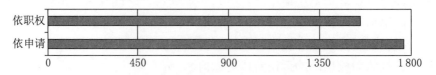

图3 2020年4—11月羁押必要性审查启动方式分布情况

3. 适用罪名以轻罪为主，主要涉侵害个人及社会的法益

羁押必要性审查后采纳的案件罪名多集中在妨害社会管理秩序犯罪（以寻衅滋事罪，开设赌场罪，制作、贩卖、传播淫秽物品罪居多）、侵犯财产犯罪（以盗窃罪、诈骗罪居多）、破坏社会主义市场经济秩序犯罪（以侵犯知识产权罪、非法经营罪居多）三类罪名，侵犯人身权利犯罪及危害公共安全犯罪比例较低，没有对危害国家安全案件及职务犯罪案件适用羁押必要性审查机制。

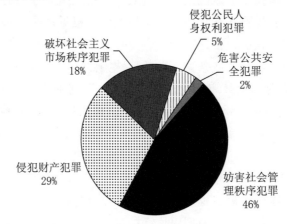

图4 2020年4—11月羁押必要性审查采纳罪名分布情况

（三）现行审查机制的调整仍待多方面的配套完善

根据《刑事诉讼规则》对羁押必要性审查机制调整已经历一年的实践检验，从运动情况看，取得了一定成效，但依然存在值得完善之处：

1. 办案人员司法理念有待提升

部分承办人对当前"少捕慎诉慎押"的刑事司法政策没有足够认识，对非羁押诉讼适用积极性不高。还有一些承办人对羁押必要性审查机制认识不足，仍有错误观念认为变更强制措施就是对之前决定批准逮捕的否定，亦有承办人由于担心妨碍侦查、审判等诉讼程序的顺利进行而不愿意变更强制措施。部分陈旧的办案理念跟不上机制调整后的办案

要求。

2. 规范性文件没有根据审查机制调整同步更新

《规定》和《指导意见》是对应刑事执行检察归口审查模式制度设计的，与现行审查机制存在一定的不匹配。一是立案时间规定。《指导意见》第十五条第十项规定侦查监督部门作出批准逮捕或者批准延长侦查羁押期限决定不满一个月的初审一般不予立案。既从理论上限缩上位法赋予犯罪嫌疑人在被逮捕后就能提出羁押必要性审查的权利，又与当前降低案件比，提升办案节奏的现状不相适应。

二是立案权限配置过高。《规定》和《指导意见》从立案到提出建议都规定了三级审批制度，虽然符合制度设立时的审慎原则，但与司法责任制背景下，检察官权责统一理念不符。实践中，过于繁琐的审批程序，增加承办人员的工作量，也降低适用积极性，尤其对立案与否，不导致羁押状态的必然改变，不影响实体权利，没有必要经三级审批。

3. 运行中存在适用分歧、办案超期、跟进监督力度不足等问题

一是建议变更标准把握不统一。虽然《刑事诉讼规则》规定了羁押必要性审查应当变更的四种情形、可以变更的十二种情形及兜底条款，但在办案实践中，对审查标准，特别是对社会危险性的把握上仍然存在差异，甚至出现同案犯罪情节相似、嫌疑人社会危险性相近的不同嫌疑人审查结果不一致的情况；也出现了案件情节和嫌疑人社会危险性没有明显变化的情况下，其羁押状态被变更的情况。

二是存在办案超期现象。根据"全国检察机关统一业务应用系统"（以下简称"统一业务系统"）填录数据情况反映，存在依申请启动初审后超期未决定是否立案、案件立案后超期未决定是否建议变更以及被建议机关超期未答复是否采纳建议的现象，其中被建议机关超期未答复现象较为明显，从案管部门提供的 2020 年 1—9 月数据显示，全市有300 余件案件未在十日内回复。

三是变更建议执行跟进监督力度不足。部分案件存在检察机关提出变更强制措施建议后，公安、法院既不执行也不回复。虽然《刑事诉讼规则》赋予检察人员制发《纠正违法通知书》的权力，但实践中，按照此条款纠正违法的情况鲜少出现，监督缺乏刚性。

4. 配套辅助机制不足，一定程度上影响承办人启动审查工作积极性

一是监督制约机制缺乏。是否羁押影响到犯罪嫌疑人、被告人人身自由，存在一定权力寻租风险，但当前尚缺乏相应的监督机制。担心被误解滥用权力也是部分承办人不愿主动启动羁押必要性审查的原因之一，监督制约机制的缺乏一定程度上也会引起外界质疑。

二是羁押条件变化的获取机制缺乏。于外部，案件在侦查、审判阶段，检察机关无法第一时间了解犯罪嫌疑人、被告人态度转变、退赔等情形，因此只能依托犯罪嫌疑人、被告人一方申请启动审查羁押必要性；于内部，虽然捕诉部门应当是最全面掌握案件情况的，但对于嫌疑人在羁押期间的表现还是有赖于刑事执行检察部门的及时了解和反馈，但目前部门间信息交换机制仍是空白。

三是羁押替代性措施管控机制不完善。考虑是否需要继续羁押的要素之一是变更的可

行性，即变更强制措施后能否保障诉讼的顺利进行。当前在我国的羁押替代性措施领域，尚缺乏比较成熟有效的管控机制，一定程度上可能影响诉讼顺利进行。

四、羁押必要性审查机制的完善对策

依据上海市羁押必要性审查机制一年来的运行情况以及过程中发现的问题，课题组提出如下完善建议：

（一）进一步贯彻"少捕慎诉慎押"刑事司法政策，更新司法理念

一是加强学习，充分认识合理适用羁押必要性审查制度有利于降低审前羁押率、加强人权保障、优化司法资源配置，是实现依法治国的必然要求。二是通过同堂培训、典型案例宣传等方式，提高政法共同体对羁押必要性审查制度的认可度和对检察机关提出变更建议的支持度。

（二）顺应"捕诉一体"办案模式的工作规律，修订完善《规定》和《指导意见》

一是调整部分规则。以新的《刑事诉讼法》《刑事诉讼规则》为基准，修改现行《规定》及《指导意见》中不相适应的条款。调整权限配置，将立案审批权限下放给检察官，同时探索逐步下放提出变更建议权限。二是删减部分条文。删减限缩上位法权限的规定，比如《指导意见》中对在捕后一个月方可立案审查的限制。

（三）融合现有机制，激发羁押必要性审查的工作能效

一是依托认罪认罚从宽制度，扩大案件来源。认罪认罚的嫌疑人适用非羁押强制措施的可能性更大，在当前检察机关大力推进认罪认罚从宽制度的情况下，要善于从认罪认罚的案件中挖掘可以作羁押必要性审查的案源，提高依职权启动数量。二是合理设置考核指标，推动平衡发展。考虑将办案全阶段适用羁押必要性审查数据都纳入考核，并可设置相对合理的比例，在提升审查起诉阶段适用积极性的同时，保障侦查、审判阶段适用的数量。也可以考虑将捕后判轻缓案件数与作羁押必要性审查案件数的比值作为负面考核指标，倒逼检察人员提高羁押必要性审查的适用率，降低审前羁押率。三是借力典型案例发布，统一审查标准。一方面通过发布典型案例指导类案办理，确保统一适用标准。另一方面结合新规定，更新量化评分审查标准，统一标准实施。四是改进"统一业务系统"，提高办案质效。通过设置必填项、亮灯提醒等形式，督促承办人及时办理案件，避免超期。

（四）充分健全配套制度，确保羁押必要性审查质效

一是建立廉政风险防范机制。一方面，对于重大复杂且有争议的案件，通过收紧审批权限、召开检察官联席会议、检委会等方式，确保严格执行法定程序；另一方面通过邀请检务督察部门参与公开审查等形式主动接受监督，防范廉政风险。二是畅通内外沟通衔接机制。对内，完善部门间信息共享、移送机制，通过加大对被羁押人员及其家属、辩护人的告知力度等方式，确保及时申请启动程序；对外，确立外部专人联络制度。与公安、法院建立信息沟通共享机制、办案协作机制，指定专人就案件变化情况及时进行通报，并形成制度。确保羁押必要性审查工作有序开展。三是创新非羁押强制措施监管方式。对于轻

罪和过失类犯罪，可以采取手机数字监管的方式（非羁码①），自由度相对高且成本较低；对于刑期稍重一些的犯罪，尤其是有一定暴力性的犯罪，可以采用可穿戴电子设备监管（电子手铐）的方式，保证监控的高度连续性和严密性，即在不羁押状态下，也要保障诉讼的顺利进行；对于嫌疑人居住地跨区域的情况，要依托诸如长三角一体化区域司法协作等跨区域协作机制，扩大监管考察范围。四是完善公开听证审查机制。最高人民检察院2020年10月发布的《人民检察院审查案件听证工作规定》将检察听证作为常态化工作推广，在羁押必要性审查工作中，通过对重大、敏感案件进一步扩大公开听证，听取多方意见，综合考虑案件具体情况，提高建议的质量，主动接受社会监督和舆论监督，努力实现案件办理的政治效果、法律效果、社会效果的统一，让人民群众更加真切地感受到司法的公正和温度。

（责任编辑：吴　真）

---

① 杭州检察机关及公安机关借鉴疫情期间健康码的工作原理，出台的一种非羁押强制措施，是一个技术系统和管理系统，相较于可穿戴电子设备监管，可称为是一种手机数字监管方式。

共享经济刑法保护若干问题思考

金 莺 郎振羽*

一、共享经济的概述与特征

(一)共享经济概述

共享经济的概念脱胎于美国社会学教授琼·斯潘思及马克斯·费尔逊提出的"协同消费",是通过第三方平台实现个人到个人之间物品及服务的交易。但是受限于当时的技术水平,第三方平台难以实现跨越空间、地域的交易。随着互联网的产生与高速发展,距离已然不能阻隔交易的实现。近几年,共享平台如雨后春笋般迅速崛起,滴滴、Uber 等将社会上闲置的私家车整合并重新投入传统的出租车市场,让打车变得多元又便捷;共享单车、共享汽车解决出行"最后一公里"问题;Airbnb、小猪短租等既让闲置房屋得到重新利用又能节约居住成本。总之,共享经济是基于技术手段提升闲置资源利用效率的新范式。[①]通过网络技术整合线下闲散物品或个人服务并以较低价格提供给使用者,进而通过"物尽其用""按需分配"构建一个环保、便捷、和谐的生活方式便成为一种可行的新的商业模式。[②]共享经济的交易方式,不仅可以实现精准消费、适度消费,还与国家倡导的绿色发展理念相契合。因此,无论是从培育经济增长新动能,推进产业转型升级,还是从满足消费者巨大的潜在需求来看,共享经济的作用远未充分释放,共享经济向各领域加速渗透融合的大趋势不会改变。[③]

(二)共享经济的特征

按照共享经济的运行模式,条件匹配的供需双方在共享平台上达成交易,其主要特征如下:

1. 平台作用突出

共享经济商业活动的第一大创新点,就是将看似杂乱无章的物资和人员,通过自己的平台进行整合和集中,展示在这个开放的平台中。[④]目前市场中存在两种类型的共享平台:第一种平台仅作为第三方,如滴滴、Airbnb 等。它们一方面向有资源的物主开放,即可以

---

* 金莺,法学硕士,上海铁路运输检察院第一检察部主任;郎振羽,法律硕士,上海铁路运输检察院检察官助理。

① 郑联盛:《共享经济:本质、机制、模式与风险》,载《国际经济评论》2017 年第 6 期。

② 董成惠:《共享经济:理论与现实》,载《广东财经大学学报》2016 年第 5 期。

③ 《中国共享经济发展年度报告(2019)》,http://www.sic.gov.cn/News/568/9906.htm。

④ 刘根荣:《共享经济:传统经济模式的颠覆者》,载《经济学家》2017 年第 5 期。

在平台注册作为司机或者房东等；另一方面将其整合的资源向有需求的客户开放，客户在平台上选取或者平台自动匹配合适资源后达成交易。第二种平台本身也是资源供给方，如哈啰单车、EVCARD 等。它们实际上是将自己的资源通过共享平台向用户开放，并且以租赁资源的使用权取得收益。

2. 具有极大的开放性，辐射面广

一方面，共享资源的种类不断扩大，从汽车、房子，发展到日常所需的充电宝、雨伞等，而范围的不断扩大意味着潜在需求者的增多。另一方面，共享经济平台设置较低的门槛条件，以吸纳更多具有闲置资源的供给者。

3. 信任机制作为支撑

共享大多是建立在陌生人之间，构建双方的信任则成为无可避免的问题。共享平台的出现，使将对陌生人的信任转化为对平台的信任。信任机制的建设和完善是共享经济可持续发展的核心基础设施。①

4. 共享的是物品使用权

传统的消费模式是所有权的转让，而共享经济模式则是共享物品使用权，也就是用低廉的成本购买物品的特定时间的使用权。

二、共享经济发展中面临的刑事风险

在共享经济蓬勃发展的同时，不得不关注其带来的法律问题。截至 2020 年 4 月，笔者在中国裁判文书网以"共享单车"为关键词搜索刑事案件，共有记录 1 377 条；以近年来新兴发展的"共享汽车"为关键词，共有记录 174 条；以"共享经济"为关键词，共有记录 50 条。经将搜索的生效判决进行梳理，可将共享经济涉及的刑事案件分类如下：第一是针对共享资源本身的不法行为，比如盗用、盗窃、侵占、毁坏共享资源；第二是共享平台的不法行为，比如非法采集和买卖用户信息等；第三是利用共享经济的不法行为，比如利用共享经济实施非法吸收公众存款、集资诈骗、传销等。

（一）针对共享资源的不法行为

1. 盗用、盗窃、侵占行为

针对共享资源的盗用及盗窃行为屡见不鲜，在共享单车投放初期，接连出现盗窃共享单车、破坏车锁后盗用、将车辆上私锁以及将车辆停放私人院落等行为。而关于这些行为的定性也引发了学术界的讨论，尤其是针对"使用权"实施的侵财类行为定性的问题。

2. 故意毁坏行为

共享资源被大量投放在市场中，在缺乏极为严密的安全保障措施的情况下，因为使用者的素质不一以及竞争者的不正当竞争心理，会给共享资源带来被毁坏的风险。另外，以共享单车、共享汽车为例，在没有合理规划和妥善解决该类资源的停放问题时，也会因其

---

① 郑联盛：《共享经济：本质、机制、模式与风险》，载《国际经济评论》2017 年第 6 期。

妨碍正常通行遭到他人恶意毁坏。如裁判文书网中的宋某某故意毁坏财物案，因宋某某不满某品牌共享汽车停车不规范、妨碍其正常通行，便起意将停在小区外的16辆共享汽车轮胎扎破，造成损失人民币二万余元。

（二）针对用户信息的不法行为

共享平台会对供给方的闲置资源信息以及需求方的个人信息进行收集，通常操作就是要求供需双方在共享平台注册并提交个人信息。而随着交易数量与日递增，平台要求用户对信息不断完善，平台积累的信息数量也逐渐变多、信息内容不断翔实，这些用户信息也成为蕴含巨大经济价值的商业信息。一些不法的共享商家为了发展壮大用户规模，或是为了利用用户信息换取利益，采取不正规的方式买卖用户信息。但是用户信息不仅与个人隐私紧密相连，还可能关系着用户的生命与财产安全，如不对此现象进行规制，将会导致用户个人信息被泄露的问题愈演愈烈。

（三）利用共享经济的不法行为

共享经济作为一个新业态，在发展过程中难免会被不法分子作为幌子来招摇撞骗。不法分子利用共享经济的发展前景，以及公众对新生事物的了解匮乏，为自己牟取暴利。比如，在崔某某组织、领导传销案中，被告人崔某某注册加入"鑫圆共享经济组织"并以购买理财产品返利为诱饵发展多人成为该共享组织的线下会员，并因人头数获取推荐奖和管理奖，其行为构成组织、领导传销罪。司法实践中，此类涉众型犯罪不在少数，除了发展传销组织外，也有打着共享经济的名义非法吸收公众存款、集资诈骗等。为此，国家发改委等部门联合发布《关于做好引导和规范共享经济健康良性发展有关工作的通知》，进一步强调要严厉打击以"发展共享经济"为幌子，从事非法集资、窃取用户隐私、危害国家安全等违法犯罪行为。

三、共享经济下刑事定性的争议问题

供给方将共享资源的使用权让渡出来进行共享，那么侵犯使用权是否和侵犯所有权一样呢？是否可以将传统的财产犯罪理论照搬用来处理侵犯使用权的案件呢？以共享汽车为例，若只是出于非法使用之目的盗用共享汽车，并且完全没有占有车辆所有权的意思，这种情形是否能被认定为盗窃罪？虽然此类案件的定罪量刑是存在争议的，但行为人侵犯了共享汽车所有权人的权益却是毫无疑问的。那么共享经济模式下，共享资源的使用权是否值得被刑法保护呢？下面以笔者办理的一起盗用共享汽车案作分析。

（一）盗用共享汽车问题

1. 基本案情

2019年7月至8月期间，负责巡检维护共享汽车的九名被告人，利用某运营服务有限公司管理的部分故障车辆无法正常落锁、可以直接进入车内的漏洞，寻找前述车辆并进入车内切断GPS定位装置，将车辆用于上下班等个人私用，致使某汽车运营服务有限公司损失上万元。经法院审理，该九人以犯盗窃罪被分别判处拘役四个月至有期徒刑七个月不等的刑罚，并处罚金人民币一千元。

2. 争议与分析

（1）盗用共享物品与传统使用盗窃的区别

盗用共享物品的行为与传统刑法上的使用盗窃很容易产生混淆，但是仔细区分，其实有明显的区别：一是财物所有人是否实际使用。传统的使用盗窃是指以非法使用为目的，例如盗开他人的私家汽车，使用数小时后归还，对象显然是所有人实际使用的财物。但是共享汽车的所有人，一般为共享汽车运营公司，其本身就不会实际使用共享汽车。二是是否降低财物价值。传统的使用盗窃一般只是一时使用，原则上不会对物品的价值带来多大消耗，因此一般认为这种行为不具有刑事可罚性。但是共享汽车其本身就是作为共享资源向社会投放，并通过被租借等形式来产生收益，因此使用次数以及时长显然直接关系到其价值。以本案为例，部分涉案人员已经多次采用上述方式盗用共享汽车，同时以不断换车的方式来规避公司的车辆风险管控机制，从而达到自己长期非法使用共享汽车的目的，这对共享车辆的损耗显而易见。三是是否侵害其他人利益。传统使用盗窃除了侵犯使用权人的利益外不可能侵害到其他人的利益，但是盗用共享物品则不同，其不仅侵害了共享物品所有人出租物品使用权所获得的经济利益，还会影响其他消费者的预期利益，进而破坏共享经济的根基——让更多人使用。①因此，笔者认为不能简单地将盗用共享物品定性为传统的使用盗窃。

（2）共享汽车盗用案中非法占有目的的认定

非法占有目的，是指排除权利人，将他人的财物作为自己的财物进行支配，并遵从财物的用途进行利用、处分的意思。②即非法占有目的包括妨害权利人利用的排除意思以及对财物的利用意思。行为人非法使用共享汽车，妨害了其占有期间内共享平台对该车的利用。这包括两层含义，一层是平台利用共享汽车所产生的租金收益，另一层是平台通过提高资源使用效率为需求方创造价值的初衷。因此，盗用共享物品显然具有排除权利人利用处分的意思，同时实现了自己对财物非法利用的意思，因而具有非法占有之目的。另外，共享汽车相较于普通的私家车，其被盗用的可能性更大。如果按照传统的盗用行为不具有可罚性的观点，从社会导向来看，共享平台的经营模式难以得到保障，甚至暴露在被侵害的巨大风险之中，因而盗用共享汽车的社会危害性较大。因此，笔者认为行为人盗用共享汽车，具有非法占有目的，当其行为达到刑事可罚性程度时，应当被认定为盗窃罪。

（3）犯罪数额的确定

盗用共享汽车案件中犯罪数额的认定也存在争议，一种观点认为应该以共享汽车的价值认定犯罪数额，因为行为人占有的是车辆，应当以实际占有的物品认定；另一种观点认为应当以行为人占有使用期间的租金来认定。

① 高艳东、张琼珲：《论共享使用权的保护必要性及路径》，载《浙江大学学报（人文社会科学版）》2019 年第 1 期。
② 张明楷：《刑法学》，法律出版社 2016 年版，第 957 页。

上述案例中的九名被告人作为共享汽车的巡检人员，为了节省通勤和停车费用而非法使用共享汽车，并在上班时间内将车辆停在被害单位的停车网点上。通过对被告人的使用目的、客观行为进行综合评判可知，九名被告人没有窃取整车的故意，其所意图的是共享汽车的使用价值，而非共享车辆本身的经济价值。如果将车辆的价值作为犯罪数额，显然与九名被告人的主观意图以及其行为的危害性不相符合。这也体现共享经济时代下的犯罪给传统理念带来的变化，除了专注物品本身的价值外，还要关注到物品蕴含的供他人使用并带来收益的价值，后者也是影响定罪量刑的因素之一。笔者认为将共享车辆在被告人占用期间的租金损失认定犯罪数额，是符合主客观一致原则。

（4）犯罪既遂的标准

九名被告人的行为构成盗窃罪，那么此类犯罪的既未遂界限如何设定呢？第一种观点认为被告人进入车辆并且可以支配时盗窃既遂，采用的是控制说。此种情况，即使 GPS 未被拆除，权利人也仅能通过 GPS 信号追踪车辆的轨迹，但不能进行直接控制，所以行为人的盗窃行为已经既遂。第二种观点认为车辆的 GPS 被拆除时盗窃既遂，采用的是失控说。车辆的 GPS 作为权利人定位及管理车辆的信号，当其被切断时权利人便丧失对车辆的控制，则盗窃既遂。

九名被告人在上班时均将涉案车辆停在被害单位所设置的停车点内。如果行为人未拆除 GPS，除了权利人可以追踪和控制该车辆外，其他用户也可以在用户 App 下单来使用该车，其他巡检人员也可以在巡检过程中发现该车，难以就此认定被害单位已经丧失对该车的占有。在本案的案情下，行为人拆除 GPS 就构成犯罪既遂。

随着技术的不断增进，共享车辆会装有两个定位装置，一个是与手机应用软件通讯，用于实时定位车辆位置，该装置往往安装在驾驶座位附近；另一个则是后台工作人员启动"寻找车辆"程序时，用于主动定位并发送信息至后台，该装置往往安装在较为隐蔽的地方。司法实践中，存在行为人仅拆除用于实时定位的 GPS 的情况。此时行为人盗用共享汽车的行为是否构成犯罪既遂呢？笔者认为可以分为两种情况讨论：第一种情况，如果行为人以盗用共享汽车为目的，其切断实时定位的 GPS，按照上述分析，其已经排除权利人的利用以及实现自己的非法利用。按照传统观念，似乎非实时定位 GPS 未被切断，共享汽车就尚未完全脱离所有权人的控制。但是按照企业实际的风险管控机制，只有在实时 GPS 长期离线或者用户下单而未找到相应车辆的情况下，非实时定位 GPS 才有可能被启动。不法分子利用启动前的时间差，非法使用共享汽车，损耗共享汽车在此期间带来的租金收益，其实质上已经构成盗用共享汽车的盗窃既遂。第二种情况，如果行为人以盗窃整车为目的，行为人未切断非实时定位 GPS，且使用范围尚在权利人通过正常手段就可以寻回的范围内，那么行为人因客观原因，未使共享汽车完全脱离权利人的控制，应当被认定为犯罪未遂。

（二）私藏共享单车问题

1. 基本案情

2016 年 9 月 14 日 23 分许，被告人韩某某只因停放在小区门口的某品牌共享单车外观美观，便趁着没有人的时候将处于上锁状态的单车搬回家，搬回家后因无法解锁只能搁置在家。后某品牌公司工作人员通过定位装置，精准搜索到了该车的停放地点后报警。经鉴定，被盗单车价值人民币 1 800 元。经法院审理认为，韩某某以非法占有为目的，秘密窃取公私财物，数额较大，其行为已构成盗窃罪，判处韩某某拘役三个月，缓刑三个月，并处罚金人民币一千元。

2. 争议及分析

关于本案的定性，主要有以下三个观点：

第一种观点是该案的行为人以非法占有为目的，窃取共享单车并放置在个人的家中，其行为已经构成盗窃既遂，盗窃数额为车辆本身的价值。

第二种观点认为韩某某将共享单车推回家并放置，该单车的放置位置并未超出所属企业规定的骑行范围之外，同时该单车的 GPS 定位器始终处于正常定位状态，这决定了该单车的占有主体仍为所属企业。韩某某将共享单车推回家的行为没有排除企业对该单车的占有，更未取得新的占有，但对企业对该单车占有造成了危险，所以其行为是盗窃罪未遂。

第三种观点认为私藏共享单车等行为，实际上是降低了共享交通工具的使用概率，削减了其所有人的预期收益，在本质上都是对其所有人财物效用的损害，因此将这类行为认定为故意毁坏财物罪。

笔者同意第二种观点，首先，韩某某将本应放置在公共场所的共享单车转移到个人的私人空间，显然具有排除权利人占有的意思，另外其因车辆外观美观而将车辆带回家，其所期望的意图可能与车辆的本来用途有所出入，但是将该车作为可供欣赏的物品放置在家中，也具有对该车的利用意思，因此被告人具有非法占有目的。而盗窃罪与故意毁坏财物罪的区别在于对对象是否具有利用意思，而利用又是不局限于物品的本来用途，因此韩某某不构成故意毁坏财物罪。其次，韩某某因为自身不懂共享单车的解锁程序，以及缺乏对共享单车定位装置与车锁一体化的知识，不得已让共享单车保持原有的状态。案件中的某品牌公司通过定位系统精准找到该车的位置，且其公司员工通过位置信息轻易上门找到被盗单车，这正是说明涉案单车从未脱离某品牌公司的实际占有。因此，韩某某是因为客观原因并未真实地转移单车的占有。最后，被告人的占有意图始终指向的是单车本身，并不是附加在共享单车上的使用价值，故犯罪数额应当为单车本身的价格。综上，韩某某的行为应当被评价为对单车的盗窃未遂。

四、探索共享经济的刑法保护机制

随着共享经济政策的不断推进，共享经济的模式也在不断发展和创新，但是共享经济不是法外之物，其发展壮大之路也需要符合法治化建设进程。到目前为止，共享经济带来了诸多问题，均需要在法律规定、政策、解释的范围内找到解决路径。当然在进行法律规制的同时也必须遵守"刑法是最后一道防线"的规则，让法律、政策、宣传多管齐下，共同维护共享经济和谐有序的发展。

（一）针对共享平台的保护

共享平台为了抢占市场份额，前期将大量共享资源投入市场，又因缺乏相应的监管和保障措施，致使共享平台的财产利益受损。针对共享资源的盗窃、盗用等行为的认定，的确与传统财产犯罪理论有所不同。对于此类争议较大的不法行为，理应严格把控入罪标准，结合个案的事实做到罪刑法定。对于社会危害性较小的不法行为，应当保持刑法的谦抑性原则，进行非犯罪化处理。另外，此类问题发生的原因是多方面的，如平台监管失责、技术漏洞等，因此动用刑法也不可能解决所有问题。要想更好地解决针对共享资源的不法行为，保障共享平台及企业的合法利益，还需要开展多渠道法律宣传、创新企业风险管控模式，并且在技术层面解决风控管理的漏洞，才有可能从根本上抑制盗窃、盗用、破坏共享资源案件的发生。

（二）针对个人信息的保护

在大数据的背景之下，个人信息与个人隐私、人格利益以及财产利益等息息相关。合理使用以及保障个人信息安全，不仅是共享平台需要解决的技术问题，也是其需要严格遵守的法律红线。《刑法》第二百五十三条之一规定的"侵犯公民个人信息罪"以及最高人民法院、最高人民检察院《关于办理侵犯公民个人信息刑事案件适用法律若干问题的解释》，明确了公民个人信息的范围、违反有关国家规定的认定标准，以及非法提供、出售、购买、收受个人信息的行为方式。但是立法修改中仍存在不足，如共享平台收集个人信息的程序合法，但是在使用时存在滥用的情况则尚无入罪途径。因此，一方面需要不断完善侵害公民个人信息罪的行为方式；另一方面，刑法就个人信息的规定还需要与其他部门法进行有效衔接，统一个人信息的收集范围、原则以及制裁方式等，以期实现对个人信息进行全方位的保护。

（三）针对公众利益的保护

共享经济行业依然存在政府监管缺失、行业的准入门槛较低等问题，让不法之人利用共享项目从事着传销、非法吸收公众存款、诈骗等不法行为。此类不法行为的波及面较于其他犯罪更广，且容易引发大面积公众的恐慌，极易成为社会的不稳定因素，有必要在刑法层面进行精准打击。共享经济是新型经营模式，司法机关在办理有关案件时，要对该种模式进行学习和研究，理清各类法律关系，并且处理和平衡共享经济的发展创新与危害的关系，准确把握各种不法行为的性质，做到准确定罪量刑，在打击犯罪的同时，也能维护共享经济的健康发展，维护公众利益。

（责任编辑：吴　真）

受损法益对应的刑罚体现

——认罪认罚案件精准量刑建议的价值追求与现实考量

黄 擘 吕悠悠*

目前刑事诉讼实务界依旧以惩罚犯罪和保障人权的双重目的为主流，解决诉讼主体冲突纠纷，消弭对立，积极修复受损法益的重要目的极易被忽视。刑事诉讼"意味着对国家定性为犯罪的社会纠纷，国家动用公共资源和公共力量加以解决"。[1]刑事诉讼不同于一般的救济，其结果通过刑罚权的适用得以体现，程序上通过公诉权的行使，由检察机关代被害方行使诉权，使得被害方渐渐在刑事诉讼中处于边缘化的位置。公诉是站在国家的立场上，为维护国家法律的尊严，为了恢复遭到破坏的法律秩序而对违法犯罪者进行追诉，具有国家强制力的执法活动。[2]刑事司法涉及的多个诉讼主体的利益诉求不尽相同。近期北京某法院二审判决的一起交通肇事案引发实务界及学术界的广泛关注，其中被告人在审查起诉阶段因认罪悔罪且积极赔偿获得的定罪及量刑优惠，在一、二审法院被不同程度地忽略甚至轻视，这一情形引发笔者对认罪认罚案件精准量刑建议过程中法益修补的衡平作用进行思考。诚然，我们向往并倡导基于良知而形成的绝对道德意义上的真诚悔罪，但是，犯罪嫌疑人基于趋利避害的本能而配合司法机关进行的退赃退赔行为，也应当被视为修补法益的"善举"而得到鼓励和引导。

一、修复受损法益是认罪认罚从宽处理的应有之义

2018 年新修改的《刑事诉讼法》将前期试行的刑事案件认罪认罚从宽制度吸纳入条文，确立为刑事诉讼的重要原则。《人民检察院刑事诉讼规则》（以下简称《规则》）也对适用认罪认罚程序作了进一步的修订。《规则》第二百七十五条规定："犯罪嫌疑人认罪认罚的，人民检察院应当就主刑、附加刑、是否适用缓刑等提出量刑建议。量刑建议一般应当为确定刑……"《刑事诉讼法》第二百零一条规定："对于认罪认罚案件，人民法院依法作出判决时，一般应当采纳人民检察院指控的罪名和量刑建议……"强化了检察机关量刑建议在认罪认罚案件审理过程中对量刑的主导作用。在此背景下，检察机关与审判机关应

---

* 黄擘，在职大学学历，上海市闵行区人民检察院纪检组组长；吕悠悠，大学本科，上海市闵行区人民检察院检察官助理。

[1] 田心则：《刑事诉讼中的国家权力与程序》，中国人民公安大学出版社 2008 年版，第 21 页。

[2] 吴启才、杨勇、冯晓音：《论构建完整的公诉权——以国家利益、社会公共利益完整性为视角》，载《政治与法律》2008 年第 4 期。

当共同检视以往对起诉案件量刑建议的过度谨慎和求全责备，实现较大突破。

量刑建议是指公诉机关与犯罪嫌疑人就可能科处的刑罚依照法定程序达成协商的合意之后，由公诉机关向法院申请在量刑时采纳协商建议的权力。在认罪认罚从宽背景下，量刑协商程序就是检察机关基于整个案件情况，综合考虑法定、酌定情节、犯罪嫌疑人的人身危险性，在法定刑幅度内提出相对确定乃至精确的量刑建议的过程。精准量刑建议能够更直观地显示对犯罪嫌疑人从宽的内容和程度。传统办案模式下的坦白从宽政策，对于从宽的方式、幅度都没有统一标准，直接影响对犯罪嫌疑人认罪的约束力，使其心理预期模糊化，反而可能放任其放手一搏的心态。认罪认罚从宽制度中，检察机关对犯罪嫌疑人的量刑建议就是明确从宽的幅度，是检察机关对犯罪嫌疑人认罪服判的表现而给予的对等承诺，而这种承诺是基于司法公信力作出的。犯罪嫌疑人对刑罚量的关注度往往比罪质的关注度要高，检察机关精准量刑建议的提出，正是给犯罪嫌疑人一个具体的可期望值，让犯罪嫌疑人对其认罪认罚带来的实惠看得见、摸得着。而在精准量刑过程中，让犯罪嫌疑人介入量刑过程，获得足够多的量刑情节信息进行权衡评估，认同并接受该精准量刑建议，同时强化量刑建议给法官的参考性，在一定程度上提高诉讼效率，达成刑事案件繁简分流的制度导向。

检察机关代表国家行使公诉权时体现出报应性和功利性的双重价值取向，报应性是基于公诉权来源于私人诉权，为满足被害人及其家属对惩罚犯罪行为的情感需求；功利性是基于公诉权以国家利益为根本追求，通过刑罚方式控制并消减罪犯的社会危害性。由此，检察机关与被害人的诉求、价值导向势必会存在差异，在认罪认罚从宽制度量刑建议过程中更多关注惩罚与预防犯罪，并保障犯罪嫌疑人的人权，而被害方更多关注在惩罚罪犯和维护自身权益上。这决定了两者立场上的分野。因而，检察机关在适用认罪认罚从宽制度提出量刑建议时，主要着眼于犯罪嫌疑人主观恶性的降低，以及因其犯罪而受到损害的公共利益、个人利益的修补，努力达到多元价值平衡兼顾的理想结果。

精准量刑建议对最终的判决结果有举足轻重的影响，又关乎被害方的切身利益。被害人作为刑事诉讼的主体，对诉讼程序（如简易程序、速裁程序等）的选择应当拥有发言权，有权参与量刑过程并结合其受损法益的修补状态表达意见。这是被害方维护自身合法权益的重要渠道，也唯有如此才能彰显其诉讼主体的法律地位。同时，融合包括被害人意见在内的量刑建议与犯罪嫌疑人形成量刑合意后，对判决产生更合理的拘束作用，也形成检察官量刑建议权与法官刑罚裁量权的双向制约，在一定程度上缓解国家权力与公民权利之间因一方意见缺失而可能导致的不信任情绪，同时通过法益修补使被害方与犯罪嫌疑人减少对抗的触发点，促进多元价值平衡兼顾。况且，在审查起诉环节适用认罪认罚从宽制度过程中，以"从宽处理"作为优惠促使犯罪嫌疑人积极修补受损法益，从而达成的精准合意也前置地化解了部分利益争端，有效减少上诉、申诉，节约司法成本，真正提高整个诉讼活动的效率，使"案—件比"降低到最合理的状态。

二、修补受损法益在量刑协商过程中的缺位与边缘化

根据《规则》第二百七十六条的规定，检察院办理认罪认罚案件提出量刑建议应当将以下情况作为重要的考虑因素：一是犯罪嫌疑人是否与被害方达成和解或者调解协议；二是犯罪嫌疑人是否赔偿被害方损失并取得被害方谅解；三是犯罪嫌疑人是否自愿承担公益损害的修复、赔偿责任。如果犯罪嫌疑人自愿认罪并且愿意积极赔偿损失，但由于被害方赔偿请求明显不合理，未能达成和解或者调解协议的，一般不影响对犯罪嫌疑人从宽处理。检察机关提出量刑建议，还要根据犯罪嫌疑人认罪认罚的及时性考虑不同梯次的减让，以鼓励其尽早认罪认罚。[①]可见，恢复性司法理念[②]必须融入现在的认罪认罚从宽制度的建议量刑过程中。但是，囿于诉讼周期、案件绩效考评、认罪认罚制度适用率等多种现实因素，受损法益的修补与否不仅在司法理念上尚未被所有检察官认同，在实施操作层面也常常陷入窘境：

（一）犯罪嫌疑人对量刑建议的"兑现能力"感知度低而期望值高，主动修复受损法益的动力不足

一方面，退赃退赔等行为系酌定从轻处罚情节，能够给予犯罪嫌疑人量刑从轻的幅度有限，在同一刑格内，数个犯罪嫌疑人退赃退赔数额的多寡，有时不足以在刑期上有较为明显的体现，难以在法律规定的层面精确做到罪责刑完全适应，有时甚至形成"退与不退一个样，赔与不赔一个样"的局面，法定最低刑成了犯罪嫌疑人的期望边界，也就成了阻断犯罪嫌疑人彻底修复受损法益的客观障碍。现有刑事和解制度中虽然概括提出可以从宽处理的处罚原则，但是一则语焉不详，未能直接明确表述为"从轻、减轻"。二来即使明确表述，因为并非关于刑罚的实体规定，其程序法的地位很难说服包括法官、检察官在内的绝大多数司法官在平衡量刑时直接予以援引，主流的司法实践中上下审级之间也尚未取得普遍共识。另一方面，犯罪嫌疑人不能充分了解对其有利、不利的量刑信息，在付出经济利益时——包括退赃、赔偿、补偿——往往留有余地，出现在检察机关不主动寻求修复受损法益，等到审判环节特别是终审环节再进行博弈的现象。如果不将退赃退赔等主动修复法益的行为作为认罪认罚从宽处罚的必要条件，必将逐步限缩认罪认罚从宽制度适用空间，违反该制度设立的初衷。

（二）被害人介入诉讼的渠道不畅，未能及时充分表达利益诉求

如前述，司法实践中较为普遍的心态是：被害人参与量刑协商会拖延案件审理进度，制约认罪认罚从宽制度的有效实施。因而在检察机关量刑协商过程中，被害人的地位经常被有意无意地弱化或虚置，在被害人未介入的情况下匆匆完成认罪具结的情况屡见不鲜。虽然被害人诉权在立法上已有规定，但因其较为抽象、松散，没有明确、系统地加以规

---

① 罗庆东：《最高检解读认罪认罚案件精准量刑建议》，载《检察日报》2020年2月10日第3版。
② 恢复性司法是指在犯罪后着重强调加害人责任的承担和被害人受损利益的修护，以此恢复原有的社会关系的一种司法理念。

范，导致司法人员在不触犯禁止性规定的前提下，为尽快结案而采取"多一事不如少一事"的做法。而被害人基于相关诉权及案件流程的信息匮乏，维权的主体意识不强，对直接遭受损害的权益修补的积极性不高，也是造成被害人未能有效参与量刑协商程序以维护权益的重要原因之一。

（三）刑事诉讼各环节对司法效率的理解各有偏重，难以形成接力推进的默契与合力

其实，刑事案件从立案伊始就面临修补受损法益的司法责任。但是，由于这类事实情节并不影响案件往下游的移交流转，所以公安或检察机关的承办人员大多冀望于后续流程中再予解决，告知、调解基本流于形式，个别侦查人员甚至对此类情节的证据都怠于收集，只要认罪口供这一"证据之王"业经固定，其他各类证据从完整度或精确度上，都能看出单纯求数量、拼链条的痕迹。多数检察人员也概莫能外。这样的案件到了审判环节，一旦被害人介入并主张权利，抑或是被告人基于谋求轻罚的利益驱动而主动退赔，则检察机关权衡再三的量刑建议无法谓之为"精准"。而且，虽然法官、检察官在量刑标准方面一直谋求统一的指引规范，但是他们在量刑习惯上也因角色定位而体现出个体差异，即使量刑指南对罪名情节规定得越来越细致，但是终究还有自由裁量的空间。在当下法官对量刑权的部分让渡还心存疑虑的情况下，有了受损法益修补这样一个不能回避也不应回避的量刑调整工具，法官无论是基于量刑条件的客观变化，还是基于对被害人情绪的安抚疏导，对量刑建议进行调整都成为必然。因此，检察机关在精准量刑过程中应当避免单兵突进，要将诸如修补受损法益的量刑协商过程尽可能前置并建立常态化的操作方法。

（四）部分检察官对精准量刑建议的立意偏颇，视修复法益的过程为"副产品"或"累赘"

有学者认为，认罪认罚从宽制度的价值取向是公正基础上的效率观，[1]将有限的司法资源向更多疑难复杂的案件倾斜，对于相对简单的认罪案件快速办理，认罪认罚从宽制度的重心在于推动案件繁简分流，提高诉讼效率。有的检察官将司法效率的概念局限于检察捕诉环节一隅，为了加快办案节奏、缩短个案审理时间，将工作重心倾向于定罪的要素，忽视司法效率的普遍基础和司法公正的整体效应，对于受损法益修补工作消极应对、避之不及，甚至认为被害人一旦参与到量刑协商过程中，因为增加了利益诉求的主体和内容，就增加了量刑协商达成一致的难度，给认罪认罚制度适用率拖后腿，从而影响诉讼进程。事实上，如果在检察环节通过彻底修补受损的法益进而形成精准量刑建议，恰恰可以提前解决可能存在的隐患，避免引发更为激烈的社会对立，真正提高个案的整体司法效率，彰显公平正义。

就目前而言，多数检察官无论从量刑样本的储备到量刑要素的权重比对，在司法经验上相较法官群体还有欠缺，尤其是有关受损法益修补的酌定量刑情节，在没有量化的认定

---

① 陈卫东：《认罪认罚从宽制度研究》，载《中国法学》2016 年第 2 期。

尺度而主要依靠经验法则的情况下，想要提出令各方信服的精准量刑建议需要付出更多的智慧和精力，这也是影响检察官修复受损法益积极性的客观因素之一。

三、修补受损法益与精准量刑建议之间的衡平路径

充实和修订符合我国司法特点的刑事和解制度，突破程序法、实体法对量刑底线限制的"地板效应"，设定与认罪认罚案件相适应的证据规格，给予司法官跨刑格减轻处罚的自由裁量权，是鼓励修补受损法益而实现量刑建议精准化的有效途径。但是，在完善立法所需程序繁多、历时漫长，特别是学界、实务界莫衷一是的情况下，这显然不是最具效率的途径。基于基层司法活动的迫切需求，可以在现有法律制度的框架内，围绕修补受损法益对精准量刑建议所具有的调节功能，提纲挈领地做些思考：

（一）涉及量刑情节的证据信息应当完整、公开，引导各方调整心理预期，在受损法益的修复目标上寻求契合点

因为认罪认罚从宽案件对事实证据的标准并未降低，所以犯罪嫌疑人在已知罪行确凿的心理支配下，自知用以从宽量刑的筹码不多，对修补受损法益必然抱有消极甚至对抗情绪。面临巨额人身赔偿的犯罪嫌疑人会对偿付与获利能否匹配进行功利性评估，而财产型犯罪中退赔金额较大的犯罪嫌疑人可能存在刑满后享用违法所得的侥幸期待。检察人员在认罪认罚量刑协商过程中应当充分开示与量刑有关的各种证据，全方位展示量刑协商的正向及反向条件，不因过度关注认罪认罚率而迎合犯罪嫌疑人的刑罚预期，应当告知犯罪嫌疑人修补受损法益可以实现量刑优惠的同时，也释明拒不退赃退赔对量刑乃至今后减刑假释的影响，以及违法所得、罚金、附带民事赔偿可被终身执行等法律规定，使其受到法律的震慑，打破幻想，逆向激励其作出明智选择，在认罪的同时尽早彻底认罚。

对被害人在认罪具结协商过程中的利益诉求不能照单全收，应当进行甄别、取舍，将法益修补与"同态复仇"或民事诉讼的"填平"原则区分开来，消除其认识误区。在充分赋予被害人知情权、陈述权的同时，也要兼顾认罪认罚从宽制度的效率价值，对其行使权利的"度"施以合理引导或限制。因此，在检察机关与犯罪嫌疑人达成量刑合意的过程中，应当给予被害人充分表达异议的机会，但在其不能理性行使权利时，也不应完全被其牵制，否则司法机关惩治犯罪的国家行为将等同于民间复仇、泄愤，司法公正及诉讼效率均将难以保证，悖离认罪认罚从宽制度设立的初衷。

值班律师制度不应只是程序性保障措施，值班律师既要对量刑协商过程的公正性、合法性进行必要的见证，也应成为促成犯罪嫌疑人认同检察机关量刑建议的催化剂。犯罪嫌疑人对律师的信任感可以破除其对检察人员量刑建议的"陷阱"恐惧，提高其对涉案情况的法律认知，引导其对可能面临的刑罚进行合理预判，对于通过修补受损法益得到的量刑优惠更加具有信心和动力。

（二）详尽的释明以及精准的计算可以获得各方特别是法院判决对量刑建议的认同

量刑建议有利于制约法官的自由裁量权，加强审判监督，促进量刑公开、公正，保障

司法公正，①但是无法取代法官的刑罚裁判权。因此，为了使精准量刑建议最大程度地得到判决的确认，就要仿效判决量刑的思辨过程，对量刑建议的理由和依据进行必要的论证阐述。检察机关的精准量刑建议和法院判处刑罚是高度同质化的司法行为，检察官如果把每一个量刑情节的考量过程以可视的方式呈现给法官，更容易被接受并采纳，而一旦法官拒绝采纳量刑建议，就必须给出同样令人信服的充分的答复，否则难逃司法专断之嫌。为此，检察官首先要对量刑情节全面审查，改变以往重法定情节轻酌定情节的现象，对法益受损的状态及程度充分了解，指导侦查机关及时固定、补充相关证据。其次，摒弃以往起诉书对量刑建议高度概括一笔带过的做法，改"估堆儿"量刑建议为精算式量刑建议，详尽表述形成该刑期的各种情节因素和计算依据，罪名较多、各种情节迭加的还可以用附表的方式，将刑罚的计算过程、计算公式进行列举，使各方对量刑过程有更直观的了解。最后，对于在量刑协商过程中尚未对受损法益进行修补的，特别是因被害人赔偿请求明显失当而协商不能的情况，检察官不能因被害人的漫天要价而挫伤被告人赔偿积极性，在加强与被害方沟通的基础上，可以根据和解与否的实际原因，分别提出两个精准的建议刑期，为被害人在审判环节回归理性预设条件。司法实践中，被害人在审判环节认为博弈进入终局才"见好就收"的情况屡见不鲜，法院在此情形下选择其中任一求刑意见也仍然在检察机关的"精准"范畴内，体现了检察机关在认罪认罚从宽制度中的主导作用。

（三）穷尽修补受损法益的程序性手段，阻断被告人在不同诉讼环节与司法机关反复博弈的投机途径

量刑情节与证据的充分开示所带来的负面效应是：个别狡猾的被告人全面了解法益受损状态以及被害人的心理以后，会针对诉讼各环节的时间差，对受损法益是否修补、如何修补、修补程度等采取不同的诉讼策略，将本来能够迅速解决的认罪认罚案件带入冗长的诉讼过程，以期用最少的经济投入换取最大的刑罚收益。除了司法实践中常见的附带民事诉讼"搏二审"的情形以外，还有的在审查起诉时即认罪且认罚，但对退赔一味搪塞，到审判环节再部分答应被害人的要求，利用被害人的现实困境达到目的；还有的认罪认罚却对一审判决推翻具结而上诉，在二审期间再以退赔换取减轻改判，实质上获得了两次量刑优惠；更有甚者直至刑罚执行期间迫于减刑假释的刚性规定才作出退赔表示，在被害人时过境迁缺乏索赔激情甚至不知所踪的情况下，仅以小额的象征性退赔来换取减刑条件……这些投机性手段在损害司法公正的同时，也造成个案诉讼效率的拖沓延宕。针对以上各种利用诉讼规则规避法益修补的情况，对其中一审期间临时明确退赔的，可以即时启动量刑协商复议，采用便宜的方式（比如当庭协商调整量刑、短暂休庭后在辩护人或值班律师的参与下进行三方协商等）立即处理；对退赔条件尚不明朗的，让被告人针对赔与不赔的两个刑期建议同时具结；附带民事诉讼不具备调解条件时，可以建议法院先对刑事部分审理判决。对于二审，应当呼吁制定司法解释或操作规则，明确规定对一审判决刑期与建议刑

---

① 陈国庆：《量刑建议的若干问题》，载《中国刑事法杂志》2019 年第 5 期。

期一致的被告人，非因量刑畸重一律不支持上诉；对无理由不认罚的上诉仅进行程序性法律审，并借鉴速裁程序迅速裁断，遏制被告人利用审级时间差压低被害人诉情的行为；同时，向被告人申明在审判过程中（包括一审、二审）不予退赔的，日后刑罚执行期间即使退赔只能视情给予小幅减刑或不准假释。

借助大数据信息化，公检法司各机关应当形成在立案、侦查、起诉、审判、执行等各环节的量刑信息的共通共享，进而达成法益修复程度与减刑量的标准统一，并且贯穿始终，以此阻断被告人规避法律的投机企图。

四、结语

我国的认罪认罚从宽制度不是简单照搬复制国外法律制度中的辩诉交易，虽然两者在提高司法效率、降低司法成本、保障犯罪嫌疑人人权等方面的价值取向趋同，但辩诉交易作为一种便宜的诉讼工具，为避免成本高昂的正式审判程序，通过罪名及量刑上的减让或免除，换取犯罪嫌疑人自愿认领轻罪的基本功能，并没有被我国的认罪认罚从宽制度所吸纳。在认罪认罚案件也要"事实清楚，证据确实充分"的证明标准下，即便法院已经在形式上将部分量刑权让渡给检察院（依然保留判决的司法确认权以及二审全面审理等权利），但是，基于民众对案件事实应当无限接近甚至复原客观事实、法益弥补应当尽量填平物质损失甚至完全恢复原状的朴素追求，再精准的量刑建议在案件的关键情节甚至细节发生变化时，还是要面临必要的调校。本文所论及的仅是这个问题的切入点之一，只有对涉及量刑的各类情况予以高度关切，才能使两者衡平之下的结果更能符合认罪认罚从宽制度的价值导向，同时兼顾程序公正、权力制约、诉讼经济等多重作用，才更有可能达到修复社会关系、体现刑罚谦抑的深层领域。

（责任编辑：吴　真）

《民法典》背景下夫妻共债认定的再审价值取向及民事检察监督视角的再审视

——以陈某、倪某、林某三起民事抗诉再审案件为样本

季 庆 申 月*

一、基本案情

【案例一】陈某民间借贷纠纷案

陈某与刘某系夫妻，刘某向焦某借款人民币 16 万元，并以刘某个人名义出具借条一份。同日，焦某通过银行向刘某转账 16 万元。后因刘某未按约还款，焦某遂起诉至法院，要求陈某与刘某共同归还欠款及利息。法院认为，刘某向焦某借款，有焦某提供的借条、收条及银行转账凭证为证，确认双方债权债务关系成立。因借款发生在夫妻关系存续期间，故认定为夫妻共同债务。遂判决刘某、陈某共同归还焦某借款 16 万元。判决生效后，陈某不服，向检察机关申请监督，认为另有生效判决认定涉案债务非夫妻共同债务，且涉案债务未用于夫妻共同生活，应由债权人举证证明债务系夫妻债务，不能直接让配偶承担反证的举证责任。检察机关经审查后，以涉案债务未用于夫妻共同生活、共同债务认定错误为由提出抗诉，法院再审维持原生效判决。

【案例二】倪某民间借贷纠纷案

2015 年 5 月 11 日及 6 月 17 日，鲍某与季某签订了两份委托理财协议书，约定由鲍某分别出资 100 万元及 50 万元，委托季某进行理财，期限一年。同时约定，协议执行如发生初始本金的交易亏损，则由季某承担。签约后，鲍某依约分别向指定账户转入 100 万元及 50 万元。2015 年 9 月 1 日，季某与鲍某签订委托理财协议书调整协议，确认截至 2015 年 9 月 1 日委托理财协议已经发生亏损 538 820.17 元。2016 年 9 月 28 日，双方再次结算，确认资金账户内尚结余 405 055.74 元，实际亏损 1 094 994.36 元。季某于 2016 年 9 月 29 日向鲍某出具欠条 1 份，该欠条载明确认理财亏损，欠鲍某 1 094 994.36 元，承诺于 2017 年 9 月 12 日前归还。倪某系季某配偶，双方于 2016 年 2 月 15 日登记结婚。后鲍某起诉至法院，请求判令倪某、季某赔偿鲍某经济损失 1 094 994.36 元，并偿付相应的银行利息损失。法院认为倪某系季某配偶，对倪某、季某婚姻存续期间存在的共同债务应承

---

* 季庆，法学硕士，上海市人民检察院第二分院第五检察部副主任，四级高级检察官；申月，法律硕士，上海市人民检察院第二分院一级书记员。

担清偿责任，遂判决：季某、倪某共同偿付鲍某经济损失 1 094 994.36 元及银行利息。倪某不服，向检察机关申请监督，认为涉案债务系季某个人债务。检察机关经审查后，以无证据证明季某、倪某有举债合意，亦无证据证明债务用于夫妻共同生活，共同债务不应单纯以确认时间作为认定标准，且至少有 538 820.17 元欠款形成于夫妻关系确立之前等为由提出抗诉。法院再审认为，在案证据不足以证明该理财行为倪某也参与、系倪某与季某的共同意思表示，鲍某亦无证据证明该理财有收益且用于夫妻共同生活，故鲍某以系争债务为夫妻共同债务要求倪某共同偿付责任的请求，再审法院不予支持。遂撤销原生效判决，改判季某偿付鲍某经济损失 1 094 994.70 元。

【案例三】林某民间借贷纠纷案

林某与叶某系夫妻，于 2004 年 2 月登记结婚。2014 年 3 月 28 日，陈某建行卡号尾号"3176"账户现金存入 20 万元，立刻全额转入叶某名下尾号"8801"账户。当日叶某填写了金额 20 万元借据打印件一张，约定了月息。2014 年 3 月 31 日，叶某上述账户的 20 万元转至案外人陈某舅妈账户内。2015 年，陈某以叶某未还款为由提起 4967 号案件诉讼，法院作出叶某还本 20 万元及付息的判决。2017 年 3 月，陈某再次向法院起诉，请求判令林某作为叶某配偶就前案中叶某所有支付事项承担偿还之责。法院认为，民间合法的借贷关系受法律保护。陈某向叶某提供借款 20 万元未获偿还的事实已经前案生效判决确认，该笔借款发生在林某与叶某婚姻关系存续期间，故叶某对陈某的借款应当认定为属于夫妻共同债务，遂支持了陈某的诉请，判决林某承担共同还款责任。林某不服，向检察机关申请监督，认为借款未用于夫妻共同生活，系叶某与其舅妈捏造，林某对借款毫不知情。检察机关经审查后，以涉案债务未用于夫妻共同生活、共同债务认定错误为由提出抗诉。法院再审维持原生效判决。

二、夫妻共债问题的立法沿革

（一）《中华人民共和国婚姻法》以及《关于适用〈中华人民共和国婚姻法〉婚姻法司法解释（二）》对夫妻共同债务的规定

夫妻共同债务认定，不仅涉及夫妻双方的财产权利，还影响到第三方债权人的利益和交易安全。2001 年修订的《婚姻法》有两个条文涉及夫妻债务。其中，第十九条第三款规定："夫妻对婚姻关系存续期间所得的财产约定归各自所有的，夫或妻一方对外所负的债务，第三人知道该约定的，以夫或妻一方所有的财产清偿。"第四十一条规定："离婚时，原为夫妻共同生活所负的债务，应当共同偿还。共同财产不足清偿的，或财产归各自所有的，由双方协议清偿；协议不成时，由人民法院判决。"上述条文是对夫妻分别财产制下的特定债务处理方式以及离婚时的偿还债务问题所作的规定，但从实践的角度来看，上述条文在夫妻共债的处理方面仍显不足，在一些案件的法律适用上存有不同理解甚至争议。

对此，最高人民法院在 2003 年 12 月颁布《关于适用〈中华人民共和国婚姻法〉婚姻法司法解释（二）》（以下简称《婚姻法司法解释（二）》），其中第二十四条对夫妻婚姻存续期间对外债务进一步予以规定："债权人就婚姻关系存续期间夫妻一方以个人名义所负债务主张权利的，应当按夫妻共同债务处理。但夫妻一方能够证明债权人与债务人明确约定为个人债务，或者能够证明属于婚姻法第十九条第三款规定情形的除外。"即原则上按照夫妻共同债务处理，除非债权人约定为个人债务或者夫妻双方约定分别财产制，而第三人知道该约定的以一方财产偿还。随后的司法实践表明，这一规定为审判工作提供了相对明确的标准，一定程度上杜绝了当时存在的审判乱象，遏制了一些夫妻恶意逃债损害债权人利益的现象，维护了交易安全。

（二）《关于审理涉及夫妻债务纠纷案件适用法律若干问题的解释》的重要变化

随着经济社会的发展，我国城乡居民家庭财产结构、类型、数量、形态以及理财模式等发生了巨大变化，社会公众的婚姻家庭观念和家庭投资渠道也日趋多元化。出现了夫妻一方与债权人恶意串通损害夫妻另一方权益，而人民法院适用上述司法解释第二十四条判令未举债一方配偶共同承担虚假债务、非法债务的极端案例，亦有因配偶一方超出家庭日常生活需要大额举债，造成配偶另一方在毫不知情的情况下背上沉重债务负担的问题。[1]

在这种情况下，最高人民法院于 2018 年 1 月颁布《关于审理涉及夫妻债务纠纷案件适用法律若干问题的解释》（以下简称《解释》），并赋予其一定的溯及力。最主要的变化有三点：一是"共债共签"原则的确立，《解释》第一条规定"夫妻双方共同签字或者夫妻一方事后追认等共同意思表示所负的债务，应当认定为夫妻共同债务"。二是"家庭日常生活需要"用途的明确。《解释》第二条明确夫妻一方以个人名义为"家庭日常生活所负的债务"，应当认定为夫妻共同债务。三是"超出用途"的例外规定和举证责任的转移。《解释》第三条规定，夫妻一方在婚姻关系存续期间以个人名义对于超出家庭日常生活需要所负的债务，债权人以属于夫妻共同债务为由主张权利的，不予支持，但债权人能够证明该债务用于夫妻共同生活、共同生产经营或者基于夫妻双方共同意思表示的除外。

（三）《民法典》对夫妻共债问题的最新规定

《民法典》于 2020 年 5 月 28 日颁布，其中第一千零六十条规定，夫妻一方因家庭日常生活需要而实施的民事法律行为，对夫妻双方发生效力，但是夫妻一方与相对人另有约定的除外。夫妻之间对一方可以实施的民事法律行为范围的限制不得对抗善意相对人。第一千零六十四条规定，夫妻双方共同签字或者夫妻一方事后追认等共同意思表示所负的债务，以及夫妻一方在婚姻关系存续期间以个人名义为家庭日常生活需要所负的债务，属于夫妻共同债务。夫妻一方在婚姻关系存续期间以个人名义超出家庭日常生活需要所负的债务，不属于夫妻共同债务；但是债权人能够证明该债务用于夫妻共同生活、共同生产经营或者基于夫妻双方共同意思表示的除外。

---

[1] 程新文、刘敏、方芳、沈丹丹：《〈关于审理涉及夫妻债务纠纷案件适用法律有关问题的解释〉的理解与适用》，载《人民司法》2018 年第 4 期。

由此可见，《民法典》基本吸收了 2018 年《解释》的内容与精神，明确了共同债务共签制度，强调了夫妻双方共同签字，或者夫妻一方事后追认，以及以其他共同意思表示形式所负的债务，属于夫妻共同债务。同时确立了夫妻一方以自己名义借贷，超日常负债不属夫妻共债的原则。分析以上立法沿革，可以看出目前认定夫妻共同债务应当以"用于夫妻共同生活"为核心要素。

三、夫妻共同债务抗诉案件的再审价值取向

本文中的三起民事抗诉再审案件，检察机关均以原生效判决对于夫妻共同债务的认定存有错误为主要抗诉理由。但从案件审理结果来看，再审法院对检察机关的抗点却存不同的理解与价值判断，主要体现在以下几个方面：

（一）随意性较大，对《解释》的适用无统一标准

《解释》第四条明确："本解释施行后，最高人民法院此前作出的相关司法解释与本解释相抵触的，以本解释为准。"可见，《解释》与以往的司法解释不同，具有一定的溯及力是其鲜明的特征。但在实践中，再审法院面对该类案件，尤其是对于《解释》出台前作出判决、《解释》出台后抗诉再审的案件，在是否适用《解释》的问题上仍采取明显的保留与谨慎态度。例如：【案例一】中，再审法院认为，该案一审受案时间是 2016 年 1 月 4日，二审判决之日是 2016 年 5 月 30 日，应当适当《婚姻法》及《关于适用〈中华人民共和国婚姻法〉若干问题的解释（二）》第二十四条之规定。而陈某援引《解释》中有关债权人负有举证证明债务用于夫妻共同生活、共同生产经营或者基于夫妻双方共同意思表示的义务，否则债务应认定为个人债务的规定，是在 2018 年施行的，故该案并不适用。

（二）仍将"夫妻关系存续期间"作为判断共同债务的重要标准

三起案件中，有两起再审判决在说理部分将"债务发生于夫妻关系存续期间"作为认定共债的主要标准。【案例一】中再审法院认为，婚姻存续期间，陈某对涉案债务承担连带还款责任，另案陈某与刘某离婚案件中认定涉案债务为刘某个人债务，但其仅具对内效力，不能对抗外部的其他债权人借贷纠纷。【案例三】中再审法院认为，系争债务形成于2014 年，应适用《婚姻法》及《婚姻法司法解释（二）》第二十四条之规定，一方在婚姻关系存续期间所负债务，原则上按照共同债务认定，除非约定分别财产制或第三人知道该约定。鉴于林某与叶某夫妻关系存续期间，林某应对涉案债务承担连带还款责任。

笔者认为过于强调债务形成时间是否在"夫妻关系存续期间"可能不利于保护夫妻间非举债一方的合法权益。毕竟实践中的确发现部分夫妻共债案件，夫妻一方系在另一方不知情的情况下，对外形成各类债务，且未用于共同生活。对于该类案件，需同时结合是否用于"夫妻共同生活"来综合判断是否属于夫妻共同债务，否则不符合法律的公平、效率和安全价值。

（三）对债务是否用于"夫妻共同生活"的问题予以回避或过于严格把握

【案例一】中，再审法院对于夫妻债务是否用于"夫妻共同生活"采取回避的态度，

未予讨论涉案债务是否用于"夫妻共同生活"。尽管另案判决明确"刘某提出的债务系其个人债务，由于债务数额巨大，刘某未能提供证据证明所借款项用于双方家庭生活情况或日常开支等，与陈某无涉，故无法认定夫妻共同债务"，但再审法院仍认为"另案生效判决认定涉案债务为刘某个人债务，仅具有对内效力，不能对抗外部的其他债权人"，并维持了原生效判决。【案例二】中，再审法院认为"系争欠条是季某婚后出具，其载明的理财亏损则来源于2015年5、6月间鲍某与季某签订的委托理财协议，该行为发生在倪某与季某婚前，理财亏损是季某婚前开始的理财行为的延续，鲍某提供的证据不足以证明该理财行为倪某也参与、系倪某与季某的共同意思表示，鲍某亦无证据证明该理财有收益且用于倪某与季某的夫妻共同生活，故倪某以系争债务并非为夫妻共同债务的再审请求，予以支持。虽然该再审案件进行了改判，但改判的主要原因在于对该债务来源是婚前还是婚后的判断，并未侧重于分析该债务是否用于"夫妻共同生活"。由此可见，再审法院对债务是否用于"夫妻共同生活"亦是回避或保守的裁判思路，在适用《解释》方面存有一定的偏差。

四、民事检察监督视角的再审视

（一）除《民法典》《解释》外，规范性文件、会议纪要等亦应成为夫妻共债认定问题的抗诉参考依据

尽管目前《民法典》及《解释》对夫妻共债的认定已经作出较为明确的规定，但司法实践中，个案差异仍显著存在，机械地套用法律及司法解释对千差万别的个案审理往往力不从心。因此，现有的各类规范性文件及会议纪要亦应成为民事检察监督的重要参考依据。其中，关于夫妻债务的认定标准系是否用于夫妻共同生活，最高人民法院在《2015年全国民事审判工作会议纪要》（2015年4月19日）中明确：夫妻共同债务应当按照《婚姻法司法解释（二）》第二十四条予以认定，如果举债人的配偶举证证明所借债务并非用于家庭夫妻共同生活，则其不承担偿还责任。并且，最高人民法院关于《当前民事审判工作中若干具体问题》（2015年12月24日）第三项规定：在涉及夫妻债务的外部法律关系时，应按照《婚姻法司法解释（二）》第二十四条规定认定，但是也可以考虑增加一种情形，即如果配偶一方举证证明所借债务没有用于夫妻共同生活的，配偶一方也不承担还款责任。即如果能证明所借债务明显超出日常生活所需，或者举债人具有赌博、吸毒等不良嗜好，或者所借债务发生在双方分居期间等情形可由一方承担。除上述最高人民法院层面的规范性文件及会议纪要外，各地方审判机关亦出台过一些具体的指导意见。

例如，上海市高级人民法院《关于审理民间借贷合同纠纷案件若干意见》（沪高法民一〔2007〕第18号）第三条规定：《婚姻法司法解释（二）》第二十四条的规定作为一个基本处理原则，即债权人就婚姻关系存续期间夫妻一方以个人名义所负债务主张权利的，按照夫妻共同债务处理。同时还有两个因素需要考虑：一是夫妻有无共同举债的合意；二是该债务有无用于夫妻共同生活。这两个因素，属于基本原则的例外情形。

又如：浙江省高级人民法院《关于妥善审理涉夫妻债务纠纷案件的通知》（浙高法〔2018〕89号）规定：以下情形，可作为各级法院认定"超出家庭日常生活需要所负债务"的考量因素：(1) 单笔举债对同一债权人举债金额在20万元以上的；(2) 债务发生于夫妻分居、离婚诉讼等夫妻关系不安宁期间，债权人知道或应当知道的；(3) 出借人明知借款人负债累累、信用不佳，或在前债未还情况下仍继续出借款项的；(4) 借贷双方约定高额利息，与正常生活所需明显不符的。

（二）严格围绕"共同生活"及"共同经营"等要件对是否属于夫妻共债进行实质性审查

综合前述法律、司法解释以及规范性文件、会议纪要等内容，可以看出夫妻共债的认定仍应以"用于夫妻共同生活"为核心要件之一。民事检察实践中类似案例中存在大量明显超出夫妻共同生活所需的大额债务的情况，对此需要紧紧围绕"共同生活"及"共同经营"的要件进行分析，具体可以侧重以下几个方面：

首先，审查涉案钱款的走向。大额钱款一般通过银行交易，在审查时，需要注意钱款的走向，尤其应注意该借款打入后打出或者提取的情况等，以此判断是否用于夫妻共同生活。如【案例一】系争债务共16万元转入后债务人账号后，债务人马上将该借款现金提取，如此大额现金提取可能有悖常理，债务人称提取后当场将11万现金归还给债权人，具体去向亦不明。【案例三】中，借款由债权人账户转入债务人的账户三天后，分文未用却直接转入债权人舅妈的账户中。以上系争借款通过事实审查可以作证涉案债务未用于夫妻共同生活或夫妻一方未从借款中获益，由此判断法院认定夫妻债务对一方明显不公。

其次，审查涉案钱款实际用途。在审查过程中，可以结合对债务人等涉案人员的调查询问，确定是否用途一致。必要时可开展调查核实，及时调取对手账户的钱款进出项记录，以进一步核查钱款用途。如债务人自称负债借款用于个人投资，该投资盈亏自理，可着重查看该对手账户的返款和返利情况，返款是否进入债务人的配偶账户。此外，部分案件中负债用于夫妻一方进行股票、期货、基金、私募等高风险投资的，不宜机械地以"不能排除收益用于共同生活"为由，"一刀切"地认定为夫妻共同债务。例如【案例二】中婚前签订的委托理财合同导致负债，该债务成立于婚前，部分损失发生于婚前。夫妻一方对该项委托理财情况并不知情，亦从该委托理财协议中获得收益，也不可能将相关收益用于夫妻共同生活。同时，对于投资曾获得收益的，可以审查投资收益是否家庭分享或者是否用于购置家庭物品，以此作为判断基准。如果有夫妻一方抗辩对举债人的投资行为完全不知情，且未分享经营或投资所得的，应谨慎认定债务性质为夫妻共同债务。

最后，审查夫妻是否存在共同经营情况。通过市场管理部门调查债务人及其配偶的登记信息，审查是否存在有限公司、合伙企业等共同经营的情况，如在审查中发现夫妻二人有共同经营的，出于共同经营、共同承担债务、共同获取利润的考量，则可以认定成立夫妻共同债务。①对于以单方名义经商办企业，情况较为复杂，要结合实际情况，对该债务

---

① 周浩、赵韵韵：《再审时如何认定民间借贷纠纷中的夫妻共同债务》，载《中国检察官》2018年第5期。

性质进行全面分析。此外，判断生产经营活动是否属于夫妻共同生产经营，还可以根据经营活动的性质以及夫妻双方在其中的地位作用等综合认定。夫妻从事商业活动，视情适用公司法、合同法、合伙企业法等法律及司法解释的规定。①

（三）以《民法典》颁布为契机，充分发挥成文法典的积极作用

2018 年《解释》发布之初，最高人民法院民一庭负责人在答记者问时就曾表示，对于《解释》施行前，经审查甄别确属认定事实不清、适用法律错误、结果明显不公的案件，人民法院将以对人民群众高度负责的态度，秉持实事求是、有错必纠的原则，以事实为依据、以法律为准绳，依法予以纠正。在《解释》出台后，2018 年 2 月 7 日，最高人民法院向各省高级人民法院下发明传通知，明确涉及夫妻债务案件的具体工作要求：正在审理的一、二审案件适用《解释》的规定；对于已经终审的案件，甄别时应当严格把握认定事实不清，适用法律错误，结果明显不公的标准，比如夫妻一方与债权人恶意串通坑害另一方，另一方在毫不知情的情况下无端背负巨额债务的案件等，应当依法予以纠正；对于符合改判条件的终审案件，要加大调解力度和执行和解力度。可见，对于夫妻共债案件，最高审判机关秉持法律效果与社会效果相统一的原则。

但实践中，地方法院在再审环节，面对"认定事实不清""适用法律错误""结果明显不公"的夫妻债务案件时，往往出于存量规模较大、翻案压力大、执行回转压力较大等困难或因素，并没有严格落实最高人民法院"有错必究"的精神，被负债者的理性诉求在再审环节被无情驳回，进而导致类案当事人缠访闹访的局面不断发生，案件办理社会效果欠佳，也加重了审判监督环节中检法两家的信访维稳压力。

为此，笔者认为应区分不同情况予以对待：（1）针对《民法典》颁布前实践中大量的既有生效存案以及信访积压案件，建议检法两家对申诉处理原则及口径作进一步统一，可以考虑建立类案监督审查协作互通机制，明确抗诉再审标准。对于事实没有争议，处理结果总体并无不妥的，应共同加大调解力度，在息诉罢访方面努力形成合力。对于办理结果仍明显错误、显失公平且有继续监督必要的，及时依照民事检察诉讼监督规则的有关规定开展跟进监督，通过跟进抗诉或类案跟进再审检察建议的方式再一次启动存量案件审理程序，为涉案当事人再一次提供合法救济渠道及维权途径。（2）针对《民法典》颁布后的新案件，鉴于《民法典》婚姻家庭编已以成文法典的形式明确了夫妻共同债务的具体认定标准及相关举证责任分配等问题，民事检察部门可以定期通过类案专项监督工作等方式积极监督、督促同级审判机关在该类案件中严格适用成文法典的各项原则及规定，做到案件法律适用以及裁判标准的客观统一，防止《民法典》颁布后新案件再生"同案不同判""裁判尺度各自为政"的乱象，这也是民事检察监督部门充分发挥裁判监督职能的重要职责和使命。

（责任编辑：吴　真）

---

① 程新文、刘敏、方芳、沈丹丹：《〈关于审理涉及夫妻债务纠纷案件适用法律有关问题的解释〉的理解与适用》，载《人民司法》2018 年第 4 期。

检察指导性案例的研究深化与应用拓展

项 谷 张 菁 李 灿*

"一个案例胜过一打文件。"案例是司法经验的智慧结晶，是联结实践与理论、问题与规则的桥梁。《人民检察院组织法》赋予最高人民检察院发布指导性案例的权限，进一步明确了指导性案例的司法属性和法律地位。在下级检察院层面，通过在办案中对指导性案例的应用，真实呈现政治效果、法律效果和社会效果的有机统一。至2021年6月，最高人民检察院已发布指导性案例28批110件，对检察机关切实充分履行法律监督职能起到重要的促进和推动作用。笔者聚焦当前案例指导工作中存在的一些薄弱环节，从理念、定位、内容、应用等维度剖析原因，提出一管之见，以期对深化检察指导性案例的研究与应用有所助益。

一、检察指导性案例研究与应用的理念深化

当前司法办案工作中，检察指导性案例研究与应用的重要性并没有真正凸显，重视程度不高。如有的办案人员对于指导性案例在准确适用法律、统一执法尺度、规范检察权运行、提高办案质效方面的重要作用知之甚少，一定程度上存在将司法办案与案例指导割裂开来的情况。有的办案人员只管办案，宣传、总结案件过于依赖司法行政部门，对案例的法治宣传作用与公众认同意义存在认识上的局限。随着司法客观环境对办案人员专业化要求越来越高，还有部分办案人员感到办案压力增大，囿于时间和精力，无暇顾及案例研究，较少主动提炼办案经验做法，重办案轻总结的倾向明显。笔者认为，上述现象产生的症结首先在于理念落后，认识不到位。理念是指导、引领检察机关办好案件的思想、灵魂。理念要与时俱进、常思常新，因为社会是发展的，司法办案总会遇到新情况。[①]只有深刻认识案例指导工作的重大意义，才能用心做好案例的研究和运用，切实发挥案例对提升法律监督效果的重要作用。

（一）案例指导是发挥检察职能的有效途径

案例指导制度是完善中国特色社会主义司法制度不可或缺的重要组成部分。《人民检察院组织法》第二十三条明确规定，最高人民检察院可以发布指导性案例，既为发布指导

---

* 项谷，全国检察业务专家，曾任上海市人民检察院第一分院研究室主任；张菁，法学硕士，上海市人民检察院第一分院研究室副主任、三级高级检察官、上海检察业务专家；李灿，法学硕士，上海市人民检察院第一分院检察官助理。
① 张军：《关于检察工作的若干问题》，载《人民检察》2019年第13期。

性案例提供法律保障，也从侧面表明指导性案例的应用是对司法权的行使，是司法办案工作的延伸。司法中的案例直接来源于实践，案例指导能够较好弥补成文法模糊、抽象、滞后等不足，使抽象的法律条文更统一地具体化运用于个案。同时，案例指导还契合司法责任制改革关于落实"谁办案谁负责，谁决定谁负责"的要求，对"同案不同处理"的案件起到指引作用，彰显司法公正。而通过总结发布"捕诉一体"办案、认罪认罚从宽制度适用、检察公益诉讼等领域典型案例、精品案例，可以及时推广成功经验做法，加强指导规范办案，落实好"在监督中办案、在办案中监督"。

（二）案例指导在中华法系历史中源远流长博大精深

尽管我国是具有悠久成文法传统的国家，但判例在法律传统发展延续过程中同样发挥重要作用，判处新案时援引成案作为根据，从而赋予成案判决及其原则以法律效力。早在殷商时期，就有"有咎比于罚"的原则；西周、春秋时期，则有"议事以制，不为刑辟"；秦代存留的《睡虎地秦墓竹简》记载了广泛实行援用判案成例作为司法依据的制度；汉代的"春秋决事比"、宋代出现的"断例"、明代判例真正具有了"判例"的意义；[1]清代出现了更多的"成案"用以援引比附；中华民国在审判实践中大量适用司法部和最高法院的判例、解释例。新中国成立后，根据毛泽东主席"不仅要制定法律，而且要编选案例"的指示精神，最高人民法院曾作出规定，运用案例的形式指导工作，由最高人民法院和高级人民法院选定案例，经中央政法小组批准，发给地方各级人民法院比照援引。[2]

（三）案例指导制度是我国现行检察制度的重要组成部分

2010 年 7 月最高人民检察院《关于案例指导工作的规定》正式建立了案例指导工作制度，为各级检察机关开展案例研究和指导工作提供基本遵循。党的十八届四中全会审议通过的《中共中央关于全面推进依法治国若干重大问题的决定》提出，加强和规范司法解释和案例指导，统一法律适用标准。为贯彻落实中央精神，最高人民检察院先后于 2015 年12 月、2019 年 4 月修订《关于案例指导工作的规定》，对指导性案例的条件、体例、选编和发布作出进一步细化规定。最高人民检察院《2018—2022 年检察改革工作规划》还明确提出，要创新检察案例指导制度，围绕审查运用证据、收集完善证据、排除非法证据、指控犯罪等重点环节，反映检察工作特点，凸显检察办案特色，创新典型案例选编和发布方式，强化典型案例指导意义。《人民检察院组织法》第二十三条第二款关于"最高人民检察院可以发布指导性案例"的规定，确立了指导性案例在检察办案中的"参照"效力。

（四）案例指导是满足新时代人民群众新需求的重要举措

进入新时代，我国社会主要矛盾发生根本变化，信息化加速了社会生活发展，社会关系流动日趋复杂，人民群众对民主、法治、公平、正义、安全、环境等方面有新的更高要求，对精准脱贫、污染防治、食品安全、环境保护、产权司法保护等方面的需求更加强

---

① ［美］D.布迪、C.莫里斯：《中华帝国的法律》，朱勇译，江苏人民出版社 1993 年版，第 60 页。
② 赵秉志主编：《中国刑法案例与学理研究》（第五卷），法律出版社 2004 年版，第 2 页。

烈。与此同时，成文法固有的局限性更加凸显，迫切需要通过建立案例指导制度推动适时更新和完善法律。案例指导制度能够弥补成文法滞后、模糊、不周延等不足，解释、明确、细化相关法律规定，并且能够填补法律漏洞。①比如最高人民检察院第十二批指导性案例旗帜鲜明地提出"法不能向不法让步"的理念，在"河北涞源反杀案""云南丽江反杀案"中，检察机关都根据最高人民检察院第十二批指导性案例确立的正当防卫法律适用的基本精神，对以往难以认定的正当防卫行为作出不起诉决定。

二、检察指导性案例研究与应用的价值定位

当前司法实践中，办案人员对案例指导的价值定位和功能作用还存在模糊认识，案例的巨大潜能没有充分挖掘和发挥。比如有些办案人员将案例与办案相混淆，对在办案中如何运用案例存在困惑；也有些办案人员将我国的案例指导制度与普通法系国家的判例制度相混淆，对案例指导的效力和应用方式不甚清楚；还有些办案人员将指导性案例与典型案例相混淆。笔者认为，厘清案例指导的价值定位和功能作用是从根本上、整体上推进检察案例指导制度完善的基础。

（一）明确案例指导制度的基本定位

我国检察机关的案例指导制度是一种创新制度，但不是一种新的"造法"制度，本质上仍是一种法律适用活动和制度。②我国案例指导制度不同于英美法的判例制度，"判例"在英美法系国家是作为法律渊源，即创制、借鉴以及遵循先例的法律制度或者法律体系而存在，故被称为"判例法"，其生成机制是"法官造法"，根本原则是遵循先例。我国实行的案例指导制度本质上是具有中国特色的司法制度，目的是在保持成文法的法律体制下，以成文法为主，结合司法解释，以案例指导为辅，运用典型案例对法律规则的准确理解和适用进行指导，以弥补成文法之不足，而不是一种新的"造法"制度，不是"司法造法"。③在其与司法解释的关系上，两者虽然都属于司法指导方式，但性质、效力和功能等均不尽相同。在性质上，司法解释是一种针对具体法律条文作出的符合立法目的、原则和原意的规范性文件，而指导性案例本质上仍是一个已经发生法律效力的案件，承载着具体情景感性内容；在效力上，司法解释具有法律效力，可以在法律文书中直接援引，而指导性案例仅是对个案的认可，不具有普遍拘束力，在检察办案中是"应当参照"适用，不得代替法律或司法解释作为办案的直接依据，并且经上一级检察院批准，下级检察院在具体办理个案时也可不参照指导性案例；④在功能上，指导性案例的发布更为灵活便捷，能够为统一法律适用标准提供更有针对性的指引，弥补司法解释制定程序较为复杂、周期较长的局限。

① 熊秋红：《准确定位价值功能　充分发挥案例指导作用》，载《检察日报》2019年2月25日第3版。
② 万春：《最高检指导性案例的发展历程和创新完善》，载《国家检察官学院学报》2019年第5期。
③ 陈国庆：《检察机关案例指导制度的构建》，载《人民检察》2011年第1期。
④ 李文峰：《新时代检察机关案例指导制度构建》，载《检察日报》2020年3月22日第3版。

(二)明确指导性案例与典型案例的关系

指导性案例和典型案例均属检察机关案例指导制度中的案例范畴。典型案例有广义和狭义之分，指导性案例来源于典型案例，亦可视作广义上的典型案例。而狭义的典型案例，与指导性案例在制发主体、程序、内容、效力等方面不尽相同。在制发主体上，指导性案例只能以最高人民检察院名义发布，其他检察机关无发布权；而典型案例除了最高人民检察院可以发布外，地级市以上检察院也可发布。鉴于典型案例发布后对下级检察院具有指导作用，故县级检察院不宜作为发布主体。同时结合当前典型案例数量尚不多的实际情况，最高人民检察院和省级检察院的各业务部门可在本条线、本辖区范围内发布典型案例。在制发程序上，指导性案例必须经过案例指导工作委员会筛选备选案例、检察委员会审议备选案例、最高人民检察院发布等法定程序；而典型案例的制发目前没有明确规定。笔者认为，以检察机关名义制发的典型案例，宜由该院检委会审议通过后发布。其他由各业务部门发布的典型案例，可经检察官联席会议讨论后报分管检察长决定发布。在内容上，指导性案例涉及事实认定、证据运用、法律适用、政策把握、办案方法等多个方面，对检察机关办理类案具有"准司法解释"的指导意义；而典型案例则既可以为本地区类似案件办理提供参照标准，也可以用于释法说理或宣传检察工作，还可以作为法学研究或实务研讨的样本或范例。[①]在效力上，指导性案例具有"应当参照"的效力，检索有无类似的指导性案例是办理具体案件的工作要求，是否参照适用等情况应当写入案件审查终结报告，不参照适用的，还应当报请上级检察机关批准。而典型案例则无此效力和工作要求，在办案中仅作为一种参考和借鉴。

(三)明确司法办案与案例指导的关系

案例是司法活动的反映，是将抽象原则的法律条文转化为具体形象的行为规范。对于整个诉讼活动而言，司法办案与案例指导的关系表现为，案例是司法办案的终极成果，不仅是司法办案质效的尺子、规则，更是司法办案的方法，是将司法理念、法律理论与办案实践连接起来的桥梁和纽带。案例指导应当是"从实践到理论"的案例研究与"从理论到实践"的案例应用之有机融合。特别是案例研究本身就是司法办案的有机组成，是一种对已办结案件的反向审视，总结得失和规律，从而提升办案能力和水平。通过案例研究总结提炼出来的标准、规则、规律，需要以指导性案例、典型案例的形式加以应用，发挥指导作用，最终实现司法办案"同类案件相同处理"的价值目标。

三、检察指导性案例研究与应用的丰富拓展

审视当前案例指导工作，类型单一、内容不够丰富的问题仍较为突出，比如重刑事轻民事行政、重法律适用轻社会宣传等，应当有针对性地扩展类型、丰富内容，夯实案例研究与应用的发展基础。

---

① 张杰：《建构指导性案例与典型案例"一体两翼"工作格局》，载《检察日报》2019年8月8日第3版。

（一）丰富案例研究与应用的类型

首先，丰富指导性案例的类型是"四大检察"全面协调充分发展的要求。截至2021年6月，最高人民检察院共发布28批110件指导性案例，刑事案例共82件，占比约74.5%；民事类案例13件，占比约为11.8%；行政类案例3件，占比约为2.7%；公益诉讼案例12件，占比约为10.9%。以上不难看出，民事检察、行政检察、公益诉讼检察相关案例三者之和的占比仅为刑事检察案例的三分之一。因此，笔者建议，按照新时代"四大检察"全面协调充分发展的体系布局，谋划好案例指导研究的工作体系，从最高人民检察院层面制定检察机关指导性案例体系的总体建设规划，特别是要进一步扩展民事行政诉讼监督、公益诉讼、社会治理类检察建议等领域的案例类型，为各级院形成与检察职能发挥相适应的案例指导研究工作体系提供指引。其次，丰富指导性案例的类型是社会治理现代化的要求。法治是社会治理的基本手段，办案是检察机关参与社会治理的基本方式，检察机关将个案办理与类案监督、专项活动相结合，一方面通过办理个案促进社会治理，另一方面对于办案中发现的普遍性问题，或者一个区域、一个系统存在的普遍性问题，集中开展专项监督活动，达到办理一案、治理一片、影响一方的效果。再次，丰富指导性案例的类型是司法实践的要求。司法实践的案例复杂多样，不仅有传统人身财产类疑难案件，也有伴随信息技术快速发展而不断涌现的新型网络犯罪、金融证券类犯罪案件。因此案例选题的全面性尤其重要，应注重"传统与时下"的结合，不仅应对司法实践中常见、代表性的问题进行研究，还需及时挖掘新类型案件加以分析研究。对于司法改革推进过程中出现的新问题新情况，同样需要进一步加强研究，如对于认罪认罚从宽制度实施过程中被告人在二审期间反悔的如何处理，应收集相似案例及时研判，更好发挥类案指导作用。

（二）深化案例研究与应用的目的导向

首先，以类型化为方向开展指导性案例研究与应用。案例指导功能的精准发挥，离不开因案制宜，即根据不同的案例类型，采用不同的学习培训与适用方式。针对案例所蕴含的检察工作理念、法律适用规则等不同内容，固定类型模式，完善分类研究。其次，以目的为导向开展指导性案例研究与应用。实践中主要有四种研究目的：一是评析型，即通过揭示案例的争议问题，提出自己的观点。这类案例以个案的法律适用问题为对象，篇幅短小精悍，针对性强，适用性广，易为检察办案参考所用。二是研究型，即以个案为引子，延伸论述办案过程中的相关法律问题，与评析型案例相比，更侧重理论上的深入研究。三是经验总结型，即归纳提炼某一或某类案件的办案思路和办案方式，形成可复制可推广的经验做法。如果其能进一步上升为具有规律性的工作机制、制度，则指导效用将倍增。四是检委会案例型，即选取检委会讨论决定的案件，根据案件的不同情况作不同的类型研究。

（三）拓展案例研究与应用的方向

首先，向指导程序法律适用的方向延伸。案例研究应注重实体、程序、证据等多领域同步拓展，不仅强化对刑事实体法律适用的研究，还应进一步向证据运用、办案方法等方面延伸。例如，对修改后刑事诉讼法新增的法律制度，因缺乏实践操作的指导，其法律价值没有完全实现，需要通过案例的研究和指导应用来助推法律的贯彻执行。其次，向指导量刑规范的方向拓展。认罪认罚从宽是修改后刑事诉讼法新增的一项重要制度。量刑建议是认罪认罚从宽制度的重要组成部分，精准适用认罪认罚从宽制度，必然对量刑建议的精准化提出更高的要求。而目前案例研究指导仍以疑难法律适用问题为主，鲜少涉及量刑问题，迫切需要通过总结提炼量刑规律和标准，提升检察官提出量刑建议的能力和水平。再次，向总结司法改革后的办案经验聚焦。应加强对坚守客观公正立场、正确把握监督与办案的关系，既把监督做实、又把案件办好等方面经验做法的总结，加强对服务打好"三大攻坚战"、涉非公经济保护等方面做法的总结，用案例推动检察工作"稳进、落实、提升"，用案例宣传新时代检察新担当新作为。

四、检察指导性案例应用的路径拓展

案例的生命力始于发布，但绝不应止于发布。案例指导作用的发挥有赖于案例的应用。最高人民检察院《关于案例指导工作的规定》第十五条明确各级人民检察院应当参照指导性案例办理类似案件，但司法实践中"参照难"问题仍比较突出。比如，如何判断在办案件属于类似案件；指导性案例可以被引述用于释法说理的部分还不明确；参照适用缺乏细化的程序和要求；在办类似案件未参照适用的后果尚不明确等。此外，指导性案例自身质量高低也是影响其应用的重要因素。笔者认为，案例质量是案例指导工作的重要内核，在确保案例质量的基础上，建议最高人民检察院尽快出台案例指导工作的实施细则，对类似案件的判断标准、参照适用的程序、内容和方式，以及类似在办案件未参照适用的后果予以进一步明确。

（一）强化指导性案例的说理性

说理，是案例的核心。虽然指导性案例具有"应当参照"的效力，但"参照"的应然性和必然性，即案例的价值仍需要以说理的方式加以体现。当前指导性案例的说理较多地体现在"指导意义"部分，不同类型的指导性案例对指导意义阐述的充分性、透彻性有所差异，特别是政策把握型、办案方法型和法治宣传型的案例，指导意义仅停留在对相关规定的文义解释，并不符合指导性案例被引述进行释法说理的要求。强化对案例的释法说理，就是依据事实、证据、法律、政策等，对案例的观点进行分析论证、阐述说明。说理的透彻性相当程度上决定了案例的指导性。增强说理性，须改变照搬照抄案件审查终结报告的简单做法，从方式单一、视角狭窄的说理模式转变为天理、国法、人情等多角度、多层面的综合论证，将说理性贯穿案例始终。

（二）明确指导性案例参照标准、程序和要求

在办案件与指导性案例类似，是参照适用的前提和基础。类似案件的判断，需要对在办案件与指导性案例进行类比推理。类比推理的要素因在办案件类型不同而有所区别，争议问题、关键事实是最为常见的类比要素。当在办案件在事实认定、法律适用上的争议问

题与指导性案例类似，以及与争议问题相关联的关键事实亦类似时，可以认为在办案件与指导性案例类似，应当参照适用指导性案例。换言之，在办案件的该争议问题能够由指导性案例提供方案予以解决。与此同时，还应将参照指导性案例作为检察官办案的硬性要求嵌入案件办理程序，体现于检察文书，实现参照过程的显性化和规范化。案件承办检察官应当在案件审查终结报告中说明有无类似指导性案例，以及参照适用的情况。当事人及其辩护人、诉讼代理人引述指导性案例作为控（诉）辩理由的，承办检察官应当对是否参照指导性案例作出回应，特别是不予参照的，应当向当事人及其辩护人、诉讼代理人进行释法说理。案件提交检委会审议的，亦应当报告有无类似指导性案例及是否参照的情况。

（三）完善指导性案例参照适用的体系化保障

一方面，完善案例立项报送制发工作机制。最高人民检察院应在顶层设计层面制定案例立项、报送、制发等工作计划，进一步增强案例发布的计划性。地方各级院应根据案例发布计划，有的放矢做好案件办理与案例发掘的动态融合，为备选案例的报送工作夯实基础。另一方面，构建多层次的案例资源库。最高人民检察院应建立全国性案例资源库，将由其发布的指导性案例和典型案例嵌入统一业务应用系统。省级检察院建立本辖区案例资源库，在全国性案例资源库的基础上增加本地区发布的典型案例，为检察官办案参照指导性案例、参考典型案例提供便利。

（四）搭建与类案强制检索匹配的技术平台

《关于案例指导工作的规定》第十五条第二款明确规定承办检察官在检委会审议案件时应当报告有无类似指导性案例并说明参照适用情况，隐含了类案强制检索的要求。随着指导性案例发布数量的日益增多，类案强制检索的实现必须有强大的技术支撑和科技赋能。首先要扩容案例资源库，实时更新，同步最高人民检察院发布的指导性案例。其次要科学设置关键词，不仅应涵盖指导性案例原有关键词，还应针对指导性案例全文提炼多层级关键词、核心关键词。再次要在强制检索的基础上增加系统自动检索功能，强制检索意味不检索即阻断办案进程，而自动检索则是在受理新类型、首例案件时先一步检索类案，为承办检察官正确适用法律提供便利。

（责任编辑：吴　真）

试论立体化民事执行检察监督格局的建构

刘　洋*

民事判决、裁定、调解书等文书确定的权利义务的实现，最终依靠的是执行程序。近十几年以来，为解决执行中存在的问题，法院内部采取有力的举措。但"执行难""执行乱"问题仍然不时爆出，这反映出执行问题的系统性，单靠法院一家已经难以解决。检察机关是国家的法律监督机关，对于法院执行程序进行外部监督，具有天然的恰当性。

2012 年民事诉讼法明确检察机关对于法院执行活动进行全面监督，2016 年最高人民法院、最高人民检察院会签《关于民事执行活动法律监督若干问题的规定》（以下简称《民事执行监督规定》）。2020 年，最高人民法院、最高人民检察院联合发布《关于建立全国执行与法律监督工作平台　进一步完善协作配合工作机制的意见》（以下简称《协作配合意见》），就"全国执行与法律监督工作平台"建设、加强协作配合、完善工作机制、实现信息共享等内容作出相关规定。2021 年，最高人民检察院发布新修订的《人民检察院民事诉讼监督规则》（以下简称《民事诉讼监督规则》），进一步明确执行检察监督的范围、程序、方式。上述法律、司法解释明确检察建议作为民事执行检察的具体监督方式。

检察建议为柔性监督的一种，其效果往往需要其他监督方式方法的配合。笔者将通过分析比较刑事检察、民事检察、行政检察、公益诉讼检察中法律监督模式及检察建议作用的发挥，得出目前民事执行检察建议效果发挥中存在的问题，进而分析得出强化民事执行检察建议的方法。

一、检察建议属性分析及作用发挥

检察建议是"四大检察"共同的一种监督方式，其属性、内容、程序具有共通性。但是作为法律监督方式的一种，检察建议作用的发挥在"四大检察"中并不完全相同。

（一）检察建议属性分析

检察建议是检察机关开展法律监督工作所采取的重要监督方式。2018 年 12 月《人民检察院检察建议工作规定》（以下简称《检察建议规定》）第二条明确检察建议的概念和功能。①第五条明确检察建议的五大类型，即再审检察建议、纠正违法检察建议、公益诉

＊　刘洋，法律硕士，上海市虹口区人民检察院检察官。

① 《人民检察院检察建议工作规定》第二条规定：检察建议是人民检察院依法履行法律监督职责，参与社会治理，维护司法公正，促进依法行政，预防和减少违法犯罪，保护国家利益和社会公共利益，维护个人和组织合法权益，保障法律统一正确实施的重要方式。

讼检察建议、社会治理检察建议及其他检察建议。对于检察建议的程序，规定了调查核实和督促落实两个步骤。

对于检察建议的属性，学界观点一直有所分歧。第一种观点将所有的检察建议都当作一种公权力来行使；第二种观点将所有的检察建议定位为一种服务性的职能，认为其应当退出公权力的领域；第三种观点将履行法律监督职能的检察建议定位为法律监督权，其余的定位为服务型的工作；第四种观点认为履行法律监督职能的检察建议属于公权力范畴，但履行社会综合治理职能的检察建议应当退出公权力领域。[①]笔者认为，检察机关是国家的法律监督机关，依法行使法律监督权。而法律监督权的外延，不仅仅包括对公权力机关依法行权的监督，也包括对于发案单位法律制度漏洞等问题的监督。因此，无论是再审检察建议、纠正违法检察建议、公益诉讼检察建议，还是社会治理检察建议，都是检察机关履行法律监督权的方式，应当都属于公权力范畴。

与此同时，还要明确两点。第一点，检察机关的检察建议在现阶段与一般意义上的公权力有所区别，这主要是在强制力方面的差异。公权力与私权利是相对的概念，公权力背后是国家强制力。而检察建议是公权力属性下的建议，其强制性较弱，体现的更多是国家权力之间的监督制约关系，属于协商性司法的产物，这一点从检察建议的督促落实程序中也可以得到印证。第二点，四种类型的检察建议中，只有综合治理类的检察建议可以以公权力机关以外单位为对象。但是对于四类检察建议的程序，《检察建议规定》并未作出区分。

（二）检察建议作用发挥

检察建议作用的发挥，取决于检察建议的内容、程序，同样也取决于检察建议所处的法律监督系统。

1. 立体化的刑事检察法律监督模式

对于刑事检察而言，检察机关的法律监督方式有检察建议、纠正违法、抗诉、追究相关人员责任等方式。根据新修订的刑事诉讼法，纠正违法是针对公安机关、法院侵害辩护人、诉讼代理人权利，侦查机关在侦查中有非法取证、非法采取强制措施等严重违法行为，法院违反程序办理案件及不当减刑假释等情况；抗诉是针对法院判决、裁定确有错误的情形；对于最为严重的违法行为，依照法律规定对有关刑事案件行使侦查权，进而追究相关人员刑事责任，包括司法工作人员利用职权实施的非法拘禁、刑讯逼供、非法搜查等侵犯公民权利、损害司法公正的犯罪，国家机关工作人员利用职权实施的重大犯罪案件，对于其他情形，检察机关可以将线索移送其他机关进行处理；结合《检察建议规定》，刑事诉讼中的检察建议主要包含再审检察建议，针对公安、法院在刑事诉讼中普遍性、倾向性的违法问题的检察建议，针对发案单位及监管部门制度漏洞的检察建议。

由此可见，刑事检察构建了效力逐步递进，监督关系互补的法律监督格局。虽然检察建议的效力相对较弱，但是其身后有纠正违法、抗诉甚至追责等强效力的监督方式作为后盾。因此，检察建议的效果较容易得到保证。

---

① 万毅、李小东：《权力的边界：检察建议的实证分析》，载《东方法学》2008年第1期。

2. 前置程序加诉讼型的公益诉讼检察法律监督模式

在公益诉讼检察中，检察建议主要存在于行政公益诉讼。而行政公益诉讼检察的法律监督方式，则采取的是检察建议作为前置程序加上起诉的法律监督模式。根据行政诉讼法及最高人民法院、最高人民检察院公益诉讼司法解释的规定，人民检察院在履行职责中发现生态环境和资源保护、食品药品安全、国有财产保护、国有土地使用权出让等领域负有监督管理职责的行政机关违法行使职权或者不作为，致使国家利益或者社会公共利益受到侵害的，应当向行政机关提出检察建议，督促其依法履行职责。如行政机关在收到检察建议后不履行职责的，检察机关可以依法提起诉讼。

因此，虽然公益诉讼检察建议本身无法摆脱效力较弱的弊端，但是由于有提起诉讼这一刚性极强的监督方式作为后盾，仍可引起被监督者的足够重视。

3. 检察建议与抗诉相配合的民事行政审判结果检察法律监督模式

对于确有错误的民事判决、裁定、调解书及行政裁判，检察机关可以采取的监督方式主要有再审检察建议和抗诉。在民事行政审判结果检察监督中，再审检察建议和抗诉之间的关系，不似公益诉讼，两者之间不是前置程序与后道程序关系，更多类似于配合关系，两者在适用范围上基本重合，但在适用侧重点上不同，一般而言，抗诉针对的是重大错误。除此之外，抗诉也为柔性的再审检察建议的监督效果提供保证。

4. 民事执行检察法律监督模式

关于民事执行检察法律监督模式，学界较少探究。一般认为，民事执行检察法律监督中，仅有检察建议这一监督方式。民事诉讼法中仅仅规定检察机关有权对民事执行活动实行法律监督。《民事诉讼监督规则》和《民事执行监督规定》中，都仅仅提到了检察建议这一监督方式。从现有的规定来看，检察建议是民事执行检察唯一的监督方式。一般认为"权力刚性大小与权力束成正比"，[①]民事执行检察建议只是形成单个权力束，而并无其他权力束相互依存，自然刚性较弱。综上，与其他检察比起来，民事执行检察的法律监督，其监督方式相对单一和柔性，效果难以得到保证。

二、民事执行检察建议存在的主要问题

根据《检察建议规定》第九条和第十一条，明确检察机关针对民事执行中存在的违法问题，可以根据问题性质、严重程度，提出纠正违法检察建议或者社会治理检察建议。[②]在该

---

① 樊华中：《法律监督权的刚性提升症结与再行路径——职务犯罪侦查权移转监察委后的监督方略》，载《重庆理工大学学报（社会科学）》2019年第1期。

② 《检察建议规定》第九条明确的检察机关制发民事执行方面纠正违法检察建议的情形，"人民法院在执行生效民事、行政判决、裁定、决定或者调解书、支付令、仲裁裁决书、公证债权文书等法律文书过程中存在违法执行、不执行、怠于执行等行为，或者有其他重大隐患的""人民检察院办理行政诉讼监督案件或者执行监督案件，发现行政机关有违反法律规定、可能影响人民法院公正审理和执行的行为的"。《检察建议规定》第十一条明确的检察机关制发民事执行方面社会治理检察建议的情形，"相关单位或者部门不依法及时履行职责，致使个人或者组织合法权益受到损害或者存在损害危险，需要及时整改消除的"。

规定实施以来，民事执行检察建议的效果得到一定提升，但仍然存在一些问题，既有该规定理解与实施的问题，也有民事执行检察建议一贯以来的系统问题。笔者将通过民事执行检察建议自身问题和外部问题两个方面来进行归类分析。

（一）民事执行检察建议自身问题

1. 调查核实权运用不充分导致的事实认定问题

检察监督的基础在于准确认定违法事实。但长期以来，检察机关在一些案件中制发的民事执行检察建议指出了问题，但没有细化问题，更缺乏对问题的阐释，甚至于以"建议法院对某执行案件依法履行职责"这一模糊的方式进行监督。这是法院对于检察机关的监督不够重视的重要原因之一。因此，《检察建议规定》中明确，检察建议一般包括问题来源、认定的事实、违法问题、依据的法律以及一些程序事项，力图解决检察建议过于模糊随意的问题，并规定了查阅复制材料、向有关人员了解情况等调查核实措施。《民事诉讼监督规则》中也重申和明确了民事检察中的调查核实权。但在司法实践中，民事执行检察建议对于事实认定的模糊问题尚没有得到完全解决。一方面，可能与法律规定的理解与适用需要一定适应时间有关，检察人员长期以来采用笼统表述的习惯没有得到根本纠正；另一方面，更重要的是，为准确认定事实而采用的调查核实措施，检察人员并没有充分运用，而被监督的法院、行政机关对于检察机关的调查核实也不够配合，导致检察机关发现了问题，但是无法准确指明问题所在以及下一步方向。

2. 检察建议文本质量仍需提高

对于检察机关而言，往往对于刑事检察的起诉书、民事行政检察的抗诉书等文书极为重视，但是对于民事执行检察建议等建议类文书重视不够。而检察机关所做的工作，最终是要体现在检察文书之中，文书的质量直接关系检察监督的效果。在检察机关要强化法律监督职能的背景下，检察建议的重要性应当放在一个相当重要的位置上。笔者认为，从长远角度，民事执行检察建议类文书在质量上，应当向起诉书等文书看齐。在内容上，应当准确指出问题、阐明解释法律、提出解决路径，在形式上，应当格式规范、条块清晰、说理性强。但回看当下，只有寥寥数行文字、内容模糊、可操作性差的检察建议还确实存在。因此，当前的民事执行检察建议文书质量尚不能适应时代要求，是民事执行检察建议效果不佳的一个原因。

3. 检察建议效果的重视程度仍需加强

就目前基层检察机关而言，检察建议的制发数和采纳率是最重要的衡量指标。在实践中，基层办案人员一方面需要拓宽案源，加强对于法院民事执行活动的全面监督，另外一方面需要高度重视案件质量，确保监督的精准性，极大提高民事检察工作的质效。在具体操作层面，目前也确实存在少数办案单位就文字差错等细微问题滥发建议、制发检察建议后不关注问题是否得到最终解决、跟进调查不力等方面的问题。检察建议效果的重视程度仍然需要进一步加强。

（二）民事执行检察建议外部问题

1. 民事执行检察监督系统不完善

民事执行检察监督是其中较为薄弱的一个环节，这既和检察机关长期以来重刑轻民的观念有关，也与相关法律体系对于民事执行检察的规定较为笼统有关。在本次检察改革中，检察机关提出了"四大检察"共同发展，明确做强民事检察工作的目标。但是民事执行检察监督系统尚没有得到较好的完善。从目前的《民事诉讼法》《民事诉讼监督规则》《民事执行监督规定》等法律及司法解释来看，检察建议仍然作为唯一提及的监督方式。笔者认为，无论如何提高检察建议的质量、规定极为明确的程序，都无法改变检察建议是协商性司法的属性，单靠检察建议一项，难以保证民事执行检察监督的效果。

2. 民事执行检察监督需要法院及社会各界更广泛的认同

意思自治是公认的民事法律领域的重要原则。因此，一些理论和实务界人士认为，在民事诉讼领域，无论是原告还是被告胜诉，都是双方运用证据规则、诉讼技巧的结果，应当完全予以尊重。如检察权介入，则必然导致天平两端失衡，反而会使得结果不公。虽然随着认识的不断加深，这种"民事争议属于天然的可处分性以及私权自治理念，检察机关对民事诉讼中当事人权利的依法处分不干预，一般也不作监督，仅对法院审判活动进行监督"[①]的观点逐渐改变。但是，仍不时有对检察监督民事活动的不同声音。由于法院处于民事执行的被监督方，其持有的异议甚至抵触情绪可能会更严重。具体到司法实践当中，就可能表现为对民事执行检察监督的不配合，如对于检察机关的调查核实工作不积极配合甚至阻挠等。这些也都会影响民事执行检察建议的效果。此外，包括案件当事人在内的社会公众，仍然对于民事执行检察缺乏认识的客观情况，也亟待检察机关去解决。

三、强化民事执行检察建议效果的建议

在中国共产党成立 100 周年、党绝对领导下的人民检察制度创立 90 周年之际，中共中央印发《关于加强新时代检察机关法律监督工作的意见》，其中既提出有关方面接受法律监督的约束保障措施，又突出强调检察机关要全面提升法律监督质量和效果。提升民事执行检察建议效果是个系统工程，既要依靠民事执行检察监督的系统化，又要依靠检察机关不断提升监督质效。正如有学者指出的，"对于检察建议的刚性提升而言，单靠外部支持是不够的，很难保证检察建议效力的持续增强，必须同时在检察建议的制发方面强化'内功'，让检察建议本身具有足够的可接受性"[②]。

笔者认为，包括《检察建议规定》在内的一些民事执行检察有关的规范尚生效不久，相应的效果尚需要时间检验，并不建议对于法律及司法解释进行修改。相反，在当前民事执行检察监督框架下，为提升检察建议的效果，检察机关仍然可有更多作为。在新修订

---

① 吴卫东、韩晓荣：《民事与行政诉讼检察监督之比较——兼论行政诉讼检察监督的完善》，载《理论月刊》2003 年第 6 期。

② 周长军、杨丹：《检察建议的刚性提升与范围控制》，载《人民检察》2018 年第 16 期。

《民事诉讼监督规则》刚刚生效的大背景之下，检察机关更应当充分挖掘现有的制度、程序，练内功、借外力，努力打造堪比刑事检察监督的立体化监督格局。

（一）建立多层次、程序化的民事执行检察建议格局

在当前检察建议为民事执行检察监督主要方式的情况下，使得民事执行检察建议更加立体化，可以大大增强检察建议的针对性并提升其效果。笔者认为，可以在横向针对性质不同的违法行为适用不同种类的检察建议，建立多层次的检察建议格局，在纵向明确民事执行检察建议的制发流程，以程序来强化效果。

在横向层面，现有的制度规定已经指明了方向。《检察建议规定》对民事执行检察建议的规范，并未采取类似公益诉讼检察建议这种单列的模式，而是根据民事执行领域违法行为的不同而规定了纠正违法检察建议和社会治理检察建议。笔者认为，对于个案中法院在民事执行中的不作为和乱作为，应当制发纠正违法检察建议，对于法院具备的倾向性、普遍性的问题，可能会导致民事执行相关当事人利益受损的，应当制发社会治理检察建议。对于个案中一些轻微违法行为，也可以制发社会治理检察建议。对于民事执行检察建议进行精细化区分的目的，在于后续可以根据不同类型检察建议有针对性选择不同措辞的文本和程序，这样既明确了检察机关的态度，也为相关机关纠正违法行为提供了路径。

在纵向层面，严格按照《检察建议规定》的制发、宣告、异议、抄送等程序进行，提升民事执行检察建议的权威性，进而强化民事检察建议的效果。根据违法行为的严重程度、社会影响力、案件复杂程度，确定是否需要检委会讨论后制发检察建议；探索民事执行检察建议的公开宣告制度，可以选取案件影响大、法院配合的案例，先行公开宣告送达；重视法院的异议，做到异议问题的早发现、早解决，提高检察建议对问题判断的准确性；对于一些影响面广、案件复杂或者法院拒不配合的案例，适时将检察建议抄送人大、监察委等机关，借助外力实现检察建议确定的目标，同时扩大检察影响力。

（二）适时采用刚性较强的监督方式

对于民事执行问题，在法律上是否还存在适用刚性监督方式的空间，笔者认为，虽然新《民事诉讼法》《民事诉讼监督规则》《民事执行监督规定》没有规定除民事执行检察建议以外的监督方式，但是也没有排斥其他方式的适用。2010年《关于对司法工作人员在诉讼活动中的渎职行为加强法律监督的若干规定（试行）》中明确"在执行判决、裁定活动中严重不负责任或者滥用职权，不依法采取诉讼保全措施、不履行法定执行职责，或者违法采取诉讼保全措施、强制执行措施，致使当事人或者其他人的合法利益遭受损害的"等违法执行行为，检察机关可以采取提出纠正违法意见、更换承办人建议，向相关机关移送办案人员违法违纪线索，直至立案追究相关人员刑事责任的措施进行检察监督，对于执行所依据的判决裁定错误的，可以依法抗诉。根据该司法解释，对于一些严重的执行违法行为，检察机关仍有多项刚性监督措施可以采用。笔者认为，《民事执行监督规定》等法律及司法解释中没有将上述刚性规定明确纳入，并非否定上述刚性监督措施的适用，只是表明检察机关首先应当选择检察建议的方式进行程序性监督。但与此同时，对于一些严重

的违法行为，检察机关采取检察建议已不足以纠正违法行为所造成的后果，应当依法采取上述司法解释中所规定的刚性监督方式。但需要注意的是，《检察建议规定》中已经将个案中的民事执行违法行为纳入检察建议调整范围，因此上述司法解释中的纠正违法意见已经不能再适用。

（三）切实提高民事执行检察建议的质效

民事执行检察办案效果，主要体现在执行监督的精准度，也就是建议中反映问题必须切中要害，并且要通过多种方式促成问题的实质性解决。2021 年 5 月，最高人民检察院为进一步强化民事执行监督职能、提高执行监督精准度，发布第二十八批指导性案例。指导性案例除明确具体的法律条款适用之外，更重要的是 3 个指导案例均更关注"检察建议的采纳、违法行为的纠正、当事人程序及实体权利保护的后续情况"等方面的监督效果。

具体而言，笔者认为切实提高民事执行检察建议的质效，可以有如下举措：首先应当坚持"监督与支持并重"的理念。民事执行检察监督不是零和博弈，而是共同推进依法执行、维护权利人合法权益的一项制度安排，在工作目标上，检察机关、法院两者高度一致。检察机关在制定检察建议时，应当多考虑建议是否有利于共同目标的达成。其次应当做到精准监督。只有精准监督，才能有效促进问题的解决，而不会造成检察建议成为一纸空文。要做到精准监督，自然要准确抓住关键问题并提出针对性强的措施。检察机关要充分运用调查核实权，准确认定案件事实，在此基础上正确适用法律。最后要通过民事执行检察建议文书质量的提高来提升监督的效果。从长远来看，民事执行检察建议的标准不应当低于刑事案件的起诉书，刑事案件的起诉书关系到被告人的定罪量刑，民事执行检察建议书则关系到民事执行权利人的权利是否能得到实现，两者在重要程度上并无二致，此外，民事执行检察建议书除需准确认定事实、正确适用法律上，更重要的是要指出执行问题之所在，促成法院依法执行，维护权利人合法权益。

（责任编辑：吴　真）

决策与办案二分视角下检察委员会办案职能实化路径探讨

胡伟东*

一、司法化：检察委员会职能的历史演变

我们党和国家经过长期的探索，在汲取我国历史上政治法律制度精华、借鉴人类司法文明成果的基础上，创设了一整套具有鲜明中国特色、适合我国国情的检察制度，检察委员会制度就是其重要组成部分和鲜明特色。一直以来，检察委员会以其民主集中制的集体决策优势在重大问题、重大案件决策当中发挥了重要作用，但同时对其法律地位和职能属性的争论从未休止，尤其在本轮以"谁办案谁决定，谁决定谁负责"的司法责任制为核心的司法改革过程中，对检察委员会的存废及改革之声日涨。作为中国首创的检察制度，[1]不宜轻言废止，但基于新时代检察工作发展新规律和司法责任制改革新成果而提出的检察委员会改革呼声有其合理性，如何明确检察委员会的职能属性是当前检察机关面临的一项重要课题。从历史上看，检察委员会的功能作用和职能属性经历了多个发展阶段，具体而言：

一是内部领导机构。1941年山东抗日根据地《司法工作纲要》中规定，"为发挥检察制度，贯彻法律保障人权之精神。各级司法机关设立检察委员若干人，为了便于领导和加强检察工作起见建立各级检察委员会，以领导、计划推动各级检察官及检察工作。各级检察委员会，由各级参议会选举，检察官由检察委员会推选"。这被认为是"检察委员会制度的开端，是民主集中制原则在检察制度中的贯彻和体现，是人民检察史上的一项制度创举！"[2]从职能而言，此时的检察委员会为检察机关内部领导机构。

二是内部决策咨询机构。1949年12月20日，中央人民政府毛泽东主席批准《中央人民政府最高人民检察署试行组织条例》，[3]其中规定"最高人民检察署委员会议，由检察长、副检察长、秘书长与委员组成，并以检察长为主席"。[4]1951年9月3日，中央人民政

＊ 胡伟东，法学硕士，上海市人民检察院第三分院检察官助理。

① 最高人民检察院在1958年9月3日的务虚报告中所指出的："我们检察机关设立检察委员会，是中国的独创"，参见宋军：《中国独特的检察机制——检委会》，载《检察日报》2008年5月30日第3版；从1959年开始，苏联在其各级检察机关内部即建立了检察委员会，其他社会主义国家的检察机关也先后建立了检察委员会或检察领导委员会，参见王洪俊著：《检察学》，重庆出版社1987年版，第74—75页。

②③ 孙谦：《人民检察的光辉历程——纪念人民检察院恢复重建30周年》，载《人民检察》2008年第11期。

④ 《中央人民政府最高人民检察署试行组织条例》第七条，1949年11月2日，最高人民检察署第二次检察委员会议通过。

府委员会通过《中央人民政府最高人民检察署暂行组织条例》和《各级地方人民检察署组织通则》，规定"最高（各级）人民检察署委员会议，由检察长、副检察长和委员组成，并以检察长为主席"。①法律赋予了检察长在检察机关中绝对权力，以检察长为主席的检察委员会议实际上充当了一个咨询机构的角色。

三是决策辅助机构。1954年9月21日，第一届全国人民代表大会第一次会议通过《中华人民共和国人民检察院组织法》，将"人民检察署"改称为"人民检察院"，"人民检察署检察委员会议"改为"检察委员会"，规定各级人民检察院设检察委员会，"以检察长为主席"改为"检察委员会在检察长领导下，处理有关检察工作的重大问题"，删去了原先"委员会议意见不一致时，取决于检察长"的规定，但是由于没有"少数服从多数"为原则的民主集中制约束，此时期检察委员会实际上仍是检察长负责制下的内部决策辅助机构。

四是重大业务决策机构。1979年《人民检察院组织法》调整了检察长在检察委员会的权力，明确规定"检察委员会实行民主集中制，检察委员会在检察长的主持下，讨论决定重大案件和其他重大问题。如果检察长在重大问题上不同意多数人的决定，可以报请本级人民代表大会常务委员会决定"。②1983年修正的《人民检察院组织法》沿用了这一规定，最高人民检察院于1980年制定、2008年修订的《人民检察院检察委员会组织条例》以及于2009年重新制定的《人民检察院检察委员会议事和工作规则》均在确立民主集中制原则的前提下，进一步明确了检察委员会的职能属性和议事议案范围。此时期的检察委员会承担着较为独立的重大业务决策职能。

五是"办案组织"和"重大业务工作议事决策机构"。2018年修订的《人民检察院组织法》将"检察委员会"相关内容从原先的"总则"章调整到"第三章人民检察院的办案组织"，2020年最高人民检察院发布的《人民检察院检察委员会工作规则》（以下简称2020年检委会工作规则）第二条规定，检察委员会是人民检察院的办案组织和重大业务工作议事决策机构。自此，检察委员会作为人民检察院的"办案组织"和"重大业务工作议事决策机构"的职能属性正式明确。

从上述历史演变过程来看，检察委员会从一个内部领导机构，逐步演变为"办案组织"和"重大业务工作议事决策机构"，每一次定位均与当时的历史背景和检察职能转变具有极大的关联。本次"办案组织"职能的确定，体现了检察机关、检委会的司法化趋势，符合检察工作规律要求，契合检察业务的司法属性。

二、决策与办案：检察委员会职能属性的二重性

长期以来，对于检察委员会存废及其司法属性的争论，主要源于对其司法亲历性不足

---

① 《中央人民政府最高人民检察署暂行组织条例》第六条和《各级地方人民检察署组织通则》第五条，1951年9月3日中央人民政府委员会第十二次会议通过。

② 《中华人民共和国人民检察院组织法》第三条，1979年7月1日第五届全国人民代表大会第二次会议通过。

的质疑。检察委员会作为检察机关内部集体组织，不能像检察官个人那样直接参与案件的审查、讯问等亲历性办案行为，但是却能对案件的最终处理结果作出决定，决策与办案职能的分离似乎与传统理解上的办案活动有所不同，也与"谁办案谁决定，谁决定谁负责"的司法责任制要求有所冲突。而作为吸收和巩固本轮以司法责任制为核心司法改革成果的2018年《人民检察院组织法》，以及2020年检委会工作规则，似乎强调了检察委员会办案组织的属性定位，对此如何理解，还需从检察委员会制度的功能作用来考察。

（一）决策与办理分离办案模式是基于检委会功能作用的特殊设计

在"重大业务决策机构"阶段，原《人民检察院检察委员会组织条例》第四条规定，检察委员会讨论决定重大案件和其他重大问题，并就其具体职责作了规定。2010年11月23日，时任最高人民检察院常务副检察长胡泽君在全国检察机关检察委员会工作会议上的讲话中将检察委员会的基本职能作用概括为宏观指导、研究决定重大案件、内部监督三项。2020年检委会工作规则将检委会的职能确定为"（一）讨论决定重大、疑难、复杂案件；（二）总结检察工作经验；（三）讨论决定有关检察工作的其他重大问题"，涵盖了前述宏观指导、研究决定重大案件的基本职能作用，并通过检察委员会的人员组成、"讨论决定的案件和事项范围"的确定、会议制度和程序的设定、不同表决结果的处理及决定事项的执行和督办等诸多方面，全面构建了一个充分发挥民主集中制的集体决策优势、以决策和办理相分离为模式的检察机关内部监督制约机制。事实上，这三项基本职能作用是基于检察委员会具体职责所作的总结，互为表里、相互融通，且每项具体职责均涉及三项基本职能作用。以"研究决定重大案件"为例，检察委员会通过讨论重大、疑难、复杂案件，可以为全院办理类似案件提供宏观指导，同时以集体决策之力弥补个人思虑不周及外部干预，起到监督制约作用。一方面，检察委员会通过集中委员集体智慧，产生大量综合性的知识和信息为群体决策所用，从而能使群体决定更加集思广益，[1]弥补个人知识和经验的不足，防止单一首长制的独断专行，避免在重大决策上的思虑不周和盲目片面；[2]另一方面帮助检察官抵御外界干扰，减少阻力以保证检察权的行使不受外来势力，特别是来自现实的政治权力的不当影响，不受检察部门以外任何人的指挥命令。[3]同时也对检察官执法办案活动进行监督制约，防止检察官滥权[4]导致司法腐败，有效防止冤错案件的发生。在突出强调发挥检察官主体作用的今天，上述监督制约体系的构建，对于保证司法公正，增强司法公信力，使重大问题、重大案件的决策能够正确、有效实施等方面具有积极意义。在此基础上，通过汇报事实和审议决策的分离，对检察官与检察委员会（委员）司法责任进行划分，契合"谁办案谁决定，谁决定谁负责"司法责任制下检察办案机制的特

① ［德］哈马贝斯：《在事实与规范之间：关于法律和民主法治国的商谈理论》，童世骏译，三联书店2003年版，第8页。
② 孙谦主编：《中国检察制度论纲》，中国检察出版社2004年版，第116页。
③ ［日］法务省刑事局编：《日本检察讲义》，杨磊等译，中国检察出版社1990年版，第6页。
④ 邓思清：《论我国检察委员会制度改革》，载《法学》2010年第1期。

殊设计。

（二）"办案组织"和"重大业务工作议事决策机构"职能具有不同涵义

笔者认为，检察委员会作为"办案组织"和作为"重大业务工作议事决策机构"具有不同涵义，检察委员会的职能具有二重性。

1. "议事决策"包含但不完全等于决定案件处理

从 2020 年检委会工作规则第四条、第八条、第九条来看，检委会的"议事决策"职能既包含决定案件处理的内容，也包含非案件的总结检察工作经验、讨论决定有关检察工作的其他重大问题等非案件类内容。前文关于"决策与办理分离办案模式"观点的分析，并不意味着"检察委员会是人民检察院的办案组织和重大业务工作议事决策机构"可以片面理解为"检察委员会是人民检察院通过行使重大业务工作议事决策职权进行办案的机构"。在听取承办人汇报案情基础上审议案件并作出决定，仅是检委会决策职能的一个方面，检委会还需要通过行使重大业务工作议事决策职权对事项类重大问题进行审议并作出决定。

2. 案件"决策"不能完全满足监督制约的需要

《人民检察院组织法》第三十三条第二款规定"检察委员会讨论案件，检察官对其汇报的事实负责，检察委员会委员对本人发表的意见和表决负责"。2020 年检委会工作规则对这一问题再次予以明确。据此，对于检委会讨论的案件，办案检察官负责汇报事实的真实性、准确性；检委会讨论案件过程中，如果认为案件需要补充相关证据材料的，仍然应当由办案检察官负责补充。[1]责任的承担是基于实践的现状而作出的划分。虽然根据规定，检委会委员应当认真审阅案件材料或者事项材料，检委办一般应当在会议召开三日前将议题材料分送委员，但是实践来看，提请检委会审议的案件往往时间上比较仓促，尤其批捕等有明确时间限制的案件，难以保障委员能够充分审查案件材料；而由于缺乏亲历性，且承办人的汇报内容一般较为择要、精炼，可能会遗漏一些重要信息。可见，检委会通过审议案件固然可以起到监督制约检察官的作用，但是检委会委员审议案件并作出决策，对于检察官的汇报内容具有高度依赖性，监督制约作用有限。

3. "办案"应当包含检察办案的所有环节并遵循司法亲历性原则

前文已述，由检委会对检察官所办案件进行审议并作出决定，契合"谁办案谁决定，谁决定谁负责"司法责任制下检察办案机制的特殊设计，在本轮司法改革前已经存在，涵盖在检委会"决策"职能之内，司法责任制改革后这一职能仍然得以保留。历史上来看，检委会职能经历了"内部领导机构""内部决策咨询机构""决策辅助机构""重大业务决策机构"和"办案组织和重大业务工作议事决策机构"的历史演变，本次修订，是对检委会"办案组织"属性的首次确认，且明确了与其"决策"职能的区分。在以往的概念中，

---

[1] 最高检相关负责人就《人民检察院检察委员会工作规则》答记者问，载最高人民检察院微信公众号，2020 年 8 月 20 日。

即便认为检委会审议决定案件属于"办案"，但是由于其讨论决定与办案过程分离的特殊履职方式，因其亲历性不足而受到司法属性的质疑，尤其在以"谁办案谁决定、谁决定谁负责"的司法责任制改革过程中，检委会的存废及改革之声不断。因此，《人民检察院检察委员会工作规则》单独列出的"办案组织"属性，强调了与原有的"决策与办理分离办案模式"不同意义的"办案"，应当是指一般意义上直接办案，即办案者（办案组织）应当亲历案件办理的全过程。基于此，笔者认为，在2020年检委会工作规则第三章规定"讨论决定的案件和事项范围"基础上，应当增加"直接办理的案件范围"这一项，即将检委会的具体职责范围以"讨论决定的案件范围""讨论决定的事项范围"和"直接办理的案件范围"三项内容予以界定。那么，检委会直接办理的案件应当包含哪些范围呢？

三、范围和方式：检察委员会直接办案职能的实化路径

（一）检委会直接办理案件的确定依据

1. 检委会直接办理案件应当具有内部监督性

在"决策"职能层面，《人民检察院检察委员会工作规则》承继了宏观指导、研究决定重大案件、内部监督三大职能作用，而在直接"办案"职能层面，仍应契合这三大职能作用的要求。但是在实践中，检委会宏观指导、研究决定重大案件的职能作用均可通过检委会审议检察官承办的案件得以充分实现和彰显，如将相关案件作为检委会通报案例、典型案例、指导性案例等。而内部监督职能作用，基于案件"决策"与"办理"分离模式实现的成效有限。根据《人民检察院组织法》第三十三条和2020年检委会工作规则第八条的规定，检察委员会讨论案件，办案检察官对其汇报的事实负责，检察委员会委员对本人发表的意见和表决负责。分段负责的责任追究方式不利于检委会对案件办理全过程进行监督制约。而通过检委会直接办理部分案件，可以全面、充分地发挥其监督制约作用，弥补现有机制下内部监督性不足的缺陷。

2. 检委会直接办理案件应当具有法律依据和现实必要性

作为国家法律监督机关和"政治性很强的业务机关"，检察院行使任何一项职能均应于法有据。虽然检委会"办案组织"属性系首次得以确认，但是其作为"办案组织"直接办理案件的职能，还应从现有法律体系中去寻找依据。同时，在突出检察官主体地位的司法责任制下，检委会直接办理案件作为检察办案的特殊形态应当具有现实必要性，要防止检委会直接办理案件的泛化影响检察官主体作用的发挥和司法责任制的落实。

结合上述"内部监督性"的要求，笔者认为，检委会直接办理案件，应当满足以下要求：相关案件的办理具有监督制约内部办案部门或者人员的作用；相关案件不宜由检察官个人或者一般办案组办理；法律、司法解释上对于相关案件的内部监督性具有较为明确的要求，如要求另行指派检察官或者检察官办案组审查或者办理等。

（二）检委会直接办理案件的范围

基于上述分析，笔者梳理了相关法律、司法解释，认为下列案件可以由检委会直接

办理：

1. 刑事申诉案件

《人民检察院刑事诉讼规则》第五百九十一条第二款规定："对于同级人民法院已经发生法律效力的判决、裁定，人民检察院认为可能有错误的，应当另行指派检察官或者检察官办案组进行审查。"根据原《人民检察院复查刑事申诉案件规定》，刑事申诉案件由控告检察部门受理、刑事申诉检察部门复查办理，在控告、申诉检察职能同属一个部门的基层检察院，刑事申诉案件采取的是一体化办案模式。由于控告申诉检察部门与原案办理部门职能相对独立，控申部门办理刑事申诉案件具有一定的监督制约性。而新修订的《人民检察院办理刑事申诉案件规定》确立了控告检察部门受理——审查、捕诉部门审查——复查这一新的办案模式，此种模式强化了捕诉部门、承办检察官对于刑事案件质量承担的主导责任，但是原先部门间的监督制约性则相对弱化。虽然《人民检察院办理刑事申诉案件规定》第二十六条明确，复查刑事申诉案件应当由检察官或者检察官办案组办理，原案承办人员和原申诉案件承办人员不应参与办理。办案人员的回避办理能够起到一定的监督制约效果，但是如果复查检察官或办案组与原案检察官或办案组同属一个业务部门，由同一个部门负责人审核，在同样人员组成的检察官联席会议讨论案情，以及办案人员之间的观点交流，均会造成先入为主的固化思维，影响复查的质量，至少会引起这方面的质疑。而由控告检察部门受理后，由检委会直接办理相关案件，则更能体现办案的中立性和客观性，彰显检察机关对于刑事申诉案件的重视和对案件质量的极致追求。

2. 侦查机关复议复核案件

《人民检察院刑事诉讼规则》第二百九十条规定，对不批准逮捕的案件，公安机关要求复议的，人民检察院负责捕诉的部门应当另行指派检察官或者检察官办案组进行审查。第三百七十九条第二款规定，公安机关认为不起诉决定有错误要求复议的，人民检察院负责捕诉的部门应当另行指派检察官或者检察官办案组进行审查。如此规定同样是基于内部监督制约的考量，但是仅"另行指派检察官或者检察官办案组"而不变更办案部门，监督制约性有限，前文提到的先入为主的可能和质疑难以消除。而确定由检委会办理相关案件，可以通过强化内部监督制约性而提升检察权威和案件质量。同时，检委会由于审查办理相关捕诉案件的复议而承担了部分捕诉职能，不违反"人民检察院负责捕诉的部门应当另行指派……"的现行规定。当然这里的"部门"应作广义理解，包含检委会这一办案组织。而对于公安机关提请复核的不捕、不诉案件，以及监察机关提请复议的不起诉案件，因为是由上一级人民检察院办理，本身具有上下级监督制约效果，不必要由检委会办理。

3. 检察长回避案件

2020年检委会工作规则将"本级人民检察院检察长、公安机关负责人的回避"作为事项类议题列入了第九条"应当提交检察委员会讨论决定"的事项范围。虽然理论上"回避"事宜可以作为脱离案件的独立事项进行讨论、决定，但是实践中"回避"往往还涉及证据和前期诉讼行为的效力问题。《人民检察院刑事诉讼规则》第三十二条第一、三款分别规定，"被决定回避的检察长在回避决定作出以前所取得的证据和进行的诉讼行为是否有效，由检察委员会根据案件具体情况决定"，"被决定回避的公安机关负责人在回避决定作出以前所进行的诉讼行为是否有效，由作出决定的人民检察院检察委员会根据案件具体情况决定"。因此，基于"检察长回避"事宜对于案件证据和诉讼行为效力的重大影响，以及内部监督制约的现实需要，应当以办案的要求和标准对待，由检委会这一办案组织依法办理更为适宜。

4. 案件质量评查

案件质量评查的实质是通过随机或者专项抽查，对已办案件进行事后监督。为了确保评查结论的准确性和科学性，同时基于对原案件及其承办人负责的态度，评查员理应通过案件卷宗的全面审查，回顾案件办理的每一个流程和节点，以自己作为承办人的视角以及案件办理当时的法律依据和现实语境去评判案件办理的质量和效果。这种对案件办理全过程的回顾和评析，无异于重新办理一次案件，这也是案件质量评查被列为案件类型的原因。同样由于其监督属性，案件质量评查工作应当由更为权威、中立的办案组织承担，检委会则是最恰当的选择。

以上案件类型仅是不完全列举，对于符合检委会职能作用和直接办理必要性的案件，在不违背法律规定和司法责任制要求的前提下，可以尝试由检委会直接办理，通过检委会这一特殊办案组织直接办理相关案件，提升办案质量和效果，增强检察公信力和权威性。

需要说明的是，这里主要是分析检委会直接办理的案件，对于 2020 年检委会工作规则中提到的应当提交检委会审议决定的案件，因其属于检委会"决策"职能而不在分析之列。

（三）检委会直接办理案件的方式

2020 年检委会工作规则明确了检委会的办案组织属性。但是，检委会作为集体组织，不可能让全体检委会委员作为一个办案组直接办理具体案件，这既不经济，也不可能。那么，检委会直接办理相关案件，必须要有人来具体执行。那么，谁能代表检委会执行具体办案任务呢？笔者认为，检委会专职委员或者检委会办事机构可以替检委会代为执行直接办案任务。又由于相关组成人员的不同，可以设想以下几种办案模式：

1. 专职委员为主任检察官的项目化办案组模式

通过分析上述案件可以发现，需要检委会直接办理案件一般具有内部监督性，是作为检察官为主体的办案模式的一种补充，是一种特殊的办案组办案模式，所涉案件类型和数量较少。因此，可以在遇到特定案件时，由检委会专职委员代表检委会临时组成项目化办案组。检委会专职委员作为检委会的代表最具中立性，而临时组成的项目化办案组，人员组成较灵活，可根据案情特点选择具有一定专业知识和相关办案经验的检察官、检察官助理参与其中。当然，抽调的人员应当符合法律、司法解释要求的"另行指派"或者回避要求。专职委员及办案组在全面审查案件事实和证据的基础上，将重要案件决定提交检委会审议，如是否开展刑事申诉复查，是否提出抗诉或者撤销不起诉等，由检委会作出最终法律决定。

2.专职委员为主任检察官的专业化办案组模式

项目化办案组的优点在于其灵活性，但是人员的多变可能会影响办案过程的规范性和结论的稳定性，不同组成人员办理类似案件可能会产生不同的结论和处理结果。在确定检委会直接办理案件范围之后，由固定人员专门办理相关案件，契合当前关于检察队伍职业化、专业化、正规化要求。在此背景下，由检委会专职委员作为主任检察官，选定检委会办事机构所在部门检察官及助理专业化办理相关案件更为可行。

3.检委办负责人为主任检察官的专业化办案组模式

检委会专职委员的中立性毋庸赘言，但是实践来看，任职专职委员的检察官大多临近退休，办案精力和专注度有限，很多案件可能会历时较长，主要办案人员变动不利于案件质量的稳定和提升。而检委会办事机构负责人，自然具备代表检委会具体执行办案职能的资格。可以以检委办负责人为主任检察官，检委办所在部门检察官、检察官助理参与其中，组成专业化办案组承担相关案件具体办理职能，重要节点相关法律决定仍由检委会审议后作出。

综合而言，笔者认为，以检委会专职委员或检委办负责人为主任检察官，以检委办所在部门检察官、检察官助理为组成人员，组成专业化办案组，专门办理相关案件，更符合检察办案规律和专业化发展要求。

四、结语

修订后的《人民检察院组织法》将"检察委员会"相关内容从原先的"总则"章调整到"第三章 人民检察院的办案组织"，新出台的2020年检委会工作规则中明确，检察委员会是人民检察院的办案组织和重大业务工作议事决策机构。法律、司法解释中对于检委会"办案组织"属性的强调，引起笔者的注意和思考，这里的"办案"是对原先检委会"讨论决定案件"职能的再强调，还是对司法责任制、司法亲历化背景下检委会办案职能的一种新探索？笔者以第二种思路为视角，力图探讨检委会直接办案的可能路径，望能引起有关部门对相关问题的关注与指导。

（责任编辑：吴　真）

系统观念下的检察官考核机制构建

上海市人民检察院课题组[*]

一、检察官考核机制的研究背景

2021 年，习近平总书记对政法工作作出重要指示，要求"各级政法机关要认真贯彻党的十九届五中全会和中央全面依法治国工作会议精神，更加注重系统观念、法治思维、强基导向，切实推动政法工作高质量发展"。^①通过系统思维分析和运用系统方法处理，构建系统全面的检察官考核机制，有助于进一步加强新时代检察机关法律监督工作，找准检察权新的时代坐标，实担党和人民赋予的更重责任。

（一）新时代推进检察工作高质量发展的实践需要

2021 年 6 月，党中央专门印发《中共中央关于加强新时代检察机关法律监督工作的意见》，赋予检察机关更重的政治责任、法治责任、检察责任。构建系统观念下的检察官考核机制，是深入学习贯彻习近平新时代中国特色社会主义思想，全面贯彻习近平法治思想的必然要求。党的十八大以来，中国特色社会主义进入新时代，习近平总书记对绩效评价和干部考核也提出了一系列新理念新思想新要求，为检察官考核机制构建明确了总方向。

2019 年新修订的《中华人民共和国检察官法》中明确规定，"对检察官的考核，应当全面、客观、公正，实行平时考核和年度考核相结合"。^②2020 年 4 月，最高人民检察院印发《关于开展检察官业绩考评工作的若干规定》，形成了以办案质量、效率和效果相统一的考核机制。2021 年 7 月，政法领域全面深化改革推进会上明确提出要完善"考责"制度机制，充分发挥考核评价的"指挥棒"作用，把考核评价作为奖勤罚懒、赏优罚劣、激励担当、追责问责的依据。检察官作为司法办案的主体，实行单独职务序列管理，构建科学合理的检察官考核机制，能够更好地把握检察官岗位的司法属性，让党中央决策部署真正落地见效。

---

* 课题组组长：阮祝军，法律硕士，上海市人民检察院检委会专职委员；课题组成员：蒋炬（上海市人民检察院）；邓忠华（上海市人民检察院）；邹莉（上海市人民检察院）；石惠敏（上海市杨浦区人民检察院）；陈玉华（上海市人民检察院）；陈奥琳（上海市人民检察院）；曹晓蓉（上海市人民检察院）；陈思名（上海市人民检察院）；刘擎柱（上海市普陀区人民检察院）。

① 习近平：《更加注重系统观念法治思维强基导向切实推动政法工作高质量发展》，载《人民日报》2021 年 1 月 10 日第 1 版。

② 《中华人民共和国检察官法》第四十一条。

2021·第 2 辑　　117

（二）新时期深化司法体制综合配套改革的必然要求

系统观念下的检察官考核机制是新时代全面深化依法治国的重要内容，是站在更高起点谋划推进改革的时代要求。进入新时代、新发展阶段，人民群众对民主、法治、公平、正义等也有了新的更高要求，从"有没有"转向"好不好""如何更好"，因此，配套探索完善高质量的检察官考核机制成为责任使然。

2015年，中央印发《法官、检察官单独职务序列改革试点方案》，开展法官、检察官单独职务序列改革试点。随着改革深入推进，以检察官员额制改革为主的人员分类管理改革，取得明显成效，检察官主体地位进一步突出。2020年，中共中央办公厅印发《关于深化司法责任制综合配套改革的意见》，要求健全绩效考核制度，分层分级制定针对性强、级差合理、简便易行的绩效考核办法。构建和完善符合检察权运行规律和检察官职业特点的检察官考核机制，是进一步巩固现有改革成果，深化司法责任制综合配套改革的应有之义，也是推动检察官队伍革命化、正规化、专业化、职业化建设的重要举措。

（三）新阶段激励检察官主动担当作为的动力引擎

加强新时代检察机关法律监督工作，是党中央作出的重大决策部署，是关系国家发展全局的重大战略，更是检察机关在新时代、新发展阶段、实现第二个百年目标新征程中必须履行好的重大政治责任。办案是检察机关的第一要务，从管理现代化的角度来看，构建科学高效的检察官管理体系就是要切实向精细化、集约式管理转变，有效地把中央和上级的决策部署传导至基层、压实到每一位检察官，最大程度直观地衡量检察官总体工作水平。

构建检察官考核机制，推动检察官更加尽责履职，充分发挥检察职能，把案件办到极致、办到最好，满足新时代人民群众更高需求。一方面，需要树立追求高标准办案质效的考评导向，摒弃传统的"数量为王"的思路，激发检察官主观能动性。另一方面，检察机关作为政治性极强的业务机关和业务性极强的政治机关，通过考核机制倒逼检察官主动顺应新时代党和人民的新需求，为大局服务、为人民司法，以检察业务高质量发展，服务保障经济社会高质量发展。

二、上海检察机关检察官考核机制现状及特点

（一）上海检察机关推进检察官考核机制实践情况

2017年以来，随着司法改革的深入推进，上海检察机关在全国率先探索开展对检察官个人的业绩考评工作。通过合理分析、评估院间、部门间和检察官个体间工作差异，构建了以条线考核为基础的"两纵两横"的考核机制并进行了实践检验，"两纵"是指所在院业务工作整体情况和所在部门条线考核情况，"两横"是指部门权重情况和检察官个人业绩情况，通过四个维度对检察官进行综合评价，采用量化评分的方式，化解差异，最大限度体现公平。

2020年4月，作为最高人民检察院确定的检察官业绩考评试点地区之一，上海检察机

关将落实最高人民检察院要求与突出上海实际相结合，一方面，精准贯彻落实最高人民检察院工作部署和指标设置要求，对原来的业绩考评办法进一步修改完善，建立起一套完整的、更加科学管用的业务考评指标体系；另一方面，突出上海特色，结合前期有益的探索经验，继承吸收"两纵两横"考核模式实质内核，形成"团队贡献度系数"这一因素。经多次专题研究、征询意见后，制定出台《上海检察机关检察官业绩考评实施办法（试行）》及《上海检察机关检察官业绩考评指标及计分规则的指导意见（试行）》。

（二）上海检察机关检察官考核机制特点

1. 坚持精准落实最高人民检察院部署要求与突出上海检察特色相结合

结合最高人民检察院推进本地化、特色化要求，将检察官所在条线、所在院考核情况以及部门权重等具体化为"团队贡献度系数"，评价检察官所在条线（部门）工作完成情况对全院检察业务创新发展的贡献度。团队贡献度系数一般根据条线（部门）考核情况分档次设置，检察官的办案质量、效率、效果指标得分乘以团队贡献度系数为最终业绩考评成绩，推动解决检察官间业绩难以横向比较的问题。同时，积极加入体现上海检察工作服务上海大局的特色指标，制定一套符合上海检察实践的科学的指标体系。

2. 坚持全市统一框架标准与释放各级院自主探索空间相结合

注重加强全市统筹、一体化推进，同时，注重各级院个性化需求，赋予各级院一定的灵活调整空间。一是创新业务工作水平值算法。依托上海检察机关检察官全流程业绩考评系统，按照设定的核心考核指标项目和分值，计算检察官个人业务得分，与全市该业务条线检察官平均分相除得到"业务工作水平值"，实现全部入额检察官放在一个平台上进行考核评价、统一排名，打破传统公务员考核中按部门分配比例的考评模式。二是设置团队贡献度质量系数。以上海市人民检察院确定的条线考核排名分档系数为基数，设定部门目标浮动系数的计算公式，根据年初各业务部门确立的考核目标完成情况，调整确定各部门"团队贡献度"具体系数，与"业务工作水平值"相乘得到检察官个人业绩考评最终成绩。三是同步协调推进检察官助理业绩考评。将检察官助理与检察官进行绑定联动考评，由检察官将本人的业绩考评得分自由分配至本人的检察官助理，同时兼顾部门岗位目标考核、部门推荐等情况后综合评定检察官助理业绩考评档次。

3. 坚持开展检察官业绩考评与促进科学管理相结合

加强考核结果运用，体现考核激励和鞭策作用，促进检察队伍科学管理。一是注重与案件质量主要评价指标同步运用。坚决把整体案件质量的压力和责任分解、传导至每一位检察官，确保通过加分正向激励和减分反向警示。如J区人民检察院被列为薄弱院后，通过推进检察官业绩考评工作，建立办案质效面谈制度，对业绩考评中办案问题多发的部门和办案人员，由检察长、副检察长、检察委员会专职委员开展分层分类面谈，进一步实现薄弱基层院的业务补强。二是充分发挥考核正向激励作用。树立奖优罚懒的鲜明考核导向，充分调动检察官干事创业的积极性，使干得多、干得好的检察官有获得感。如J区人民检察院大胆管理，结合检察官业绩考评结果，提拔考核优秀的年轻干警担任中层干部，同时，考核结果不理想的检察官主动退出领导岗位或退出员额。三是充分发挥考核鞭策作用。探索建立"督促提醒告知机制"，对检察官在考评年度内"办理的案件多次被案件质量评查认定为瑕疵案件的"或有其他司法办案问题尚未造成严重后果的，拟考虑向其发出《督促提醒告知书》，派其参加专题调训或安排专人带教，如果两个考核年度内两次收到《督促提醒告知书》的，按照规定程序退出员额。

4. 坚持完善业绩考评系统与提高检察官管理现代化水平相结合

一是通过信息化方式减轻检察官和基层考评负担。打造"检察官全流程业绩考评系统"，进一步提高数据自动采集率，努力实现"一屏观全院、一网管全员"，打造具有上海特色的智能化业绩考评工具。二是明确业绩考评指标数据采集路径。通过建设检察官业绩考评主题数据库，检察官考评指标90%以上可通过系统抓取，对这些客观数据确定标准、抓取方式、计算公式并进行逐条编写。对部分需要人工录入收集的数据，按照责任清晰、程序简化的原则，明确填报、审核主体。三是应用分析考评数据优化检察官管理。注重通过考评系统进行办案留痕，通过大量的数据采集和分析，结合业务特点进行人才画像，为专业化团队建设、人才培养和教育培训提供决策建议。

三、推进和落实检察官考核机制的难点和问题

"检察办案工作本身是高度复杂的逻辑与经验思维的复合体"，[1]要建立准确、科学、合理、完善的检察官考核体系是一个长期、复杂的系统工程。从上海实践探索情况看，目前主要还存在以下几个方面的问题。

（一）考评指标和计分规则的设置难以兼顾每类检察业务、每个检察岗位和每位检察官

对检察机关办案工作的理解，不能简单地理解为"办理具体案件"，因此在指标设置和计分规则设计上也不能简单地按照同一模式来界定，而是要更多地从检察机关的职责和检察权运行机制、规律出发来进行界定。[2]一是部分考评指标个性化探索不够深入。实践中发现，部分院没有结合本院业务类型、办案实际及特色工作等灵活设置考评指标，导致考评指标不能客观、真实地反映检察官工作实绩；部分院虽然设置了本地化考评指标，但与业务工作贴合度不够，未能达到科学评价检察官工作实绩的预期效果。在考评指标突出质效导向方面，存在评价标准模糊，缺乏具象性和可操作性。二是条线考核指标与检察官业绩考评指标衔接不够。上海检察官业绩考评的探索是基于条线考核实践相对成熟的基础上开展的，但实践中，条线考核与检察官业绩考评在指标项目及分值设置上存在不少差异，影响到检察官业绩考评实施效果。三是检察官业绩考评指标动态调整缺乏科学化、规范化的配套制度。目前，全市检察官业绩考评指标体系已经形成，但检察业务和政策形势

---

① 李智雄：《基层院员额检察官绩效评价体系的完善》，载《中国检察官》2017年第11期。
② 刘涛：《如何构建员额制检察官办案绩效考核机制》，载《人民检察》2017年第19期。

是发展的，需要根据新形势新要求新任务及时进行调整。在指标调整的内容、周期、形式及流程等方面需要形成相对统一的调整规则和原则，确保通过调整程序规范化进一步促进和保障指标设置科学化。

（二）检察官业绩考评在实际操作中缺乏多元化、多层次、多类型的考核评价方式

在具体实践操作中，"一人多岗""跨条线考评""多人一案""入额领导考评"等问题逐渐显现，并成为考评工作的难点问题。一是跨部门、跨条线考评的科学比较问题还需进一步探索解决。上海将检察官所在部门、所在院考核情况以及部门权重等具体化为"团队贡献度系数"，避免机械地衡量检察官办案工作情况，总体上解决了不同业务部门间和同部门不同业务类型检察官的比较评价问题。但在实际工作中，发现由于工作强度差异较大，团队贡献度有时也无法精准评价。二是检察官办案组中检察官个人的合理评价标准还需进一步明确。目前考评指标和计分规则的设计都是针对检察官个体，对于以检察官办案组形式办理的案件，案件考评分值在考评系统中主要记录在主办检察官名下，组内其他检察官工作无法体现。同时，检察官在办案组中的职责大小、具体作用及工作量各不相同，这就需要对考评计分的方式方法进行完善。三是入额领导干部区别于普通检察官的考核机制还需进一步研究。入额领导，除了要带头办理重大疑难复杂案件，领导干部的政治能力、组织能力、管理能力也是考核的重要内容，目前无法通过具体考评指标去全面评价入额领导干部的工作。

（三）考核结果运用的合理性、有效性、充分性还有待进一步加强

当前考核结果在奖优罚懒等方面作用仍不够明显，并且业绩考评对促进人才培养、实现科学管理的作用也未充分发挥。一是检察官业绩考评与公务员考核的衔接机制有待进一步探索。实践中由于检察官业绩考评侧重办案工作实绩，公务员考核侧重德、能、勤、绩、廉全方面评价，如何将检察官业绩考评融入公务员考核，实现"两考合一"是近阶段需要思考的重要问题。二是检察官业绩考评与落实员额退出机制关联还不够紧密。由于检察官业绩考评不实行末位淘汰制，也未规定不合格等次的比例，如何通过业绩考评使得不胜任的检察官退出员额、发挥惩劣的鞭策作用，是检察官业绩考评结果运用的一个难点问题。三是业绩考评对促进人才培养和实现科学管理的作用还未充分发挥。利用大数据和人工智能等技术构建科学完备的考核指标体系是检察官业绩考评工作的必然要求和必然趋势，考核系统及由此产生的考评数据对于发现专业化人才、促进队伍科学管理具有十分重要的价值，主要体现在通过刻画全院、部门、个人的队伍画像，实现人事数据可视化管理、分析和共享，[①]进一步提升队伍管理的科学性。目前考评系统应用功能还需进一步探索拓展，对考评数据进行分析的各类模型也还没有完全形成，提供决策参考还不足。

四、进一步完善检察官考核机制的路径和方法

随着上海检察机关的检察官考核机制逐步落地见效，检察业务各项数据指标总体持续

---

① 袁训文：《破除"信息屏障"促进动态考评管理》，载《检察日报》2020年12月12日第3版。

向好，检察官干事创业的积极性、主动性进一步提升，但作为司法改革配套制度的重要部分，检察官考核机制构建是一项需要逐步探索、不断完善的系统工程。下一步要深入贯彻党的十九届六中全会精神，对于检察官考核过程中普遍反映和客观存在的难点问题，必须以稳中求进的心态开展调查研究和实践探索，以问题为导向靶向发力、精准施策，以制度为保障深化落实、优化完善，逐步破解考核难题。

（一）聚焦法律监督主责主业，因时因地因人实现考核指标动态调整

考核指标的科学合理设置是完善检察官考核机制的前提基础。试点工作开展以来，上海检察官考核指标设置坚持全市统一框架标准与释放各级院自主探索空间相结合，在此基础上进一步完善考核指标调整程序，总体来说，考核指标设置符合实际、导向突出，基本达到客观评价检察官工作情况的要求，但也存在着指标动态调整不够及时、科学性有待进一步加强等问题，一定程度上影响考核的效果。

1. 坚持政治与业务深度融合，因时因势把握考核标准

做好考核工作的根本把握就是要把政治标准放在首位，检察机关作为政治机关，讲政治是第一位的。张军检察长在河南调研时讲到，我们办理的所有案件，检察机关的政治建设、业务建设，都与党的领导、厚植党的政治基础紧密相关。因此，在把握考核标准和设置具体指标时，要把政治建设和业务建设融为一体，要因时因势将党中央、最高人民检察院、上海市人民检察院的工作理念、部署和要求，细化为考评指标，切实把服务大局、为民司法的政治要求转化为检察工作的自觉落实和追求。

2. 围绕服务中心工作与区域发展，深化考核指标本地化探索

考核指标设置调整要引导检察机关更好地服务党和国家中心工作、服务检察重点工作、服务区域经济发展。具体来说，考核指标设置调整要聚焦法律监督成效、检察权运行监督制约、"案—件比"质效评价等中心工作，在此基础上，各级院应结合本院的职能定位、区域特点、特色工作以及办案业务突出问题，增减考评指标或者灵活设定分值，调整质量指标、效果指标的相关内容及其权重比例，切实实现指标设置的本地化。

3. 兼顾检察官个体化差异，坚持以人为本和科学管理相结合

中共中央印发的《党政领导干部选拔任用工作条例》明确提出"针对不同层级、不同岗位考察对象，实行差异化考察"，[①]一切考核要以人性化的管理为遵循，具体到检察官，由于检察机关司法属性、行政属性兼具的特点和案事结合的业务方式，使得不同业务岗位检察官的职责不同，在设置调整考核指标时，要关注到检察官的差异性，考核指标设定不能过细，给管理者和管理对象留有调整空间。具体来说，各级院可结合检察官权力清单和本院制定的检察官岗位说明书，对每位检察官制定个性化的业绩考评指标，让检察官可以随时对标对表，明白本职本岗应该做什么、怎样才能做好，心中有一本"明白账"。

①《党政领导干部选拔任用工作条例》第二十七条。

4. 坚持全市统一标准，明确考核指标调整程序

上海市已初步构建了符合最高人民检察院考评要求且具有上海特点的业绩考评指标体系，现已形成包含四大检察、覆盖三级院各条线的 349 项业绩考评指标体系，但考核指标设置调整是一个动态的过程，需要进一步优化考核指标调整程序，提升考核指标的科学性。2020 年以来，上海探索形成《上海检察机关检察官业绩考评指标调整指导意见（试行）》，需要在此基础上，进一步将考核指标调整的原则、主体、内容、程序、周期等落地落实。

（二）立足检察业务工作实际，跨岗跨级跨组实现合理评价比较

随着考核工作的深入推进，实际操作中一些与检察业务特点和队伍实际相关的问题逐渐显现，需要多措并举探索科学考评方式方法，推动考评制度不断科学完善，以实现考核全面合理评价。

1. 持续深化团队贡献度系数，探索科学比较评价方式

检察官的比较评价，目的在于激励检察官在"同业竞争"中找差距、补短板、强弱项，提升整体业务水平。"团队贡献度系数"总体上解决了不同业务部门间和同部门不同业务类型检察官的比较评价问题，但在实际工作中，由于工作强度差异较大，团队贡献度也无法和工作强度逐一对应，一人一条线和一人多条线的比较问题还是没有彻底解决。要破解纵横比较难题、真正实现跨部门条线考核，最关键的还是在于将检察官所属部门条线在全市基层院中的排名情况和检察官在全市相同条线检察官中的排名情况，作为跨部门条线比较检察官业绩的主要依据，如上海市杨浦区人民检察院在团队贡献度系数基础上，创造性引入"业务工作水平值"这一概念，改变原本简单计算成绩、排名的方式，精准定位检察官在条线中的位置水平，有效解决各条线业务种类、案件量、案件难度差异影响考评成绩折算、比较等问题。

2. 抓住关键少数，建立有别于普通检察官的入额领导干部考核机制

入额领导干部的工作职责既具有检察官的司法办案属性，又兼具行政管理属性，对入额领导干部的考核，除对办理案件等业务工作情况考核计分外，还可以结合其分管部门的工作成效以及监督管理、审核把关、业务指导等情况，合理设置考核分值的构成，反映其办案、管理、指导等履职质效。上海市宝山区人民检察院积极探索入额院领导考核，一是将中央、上海市关于入额院领导办案的相关规定和要求吸收、融入其中，重点考核办理重大疑难复杂、新类型和在法律适用方面具有普遍指导意义案件等。二是结合上海"团队贡献度系数"，综合领导分管或协管条线（部门）在全市基层院条线考核排名情况和条线考核占基层院考核的权重比重情况。三是对开展案件审核审批、听庭评议、案件讲评、质量评查以及组织开展业务培训等情况进行年度总结和述职，体现监督管理职责。四是对政治站位、廉洁自律和忠诚履职等进行综合评价，综合以上因素确定入额院领导总体考核的排名。

3. 注重团队协作，科学确定检察官办案组考核分值

检察官办案组工作区别于一般简单的"流水线"作业，工作量也会因案件难度不同而完全不同，且更加注重办案过程中的团队协作。因此，检察官办案组应坚持公开、公平、公正原则，结合检察官岗位职责要求和目标任务，对检察官在办案工作过程中体现的态度、行为、效率、效果等多项内容进行实事求是的考核。[①]对检察官办案组作为一个整体承办的案件，在保持项目总分不变的基础上，由主办检察官根据贡献度确定组内各检察官的相应分值，再由部门负责人审核确定。

（三）着眼落实司法责任制，进一步实现考核激励鞭策双向作用

检察官考核是落实司法责任制和队伍管理的重要抓手，在开展具体考核工作中，应坚持考核与应用相结合、责任与权利相统一，区分"干与不干、干多干少、干好干差"，强化考核结果运用，通过考核进一步压紧压实司法责任制，促进检察队伍科学管理。

1. 推动责权利相统一，将检察官业绩考核与员额退出机制紧密衔接

在试点阶段，为充分发挥考核对检察官的鞭策作用，上海探索建立"督促提醒告知机制"，但在实践中具体适用还处于摸索阶段，从考核的目的意义出发，考核的本质在于督促检察官认真履职办案，让真正不胜任岗位要求的检察官退出员额，避免实行机械的末位淘汰制，基于此，结合最高人民检察院相关要求，当检察官考核排名靠后且可能出现履职问题时，可采用先评审、后定等次，由检察业务专家、资深检察官等对其进行业务能力评审，再对其考核等次进行评定，真正发挥考核的鞭策作用，实现考核的最终目的。

2. 建立健全配套激励措施，充分发挥考核正向激励作用

考核本身不是目的，而是一种手段，其中正确的奖惩是考核发挥作用的关键环节。一是要进一步探索选人用人激励机制。考核是干部管理的基础工作，要把考核作为检验干部担当履职的重要举措，把考核作为知事识人的重要依据，让想干事的人有机会、能干事的人有平台、干成事的人有地位。二是要进一步拓展等级晋升通道。加强规范检察官单独职务序列管理，在检察官等级晋升年限要求、晋升考核等方面，加大对考核结果的运用，如考核优秀的也可缩短晋升年限。三是要进一步拉大奖金分配差距。通过适当拉大各考核等次间的奖金差距，使多劳多得、少劳少得、不劳不得的观念成为干警们的普遍认识，让落后者看到差距、自我修正、迎头赶上。

3. 升级完善考核系统，催生数据治理的内生动力

上海检察官考核系统目前已经实现了不同使用主体的考核流程、数据采集、分值计算全流程在线进行，但在应用中也发现了系统在稳定性、数据抓取准确性、完整性、具体功能等方面的一些问题，有待进一步完善优化。一要兼顾统一软件 2.0 系统应用，解决数据采集难题。以对接统一软件 2.0 为契机，通过建立科学的配套机制，同步提升"两套指标""三套数据"的准确性、及时性。二要着眼于检察官考核指标体系，催生数据治理的内生动力。要进一步建立健全检察官考核评价的指标化、数据化评价体系，通过升级完善考核系统、开发数据治理工具等方式，逐渐转向以成熟的数据模型替代人工分析，满足不

---

① 肖之云、周鑫：《司法责任制视野下完善检察官业绩考核制度的思考》，载《法制与社会》2019 年第 12 期。

同条线、不同检察官办案组的数据模型需求，真正让数据这一"隐性财富"发挥显性效益。

（四）推进检察人员考核机制一体化建设，提升检务管理科学化水平

上海的检察官考核工作已取得阶段性成效，要更好地构建和完善考核机制，需要用系统的观念去整体谋划、一体化推进建设，充分发挥机制优势，进一步提升检务管理科学化水平，产生 1＋1＞2 的聚合反应。

1. 强化系统思维方式，一体化推进考核机制构建

从思想方法论的角度而言，系统观念就是应用系统思维分析事物的本质和内在联系，从整体上把握事物发展规律。具体到考核工作，检察官考核作为队伍管理的一种手段和方式，当中涉及的很多问题关联性、耦合性强，必须统筹推进、体系配套。从管理学的角度而言，合理的目标、专业的评估、正确的奖惩是所有科学管理模式最基本的三大要素。[1]具体到考核工作，合理的目标即考核指标，专业的评估即考核的方式方法，正确的奖惩即考核结果的运用，这三部分组成考核的有机整体。

2. 全面推进数据治理与利用，实现数据治理与管理决策协同推进

"十四五"规划提出"数字中国"建设的目标，2035 年也是上海建成具有世界影响力的国际数字之都的目标节点，可以说，从"经验理性"走向"数据理性"是时代发展的趋势。这种理念的转变要摆脱考核系统中具体数据的局限，加强考核指标的数字化转型，充分认识到数据对于考核工作的重要价值，通过数据留痕分析，用更智能、更高效的方式实现优化资源配置，提高检察官司法办案专业化水平，让数据真正在考核工作中迸发活力，促进法律智慧与科技智慧的集成融合。

3. 持续推进其他检察人员考核，实现全员、全面、全时考核

近期，最高人民检察院印发《检察人员考核工作指引》，进一步明确了检察人员考核"全员、全面、全时"的要求。上海检察机关要在积极探索检察官考核的基础上，同步协调推进检察辅助人员、司法行政人员的考核，形成符合不同类别人员岗位职责、工作特点的不同考核管理模式。具体而言，检察官的考核要精细化，更加突出办案质效，而检察辅助人员、司法行政人员的考核要尽可能简便易行。通过扎实开展检察人员考核工作，实现新时代检察力量的系统性重塑与检察能力现代化。

（责任编辑：徐　翀）

---

[1]　谢岸烨：《检察机关绩效考核制度之完善》，载《中国刑事法杂志》2009 年第 8 期。

完善检察改革新形势下刑事检察权运行监督制约机制的若干思考

肖友广　张争辉　孙　娟*

检察改革新形势下，检察机关捕诉一体办案模式推行，部分检察职能进行整合、调整和移转，作为检察机关办案主体的员额检察官享有的检察权的种类和范围有逐步增多、扩大之势。诚然，上述改革是基于保证检察权规律运作、有效节约司法资源、提升办案质量效率等诸多价值的考量，但检察权力扩张可能导致的廉政风险也会增多，如何做到充分放权与保障权力规范运行的"双赢"，如何完善检察权运行监督制约内外相关机制，成为检察机关亟须深入研究和解决的重点课题。本文针对当前刑事检察权运行所面临的新情况着手分析，对当前检察权监督制约机制的特点和不足进行评判，并试图提出一些完善检察权监督制约机制的对策建议。

一、背景研判：当下检察权运行面临的新形势、新特点

对于检察权的概念、性质，学界专家和实务界研究者都已经进行系统而深入的阐述，且观点见仁见智，但对刑事检察权的核心权能包括批准和决定逮捕、刑事公诉、刑事诉讼监督等具体权能，已然形成基本共识。①本文也主要针对上述刑事检察权能在检察改革背景下面临的一系列调整和变化及如何对其运行进行监督制约相关问题进行着重阐述。现阶段，上述刑事检察权运行主要面临如下变化：

（一）刑事检察权能存在部分整合、优化和新增

检察机关内设机构改革、检察职能整合及检察办案组织配置系此轮检察改革的重要环节和步骤，对于落实检察办案责任制、优化检察权运行方式意义重大。但与检察职能优化组合红利同时到来的还有权力的增多可能带来的不规范运作的风险，由此，秉持"放权"与"监督"并行的理念必须被重视和强调。

1. 捕诉一体办案模式推行有利于提升办案质效但弱化检察机关内部链条式监督

检察机关内设机构改革的重要内容之一即是捕诉部门、职能合二为一，后以罪名或案

---

* 肖友广，法学学士，上海市嘉定区人民检察院党组成员、副检察长；张争辉，法学学士，上海市嘉定区人民检察院第一检察部主任；孙娟，法学硕士，上海市嘉定区人民检察院检察官助理。

① 此处的批准和决定逮捕具体包括批准逮捕、存疑不捕、相对不捕、延长羁押期限意见上报、决定逮捕等具体内容；此处的刑事公诉权包括起诉权和不起诉权，具体又可分解为起诉及量刑建议权、公诉变更权、出庭支持公诉权、法定不起诉、酌定不起诉、证据不足不起诉、审查起诉案件延长等具体内容；刑事诉讼监督权包括刑事立案监督、侦查活动监督、审判监督和执行监督及羁押必要性审查权等具体权能。

由为单位进行分类重组，分设第一、二、三等检察部，与内设机构整合相适应的即是捕诉合一办案，具体而言即本部门受理的同一刑事案件的适时介入、审查逮捕、延长羁押期限审查、审查起诉、诉讼监督、刑事申诉等工作，原则上由同一承办人办理。捕诉部门职能整合使得案件与承办检察官的捆绑更为明确和紧密，从立案阶段至案件审结、出庭公诉及后续法律监督、刑事申诉，均由同一承办人"一跟到底"，此种模式对于切实推动司法办案责任制落地及提高案件办理质效具有重要的积极意义，这也是目前推行该项制度的出发点和立足点。然而，同一案件自始至终由同一承办人负责到底的模式，减少了案件质量的过滤环节和案件错误的发现概率。捕诉分离模式之下，后道工序虽然承担职能较前道工序有所不同，但也是对前道工序的复核、检验和审视，对于前道工序中可能存在错误进行及时发现和纠正。①同时，由于捕诉等检察权能统归一人行使，使得权力行使过程中个人的道德和廉政风险大大增加。

2. 羁押必要性审查职能移转至捕诉部门需要跟进相关监督机制

自 2020 年 4 月份起，羁押必要性审查工作由检察机关刑事执行检察部门移转至捕诉部门，该项工作职能由捕诉部门承担的逻辑基础在于，捕诉部门直接办理案件，最能合理评估犯罪嫌疑人社会危险性的基本情况和影响因素，最能准确把握是否羁押犯罪嫌疑人对案件办理可能带来的影响。但捕后或者诉后是否继续羁押犯罪嫌疑人（被告人）对涉案犯罪嫌疑人（被告人）影响重大，关涉到其基本人权保障。在国外，对逮捕强制措施的审查，通常由司法官进行，由此可见，该项措施对于公民基本人权的影响之大。在我国，目前，羁押必要性审查实行案件化办理，是否立案及是否作出变更强制措施的建议均由捕诉部门承担，此种改革对于强化检察机关的控诉职能，构建检察机关主导的大控方格局具有积极意义，但如何保障该项权力的规范运作，防止权力运行过程中可能发生的道德风险需要跟进相关监督制约机制。②

3. 认罪认罚从宽制度推行过程中的监督制约机制未有效发挥其应有作用

目前，认罪认罚从宽制度已经正式写入刑事诉讼法，关于该项制度创设的基本价值和意义已经无需再多阐述。但该项制度运作过程中存在的问题必须予以分析和正视。精准量刑和认罪协商系认罪认罚从宽的制度内核，但目前该两项核心内容在运行过程中仍然存在不足之处。目前在保证认罪认罚从宽制度量刑建议精准性和恰当性方面，司法实践已经作出诸多努力，比如制定检法类案量刑操作指引、运用信息化技术梳理历年量刑建议提供参考等，最大限度保证量刑建议的确定性和准确性。但在认罪协商的充分性保障方面，尤其是认罪协商阶段律师作用发挥方面仍然存在改进空间，而认罪认罚从宽制度中律师的有效

① 虽然在捕诉分离模式之下，不同部门办案人员有时会基于单位整体利益和形象考量，对前道工序中的某些问题采取较为宽容的姿态，但对明显违法事项，尤其涉及对犯罪嫌疑人出罪入罪问题等原则事项的监督还是较为有力和有效。
② 虽然目前检察机关羁押必要性审查权能还是"检察建议权"的基本属性，对"检察建议"是否采纳系由办案部门最终决定，但基于当前公检法配合有余而制约不足的大背景之下，对检察机关"建议"办案部门基本采取采纳的态度。

参与是保障该项制度实质运作和办理认罪认罚从宽案件检察权规范运作的重要外部监督举措。法律要求值班律师发挥程序选择建议、对案件处理提出意见等重要作用，但目前司法实践中，值班律师参与认罪认罚从宽制度实质性不足，表现在其在为犯罪嫌疑人提供法律帮助时，并未对案件有关情况进行详细了解，其通常作为检察机关进行认罪认罚合法性的见证人和背书者，未对犯罪嫌疑人提供实质性法律帮助，同样也无法真正发挥律师作为一种外部监督力量对检察权运行进行有效监督。

（二）办案责任制改革背景下的检察权运行独立性增强

办案责任制改革系此轮检察改革的"牛鼻子"，其核心要义即是对检察权进行分级分类，并针对不同属性的检察权的基本规律，优化其运行方式。具体到审查逮捕、刑事公诉等具体权能，则主要侧重于解决其运行过程中过度行政化的问题，根据刑事公诉、审查逮捕等检察权司法属性显著的特征，落实"谁办案谁负责，谁决定谁负责"，具体举措就是赋予检察官司法办案的决定权，检察官独立办案并自担其责。但赋予检察官独立办案职权的同时，必须同步建立监督、约束检察官职务内和职务外行为的廉政机制，保证检察权的依法规范运行。

（三）社会公众对检察权规范运行的期待增高

伴随着我国法治国家建设的稳步推进，普通公众的法律意识和权利意识得到空前提高，其对国家权力运行过程中的透明度和知情度要求也越来越高。让权力在阳光下运行已经逐步成为现代法治国家的基本共识。检察权作为国家权力的基本组成部分，来源于人民，理应接受人民的监督，满足人民的知情需求。

二、现实考量：对当下刑事检察权运行监督制约机制的反思

根据监督制约主体与对象的关系，可以将检察活动监督制约机制分为外部监督制约机制和内部监督制约机制。外部监督制约机制是指检察机关之外的主体依法对检察活动实行监督制约的总称；内部监督制约机制是指检察系统内部上下级间、同级各部门间对检察活动监督制约的总称，两者共同构成当前检察活动监督制约机制体系。[①]当前，无论是检察活动的外部监督制约机制还是检察活动的内部监督制约机制，均有其各自的优势和不足。具体如下：

（一）对检察权外部监督制约机制的评判

提及检察权运行的外部监督和制约，首先想到的是《刑事诉讼法》中规定的，检察机关与公安、法院之间的分工负责、互相配合、互相制约的关系。[②]此种制约系基于国家侦查权、检察权、审判权在不同国家机关之间的配置而产生的制约关系。另外，根据现行

---

① 单民、薛宏伟：《检察权监督制约机制研究》，载《人民检察》2012 年第 17 期。
② 现行《宪法》第一百四十条规定，人民法院、人民检察院和公安机关办理刑事案件，应当分工负责，互相配合，互相制约，以保证准确有效地执行法律。现行《刑事诉讼法》第七条规定，人民法院、人民检察院和公安机关进行刑事诉讼，应当分工负责，互相配合，互相制约，以保证准确有效地执行法律。

《宪法》第三条规定，国家行政机关、监察机关、审判机关、检察机关都由人民代表大会产生，对它负责，受它监督。不难发现，上述不同国家机关之间的监督与制约关系均系基于国家机构和职能设置而产生，属于国家政治制度顶层设计层面的外部权力型监督。除此之外，还有来自普通民众方面的监督，典型的如人民监督员制度、社会舆论监督和新闻媒体监督等权利型监督。当然，在刑事诉讼进程中，有关当事人、诉讼参与人参与到刑事诉讼过程当中，且享有立法赋予其广泛的诉讼权利，也能够防止检察权的滥用并对其受损害的权利进行救济，此亦是权利型监督的重要组成部分。在检察权运行过程中，权力与权利型监督分别通过各自的途径和形式发挥其应有的监督与制约作用，但也存在一些不足。典型表现阐述如下：

1. 外部权力型监督客观、中立、全面，但受制于专业与距离的局限性

以人大监督为例，其主要方式即是通过每年检察机关在人代会上作检察工作报告，这种监督具有宏观性、概览性，但对检察权实际运行中的过程性监督却介入不深。同时，鉴于司法工作的专业化属性，监督主体可能会因专业知识欠缺制约监督的效果。为增强人大监督工作的效果，检察机关会通过日常工作中专题报告等形式，主动向人大报告工作，但还是以事后监督为主要形式。

2. 外部权利型监督主体广泛，途径多元，但保障不足、效力缺乏刚性

如近年来，为健全检察权运行的外部监督制约机制，检察机关逐步完善人民监督员制度，扩大需提交人民监督员会议评议的案件范围，并对人民监督员意见的采纳情况进行制度性规范，但总体而言，人民监督员制度的程序启动权通常在检察机关，其评议意见的效力也缺乏刚性，在一定程度上制约其制度效果。再如社会舆论监督方面，往往主观性较强，而且容易煽动公众情绪，影响司法办案工作带来负面影响。再如，辩护律师作为刑事诉讼进程中直接参与主体，且兼有专业性的特征，因其能够参与到刑事诉讼全过程，加之立法赋予其广泛的诉讼权利，其对检察权规范运行的监督往往具有先天优势，但司法实践中，尤其是认罪认罚案件中律师的有效参与不足，制约其监督职能的发挥。

（二）对检察权内部监督制约的评判

检察权的内部监督制约从层级上进行区分，可以分为上级检察机关对下级检察机关的监督及检察机关内部不同部门、机构的监督。作为法律监督机关的检察机关奉行检察一体的基本原则，上级检察机关与下级检察机关之间是领导与被领导的关系，也是一种监督关系。检察机关的内部部门、机构之间的监督主要体现在案件管理部门的监督、本院检察委员会的监督及派驻纪检监察部门的监督等。近年来，作为法律监督机关检察机关深知检察权需要被监督的重要性，因此对于检察改革中的具体制度架构，无不是遵从"权力赋予与规范行权并行""有权必有责、用权受监督"等原则进行设计。如针对认罪认罚从宽制度运行中可能存在的问题，2020 年 5 月 11 日，最高人民检察院制定出台《人民检察院办理认罪认罚案件监督管理办法》，以健全办理认罪认罚案件检察权运行监督机制，加强检察官办案廉政风险防控，确保依法规范适用认罪认罚从宽制度。再如近年来，检察机关不断

加强案件管理工作，确立案件流程监控、案件质量评查、个案质量评鉴、检察业务分析等具体工作制度，加强对检察权运行的动态监督和全程监控，对于检察权规范运行起到十分重要的保障作用。

与外部监督制约机制相较，内部监督制约机制具有专业性、规范性、及时性强的特点，但仍然存在其先天劣势，其中最大的问题即是检察系统内部的自我约束与自我监督存在内部性、封闭性的弊端，这种来自检察系统内部的自体性的监督，其公正性及实效性容易遭到质疑，毕竟自然法谚早有云"任何人不能做自己案件的法官"。具体而言：

1. 上级检察机关对下级检察机关的监督具有专业优势但主动性、规范性不足

当前，上级检察机关对下级检察机关的监督多系通过一些专项监督活动进行的事后监督，且基于后续监督结果反馈机制的不到位，监督成效尚需提高。在事中监督方面，上级检察机关对下级检察机关的监督也多是由下级检察机关在办案过程中发现问题请示上级，上级检察机关对下级检察机关缺乏进行事前和事中监督的有效方法。

2. 检察机关内部不同部门、机构之间的监督及时性强但仍存在一定局限

检察机关内部案件管理部门的各种监督，具有灵活性强、监督便利等优势，但有时候显得刚性不足。而对于检察委员会对本院业务的监督，则受制于检委会议事规则规范性的要求，有时候与办案期限的要求存在一些需要调和之处。以案件复杂且人数众多的审查逮捕案件为例，通常办案期限只有七天，提审和审查报告撰写本身已经时间非常紧张，而提请检委会审议议题需要进行三级审批流程且提前三天提交审议报告，时间矛盾较为突出。本院纪检监察部门的监督更多表现为对廉洁纪律方面的监督，对于业务方面的监督缺乏有效的途径和方式。

如前所述，虽然检察权内外部监督制约机制均有其先天优势和不足，但当前，对检察权的监督制约机制构建无不是从这两个方面进行着手，或以其中之一为主，或两者并重。规范刑事检察权的运行需要针对具体权能属性特点及其监督制约的现有制度基础进行优化设计。

三、对策出路：新形势下检察权运行监督制约机制的优化

通过上述对刑事检察权当下面临的形势和特点的分析及不同监督方式的优劣的阐述，不难发现，对检察权运行的监督制约没有完全同一的模式和样本，需要针对不同检察权能不同特点，综合内外监督制约机制的优劣，综合施策。

（一）紧盯刑事检察权运行中的高风险和关键性环节，内外监督机制并重

前文已经对刑事检察核心权能进行分解，笔者认为，刑事检察权能中的起诉权，因为有后道工序中审判机关的制约，符合权力制衡的基本逻辑架构。但对不批准逮捕权、不起诉决定权等权能，从权力监督制约的层面，需要予以重点关注。在刑事案件不捕、不诉决定权的运行过程中，目前其内外监督制约机制设置如下：一是检察机关内部制定检察官权力清单，将刑事案件的不捕、不诉决定权划定为检察长（副检察长）决定案件（事项）范

围，通过检察机关内部三级审批机制，实现同级检察机关内部的上下级监督；二是检察机关案件质量管理部门将不捕、不诉案件纳入重点评查案件范围；三是建立逮捕案件诉讼化审查和不诉案件公开审查工作机制，以公开促公正，通过程序正义保障检察权规范运行。

检察机关意图通过上述内外监督制约工作举措，保障刑事案件不捕、不诉检察权依法规范运行。但上述制度在运行过程中需要持续深化。以不捕案件诉讼化审查和不诉案件公开审查为例，一方面，目前推动该项制度实质运作的动力来自上级机关的考核导向，承办检察官主动适用该项制度的自发性动力不足，而且由于公开审查需要花费较多的人力及时间成本，也在一定程度上影响该项制度适用的积极性。另一方面，案件公开审查的实质性不足，引入的第三方监督主体通常起到到场见证的作用，未能发表实质性监督意见。

刑事检察权之审查逮捕、审查起诉权，尤其是不捕、不诉决定权具有司法判断权的典型属性，要求遵循司法权运作的规律。程序正义则是司法权运作的内涵性要求，通过听证制度，各方诉讼主体充分参与与表达，同时引入第三方参与程序过程中，是保证刑事不捕、不诉检察权规范运行的有效外部力量。

（二）应对检察权能整合导致的内部部门间监督缺位，需强化外部监督力量

刑事检察之捕诉合一办案及羁押必要性审查职能移转至捕诉部门，部门及职能整合弱化了检察机关内部不同部门之间的监督和制约，由此导致的监督缺位需要通过增强其他监督机制予以补强。以羁押必要性审查制度为例，作为涉及公民基本人身自由的强制措施的变更，目前该项制度的监督制约机制架构如下：一是该项权力属于检察机关的三级审批事项，对犯罪嫌疑人（被告人）强制措施的解除、变更强制措施属于检察长（副检察长）决定范围或事项；二是通常也是检察机关检务督察或者案件评查的重点；三是对羁押必要性审查案件也可以采取听证审查方式进行。

但实务操作层面，通常捕诉部门本身已经承担大量的审查逮捕、审查起诉及诉讼监督等工作，尤其是基层检察机关，案件数量持续高位运行，在目前日益强调办案质量效率，着力优化"案一件比"①的导向之下，对羁押必要性审查案件的办理显得精力不足，同时由于案件听证审查、充分听取辩护律师意见等工作流程较为繁琐，制约相关监督机制作用功能的发挥。上述现象导致目前刑事检察权运作主要依赖内部监督力量的支撑，外部监督机制虽然存在，但效果作用较为有限。

羁押必要性审查工作关涉犯罪嫌疑人（被告人）基本人权保障，需要给予足够关注和重视。基于权力监督制约的基本价值理念，需要对其运行过程中的监督机制予以完善落实。具体而言，建议检察机关从保障权力充分运行的角度，给予职能部门以人力和资源保

---

① "案一件比"是近年来最高人民检察院提出的全新的办案质量评价指标体系，是检察环节办案质量、效率的直观反映，直接关系到检察机关办案的政治效果、法律效果、社会效果的统一，尤其关系到案件当事人对检察机关办案的直观切身感受。详细而言，案是指发生在人民群众身边的案，与案进入司法程序后所经历的有关诉讼环节统计出来的件相比，形成的一组对比关系。"案一件比"中"件"数越高，说明"案"经历的诉讼环节越多，办案时间越长。计算"案一件比"的重要意义在于，引导各级检察机关通过提高办案质效，将上一个诉讼环节的工作做到极致，以减少不必要的诉讼环节，从而节约司法资源，提升人民群众的司法评价。

障，确保其充分履行羁押必要性审查职责，同时严格贯彻上级规范性文件中关于保障权力运行的监督工作机制，保证制度实质化贯彻。

（三）对认罪认罚从宽制度中律师帮助进行实质化改造，以增强外部监督机制

目前，司法实践层面，在值班律师参与认罪认罚从宽制度上，其更多承担的是认罪认罚从宽程序合法性的见证人与背书者的角色。值班律师在签署具结书之时，通常并不了解案件的具体情况，虽然承办检察官会将其认定的事实和情节向其进行简单介绍，并告知犯罪嫌疑人有权获得值班律师的帮助，但多数情况下，值班律师并没有发挥其帮助犯罪嫌疑人"认罪协商"和求取合适"量刑建议"等方面的作用。虽然根据《关于适用认罪认罚从宽制度的指导意见》的规定，值班律师应当为认罪认罚的犯罪嫌疑人、被告人提供法律咨询，包括告知涉嫌或指控的罪名、相关法律规定，认罪认罚的性质和法律后果等；提出程序适用的建议；帮助申请变更强制措施；对人民检察院认定罪名、量刑建议提出意见；就案件处理，向人民法院、人民检察院、公安机关提出意见；引导、帮助犯罪嫌疑人、被告人及其近亲属申请法律援助等内容，并明确值班律师可以会见犯罪嫌疑人、被告人；自人民检察院对案件审查起诉之日起，值班律师可以查阅案卷材料、了解案情。[1]但该项制度在运作过程中，并未发挥其应有的作用。究其根由，是值班律师作为权利保障者与权力配合者角色定位交织，值班律师与辩护人的职能混同，本应政府承担的法律援助责任转为律师义务。[2]

前已述及，保证认罪认罚从宽制度设计价值目标落地的关键环节即是保障认罪协商的充分性、自愿性和量刑建议形成的精准性、恰当性，此两环节实质化运作，才能真正让犯罪嫌疑人"认罪认罚"，不会后续又出现上诉、反悔等诸多问题，以提升案件整体的办理节奏和效果，而此两环节的实质化运作依赖与检察官同样掌握法律专业知识的律师的充分有效参与方可完成，也正是基于值班（辩护）律师对法律的专业性和经验性，使得其能够

---

[1] 最高人民法院、最高人民检察院、公安部、国家安全部、司法部《关于适用认罪认罚从宽制度的指导意见》（2019 年 10 月 11 日高检发〔2019〕13 号发布）第十二项规定值班律师的职责。值班律师应当维护犯罪嫌疑人、被告人的合法权益，确保犯罪嫌疑人、被告人在充分了解认罪认罚性质和法律后果的情况下，自愿认罪认罚。值班律师应当为认罪认罚的犯罪嫌疑人、被告人提供下列法律帮助：

（一）提供法律咨询，包括告知涉嫌或指控的罪名、相关法律规定，认罪认罚的性质和法律后果等；

（二）提出程序适用的建议；

（三）帮助申请变更强制措施；

（四）对人民检察院认定罪名、量刑建议提出意见；

（五）就案件处理，向人民法院、人民检察院、公安机关提出意见；

（六）引导、帮助犯罪嫌疑人、被告人及其近亲属申请法律援助；

（七）法律法规规定的其他事项。

值班律师可以会见犯罪嫌疑人、被告人，看守所应当为值班律师会见提供便利。危害国家安全犯罪、恐怖活动犯罪案件，侦查期间值班律师会见在押犯罪嫌疑人的，应当经侦查机关许可。自人民检察院对案件审查起诉之日起，值班律师可以查阅案卷材料、了解案情。人民法院、人民检察院应当为值班律师查阅案卷材料提供便利。

值班律师提供法律咨询、查阅案卷材料、会见犯罪嫌疑人或者被告人、提出书面意见等法律帮助活动的相关情况应当记录在案，并随案移送。

[2] 卞建林、陶加培：《刑事诉讼法学：构建新时代刑事程序法治体系》，载《检察日报》2019 年 11 月 13 日第 3 版。

对认罪认罚从宽制度运行过程中的检察权行权进行实质性监督。

由此建议，进一步完善认罪认罚从宽制度中犯罪嫌疑人、被告人辩护权保障机制，使得其获得律师帮助的权利不仅止于条文，而是从实践运作的层面，探索符合我国认罪认罚从宽制度实际的系统性的值班律师制度，从人员选择、履职保障、权利和责任配置等方面进行规范化设计，充分发挥其权利保障者的角色。

（四）关于人民监督员制度的深化和完善

检察权行使制约机制当首推人民监督员制度。[1]这项扎根于我国司法检察实践，具有鲜明中国特色、时代特色的司法制度，其目的在于引入外部监督尤其是人民群众的监督，促使检察权行使过程更加透明、规范，进一步提高检察权的社会认同度。在国家政治体制改革背景之下，人民监督员制度面对内设机构改革后检察履职机制的重大调整，其也向检察权运行的全过程转型。经过十几年的检察实践，目前该项制度在运作的规范性、参与检察办案的广度和深度等方面均已有较大进步，但仍然存在需要持续深化的若干方面，比如关于监督的范围方面，目前人民监督员监督的范围定位系对"四大检察""十大业务"进行全面监督，但司法实践中邀请人民监督员监督的情形和范围还是较为有限，制约该项制度的效果；再如关于人民监督员监督意见的约束性方面，目前还是作为检察官作出决定的参考，还未形成对检察官的刚性约束力。在人民监督员监督案件或事项范围方面及人民监督员评议意见的约束力设置方面需要持续进行探索和实践。

（五）关于听证制度的实质化运作

近年来，伴随着检察权基本属性的分析和探究，其司法权属性日益被强调，与其司法权属性相适应的即是探索检察权运行中的公开审查制度，其中最为典型的即是公开听证，当前司法实践中应用也最为广泛。从运作形态上来看，刑事检察听证旨在通过引入诉讼参与人、社会公众等参与检察程序、增进检察权运行的公开性和透明度，增强检察决定的公正性，促进检察公信力的提升。[2]听证制度通过限制和约束检察官的自由裁量权来保障检察权的公正行使，在刑事申诉案件办理、不捕和不诉决定作出、羁押必要性审查案件办理等过程中得到广泛应用。但该项制度在实践运作中仍然需要继续完善。如该项制度实际运作中更为关注的是其民主性功能，追求听证的公开透明和公正合理，其实体功能较为有限。具体表现在：一是听证会的人员选择，通常较为固定，而且对案件难以发挥实质性意见；二是通常在案件公开审查之前，承办人内心已经具有倾向性意见，而且多数情况下，会根据其倾向性意见作出最终处理。

基于审查案件听证制度在保障司法公正，提升检察机关公信力方面的重要作用，近年来检察机关注重加强听证制度规范建设，如 2020 年 9 月 14 日最高人民检察院印发《人民检察院审查案件听证工作规定》，对检察机关听证制度的基本概念、适用范围、参加人员、

---

① 陈卫东、程永峰：《新一轮检察改革中的重点问题》，载《国家检察官学院学报》2014 年第 1 期。
② 刘国媛：《刑事检察听证制度的"理"与"法"》，载《法学评论（双月刊）》2015 年第 1 期。

基本流程和步骤、法律效力、案件处置反馈等方面均已作出明确规定，但其根本性问题即听证制度的实质化运作仍然需要进一步加强，以保证司法实践中听证制度真正发挥其程序和实体的双重价值功能。

（六）加强检察官职业伦理建设作为保障检察权规范运行的基础性和内生性的力量

诚然，任何监督制约制度的设计都是为了防范人性的弱点，然而内生于心的道德律令更能生发出保证权力规范运行的强大动力。正如有学者所说，检察官职业伦理在办案责任制改革中实际上起到了检察权控制模式由外部控制向内部自律转变的作用。①在权力行使的过程中，若非规则制度完美无瑕，否则便存在可乘之机。俯仰世间所见，没有绝对完美的制度，也没有完美的人。由此，笔者认为，在建立与完善检察权内外监督制约机制的同时，更要注重加强和引导检察官职业伦理建设。以此轮检察改革为契机，更新检察官职业伦理和道德建设的理念，丰富检察官伦理建设的层次、内容及形式，尤其赋予检察官职业伦理的信念伦理、责任伦理及规则伦理的多重属性，②并将相关的要求进行制度化和规范化，对于促进检察官自律行权具有重要的积极意义。

从宏观层面而言，完善司法管理体制和司法权力运行机制，规范司法行为，加强对司法活动监督等要求和理念系国家治理层面的重要内容，对于形成科学有效的权力运行制约和监督体系十分重要。然而宏观问题必须从微观入手，千里之行也必须始于足下，笔者从刑事检察权运行的实践现状层面入手，剖析目前刑事检察权运行面临的一些情况和问题，并提出针对性意见和建议，以期对司法实践和理论研究有所裨益。

（责任编辑：徐　翀）

---

① 陈卫东：《合法性、民主性与受制性：司法改革应当关注的三个"关键词"》，载《法学杂志》2014年第10期。

② 何怀宏在其《政治家的责任伦理》（载《伦理学研究》2005年第1期）中提及，"政治家的伦理可以分为信念伦理、责任伦理和规则伦理，其中信念伦理更注意行动意图的纯洁性，责任伦理更注意行动后果的可接受或承受性，而规则伦理更注意行动的方式或手段的正当性"。笔者认为，当前，检察职业伦理建设中，侧重于强调信念伦理，有必要进一步强化其责任伦理和规则伦理的基本属性。

网络直播平台的刑事责任与犯罪治理

顾　伟　龚笑婷*

一、问题的提出

随着智能手机、4G 和 WiFi 的全面普及，网络直播作为一种互动性传播方式获得越来越多用户的推崇。自 2016 年网络直播元年以来，网络直播平台呈井喷式增长，秀场直播、游戏直播以及泛娱乐直播组成网络直播行业的三大板块。据中国互联网信息中心数据显示，截至 2020 年 3 月，全国直播用户规模达 5.6 亿，即 40% 的中国人、62% 的网民是直播用户，其中电商直播用户规模为 2.65 亿。而受疫情的影响，教育直播、医疗直播等社会服务也在不断拓宽渠道，在政策的支持下关注度不断提升。但是，在直播行业体系逐渐丰富成熟的过程中，直播的品质生态却是乱象丛生。前有淫秽色情内容屡禁不止，后有直播带货货不对板，低俗、暴力、恐怖内容也不断刺激着大众的神经，乱象之中犯罪行为不断滋生。面对这一现状，监管部门、司法机关创新监管手段，加大打击力度，然而虽然针对直播行为的打击方向日渐明晰，但针对平台的打击措施却缺乏抓手和统一标准。因此，明晰平台之责任边界，尤其是在刑事犯罪中对平台行为之规制尤显重要性与紧迫性。

二、由主播到平台——网络直播的刑事规制

治理网络平台乱象，更多的是强调对网络违法犯罪行为的治理。目前，网络直播主要包括三大主体，一是直播平台，二是主播，三是商家或赞助商。从目的性、利益性的不同，监管主体的不同，可将直播的违法行为分解为两个层面，一是因网络平台而生成的网络犯罪，二是平台自身涉嫌的犯罪问题。[①]

（一）直播行为涉罪类型——以法益侵害性为视角

在国家网信办发布的《互联网直播服务管理规定》中，平台主播是互联网直播的发布者，根据其与平台关系可分为个人主播与签约主播，根据其经常发布的直播内容，可分为游戏主播、真人秀主播、电商主播和其他主播。随着直播类型、直播内容的不断丰富，直播行为进入消费、娱乐、生活、教育等各个领域，可能侵害的法益类型也多种多样。

---

* 顾伟，法学硕士，上海市徐汇区人民检察院第三检察部副主任；龚笑婷，法律硕士，上海市徐汇区人民检察院检察官助理。

① 姜瀛：《"以网管网"背景下网络平台的刑法境遇》，载《国家检察官学院学报》2017 年第 5 期。

1. 破坏社会主义市场经济秩序类犯罪

该类型多发生于电商直播中，对商品的不当宣传、不当销售可引发诸多刑事风险，如受经营者委托，起着引流作用的带货主播夸大宣传的行为可能涉及虚假广告罪；而经营者通过直播间兜售"三无"、制假售假等行为，涉及生产、销售伪劣产品罪或销售假冒注册商标的商品罪。有的直播平台放任主播在未经授权的情况下对电影、电视剧、综艺等进行分流播放或者剪辑播放，属于对著作权人作品的复制和发行；又如主播通过平台销售盗版书籍、游戏，或者侵权类商品，则涉嫌侵犯著作权罪。此外，在直播中未经许可或批准，经营专营物品或业务的，如通过网络直播讲课招募他人进行证券、期货金融交易的，销售国家专营的香烟等，涉嫌非法经营罪。

此外，直播主体在直播获利后偷逃税款，或者利用直播刷单进行洗钱、转移犯罪所得等行为，分别涉嫌逃税罪、洗钱罪、掩饰、隐瞒犯罪所得罪等。

2. 侵犯公民人身权利、财产权利类犯罪

如在直播中恶意捏造事实诽谤他人的，可能构成诽谤罪。利用网络直播实施诈骗行为，如以交友为名目诱使被害人充钱、刷礼物等，又如2018年全国首例网络直播"赌石"诈骗案，均可能构成诈骗罪，而且网络直播中的诈骗手段随着直播内容的丰富也在不断衍生进化。

3. 扰乱社会秩序类犯罪

一类是为吸引点击量，故意播出殴打他人的暴力画面，如近年来快手主播"直播打人""直播约架"的事件多次发生，涉嫌寻衅滋事罪、聚众斗殴罪等；或在直播中借助直播的公开性故意传播谣言的，可能涉嫌编造、故意传播虚假信息罪等；又或在直播中辱骂、威胁、恐吓他人的，涉嫌网络空间内的寻衅滋事罪。

一类是涉淫秽色情类犯罪，也是直播行业整治重中之重。一直以来，主播以穿着暴露、表演低俗、打色情擦边球等方式吸引用户进行高额打赏的行为屡见不鲜，而当此类行为升级到利用网络直播平台组织淫秽色情表演，通过直播打赏贩卖"福利视频"等行为，涉嫌组织淫秽表演罪、贩卖、传播淫秽物品牟利罪等。

一类是涉赌类犯罪。如在直播平台上直播"老虎机"等赌博游戏，招募参赌人员接受线上下注，结算赌资等；又如在直播平台上以竞猜游戏为形式，吸引观众押注，以"充值—游戏—变现"之手段组织赌博活动，均涉嫌开设赌场罪。

（二）直播平台的刑事责任——以平台行为为视角

1. 平台作为型犯罪

（1）平台独立型犯罪

一类是以非法目的搭建的直播平台，代表案例为2018年的首起直播平台传黄案——广东"LOLO"直播平台传播淫秽物品牟利案。被告人合谋经营直播平台，组成运营团队，组织多名主播进行大尺度直播以此牟利，同时通过隐藏主播房间，选择性封号等方式导致大量淫秽视频以直播形式广泛传播。此类平台系为从事违法犯罪活动而设立，或设立后以实施犯罪为主要活动的，应当对主要经营者进行定罪处罚。

一类是直播平台主动从事犯罪活动。如网络直播平台未尽到保护直播服务使用者公民身份信息与个人隐私的法定义务，甚至将其所掌握的公民个人信息进行非法泄漏、非法提供甚至出售牟利的犯罪行为，涉嫌侵犯公民个人信息罪。① 又如，有些直播平台在其主页面发布带有暴力、淫秽内容的第三方广告，用户通过点击此类广告则会跳转到相应的不法网址，则有可能涉嫌非法利用信息网络罪。②

（2）平台与个人共同型犯罪

实践中可能出现直播平台与主播构成共同犯罪的情况。如主播在直播中销售伪劣产品，直播平台在明知其销售伪劣产品的情况下为其主动推广流量，提供技术支持，并且对犯罪所得收益进行分成的，则可能构成共同犯罪。

（3）平台提供技术支持型犯罪

《刑法修正案（九）》增设帮助信息网络犯罪活动罪，网络直播平台作为网络服务的提供者，在明知他人利用信息网络实施犯罪，为其犯罪提供互联网接入、服务器托管、网络存储、通讯传输等技术支持，或者提供广告推广、支付结算等帮助的行为，情节严重的，可构成此罪。诸如明知他人利用网络直播间组织赌博活动、传播淫秽物品等，仍然为其提供线上结算、数据传输服务的，均应入罪。当然，在互联网中每时每刻都有亿兆的数据在流动，如果要求网络服务商对这些数据进行鉴别、控制，必然要牺牲网络服务的质量，甚至无法正常向公众提供网络服务。③因此，在对平台提供技术支持需要入罪时应谨慎，对于网络平台提供者与连接服务商实施的中立帮助行为，原则上不符合"情节严重"的要求，因而原则上不承担刑事责任。反过来说，只有情节严重时，才能适用我国《刑法》第二百八十七条之二的规定。至于情节是否严重，需要根据全部事实进行综合判断，例如，对正犯起帮助作用的行为是否明显超出业务范围，所帮助的信息网络犯罪活动的性质与后果，帮助行为对正犯结果所起的作用大小，所帮助的信息网络犯罪活动的数量多少等。④

2. 平台不作为型犯罪

《刑法修正案（九）》增设了拒不履行信息网络安全管理义务罪，规定网络服务提供者不履行法律、行政法规规定的信息网络安全管理义务，经监管部门责令采取改正措施而拒不改正，符合一定情形时，可能构成该罪。最高人民法院、最高人民检察院联合发布的《关于办理非法利用信息网络、帮助信息网络犯罪活动等刑事案件适用法律若干问题的解释》（下称《信息网络解释》）中，也进一步明确了"网络服务提供者"的范围包括提供网络直播服务的单位和个人。

① 刘伟：《网络直播犯罪研究》，载《江西社会科学》2020 年第 5 期。
② 谢昊轩：《网络直播平台犯罪之治理》，载《江西警察学院学报》2019 年第 5 期。
③ 皮勇：《网络服务提供者的刑事责任问题》，载《光明日报》2005 年 6 月 28 日。
④ 张明楷：《论帮助信息网络犯罪活动罪》，载《政治与法律》2016 年第 2 期。

（1）直播平台的安全管理义务来源

目前，针对网络直播的法律法规，主要有《网络安全法》《电子商务法》，分别罗列了网络运营商的义务清单，包括建立信息安全管理制度义务、用户身份信息审核义务、用户发布信息管理义务、保障个人信息安全义务、违法信息处置义务、信息记录义务、投诉处理义务、报告义务、配合监督检查义务等，同时确定了违反网络安全保障义务的处罚规定。而全国人大常委会通过的《关于加强网络信息保护的决定》、国务院制定的《互联网信息服务管理办法》等，对保护公民个人信息、网络信息发布等也都有直接或间接的规定。

此外，为应对直播平台的迅速发展，网信办、广电总局、工信部等不同条线主管部门陆续出台多个监管规则，如《关于加强网络表演管理工作的通知》《互联网直播服务管理规定》《网络直播营销行为规范》等，对网络直播平台的行为规范和责任做了进一步细化的明确。

（2）直播平台拒不履行网络安全管理义务构罪之情形

《刑法》第二百八十六条之一的拒不履行信息网络安全管理义务罪，系不作为犯罪，以监管部门责令采取改正措施而拒不改正为前提条件，这一条件的设置明确了该罪处罚的并不是中立的技术帮助行为。《信息网络解释》进一步明确其前置条件是网信、电信、公安等依照法律、行政法规的规定承担信息网络安全监管职责的部门，以责令整改通知书或者其他文书形式，责令网络服务提供者采取改正措施。认定"经监管部门责令采取改正措施而拒不改正"应当综合考虑监管部门责令改正是否有相应的法律、行政法规依据，改正措施及期限要求是否明确、合理，网络服务提供者是否具有按照要求采取改正措施的能力等因素。在满足这一前置条件后，对于造成违法信息大量传播的、致使用户信息泄露等严重后果的，可构成本罪。

3. 作为与不作为之竞合处理

在直播平台的责任认定上，还有必要厘清作为犯与不作为犯的本质区别，避免将作为形式的行为类型以不作为认定。[①]拒不履行信息网络安全管理义务罪之法定刑为三年以下有期徒刑、拘役或者管制，并处或者单处罚金，《刑法修正案（九）》第二十八条第三款规定，拒不履行信息网络安全管理义务，同时构成其他罪的，依照处罚较重的规定定罪处罚。当直播平台不仅不履行法律、行政法规规定的安全管理义务，甚至对犯罪行为起积极促成作用，如以技术手段帮助淫秽物品传播，以打赏渠道实现赌资下注结算等，就可能涉及不作为犯与其他犯罪的作为犯的竞合。如果被告人的核心行为是作为即积极参与互联网违法犯罪行为，即便可以将其评价为除了作为之外还有不作为，在定罪理由的论证上也应当优先讨论作为（支配行为），因为一旦可以确定作为行为的存在，而这些作为行为所应受到的处罚原则上都会高于该罪的法定最高刑，从而使该罪没有适用空间。因此，在出现

---

① 杨彩霞：《网络服务提供者刑事责任的类型化思考》，载《法学》2018 年第 4 期。

作为和不作为的竞合时优先讨论犯罪支配问题，事实上可以使司法判断更为经济。①

三、针对直播平台的刑事打击困境

（一）作为型犯罪的打击难点

1. 直播平台的主观故意难以推定

直播平台作为网络服务提供商，其日常业务就是为用户提供技术服务，而在直播平台上犯罪的也必然使用了其技术服务，除专为不法目的设立的直播平台，其他运营正规业务的平台在作为型犯罪中的主观明知难以推定。根据责任主义原则，直播平台如果对违法行为的存在不具有预见可能性，其单纯技术帮助行为便因欠缺主观罪过而不具有可责性，这也是技术中立一说的由来。而平台在提供技术时难以在前道程序鉴别，只能对符合条件的用户全部提供，因此对于部分客观上造成严重危害后果的行为也不宜一刀切地追究直播平台的责任，即使出现危害结果，也需证明行为人存在主观罪过的证据。如何将明知而为与中立的帮助行为进行区分是实践中打击平台犯罪的难点之一，这也是帮助信息网络犯罪活动罪在实践中适用难度较大的原因之一。

2. 涉网络直播案件立案难

利用网络直播实施的犯罪，往往存在直播行为发生在一地，直播平台服务器在另一地，而被害人可能散布于全国各地的情况，根据最高人民法院、最高人民检察院和公安部发布的《关于办理网络犯罪案件适用刑事诉讼程序若干问题的意见》，有多个犯罪地的网络犯罪案件，由最初受理的公安机关或者主要犯罪地公安机关立案侦查。但实践中，往往具体到某一位被害人，或具体到某一次违法行为，远达不到刑事立案的要求，甚至由于多地都具有管辖权，而当地涉案情况少，未引发较大的社会影响，公安机关没有破案压力和破案的主动性，或产生相互推诿的情况，使得涉网络直播案件立案困难。

3. 涉网络直播案件取证难

传统的网络犯罪案件取证中，主要是对服务器数据、操作日志、数据传输等电子数据的固定和分析，进而确定网络攻击或流量劫持的过程。而大部分网络直播涉及的犯罪包括侵财类、扰乱市场秩序、经济秩序等犯罪，虽然也需要对交易数据、直播日志的固定，但诸如销售伪劣产品、虚假广告、诈骗等行为，更多依托对直播内容的还原、对交易商品的提取。由于直播行为的即时性、线下观众的散布性，如果平台未能同步固定直播过程，公安机关需要利用大量技术手段倒查直播过程，通过寻找观众间接还原直播内容，并且逐一排摸调取物流信息、线下商品，往往耗费大量司法资源，但收效甚微。

（二）不作为型犯罪的打击难点

除了与作为型犯罪存在同样存在管辖、立案问题及取证问题之外，不作为型犯罪的处置上还存在行政程序前置导致刑法适用消极化的问题。

---

① 周光权：《拒不履行信息网络安全管理义务罪的司法适用》，载《人民检察》2018 年第 9 期。

1. 法律法规滞后使行政手段适用不力

现行的法律、行政法规对于直播平台安全管理义务的规定重点在于安全管理制度建设、用户身份信息审核及保护、发布内容审查等，但规定的可执行力较低。其一是执法主体模糊，如《关于加强网络信息保护的决定》中规定的是"有关主管部门应当在各自职权范围内依法履行职责"，《网络安全法》中规定"国家网信部门和有关部门依法履行网络信息安全监督管理职责"，均未明确执法主体；而《互联网信息服务管理办法》规定"新闻、出版、教育、卫生、药品监督管理、工商行政管理和公安、国家安全等有关主管部门，在各自职责范围内依法对互联网信息内容实施监督管理"。但并没有具体到各自的权限职责及边界范围，权责界限不够明确使得行政执法措施难以落实，不适应迅猛发展的直播行业新形势。其二是义务规定较为笼统，直播作为新兴行业，客观上与传统网络服务有显著区别，包括用户辐射量大、传播即时性强、内容不设限的特点，加上打赏机制的刺激极易为实现犯罪助力。传统的"发现即报告、通知即删除"的管理义务，在直播平台信息即时传输下收效甚微，通常平台发现时不法行为已经完成，不良影响已经造成。因此，现行法律法规下的安全管理义务缺乏针对性，能够起到的治理效果有限，直播行业中大量的不法行为均无法纳入其规制范围之内，导致刑事手段也难以启用。

2. 行政处置标准不一限缩了刑法的适用

根据《刑法》二百八十六条之一的规定，"经监管部门责令"属于网络服务提供者承担刑事责任承担的前置程序，但这一设计也导致了拒不履行信息网络安全管理义务罪的消极适用。由于我国现有互联网立法内容过于原则，加之我国网络安全管理部门众多的问题，难免出现监管中交叉重叠或监管真空的情况，甚至出现行政不作为的现象。[①]例如在发布违法消息的管理上，2014 年 8 月 26 日，国务院授权重新组建的国家网信办负责全国互联网信息内容管理工作，并负责监督管理执法工作。因而，网信办有权对发布违法消息的行为予以行政处罚。但行为人发布违法消息的行为显然也违反《治安管理处罚法》的相关规定，故公安机关亦享有对此行为的行政处罚权。于是，在处罚发布违法消息问题上，公安机关与网信办的职权重复。[②]

此外，《信息网络解释》明确"经监管部门责令改正"指的是网信、电信、公安出具责令整改通知书或者其他文书形式，上述监管部门职能是法定职权的范围内向网络服务者提出采取改正措施的要求，凡是无相关法定管理职权、监管内容不符合法律规定的，其监管部门责令改正通知不具有法律效力，网络服务提供者可以拒绝执行，其行为也就不构成不履行安全管理义务，这也是行政职权划分中法定性的要求。[③]但即便相关部门按照行政法规进行处置，其处罚标准亦不相同，实践中更是出现"约谈"和行政处罚居多，出具责令整改类文书的情况较少，导致刑事责任适用被排斥。

---

①③ 赖早兴：《论拒不履行信息网络安全管理义务罪中的"经监管部门责令改正"》，载《法学杂志》2017 年第 10 期。

② 马荣春、王腾：《拒不履行信息网络安全管理义务罪的适用困境与解脱》，载《山东警察学院学报》2018 年第 3 期。

四、网络直播平台刑事治理之探索路径

（一）明确管辖原则，解决立案困难

涉网络直播犯罪与电信诈骗都具有涉及面广、手段隐蔽的共同特征，而电信诈骗的管辖问题在学界及实务界的讨论均相对成熟，为解决涉直播犯罪的立案难、管辖混乱的问题，可参考电信诈骗犯罪中的对管辖的成熟做法。为有力打击犯罪，应当遵循效率和便利原则，以保证案件侦破的可能性为首要考虑，确定最有利于刑事诉讼进行的地点进行管辖。一般而言，侦查机关办理此类案件，除直接打击非法平台，一般遵循的是从某一被害人或某一次直播行为到全案侦破的逻辑。针对不法平台，适宜以网站服务器所在地、网站建立者、管理者所在地优先管辖。在有被害人财产损失的案件中，由于直播犯罪往往是异地作案，一旦犯罪行为人实际控制了财产，此时犯罪结果已经发生，因此可以将被害人汇款地等损失财产所在地认为是犯罪结果发生地，正如最高人民法院、最高人民检察院、公安部发布的《关于办理电信网络诈骗等刑事案件适用法律若干问题的意见》中明确将被害人被骗时所在地纳入犯罪结果发生地，依法享有管辖权，这一处理也有利于被害人即时保护自我财产。其他案件则具体情况具体分析，以犯罪地为主，以犯罪嫌疑人居住地为辅。同时，为避免出现相互推诿难以立案的情况，要建立最初受理优先规则与全案受理规则，[①]由最初受理案件的机关管辖，以及只要受理了案件的一部分，就要对全案进行处理，比如嫌疑人因为其他事件被审讯，在审讯过程中交代了网络直播犯罪行为，那么该公安机关有责任进行受理追查。

（二）综合考量外在行为，建立主观推定规则

直播平台在为犯罪行为提供技术服务时，其主观故意难以被直接探知，但业务行为并非是违法犯罪行为的"保护伞"，通过其外在行为表现，仍能推定其主观心态。如浙江省高级人民法院 2009 年 12 月发布的《关于审理网络著作权侵权纠纷案件的若干解答意见》中将"设链网站与被链网站间是否存在利润分成、合作经营"等方面纳入考虑因素，[②]而对于直播平台而言，和主播之间的利益分成情况应当作为考量其主观故意的重要因素。另外，还可参考最高人民法院、最高人民检察院、公安部发布的《关于办理网络赌博犯罪案件适用法律若干问题的意见》中的规定，以"公众举报或行政机关责令改正后进行技术、资金帮助、执法人员调查过程中故意销毁、隐匿相关数据等情形为依据，建立认定网络服务提供者明知的司法标准"。[③]如在涉黄犯罪中，如该犯罪行为在平台上已经有过举报记录，但平台不删除视频，不封禁主播，甚至通过隐藏主播房间，提供私密直播服务等形式为犯罪行为提供帮助的，又如在销售伪劣产品罪中，销售链接被举报下架，平台仍然再为其上架或者更换形式上架的，其主观故意可以被推定。

---

① 张新宪、崔佳、鞠佳佳：《电信诈骗犯罪疑难问题研究》，载《人民检察》2011 年第 8 期。
② 于冲：《"二分法"视野下网络服务提供者不作为的刑事责任划界》，载《当代法学》2019 年第 5 期。
③ 皮勇：《我国新网络犯罪立法若干问题》，载《中国刑事法杂志》2012 年第 12 期。

（三）重建网络安全立法体系，开具行政权力清单

面临大数据及 5G 时代的到来，我国的互联网行业发展迅速，直播平台作为新服务、新主体，现行法律、行政法规中规定的一般义务与直播行业需求的契合度并不高。而随着网络社会技术的不断发展，未来的信息网络服务将会更加多样，信息网络服务者的种类也会相应衍生，应当根据新行业的特点，重新构建信息网络安全方面的法律法规体系。目前来说，我国信息网络安全方面的法律法规、规章制度等内容分散、不成体系，如上文所述，同样的信息管理义务在多个法律法规中都有规定，而且规定不一，义务不一，惩罚措施也不尽相同。同时，从直播行业角度来看现行立法也缺乏时代性特征，应当以体系性思维在立法层面重新进行整合，结合新形势充实内容。为了不同类型的网络服务主体能充分掌握其所负担的信息网络安全管理义务，最好能够编制信息网络安全管理义务的"义务目录清单"。[①]在机构层面，为使得行政执法部门权责边界明细，执法有据可依，应当对网信、电信、公安等部门在网络安全管理方面建立权力清单，以清单形式列明各自权责及其依据、行使主体、运行流程、执法方式等，在横向上厘清不同部门的权责范围，在纵向上划分不同级别部门的权力范围，使网络安全监管依法行政、合法用权。

（四）强化前置性管理义务，构建信息联动平台

直播的即时性决定了传统的安全管理义务难以有效消除直播中不法信息之影响。然而，直播用户庞大，直播行为不可控，从信息发布环节进行约束必然效果不佳。从源头治理，强化主播资格审核标准，才能起到溯本清源的效果。如今的网络直播行为早已不再是单纯的娱乐互动，直播已成为一种产业，主播也已成为一种职业，因此建立职业资格准入和培训制度确有必要。早在 2016 年，广电总局发布的《关于加强网络视听节目直播服务管理有关问题的通知》中就规定，开展网络视听节目直播服务应具有相应资质，机构及个人需要持证进行直播服务。针对现实中不同性质的直播平台，对一般的泛娱乐直播、游戏直播、电商直播、教育直播等应划分不同的准入标准，并明确相应的权责义务。2018 年，当全国"扫黄打非"办公室会同多部门联合下发《关于加强网络直播服务管理工作的通知》要求网络直播服务提供者应向电信主管部门履行网站 ICP 备案手续，并向有关业务部门申请取得许可，腾讯云直播平台随即发布通知，对所有直播客户进行备案审查和资质审查，也证实了资格审查制度建立的可行性。同时，应当将直播平台的准入资格审查义务纳入其安全管理义务，强化平台审核意识。另外，对直播中出现的不法行为，为消除行政程序前置化模式"责令改正"对法益保护的滞后性，应当建立起网络服务平台交易信息的实时联动机制，除传统纸质的责令改正通知书外，可创制联动平台上的在线交改通知，紧密契合排除网络犯罪结果扩散化的宗旨。[②]

（五）创建"双前提"制度，排除行政难作为之障碍

在刑事立法方面，可以在"经监管部门责令改正"这一前置条件之外，增设用户等权利

---

① 张琪、汪鹏：《刑法第二百八十六条之一的"信息网络安全管理义务"的内涵及其问题点》，载《河南警察学院学报》2020 年第 2 期。

② 熊波：《网络服务提供者刑事责任"行政程序前置化"的消极性及其克服》，载《政治与法律》2019 年第 5 期。

相关主体的告知改正权利与其并列，当行政部门之监管措施难以排除权利人法益所面临的现实、紧迫的危险之时，只有赋予权利人私力救济路径，才能解决权益保障路径堵塞问题。在行政难作为、行政前置条件难以满足的情况下，私权救济路径的启动可以跨越这一障碍。当平台对权利主体的告知改正却不作为时，也可启动刑事程序，建议立法采取"自诉转为公诉"的救济路径，即可由权利人直接向公安机关提请刑事立案。当然，如果私权主体任意介入刑事程序的启动环节，也将引发管理秩序混乱。因此，必须对权利人启动告知改正权利划定严格的范围和启用条件，个人只能启动私人法益的责令改正程序，即与自身相关的人身、财产权利，公法益的侵害排除只能依靠行政监管部门的"责令改正"程序。[①]同时，对私权利的告知改正措施必须设定严格的通知程序，并审查其提出是否有依据，当用户确实面临法益侵害，且履行了法定的通知程序之后，刑事程序方可被启动。

（责任编辑：徐　翀）

---

① 熊波：《网络服务提供者刑事责任"行政程序前置化"的消极性及其克服》，载《政治与法律》2019 年第 5 期。

民事检察支持起诉制度化研究

王　洋　陈冬妮*

一、支持起诉的基本问题及理论基础

（一）支持起诉的基本问题

《中华人民共和国民事诉讼法》（以下简称《民诉法》）第十五条规定，机关、社会团体、企业事业单位对损害国家、集体或者个人民事权益的行为，可以支持受损害的单位或者个人向人民法院起诉，确立了支持起诉原则。支持起诉的主体并不局限于检察机关，只是实践中检察机关支持起诉最为常见，也一直是民行检察领域工作拓展的一种尝试。在检察公益诉讼制度确立前，检察机关运用支持当事人起诉方式在保护国家和社会公共利益以及保障弱势群体合法权益中发挥了重要作用，对实现司法公正，发展检察职能等方面有重要意义。本文中，民事支持起诉指在民事诉讼中，对于损害国家、集体或者个人民事权益的行为，受损害的单位或者个人未起诉的，机关、社会团体、企业事业单位可以支持上述主体向人民法院提起诉讼。民事检察支持起诉，是以检察机关为主体，基于民事检察职能，支持受损害的单位或者个人提起诉讼的一项制度。支持起诉涉及被支持对象、支持起诉主体和法院三方。支持起诉中支持起诉主体的诉讼地位是辅助当事人提起诉讼，并非案件当事人。支持起诉发生于诉讼准备阶段、当事人起诉前，有必要延伸至庭审诉讼阶段。支持起诉主体和被支持对象均有选择权。支持起诉目标是支持受损害的单位或个人提起诉讼，但不保证诉讼结果，不能以法院是否支持当事人诉请作为支持起诉主体工作考核绩效的内容。

（二）《民诉法》中支持起诉的立法背景分析

从20世纪60年代开始，随着接近正义运动三次浪潮的掀起，破除当事人向法院寻求司法救济的经济和组织障碍成为诉讼程序改革的目标，该运动同时希望大力发展替代程序来弥补传统诉讼程序的不足。①改革的共识和出发点聚焦在为社会特殊群体寻求司法救济提供援助，而这场司法改革浪潮也对我国《民诉法》制定和修改产生影响。1991年颁行的《民诉法》建立了司法救助、代表人诉讼制度，将法院调解作为民事诉讼基本原则，并对支持起诉作出规定。后历经2007年、2012年和2017年三次修订，支持起诉的规定依

* 王洋，法律硕士，上海市杨浦区人民检察院党组成员、副检察长；陈冬妮，法学硕士，上海市杨浦区人民检察院第三检察部行政主任，检察官助理。

① ［澳］娜嘉·亚历山大：《全球调解趋势》，王福华等译，中国法制出版社2011年版，第5页。

然在第一章第十五条中得到原文保留，在法律地位上属于民诉法基本原则，该规定也成为检察机关办理支持起诉案件最直接的法律依据。2017 年修订时，第五十五条第二款规定该条第一款法律规定的机关或者组织对污染环境、侵害众多消费者合法权益等损害社会公共利益的行为提起诉讼的，人民检察院可以支持起诉，是支持起诉在公益诉讼中的反映。此类案件虽涉及公益，但诉讼形式仍然是私益诉讼，可适用支持起诉的规定，纳入民事检察支持起诉的范围。

（三）支持起诉的理论依据

1. 国家干预理论

社会主义国家民事诉讼的一个显著特征是国家可以干预民事诉讼，具体体现为在民事诉讼中实行国家干预和社会干预。按照苏联法律制度相关规定，国家干预主要是指法院和检察院能够依职权干预和影响民事诉讼活动，而可以实行社会干预的主体则有国家行政机关、工会、国家企事业单位、集体农庄，还包括其他一些合作社组织、社会团体，甚至公民等主体。有学者将上述主体归纳为"社会干预人"。在苏联民事诉讼中，社会干预人属于诉讼参加人的一种，而按照苏联法理学的解释，诉讼参加人是具有起诉权的，能够起诉的主体还包括实施国家干预的检察官。综上，苏联民事起诉主体包含有当事人、检察院和社会干预人。我国民诉法中的支持起诉事实上也受到苏联法律制度中国家干预和社会干预深层影响。

2. 公共信托理论

公共信托理论产生于罗马法，一般是指政府对一些特殊财产应承担受托人之义务，以保障社会公众能够实现对这些财产享有的权益。公共信托理论一定程度避免了公地悲剧发生，也为我国民诉法中支持起诉制度涉及的利益范围提供了依据，特别是公益诉讼支持起诉部分，事实上就是针对水、空气、河流等自然资源和财政税收等特定财产或资源，为达到公益维护之目的，社会公众通过委托将其转移给国家政府。政府机关受公众委托，履行受托人义务，保护公共财产、维护公共利益，也是对政府权力的一种监督。在公共信托理论中，有公共信托财产、政府义务和社会公众的权益三方面要素，在检察公益诉讼制度全面建立背景下，此理论基础在中国语境下需要进一步深化，公益诉讼和支持起诉两种制度应明确区分，实现制度分野。一方面，对于损害国家利益和社会利益行为可提起检察公益诉讼，运用公益诉讼制度维护国家利益和社会公共利益。另一方面，对于在此过程中受损的个体如果在寻求司法救济方面存在困难，检察机关亦可运用支持起诉制度予以支持，从而纳入民事检察支持起诉范围。

3. 司法救济请求权

司法救济请求权也称为接近司法权，一般是指个人权利受侵害时，要求司法机关给予听审和裁判的权利。司法救济权有刑事、行政和民事司法救济权，民事司法救济权是支持起诉制度理论依据之一。支持起诉既源于苏联法国家和社会干预制度，事实上也受到世界范围内接近司法理念及运动盛行深刻影响。民事诉讼解决的是平等主体间纠纷，原本应是当事人平等对抗、法官居中裁判。但现实情况是，很多当事人由于自身条件差异，很多情况下并不能实现真正的平等，甚至连请求司法救济的机会都难以企及，反而造成实质上的不平等。为保证公民不因贫富差异、能力强弱均能拥有同等的寻求司法救济的机会，对于有意愿通过司法途径、以诉讼方式保护自身权利但又受制于客观条件无法实现的当事人，国家或者社会给予必要支持，消除提起诉讼获得司法救济的障碍，使其拥有平等机会通过司法途径维护自身合法权益。

4. 支持起诉制度的存废争议

有部分学者认为，支持起诉原则虽然在我国民诉法立法的时候就一直存在，但支持起诉因缺乏具体规定，操作性很弱，在司法实践中运用也极少，主张应予废除。还有一部分学者认为，由于支持起诉没有贯穿民事诉讼始终，不具有对民事诉讼整体性的指导意义，因此不能作为民事诉讼制度的基本原则。笔者认为，民事检察支持起诉作为司法能动的一种方式，越来越多的相关研究开始从如何构建支持起诉制度这一方面开展，检察机关也越来越重视民事检察中支持起诉活力的激活问题，从另外一个侧面反映出支持起诉在当下和未来的中国司法环境中所展现出的或者可能展现的价值。

二、民事检察支持起诉制度化之分野及价值

（一）民事检察支持起诉与其他制度的分野

1. 与督促起诉制度的界分

督促起诉一般是指检察机关督促负有监管职责的部门，主要针对国有资产流失或有流失之虞等情况，以原告身份向法院提起民事诉讼以保护国家利益或社会公共利益的一种法律监督方式。① 检察机关公益诉讼支持起诉与督促起诉都旨在保护国家利益或社会公共利益不受侵害，但两者有明显区别：首先，被督促主体存在差别。督促起诉中被督促人一般是负有公共管理职责的主体，并非民事诉讼中弱者，而是怠于维权的主体。支持起诉中被支持人更多的是企业或个人。其次，调查核实权行使和介入诉讼程序程度不同。检察机关在督促起诉中无需进行具体的证据调查与收集，只要被督促人在检察机关督促下依法向法院提起诉讼即可结案，只是通过检察建议等方式起到一个督促的作用。支持起诉中，检察机关虽非诉讼当事人，但一般还是被要求参加庭审宣读支持起诉书等，对程序的参与度要明显高于督促起诉。再次，启动方式不同。督促起诉一般依职权启动，而支持起诉一般都是依申请启动。最后，当事人处分权和所要寻求的目的结果不同。督促起诉中，被督促起诉人负有其作为公共管理中维护国家利益和社会公益之职责，对于是否提起诉讼几乎没有选择的余地。支持起诉中，检察机关应充分尊重当事人的意思自治和选择，被支持对象在提起诉讼之前乃至诉讼过程中都有选择停止诉讼的权利。

① 在检察公益诉讼制度正式确立后，这一类案件应该被公益诉讼所吸纳或至少在制度选择上作出适当的衔接，这一问题有待于进行更深入的探讨。

2. 与法律援助制度的界分

长期以来，有不少观点认为因法律援助和司法救助制度在某种意义上已经发挥了支持诉讼的功能和作用，民诉法中规定支持起诉并无必要。但实际上两者有明显区别，针对的对象和与实现的功能亦有差异。法律援助是指依法设立的援助机构，为符合条件需要法律援助的当事人无偿提供法律帮助的一项法律保障制度，主要是为有经济困难的当事人提供法律咨询、代理、刑事辩护等无偿法律服务，致力于消除被援助者的经济障碍。法律援助者的身份地位类似于律师，在诉讼阶段可参加法庭调查、法庭辩论并就案件事实问题随时向法庭发表自己的主张和请求，而检察机关支持起诉案件在诉讼中检察机关虽然可以参加法庭审理的全过程，但却不能就案件事实发表自己的主张和请求。在支持起诉中，导致难于或惧于起诉的客观原因除经济困难外，更侧重的是针对个人能力有欠缺、与对方当事人实力悬殊、存在担忧恐惧等心理因素、受到社会认知外部强制等影响的弱势主体，这些起诉障碍依靠司法救助或法律援助都难以消除。

3. 与检察公益诉讼制度的界分

随着检察职能的发展，公益诉讼已独立，民事检察支持起诉应与之相互区分以实现民事检察支持起诉的制度化。现行《民诉法》中规定，对污染环境、侵害众多消费者合法权益等损害社会公共利益的行为，法律规定的机关和有关组织可以向人民法院提起诉讼。人民检察院在履行职责中发现破坏生态环境和资源保护、食品药品安全领域侵害众多消费者合法权益等损害社会公共利益的行为，在没有前款规定的机关和组织或者前款规定的机关和组织不提起诉讼的情况下，可以向人民法院提起诉讼。公益诉讼与检察机关支持起诉有共同点，从终极目标来看都具有保护社会公共利益和公平正义的作用，但也存在明显的差异：首先是范围不同。检察公益诉讼，针对的是国家利益或社会公共利益受损情况，民事检察支持起诉不仅包括公益诉讼中受损害主体的支持起诉，更多的是适用于普通民事生活中个体权益受损的情况，适用范围更广泛。其次，诉讼地位不同。检察机关提起公益诉讼是以自己的名义，在诉讼中是一方当事人。民事检察支持起诉中，检察机关并非一方当事人，诉讼原告是受损害的单位或个人。再次，诉讼权利不同。两者诉讼地位的不同决定了享有不同的诉讼权利。检察公益诉讼中，由于检察机关是诉讼一方当事人，因此享有变更诉讼请求、放弃或者部分放弃诉讼权利、与对方当事人和解等诉讼权利，与普通民事诉讼中原告一样，甚至区别于传统民事诉讼，具有广泛深入的调查收集证据的权力。民事检察支持起诉中，由于检察机关处于支持帮助者地位，不是一方诉讼当事人，因此不能享有原告的诉讼权利。笔者认为检察机关在支持起诉中应享有建议权，并根据支持起诉类别享有适度的监督权。检察机关发现应予变更诉讼请求等情形的，可向原告提出建议，由原告向法院提出。在公益诉讼类支持起诉案件中，检察机关应以维护国家利益和社会公共利益为重点，以支持为主、监督为辅，可对诉讼进行监督。

（二）支持起诉三个层面的价值

1. 保障弱势群体的价值

这个层次的价值追求是最基本的、第一层次的价值追求，也是制度设计的初衷。弱势群体一般指的是指参与生产和分配等社会活动过程中，那部分能力较弱、经济收入和发展机会都相对较少，处于不利条件和地位的人群。这其中可能包含生理性和社会性两种情况。"法律面前人人平等"，形式上的平等可能造成结果上的不平等，因此对弱势群体倾斜保护、提供扶助，来矫正形式正义的不足，以实现对实质正义的追求。长期的司法实践表明，弱势群体提起诉讼往往存在较多的困难，如孱弱的经济条件、文化和法律知识的匮乏、欠缺通过司法诉讼维护权益理念和诉讼能力等，导致其不能或不敢借助诉讼方式来维护自身权益，有的即使在得到法律援助解决经济障碍提起诉讼也无法有效维护权益。这也是过去很多年来，信访问题突出，影响社会稳定的一个原因。检察机关支持这部分群体提起诉讼，运用法律的方式解决争议，不仅可使弱势群体的诉讼权利得以实现，而且可实现法律效果与社会效果统一，最大限度实现实质公平正义。我国作为一个幅员辽阔、民情各异的单一制大国，区域经济社会发展并不平衡，司法实践中，检察机关关注弱势群体，运用支持起诉的方式，实现对弱势群体差别化保护具有深刻的社会意义。

2. 发展检察权能的价值

此价值是支持起诉制度的第二层次的价值追求，检察机关作为国家重要的公权力机关，其职权由宪法和法律规定并授予，担负法律监督，维护公平正义的使命。刑事检察长期以来都获得最大的关注，法律监督权的扩展和具体化运用受到了很大的限制。民行检察作为检察机关一项重要职能，还有很大的发展空间。虽然公益诉讼职能在大部分基层检察院仍由民行部门行使，但是公益诉讼检察职能实际上是独立于民事行政检察职能的，与民行检察职能并列为四大检察职能之一。长期以来，民行检察的存在感一直不是很强，而且存在着重抗诉轻保护倾向，实践中检察机关民行部门也以抗诉业务为主。2019年修订的《人民检察院组织法》第二条规定，人民检察院通过行使检察权，维护个人和组织的合法权益是职能和目标之一。随着司法改革日益深化，现代检察制度不仅要求检察机关继续发挥审判监督职能作用，还要求能够更加充分地发挥维护个人和组织的合法权益职能作用。笔者认为，检察机关历史定位、发展和职权特点，使得检察权不同于司法权，它具有一定的主动性和能动性，不那么消极被动但又不过分介入诉讼，由司法权作出终极裁决，检察机关不只是公益的代表，也应是公民权利的守护人。《宪法》《民诉法》《人民检察院组织法》都未明确规定检察机关如何通过诉讼来实现这个职能，因而作为实现此职能的支持起诉并未成为一项正式制度，而一直处于探索阶段。近年来各地纷纷开展支持起诉工作，也办理了一批成功的案例。这些案件的成功办理使检察机关的保护职能得以充分体现。综上，检察机关支持起诉工作制度化，能够改变目前"四大检察"发展不够平衡的现状，使检察权在国家权力谱图中的定位更加清晰，检察职能也能得到更多元化、更充分的发展。

3. 实现社会公平正义的价值

这个价值是支持起诉制度的第三层次的价值追求。法治社会的一个重要标志之一是建立起一条完善通畅的司法救济渠道。司法救济是权利救济的最后屏障，法治文明越高的国家，司法救济途径对行政途径的替代就越充分，人们不仅需要完善的法律制度，更需要完善充分的司法救济制度。民事检察支持起诉制度化，检察机关通过运用支持起诉扶助弱势群体提起诉讼，事实上也是一种司法救济途径，以维护受损害的单位或者个人的合法权益，因此系统构建检察机关支持起诉制度的意义不仅在于保护弱势群体利益，还在于其提供了一条帮助其寻求司法救济的途径，为这些主体实现起点和机会的平等，为法治社会的发展和完善起到积极推动作用。而从终极意义上看，对于个体权利的救济，使得弱势群体实现起点和机会的平等，实际上是实现了社会的公平正义，这是一种实质的平等。

三、民事检察支持起诉司法实践运行状况分析

（一）民事检察支持起诉的运行结构

民事检察支持起诉制度作为一项民事诉讼制度，应有一套系统程序规范来保障其顺利运行。笔者认为，支持起诉制度从应然角度看，应包含"三阶段""四环节"。"三阶段"指的是支持起诉的准备阶段、正式支持起诉阶段以及法院裁判阶段。"四环节"指的是初查、受理、审查和辅助四个环节。民事支持起诉制度运行程序最初是受损害的主体及案件线索进入检察机关视野，检察机关支持起诉主要是对案件线索进行初步审查，以确定是否符合受理条件，此为第一个环节。第二个环节是，经过初查，如果符合支持起诉条件的，则予以受理，并将案件移送具体审查办理的部门。第三个环节是检察机关审查决定是否进行支持起诉。第四个环节就是检察机关决定支持起诉后具体进行的支持起诉的辅助工作，包含出庭支持起诉等内容，支持起诉制度化构建的运行程序要解决的就是如何对支持起诉对象通过支持起诉主体的支持起诉行为，启动案件的诉讼。

（二）民事检察支持起诉存在的不足

1. 民事检察支持起诉各方主体地位不明

目前，对检察机关支持起诉中检察机关的诉讼地位一直是存在争议的，检察机关究竟是以什么地位和称谓参与到民事诉讼支持起诉中去等相关问题，都尚未有定论。检察机关支持起诉的诉讼地位不明，进一步导致其在支持起诉中的权利义务不明。因此，在司法实践中，也出现了不同的运用模式。检察机关的支持起诉是一种道义上的支持，还是物质上的支持，又或是其他的一种支持？有的个案中检察官甚至参与法庭调查，并在法庭辩论阶段发表出庭意见。由于支持起诉制度没有对支持起诉方式进行规定，因而实践中出现的诸多做法难以得到统一。

2. 民事检察支持起诉制度规范供给不足

除了支持起诉中各方主体诉讼地位不明之外，支持起诉现在还面临着制度规范供给不足的问题。首先，支持起诉范围模糊。从民诉法看，支持起诉案件范围是被侵权行为造成权益损害的单位或者个人。这种损害究竟指的是哪种损害？违约责任可否纳入支持起诉的范围？其次，支持起诉方式模糊。支持起诉主体参与到民事案件纠纷当中，支持起诉的目标是通过干预，能够弥补受损害当事人诉讼能力的不足，将有意愿通过诉讼方式解决的纠纷纳入司法的途径。但是由于被支持对象往往是法律素养较弱的主体，检察机关的支持会

否潜移默化地影响被支持主体的思维和判断，尤其是在对司法程序了解不深的情况下，往往会更信任甚至是形成对检察机关的深度依赖。再次，在支持起诉过程中，检察机关具体以什么方式来支持、辅助当事人，法律没有规定，司法实践中也没有统一标准，往往有赖于地方各检察机关的探索和尝试，在司法实践中留下太大的操作空间。

3. 民事支持起诉制度化程序化程度较低

上文分析了支持起诉运行的应然结构，然而目前程序设计和制度架构处于空白。首先，在启动阶段，检察机关是否可以依职权主动介入到当事人的纠纷，还是由受损害的主体提出申请，法律并没有明确规定。其次，检察机关对案件进行初查，审查是否符合受理的条件，那么条件是什么？审查以决定是否支持起诉，那么审查的依据和标准又有哪些，如何进行审查？能否行使调查核实权对案件事实进行调查？再次，检察机关经审查决定支持起诉，那么在支持辅助的这个阶段需要遵循怎样一个程序，法庭审理程序如果开展，检察机关是否需要在法庭辩论阶段发表意见以及法院在案件裁判中是否需要体现、怎么体现案件中检察机关的支持起诉，是否需要在裁判文书中回应检察机关的支持起诉，都没有相关规定。综合上述分析，支持起诉制度程序的三个阶段、四个环节，存在着大量的空白，使得各地检察机关在开展支持起诉实践过程中对于支持起诉理解都不尽相同，办案程序也无法规范统一。一个制度在程序设计上的空白，立法供给的不足，必然导致其在司法实践中无法实现制度本身存在的价值和效用。

四、民事检察支持起诉制度化的建议

（一）民事检察支持起诉制度的完善基础

此前一段时间，在司法实践中，存在支持起诉和督促起诉适用范围不明晰、相混淆的情况，各地对支持起诉的适用存在较大差异，影响了支持起诉的制度化和规范化，对支持起诉的重要性认识不足。自党的十八届四中全会提出探索建立检察机关提起公益诉讼制度起，透露出检察机关将来在诉讼活动中，除了履行传统的法律监督职责之外，会以一种更为能动的方式参与到诉讼中，可能以当事人或其他诉讼参加人的身份出现。在国家权力谱系重新整合的宏观背景下，加强对检察机关支持起诉的研究，特别是对占比较大的民事检察支持起诉制度进行研究，在民事检察支持起诉适用条件、适用范围以及支持方式、支持的程序等问题上凝练共识、形成制度规范，对于完善民诉法支持起诉、检察职能发展乃至国家司法改革总体设计都具有重要意义。在立法没有对支持起诉的条件、起诉案件的范围和对象作出规定的情况下，部分地方检察机关已经开始对支持起诉案件的办理进行规范，启动对支持起诉制度化的探索，以期规范检察机关支持起诉的行为。例如《上海市杨浦区人民检察院办理支持起诉案件的若干规定（试行）》中规定了领取最低生活保障金、在辖区内务工的农民工等七类当事人，具有请求给付劳动报酬、扶养费等七类情形，可以申请检察机关支持起诉。但上述只是基层少数检察机关规范化制度化的有益尝试和探索，整体而言现在支持起诉制度化仍需从下述几方面着力加以完善。

（二）民事检察支持起诉制度的设计

1. 民事检察支持起诉制度主体的完善

由于缺乏相关规定，各地检察机关在办理支持起诉案件时对案件到底介入到什么程度不尽相同，尚未统一介入的标准，因此也带来了检察机关作为支持起诉一方地位不明确的问题。司法实践中，有的检察机关将支持起诉理解为仅仅是对被支持主体提起诉讼的支持，检察机关只是向人民法院递交支持起诉意见书等表示检察机关支持提起诉讼的文书即告完结，并不参与后续的庭审活动，甚至不到庭宣读支持起诉的法律文书。有的检察机关认为支持起诉是对整个诉讼活动的支持，在向法院送达支持起诉法律文书后，会派员出席庭审，宣读支持起诉法律文书，有的还会发表对案件事实和适用法律的意见。还有的检察机关会帮助当事人调查收集证据。首先，笔者认为支持起诉不仅仅是对当事人提起诉讼的诉讼前的准备阶段的支持，而应贯穿诉讼过程，否则难以达到支持起诉的效果，因此笔者前文提出了"三阶段""四环节"说。民事检察支持起诉不只是道义的背书，更不是物质财力上的支持，或者基于一种法律咨询，其着眼点和标准应主要聚焦在加强被支持主体的诉讼能力。因此，笔者认为在尊重当事人意愿和符合检察机关职权范围和程序规范要求的前提下，应该允许检察机关依法运用调查核实等检察职权进行必要的调查取证，以加强被支持起诉主体的诉讼能力。综合上述分析，笔者认为应明确赋予检察机关支持起诉人的诉讼地位，检察机关在决定支持受损害的单位或者个人提起诉讼，向法院送达支持起诉法律文书后，还应当派员出席庭审活动。同时，应该允许检察机关在此过程中，享有基于其支持起诉人法律地位的调查核实权力。支持起诉人与当事人、代理人均有本质区别，无法被吸纳。支持起诉人不是当事人，它与案件纠纷并无直接利害关系；代理人以被代理人名义进行诉讼活动，支持起诉人以自己名义进行诉讼活动，支持起诉人与代理人也完全不同。因此，检察机关支持起诉人法律地位问题亟待立法作出回应，民诉法可在诉讼参加人中增加支持起诉人的规定，明确将检察机关列为支持起诉人之一，并对支持起诉人的权利义务等基本内容加以规定，明确支持起诉人的诉讼地位。

2. 民事检察支持起诉案件范围的完善

《民诉法》中规定支持起诉对象为受损害的单位或者个人，隐含了支持起诉案件的范围应为有直接受害人的侵权案件的第一层意涵。但是，也不是所有的侵权案件中都能够支持起诉。民事诉讼应当尊重纠纷当事人的意思自治和对自己权利的处分权，是否通过启动诉讼程序来解决纠纷、维护其权益，当属处分权的应有内容。检察机关不能过分介入民事纠纷领域，干涉当事人对自己权利的处分。因此，民事检察支持起诉在其案件范围的设定上，应把受损害的单位或个人有起诉意愿，但因客观原因难于或惧于起诉设定为支持起诉的前提条件，这也是支持起诉制度贯彻尊重当事人意思原则的应有之义。由于民事活动中，合同领域高度的意思自治，在很大程度上已排除了国家干预和社会干预，同时也排除了当事人地位不平等对其实现权利的不利影响，因此合同纠纷一般不使用受害人的概念，也因此合同纠纷的当事人原则上是不能成为支持起诉的对象的。当然，在履行合同的过程中，也会出现当事人双方强弱不均而出现法定权利受损的情况，一般会出现在格式合同和力量不对等主体间签订民事合同中。例如，劳务合同的履行过程中侵犯农民工等劳动者权益，①买卖合同履行过程中侵犯消费者合法权益。此时产生的纠纷具备双重属性，既有合同纠纷也有侵权纠纷，存在违约责任和侵权责任的竞合。这类合同纠纷理应纳入支持起诉案件的范围。

3. 民事检察支持起诉支持方式及程序的完善

在司法实践中，作为以刑检业务尤其是公诉业务为主体的国家机关，检察机关长期以来的工作重点主要是放在刑事诉讼的侦查、批准逮捕、审查起诉、支持公诉等环节。在检察公益诉讼建立后，把一部分精力放在公益诉讼工作。而在民事诉讼和行政诉讼中，则又主要是通过检察建议、抗诉等监督方式，对法院的诉讼活动实施法律监督，支持起诉工作一直未能引起足够的重视。支持起诉这样一种尴尬地位，其实更多是源自我国民诉法对于支持起诉制度规定的简陋。近年来，支持起诉其实也在逐步受到重视，例如，上海市民事检察逐渐在突出支持起诉工作的重要地位。虽然检察机关应以更加积极主动的态度来开展支持起诉工作，但不能依职权加以启动。首先，在民事活动、民事诉讼中，尊重当事人意思自治都是一项最基本的原则，是否选择司法救济的途径将纠纷提交法院审理，是纠纷当事人的一项权利，如果允许检察机关可以依职权支持起诉，则是对当事人意思自治和处分权的不当干预，有鼓动制造诉讼之嫌，难免有滥用之危险。其次，民事纠纷是数量最为庞大的一种纠纷类型，社会中存在大量的民事纠纷，检察机关不可能全部介入，如果允许检察机关依职权能够启动支持起诉，则不可避免导致选择性司法，并可能带来检察权滥用的危险。最后，如前文所述，支持起诉制度化过程中，应将其与督促起诉制度加以区分，如果检察机关依职权启动极容易使得支持起诉变异为督促起诉，与督促起诉界限不明，支持起诉制度也就失去了其存在的独特价值。因此，支持起诉应依申请并经审查后启动。

具体而言，在支持起诉的准备阶段，权益受损的单位或个人有支持起诉的需要时，可向检察机关提出申请，先由检察机关负责案件受理工作的部门对当事人的申请进行初步审查并作出处理，审查的内容主要包括，案件是否属于支持起诉的范围和类型；申请人是否属于支持起诉的对象；案件是否符合支持起诉的基本条件；检察机关是否有管辖权，受诉法院是否是检察机关对应的法院等。再由负责案件受理的部门移送民事检察部门进行审查办理。检察机关可以依法行使调查核实权以决定是否支持起诉。接着，根据不同情况对案件作出不同的处理，如果符合支持起诉的规定的，依法作出支持起诉的决定。②支持起诉的程序启动后应将支持起诉的决定告知当事人以及法院。对不符合支持起诉条件，又可以分为几种情况进行，例如说明理由驳回申请，申请人不服的救济途径等。在支持起诉阶段和法院裁判阶段，可在民诉法审判程序之第一审普通程序增加相关规定，具体落实支持起

---

① 近年来，检察机关办理的支持起诉案件有一大部分集中在支持农民工讨薪的案件。

② 上海市杨浦区人民检察院对支持起诉规定了终结审查、作出支持起诉决定等几种结案方式。

诉人在民事诉讼中行使诉讼权利、履行诉讼义务的方式，并通过规定送达支持起诉文书，在庭审中宣读法律文书，可选择在法庭辩论时发表意见及顺序等程序规范，保障支持起诉有效进行，同时规定法院在最终判决中需回应支持起诉人意见等义务，来保障支持起诉的效果。

4. 民事检察支持起诉制度与其他制度衔接

民事检察支持起诉制度需要建立一体化支持起诉格局。在基层检察机关办理的支持起诉案件中，一个需要被支持起诉的对象往往面临着心理上的惧怕、能力上的不足、财产经济上的匮乏等多种障碍。因此，民事检察支持起诉制度尤其需要法律援助等其他制度的配套和有机衔接，法律援助制度可以为其聘请援助律师，为其纾解经济上的困难。多方支持起诉力量共同发力，可以从根本上解决被支持起诉人的不足，增加当事人对解决纠纷方式的选择，使得支持起诉制度可以更便捷。此外，加强与其他制度相衔接、强化与其他机构的合作，还能够扩大检察机关案件线索来源，使得受益于民事检察支持起诉的弱势群体面会更广，有利于维护弱势群体合法权益，增进社会的和谐稳定。

（责任编辑：徐　翀）

新时代行政检察监督方式之完善

——以行政检察监督工作办公室为契点

上海市奉贤区人民检察院课题组*

2014 年 10 月，党的十八届四中全会审议通过的《中共中央关于全面推进依法治国若干重大问题的决定》要求，"检察机关在履职中发现行政机关违法行使职权或者不行使职权的行为，应该督促其纠正"。2015 年 12 月，中共中央、国务院印发的《法治政府建设实施纲要（2015—2020 年）》规定，"检察机关对履行职责中发现的行政违法行为进行监督，行政机关应当积极配合"。上述中央文件对行政检察监督的领域和方式均提出了新的要求。2017 年，随着司法体制改革的深入，检察机关贯彻中共中央深化监察体制改革部署，开展职能划转、人员转隶等工作。此后，检察机关对行政执法行为的监督逐渐被认为是检察工作新的创新点。2017 年 9 月，在上海市人民检察院的领导下，上海市黄浦区人民检察院探索在黄浦区依法治区领导小组办公室下设置"行政检察监督工作办公室"，开启行政检察监督工作新格局。2019 年，最高人民检察院张军检察长来沪调研并视察黄浦区行政检察监督工作办公室，要求上海市检察机关扩大行政检察监督工作办公室的试点范围，总结试点经验。为深入贯彻落实张军检察长的重要指示，上海市人民检察院根据中央文件、最高人民检察院要求，将扩展行政检察监督工作办公室纳入 2020 年上海行政检察重点工作。截至 2021 年 7 月 23 日，上海市金山区、奉贤区、嘉定区、长宁区等共 10 个区相继在依法治区委员会下设行政检察协调小组或者行政检察监督工作办公室，上海行政检察部门积极推动行政检察监督工作机制的完善健全，进一步扩大基层院行政检察监督工作办公室、行政检察协调小组试点范围，同时借助这一平台参与上海市域社会治理，实现检政双向协同发展，标志着行政检察监督工作进入新的发展阶段。但是，部分学者对设立行政检察协调机构的法律依据等方面提出了一些质疑，检察人员亦对行政检察协调机构运行过程中产生的实践问题存有疑虑，这些问题都亟待解决。鉴于此，笔者基于设立行政检察协调的现实需求入手，围绕当前理论争议与实践困境，对其发展完善路径作一探讨。

一、行政检察监督工作办公室的特殊属性与正当性

（一）行政检察监督工作办公室的特殊属性

当前，行政执法活动大多发生在基层，我国行政检察监督工作办公室的设立呈现出自

---

* 课题组组长：张为，大学本科，上海市奉贤区人民检察院党组成员、副检察长；课题组成员：刘佳（上海市奉贤区人民检察院）、姚媛媛（上海市奉贤区人民检察院）、曹瑞璇（上海市奉贤区人民检察院）。

下而上的发展态势。尽管基层检察院的行政检察监督工作办公室的机构设置有所差异，①但在总体目标、组织建设以及职能范围方面具有相似性。首先，总体目标具有一致性。设立行政检察监督工作办公室的基层检察院通常围绕"监督"与"服务"两大主题，牢固树立"寓支持于监督"的理念，在监督边界内凸显司法服务功能，旨在增强监督实效，服务依法行政。其次，组织建设不断完善。设立行政检察监督工作办公室的基层检察院基本由行政检察办案组负责日常工作开展，基层检察院已经意识到通过队伍建设专业化促进业务专业化的内在要求。最后，职能范围具有重合性。各家基层检察院均结合各自区域实际设立了行政检察监督工作办公室，但职能范围主要包括履行督促依法行政、排摸案件线索、规范性文件审查、推进行政争议实质性化解、参与社会治理等。概言之，这一阶段我国行政检察监督工作办公室尚处在自下而上、自主发展阶段，实践样态呈现出明显的主动探索色彩，这种基层创新精神值得尊重。根据张军检察长的指示，上海市"行政检察监督工作办公室"试点范围的审慎扩大试图积累宝贵的实践经验，发现不足并加以改进，因此相关理论研究与实践样本稍显匮乏等问题是正常的。后期可以持续加强行政检察监督工作办公室理论与实务研究，为其发展完善指明方向、提供解决措施。

（二）行政检察监督工作办公室的正当性

1. 与习近平法治思想的主要内涵相契合

2020年11月，中央全面依法治国工作会议确立了"习近平法治思想"在全面依法治国工作中的指导地位，新时代如何在习近平法治思想引领下提升行政检察工作质效成为一项新的思考问题。行政检察监督工作办公室作为新时代行政检察工作的一项创新性举措，与习近平法治思想的主要内涵相契合。在2020年中央全面依法治国工作会议上，习近平总书记强调"坚持依法治国、依法执政、依法行政共同推进，法治国家、法治政府、法治社会一体建设"。在中国特色社会主义法治发展中，依法治国、依法执政、依法行政是一个内在统一的有机整体。依法治国要求将国家事务与社会事务纳入法治化的轨道；依法执政要求各级党组织坚持在宪法和法律指引下处理国家和社会事务；依法行政要求运用法律手段规范和限制政府权力，以防止行政权的滥用。②在当前法治国家、法治政府、法治社会一体建设的背景下，加强对权力运行的制约和监督，推进依法行政，是建设法治政府的内在要求和重要环节。法治国家建设的战略目标要求加强对行政执法的监督，保障行政权的规范运用，维护国家法律统一实施。我国行政权监督体系主要包括党内监督、人大监督、民主监督、行政监督、司法监督、审计监督、社会监督、舆论监督等。但是，此种多

---

① 例如，黄浦区院探索在依法治区领导小组办公室下设置行政检察监督工作办公室；金山区院探索在区委全面依法治区委员会执法协调小组中增加行政检察职能，设立金山区行政检察监督工作办公室；奉贤区院探索在区委全面依法治区委员会办公室框架下增加行政检察监督职能，设立行政检察监督工作办公室；嘉定区院探索在区委依法治区委员会执法协调小组中设置行政检察监督工作办公室；长宁区院探索在区委全面依法治区委员会增设行政检察协调小组。
② 公丕祥：《习近平法治思想 新时代伟大社会革命的理论产物》，载《法学论坛》2021年第1期。

层级、多领域的监督体制也存在着针对性不强、监督效果有限等局限性，全面监督和有效制衡的作用有待进一步加强。因此，为实现法治国家、法治政府、法治社会一体建设目标，必须加强对行政权监督制约机制的建设。检察机关在法治政府建设中肩负着特殊责任，是推进法治国家、法治社会建设的一种补强力量。坚持"寓支持于监督"的监督理念，充分发挥行政检察职能，依法妥善推进行政争议实质性化解，进一步完善行政检察公益诉讼体制，监督、支持依法行政，是行政检察进一步推进法治国家、法治政府、法治社会建设的主要着力点。行政检察监督工作办公室作为行政检察监督融入法治政府建设的新路径，强化和督促行政机关依法行政，符合习近平法治思想对"法治政府"目标的追求，两者相契合。

2. 助力社会治理法治化的重要路径

2019 年 10 月，党的十九届四中全会通过的《中共中央关于坚持和完善中国特色社会主义制度、推进国家治理体系和治理能力现代化若干重大问题的决定》提出坚持和完善中国特色社会主义制度、推进国家治理体系和治理能力现代化的重大命题。检察机关作为国家法律监督机关，是我国法治体系的重要组成部分，其参与社会治理能力在国家治理能力和治理体系现代化中发挥着独特的、不可替代的重要作用。行政检察监督工作办公室作为全面依法治区委员会的重要组成部分，有助于促进基层治理的法治化，提高公共服务能力，实现国家治理体系和治理能力现代化。首先，行政争议实质性化解。行政争议的有效解决是当前国家和社会治理中的重要问题。行政检察可以依托行政检察监督工作办公室参与行政争议解决，维护公共利益和公民权益，从而提升国家和社会治理的效能。其次，注重多元化矛盾化解。注重行政检察监督工作办公室法律服务、多元化矛盾化解等柔性司法等社会化治理方式，加强释法说理，做好服判息诉工作，助推社会矛盾多元化协同化解。最后，发挥个案—类案问题发现的优势。行政检察监督工作办公室在履职过程中，具备发现影响行政行为普遍性、苗头性问题的专业优势，通过业务报告、通报、年度报告的形式提出改进意见和建议，促进基层依法治理。尽管上述工作方式缺乏法定的强制力，但在一定程度上能够推动解决依法行政和社会治理层面共性的问题，从源头上减少违法行政行为。此外，行政检察监督工作办公室可以最大限度形成社会治理的外部合力，保证区域内行政执法工作、检察监督与支持工作相互衔接形成合力，有效推动国家和社会治理建设。

3. 对行政检察监督困境的反思与应对

当前，司法体制改革已进入攻坚期和深水区，行政检察监督体制的变革亟待深化以适应新时代要求。设立行政检察监督工作办公室是反思我国行政检察监督职能配置，积极应对行政检察监督困境的路径探索。首先，传统诉讼监督的定位导致行政检察监督有限性问题。根据传统理论，行政检察监督通常被界定为行政诉讼监督，对行政诉讼外的行政行为进行监督便会受到一些否定性评价。但是，单一的诉讼监督模式存在行政违法行为监督被动，对行政权监督乏力，监督手段单一等弊端。此外，我国行政诉讼监督案例的总量较少，监督效果并不突出，监督工作尚存不足，已经难以适应对强势行政权的监督。其次，国家监察体制改革的影响。2018年，随着职务犯罪侦查权的转隶，监察监督的对象包括所有行政机关工作人员，行政检察监督存在被边缘化趋势。最后，行政诉讼案件的集中管辖导致监督更加有限。长期以来，检察机关的行政监督依赖于行政诉讼，侧重点在于对审判权的监督，监督行政行为的范围和渠道有限。与此同时，行政诉讼案件集中管辖的推开，部分基层行政检察部门丧失了对裁判类和审判违法类案件的监督，这可能会制约行政检察工作的发展。在司法体制改革、监察体制改革和检察体制改革三重叠加的背景下，依托行政检察监督工作办公室，基层行政检察部门对属地行政机关的监督有了抓手，能够更好发挥支持、监督和促进依法行政的功能。

二、行政检察监督工作办公室的制约与挑战

（一）法律依据不足

从宪法和行政诉讼法规定来看，检察机关是国家的法律监督机关，行政检察监督是中国特色检察监督体系的重要组成部分，但却是相对缺乏系统理论规范、制度框架和实践经验支撑的一种机制。[①]有关行政检察的广义说认为，检察权的监督对象包括一般违法性行政行为；狭义说认为，行政检察的范围应缩小为部分违规情形和违法现象；而最狭义说赞同检察权对特定类型的行政行为进行监督。[②]理论上的不统一进一步影响到顶层立法设计。在行政执法监督无明确法律依据的背景下，检察机关针对具体行政行为开展监督往往陷入权源尴尬境地。[③]从法理上分析，宪法中有关"法律监督"的概括性授权为检察权的行使提供了总体依据，但是每一项具体的检察权能必须还要经过人民代表大会的授权，以基本法律的形式完成一般法律监督到具体法律监督的转化。[④]行政检察监督法律依据不明确的困境也会影响行政检察监督工作办公室今后工作的开展。从审判权中心论来看，行政检察定位为对行政诉讼的监督；而从行政权中心论来看，应当赋予行政检察对于行政主体违法行为的监督。[⑤]在目前法律法规尚不明确统一的背景下，行政检察对行政权监督法律依据不足的问题也困扰着行政检察监督工作办公室的进一步发展完善。检察机关探索设立行政检察监督工作办公室来源于中央文件精神的驱动，它的设立不仅是检察权客观运行规律的需要，还是检察机关在新时代提供司法服务、回应法治政府建设的产物。但是，设立行政检察监督工作办公室对行政违法行为监督缺少明确的法律依据，囿于传统诉讼监督思维，监督工作存在疑虑，不能深入开展。此外，行政检察监督工作办公室的工作范围、方式、程序和效力等均有待进一步明确细化。因此，顶层设计的缺失导致行政检察监督工作办公室形式与内容方面的不规范、不统一。

① 刘艺：《构建行政检察监督机制的意义、方法和重点》，载《人民检察》2016年第16期。
② 肖中扬：《新时代行政检察》，载《法学评论》2019年第1期。
③④ 乌兰：《公共行政权监督的分野、补强与融合》，载《政法论丛》2018年第2期。
⑤ 颜翔：《行政检察监督体制之改造 以行政权监督转向为视角》，载《江西社会科学》2015年第3期。

（二）功能定位不明

在行政检察监督工作办公室实质运行后，其意义与内涵必将更加丰富。准确把握行政检察监督工作办公室的定位，是当下司法体制改革、监察体制改革与检察体制改革背景下行政检察监督工作办公室理论研究与司法实践亟须关注的问题。例如，如何界定行政检察监督工作办公室与全面依法治区委员会办公室之间的关系？如何界定行政检察监督办公室与全面依法治区委员会协调小组之间的关系？有些区已设立检察监督协调小组，该问题是不是已经解决？行政检察监督工作办公室是否需要与行政检察部门做出合理区分？行政检察监督工作办公室应当单独设置还是与行政检察部门合署办公？等等。

（三）配套机制不完备

行政检察监督工作办公室的相关配套机制事关其自身的有效运转。目前，行政检察监督工作办公室主要面临机构设置与人员配置方面的困难。在机构设置方面，尽管"行政检察监督工作办公室"已挂牌，但显示度并不高，很多成员单位将行政检察监督工作办公室混同为检察机关。目前"一套班子两块牌子"的现状仍未转变，导致监督与服务的角色混同。在人员配置方面，行政检察监督工作办公室人员力量配备不足。基层检察院的行政检察部门基本为2—3人，由于行政检察监督范围的有限性，受案数量受到相应影响，最终导致行政检察人员办案经验和理论研究方面有所欠缺。目前行政检察监督工作办公室大多采取与行政检察部门合署办公的模式，检力不足问题更加凸显。如果后续单独设置行政检察监督工作办公室，在人员配备不齐全的情况下，必然会影响行政检察监督工作办公室业务的全面开展。

三、完善行政检察监督工作办公室的构想

推进行政检察监督工作办公室的运行，要把握好主动性与慎重性的平衡，发挥好行政检察监督工作办公室在法律监督、法治政府建设与社会治理之间的"桥梁纽带"作用。

（一）完善相关立法

顶层设计对于行政检察监督工作办公室的稳健发展十分重要。基于行政权监督和公益保护的现实需求，行政检察对行政权的监督成为必要，而设立行政检察监督工作办公室为新时代行政检察监督完善与发展提供了新的路径。党的十八届四中全会审议通过的《中共中央关于全面推进依法治国若干重大问题的决定》要求，"检察机关在履职中发现行政机关违法行使职权或者不行使职权的行为，应该督促其纠正"。2015年12月，中共中央、国务院印发的《法治政府建设实施纲要（2015—2020年）》规定，"检察机关对履行职责中发现的行政违法行为进行监督，行政机关应当积极配合"。在我国特有的权力运行机制和司法领导体制下，上述中央文件为检察机关探索诉讼活动之外的检察监督提供了政治源动力。尽管通说认为行政检察监督是有限范围内的监督，但这不影响行政检察监督工作办公室运行的正当性，这为探讨其范围、方式、程序与效力奠定了一个基本前提。推进行政检察监督工作办公室的发展完善要注重统筹谋划，加强顶层设计，完善相关立法。一方

面,《行政诉讼法》《人民检察院组织法》和其他法律明确规定,检察机关有权对行政违法行为进行法律监督;另一方面,明确规定权力行使和权利救济的程序。通过检察实践适时推动《行政诉讼法》《人民检察院组织法》以及相关司法解释的修改完善,为行政检察监督工作办公室的工作提供法律支撑。

(二)科学功能定位

探讨行政检察监督工作办公室的功能定位有必要厘清若干关系。首先,要厘清行政检察监督工作办公室与全面依法治区委员会办公室的关系。全面依法治区委员会办公室是区委全面依法治区委员会常设办事机构,负责处理区委依法治区日常事务工作,负责对各协调小组和各地区各部门法治工作机构工作的统筹、协调、督促、检查、推动。从督促、检查职能来看,与行政检察监督工作办公室发挥监督协作职能的目标一致,行政检察监督工作办公室可以寻求依法治区委员会的背书支持开展工作。其次,应该摆正行政检察监督工作办公室与全面依法治区委员会协调小组之间的关系。执法协调小组、司法协调小组、守法普法小组主要承担依法治区委员会部署的工作任务,行政检察监督工作办公室要加强与各协调小组的沟通协作,推动相关领域督查、检查、专项调查工作的常态化、机制化参与。最后,应该明确行政检察监督工作办公室与行政检察部门的差异。行政检察监督工作办公室与基层行政检察部门的职能要作出界分,行政检察监督工作办公室要凸显"服务"职能,而基层行政检察部门功能在于"监督",两者要实现行政与检察的加持作用,实现多赢共赢。具体而言,行政检察监督工作办公室通过参与执法、案情共商、提示风险、联合调研等工作模式,发挥司法服务职能;而行政检察通过检察建议、纠正违法通知书、行政公益诉讼等多元化方式强化监督职能。因此,行政检察与行政检察监督工作办公室需要在分工负责的基础上互相配合、协调处理,多举措提升行政检察监督工作办公室的显示度和认知度。

(三)完善配套机制

第一,加强人员配置力量。新时代对行政检察工作和行政检察人员素质提出了新要求,各级检察机关都需要将队伍素质建设作为一项工作重点。首先,在检察理念更新方面,要积极转变重刑事轻民行的传统观念。各级检察机关要着眼行政检察工作的新形势和新任务,重视行政检察工作,推动行政检察监督工作办公室的制度创新,提高工作积极性。其次,在行政检察人员配备方面,要通过人员配备、机构设置的专业化、科学化助推业务专业化。在公务员招录时,有意识地加大吸收具有宪法、行政法专业背景的人员加入行政检察工作队伍。再次,在业务能力培训方面,要通过多元化培训方式提高理论和业务能力。岗位练兵、以赛促学、研修等方式加强行政检察理论和业务能力建设。最后,坚持行政检察监督工作办公室的研究工作。坚持问题导向,以行政检察监督工作办公室为依托,加强行政检察相关理论的研究,加强相关专业人才的培训,发挥理论对实践的指导作用。

第二,健全内外部协作机制。一是强化内部一体化配合机制。在检察系统内部,行政检察监督工作办公室的发展要发挥检察一体化的优势。行政执法大多发生在基层，因此，基层检察院要加强向上级院的请示报告和沟通协调，上级检察院要加强对下级检察院的指导与支持，提升工作合力。二是注重外部支持工作。行政检察监督工作办公室的有效运行离不开当地党委、人大、政府和政协的支持，相关沟通协调机制的建立是有效开展工作的有力保障。党委、人大、政府和政协对行政检察监督工作办公室的支持，为其工作开展创造良好的外部环境。此外，行政检察监督工作办公室亦要加强与行政主管部门的协调沟通，共同研究建立行政执法与行政检察监督工作的双向协同机制。

第三，稳妥适度加大宣传力度。通过借助传统媒体与新媒体的传播优势，及时宣传行政检察监督工作办公室的好经验、好做法和工作成效，让行政机关和广大群众了解行政检察监督工作办公室的职能，提高行政检察监督工作办公室的社会认知度和显示度。充分发挥典型案事例的示范、引领作用，积极挖掘实践中富有成效的成功做法和经验，推动行政检察监督工作办公室深入开展工作。

四、结语

改革夹缝中的行政检察，试图自下而上寻求突破。设立行政检察监督工作办公室是充分考虑法治政府建设、社会治理法治化的重要性，以及行政检察监督不周延的现状而作出的制度探索。行政检察监督工作办公室能否恰如其分地凸显"服务"职能，遵循与行政检察部门的"监督"使命分工负责、协调配合的基本逻辑，考验检察机关的政治智慧和专业技能。目前，行政检察监督工作办公室的实质在于通过优化机构设置，实现辅助依法行政、增进科学决策的目标，最大程度符合行政检察的创新。但是，由于行政检察监督工作办公室试点工作刚刚拉开帷幕，仍然存在诸多理论和实践方面的制度障碍，有待进一步厘清并不断予以完善，如此方能最终通过顶层设计的方式固定试点成果。期待立法和实践层面能够对行政检察监督工作办公室的运行引起重视，以促使其取得最终实效。

（责任编辑：徐　翀）

涉海域检察公益诉讼问题研究

上海市人民检察院第三分院课题组*

一、涉海域检察公益诉讼问题概述

（一）涉海域检察公益诉讼的定义

《中华人民共和国海洋环境保护法》（以下简称《海洋环境保护法》）第八十九条第二款规定，对破坏海洋生态、海洋水产资源、海洋保护区，给国家造成重大损失的，由依照本法规定行使海洋环境监督管理权的部门代表国家对责任者提出损害赔偿要求。被视为"我国受理海洋生态损害赔偿索赔第一案"的天津市渔政渔港监督管理处诉英菲尼特航运有限公司等船舶油污损害赔偿纠纷案开启了海洋公益诉讼的大门，正式将海洋生态损害赔偿诉讼带入公众的视角。

虽然从条文本身的内容来看，该条并非关于诉讼的直接规定，我国司法实践中也对该条款是否属于海洋环境民事公益诉讼的依据存有争议。[①]在 2017 年 7 月 1 日至 2018 年 12 月 31 日审结或提起的 8 起涉海环境公益诉讼中，有 6 起由检察机关提起，1 起由检察机关支持起诉，1 起由社会组织提起。相较于赋有海洋监管职责的行政机关，检察机关在海洋环境司法保护中的表现更为积极，[②]也体现了环境公益诉讼制度作为一种政策性诉讼，在维护社会公共利益方面的重要功能。

区别于海洋公益诉讼，本文以涉海域公益诉讼为切入点进行研究，理由如下：一方面，涉海环境案件采用大环境的概念，以 2016 年最高人民法院出台的《最高人民法院关于海事法院受理案件范围的规定》为标准，地域范围确定为"海洋及通海可航水域"，本文的海域主要指通海可航水域；另一方面，与传统海洋公益诉讼研究侧重于《海洋环境保护法》不同，本文侧重于从《中华人民共和国环境保护法》（以下简称《环境保护法》）与《海洋环境保护法》相结合的角度论证涉海域检察公益诉讼的开展。

（二）涉海域检察公益诉讼的特点

1. 管辖不明

（1）地域管辖

行政区划以水域为界的，可能会出现界限不明的情况，导致侵权行为实施地或侵权结

---

* 课题组组长：张守慧，法律硕士，上海市人民检察院第三分院第五检察部主任；课题组成员：季刚（上海市人民检察院第三分院）、汪杰（上海市人民检察院第三分院）、郭华飞（上海市人民检察院第三分院）。

[①] 孙思琪、金怡雯：《中国海洋环境民事公益诉讼法律依据论辩》，载《浙江海洋大学学报（人文科学版）》2017 年第 4 期。

[②] 梅宏、殷悦：《涉海环境司法的难题与应对》，载《贵州大学学报（社会科学版）》2019 年第 3 期。

果发生地不明。典型如上海市和江苏省苏州市、南通市之间有一段划界是在长江水域中，而三地交界处往往成为非法捕捞和采砂的灾区。同时，基于公益诉讼案件的特点，在环境公益诉讼案件中，往往会发生一个污染行为导致多地遭受污染的情况。这种管辖的不确定性会导致：或推管辖，公共利益得不到及时维护；或争管辖，多头办案浪费司法资源。

（2）级别管辖

根据最高人民法院、最高人民检察院关于检察公益诉讼的司法解释，目前由市（分、州）级检察院和中级法院管辖一审民事公益诉讼，由基层检察院和基层法院管辖一审行政公益诉讼。但目前大多数民事公益诉讼涉及的当事人是企业或个人，且事实清楚、标的较小，有些非法捕捞、船舶尾气排放等案件标的不足万元，这类案件基层检察院只能通过刑附民的途径追究侵权责任，而无法单独提起民事公益诉讼。相反，大量行政公益诉讼案件涉及地方行政机关，如这类案件由基层检察院起诉，可能难以避免地方影响。为此，上海地区的检察院和法院已在考虑将一些简易的民事公益诉讼指定基层管辖，将可能进入诉讼阶段的行政公益诉讼提交中级管辖，如此能更好地匹配司法资源。

（3）专门管辖

根据《最高人民法院关于审理环境民事公益诉讼案件适用法律问题的解释》（以下简称《环境民事公益诉讼司法解释》）第六条第一款规定："第一审环境民事公益诉讼案件由污染环境、破坏生态行为发生地、损害结果地或者被告住所地的中级以上人民法院管辖。"而《海洋资源与生态污染损害赔偿草案》第二条关于"诉讼管辖"的规定是："海洋资源与生态污染损害赔偿诉讼，由污染发生地、损害结果地、采取预防污染措施地海事法院管辖。"但由于上海海事法院没有刑事审判职能，而非法捕捞、非法采砂案件的案值普遍较小，一般由基层检察院提起刑事附带民事公益诉讼。

（4）部门管辖

在涉海域行政公益诉讼案件中，涉海域环境资源监管机构往往存在职能竞合，以"三无"船舶非法采砂为例，"三无"船舶属海事部门监管，非法采砂属水务部门监管，"三无"船舶造成的水源地污染又属环保部门监管等，加之水域边界划分本就难于陆域，使得部门管辖更为困难，实践中存在权责不明、相互推诿的情形。

2. 证据固定困难

（1）执法困难

由于地方海事机构不像公安机关对一些严重的抗法行为享有拘留权，且缺乏强有力的措施，执法手段单一，导致一些有违法行为的船舶屡屡成功逃避法律制裁。而且，海事部门登船取证需要花费较多时间，执法相对人有时直接将手机等证物掷入海中，导致证据灭失。又如，当执法相对人发现有海巡艇过来时，就立即调转航向，驶入支流小溪，而海巡艇普遍吃水较深，无法继续追赶。

（2）取证困难

修订后的《人民检察院组织法》首次以法律的形式肯定检察机关的调查核实权，但对保障调查核实权行使的刚性措施和程序性规范并未作出明确规定，使得实践中的办案效果不免大打折扣。同时，在调查取证过程中需要专业人士的协助，目前专业评估机构属地化管理仍较为普遍，跨区划协助调查取证存在一定障碍。

3. 损失评估困难

在涉海域公益诉讼办案中，技术检测和鉴定居于初始性、基础性地位，如能在第一时间获取相应的评估材料，对于后续案件的开展将起到决定性作用。损失评估困难表现在：一是污染物本身的原因，船舶排放污染物易扩散，无法拦截，对时效性要求较高，需要及时组织专业人士协助评估；二是评估机制的原因，涉海域公益诉讼类型新颖，在实际办案过程中缺乏专业鉴定名录，遇到专业问题需要耗费一定时间寻找对应有资质的鉴定机构，加之鉴定时间较长，损害了公益保护的时效性。

（三）涉海域检察公益诉讼的类型

1. 海洋污染

（1）船舶污染

与一般环境民事公益诉讼的责任主体明确采用"谁污染、谁赔偿"原则相比，海洋环境污染民事公益诉讼，特别是船舶漏油致污染案件的赔偿责任主体的确定更为复杂。究其原因，船舶溢油污染损害多为船舶发生碰撞事故而导致，往往涉及船舶碰撞侵权与油污侵权的竞合问题，且各地法院在归责原则的适用上未能保持统一：是两船根据过错按比例承担责任或者连带责任，还是漏油船单独承担无过错责任后再向非漏油船按照碰撞比例追偿，抑或是两船按无过错归责原则承担连带责任，司法实践中存在一定分歧。[①]根据《最高人民法院关于审理船舶油污损害赔偿纠纷案件若干问题的规定》第九条的规定，船舶油污损害赔偿范围包括对受污染的环境已采取或将要采取合理恢复措施的费用。虚拟治理成本法并不是已采取或将要采取措施产生的费用，因此在船舶油污损害赔偿诉讼中存在适用障碍。

（2）陆源污染

陆源污染与船舶污染类似，都属于因行为人向海洋排放超过一定量的物质或能量，造成海洋生物资源、海水使用素质和环境质量等受到有害影响，属于"污染型环境侵害"。在目前的陆源污染治理过程中，存在海洋陆源污染防治制度的实质非遵从性。实质非遵从性指相关主体所采取的行动未能满足特定的目标与法律规定的要求，或虽然从程序上采取了相关行动，但行动的有效性不足或明显低下，甚至只是简单的宣示行为。现实中，部分地方政府不依法进行环境评审就允许海洋工程进行建设。以山东省为例，有 38 个海岸工程建设项目环评审批前未征求或未取得相关部门意见。除山东外，辽宁、浙江等地也存在此类问题。大量的海洋工程未经依法环评审批就开展建设，难以估量该些工程建设及后续

---

① 喻晖：《海洋环境民事公益诉讼特殊性研究——以船舶溢油致海洋资源与生态污染损害赔偿案件为视角》，载《海大法律评论》2017 年第 1 期。

的使用对海域造成的污染问题。

（3）海上开发利用污染

目前，我国沿海大规模开发的油田有北部、东部、南部三个油田块区，其中北部油田主要指渤海湾和黄海北部。狭小的渤海湾内主要有中海油天津分公司、中石油和胜利油田三大开发商，有 30 多个油区、2 000 多口油井、100 多个采油平台、20 多艘移动钻井船、100 多艘为之服务的工作船以及 10 多艘大型工程浮吊船和储油轮。在海上油田工地上各类作业船舶众多，钻井平台、采油平台、储油船密布，可以设想，如果某油田一旦发生溢油事故，对海洋环境的影响将是无法估量的。另外，从我国的海洋管理方面看，目前涉及海洋监管的部门有海事、渔政、边防、海洋局等多个部门，各省对海洋管理进行"条块分割"，各自管理本省邻近海域，这一体制的存在弱化了海域的综合管理职能，存在体制、机制问题。如果海上油田发生类似墨西哥湾漏油恶性事件，海上污染风险不容乐观。

2. 生态破坏

（1）非法采砂

长江流域生态系统覆盖多个自然地理单元，自然景观多样、森林植被和气候特征各异。据调查，长江流域面临的问题既有一般意义上的生态破坏和污染，也面临一些流域保护的特殊问题并呈现不同河段、不同区域的差异性。如中下游主要是河道非法采砂造成的流域水砂关系、水岸关系、水生态关系破坏和水污染严重问题。这些问题反映出对长江流域开发利用和保护的多目标、多诉求的利益冲突，以水为纽带在同一空间维度上生成，形成了相互嵌套、立体反复的社会关系，迫切需要通过制度安排实现利益关系的平衡。可以预见，随着长江经济带建设战略的深入推进，大量新的社会关系会不断形成，流域性的制度需求会更加强烈，谁来制定新的制度以及制定什么样的制度才能实现制度供给与需求之间的平衡成了核心问题。[①]非法采砂不仅损害我国矿业资源，违规采砂也会对航道、航道生态环境造成不利影响。

（2）非法捕捞

我国是渔业生产大国，随着渔业生产活动的不断扩张，为解决我国渔业过度捕捞、资源衰退的困境，加强对渔业资源的保护、增殖、开发和合理利用，通过渔业立法实施捕捞许可证、禁渔期、捕捞禁用工具等规定应运而生。每年内陆水域、长江、海洋禁渔期，渔政部门都会组织开展"渔政联合执法行动"。尽管国家明令禁止禁渔期内捕捞，但仍有不法分子顶风作案，但近年来由于长江水质污染以及渔业资源过度消耗，导致长江水生生物资源持续衰退，物种濒危程度加剧。

非法捕捞的渔船多为"三无"船舶，对于"三无"船舶的清理一直是管理部门的难题。一些船只停在港口，但更多是停在芦苇丛中依靠涨潮落潮进行捕鱼，乱象丛生、逃避

---

① 吕忠梅：《关于制定〈长江保护法〉的法理思考》，载《东方法学》2020 年第 2 期。

监管，给渔政部门日常执法带来了难度。包括九段沙湿地自然保护区内渔业执法也存在同样难题，26 人守护 420 平方公里保护区，管理盲区客观存在。①

二、涉海域检察公益诉讼的开展方式

（一）线索的挖掘

基于检察机关法律监督的属性，从行政机关已有的行政执法资料为基础，以刑事案件、舆情、举报为补充的线索挖掘模式更适合于涉海域公益诉讼。相比其他检察公益诉讼主要从刑事案件挖掘线索，涉海域公益诉讼主要以行政案件挖掘线索，一方面是由于涉海域刑事案件较少，而行政案件相对较多，更有利于检察官筛选有价值的线索；另一方面是因为涉海域调查取证困难，海洋、大气的检测数据具有一定的时效性，行政案件的办案周期较短，更有利于证据的固定。

为此，检察机关应当主动与行政机关建立协作机制，就行政执法中发现的海洋环境保护违法线索实现信息共享，共同围绕保护海洋环境的公益目的，对违法线索实施核查，并采取相应的行政管理措施。对于疑难复杂案件，争取党委和政府的工作支持，形成公益保护合力。

涉海域公益诉讼成案的难点在于，在自然科学视角下，环境污染主要是多因一果的关系。环境参与主体、环境监督主体、环境影响因素多样，均可能是导致海洋环境污染的因素。面对如此复杂的局面，检察机关如何在多因一果的关系中确定具体的致害原因，是一个重大考验。对此，检察机关在收集到案件线索后，在自行审查期间会借助一定的外脑来帮助案件的分析处理。例如，海南省检察院在办理一起行政公益诉讼案件中，邀请了14 家省环境损害司法鉴定机构代表就鉴定评估标准的一系列问题开展讨论，共同研究补植复绿、增殖放流、土地复垦等公益损害修复方式。

（二）案件的办理

1. 原告资格

（1）行政机关

实践中，国家海洋环境监管部门提起海洋环境公益诉讼面临困境。党的十九大以来，我国的生态环境主管部门进行了重大改革，同时也暴露出行政机关对于海洋生态环境保护方面并不如公众所设想的那般专业，具体表现在我国的海洋生态环境主管部门缺少专业的执法队伍，执法界限也并不清晰。如广东省广州市人民检察院诉李某某案、广东省广州市人民检察院诉王某某案，行政机关不提起公益诉讼的理由均为无专业的诉讼能力。由此可见，政府涉海监督部门即使针对违法现象作出具体的行政行为，但在行政相对人不履行或不完全履行职责的情况下也无足够的专业诉讼能力解决该问题。②

---

① 黄潇筱：《公益诉讼：护航渔业健康发展》，载《检察风云》2020 年第 2 期。
② 魏士超：《检察机关提起海洋环境公益诉讼成案梳理》，载《浙江海洋大学学报（人文科学版）》2019 年第 6 期。

（2）社会组织

虽然目前我国环保组织可以依据《环境保护法》的规定大量参与到环境民事公益诉讼中，但在海洋环境民事公益诉讼这一领域，环保组织仍旧处于边缘地位，甚至很多时候会因为现行法律规定的缺失而无法参与海洋环境民事公益诉讼，仍需立法尽快完善，促使专业人士尽快进入海洋公益保护领域。

（3）检察机关

自然资源包含财产价值和生态价值，[①]对自然资源的损害可以分为对自然资源财产利益的损害和自然资源生态（环境）利益的损害。[②]对于自然资源生态（环境）利益，我国民事诉讼法借鉴国外立法和司法实践，赋予检察机关启动环境民事公益诉讼程序的原告资格排在其他适格原告主体之后，[③]检察机关有当然的主体资格。而对于自然资源财产利益的损害，因自然资源的所有权属于国家，属于国家利益诉讼，对检察机关是否有原告资格存在一定争议。一般而言，根据《刑事诉讼法》第一百零一条等规定，对于与刑事案件相关的国家利益诉讼，检察机关可以对刑事被告提起附带民事诉讼，并将诉益交予被害人或被害单位。

对于与刑事案件无关的国家利益诉讼，可以由检察机关对赋有监管职责行政机关督促起诉，行政机关仍不履职的，是由检察机关对行政机关提起行政公益诉讼，再由行政机关提起民事诉讼，还是由检察机关直接提起民事公益诉讼，笔者更倾向于后者。公共利益的维护仍需考虑质效，如果采取前种方式，虽然可以督促行政机关履行职责，但行政机关本身诉讼经验较少，行政公益诉讼加民事公益诉讼的程序过于冗长，使本就需要迫切保护的公益被程序所拖累。而第二种方式，笔者认为此时检察机关仍需履行对行政机关法律监督的职责，即检察机关直接提起民事公益诉讼，并对行政机关怠于履职的情形制发检察建议，既满足公益保护的迫切性，又体现检察机关的监督职能。

2. 被告范围

《生态环境损害赔偿制度改革试点方案》（中办发〔2015〕57号）第四部分第二项规定，赔偿义务人是"违反法律法规，造成生态环境损害的单位或个人"；《最高人民法院关于审理生态环境损害赔偿案件的若干规定（试行）》第十一条规定，被告"违反法律法规污染环境、破坏生态的"，应该承担修复生态环境等责任。上述规定都将生态环境损害承担的责任主体限定在"违反法律法规"的范围内。而《民法典》第一千二百二十九条规定："因污染环境、破坏生态造成他人损害的，侵权人应当承担侵权责任"；《环境民事公益诉讼司法解释》第十八条规定："对污染环境、破坏生态，已经损害社会公共利益或者具有损害社会公共利益重大风险的行为。"

与《生态环境损害赔偿制度改革试点方案》和《审理生态环境损害赔偿案件若干规

---

① 刘卫先：《自然资源权体系及实施机制研究——基于生态整体主义视角》，法律出版社 2016 年版，第 43 页。
② 张梓太、王岚：《我国自然资源生态损害司法救济的不足和对策》，载《法学杂志》2012 年第 2 期。
③ 李琳：《论环境民事公益诉讼之原告主体资格及顺位再调整》，载《政法论坛》2020 年第 1 期。

定》相比，《民法典》和《环境民事公益诉讼司法解释》的规定有两点不同：其一，仅以污染行为和损害后果（或损害风险）作为责任要件，并不要求违法性条件，行为人不得以无过错、符合国家或者地方污染物排放标准主张不承担民事责任，是典型的无过错归责原则；其二，损害后果也不是必要条件，在有损害风险的情况下，可以通过诉讼的方式主张权利。[①]

环境公益诉讼与刑事诉讼区别更加明显。刑法注重主客观的一致性，而侵权责任法并不以主观故意为要件。行为人的过失、企业管理上的过错甚至是环境侵权中的无过错责任，都可以使民事侵权成立并依法追究责任。

3. 诉讼请求

（1）鉴定评估

《海洋环境保护法》第九十条第二款规定海洋环境保护主管部门可以对责任者提出损害赔偿的要求，虽没有明确如何确定损害数额和赔偿数额等问题，但可以依据《环境民事公益诉讼司法解释》确定原告可以请求被告承担民事责任的方式以及赔偿损失的范围。实践中更为突出的问题是损害鉴定评估问题，而这恰好是立法关注不够的环节。原告向法院提起海洋环境公益诉讼，一般需提供发生损害后果的证据，但海洋生态环境破坏是一种影响范围大、受损主体多、时间延续性长的行为，损害数额很难界定，鉴定评估中寻找量化数据的支撑也非常困难。缺乏明确的损害数额，将影响到案件的受理以及后续的判决。

同时，对环境损害的确定和损失数额的计算需要由有资质的专业机构进行鉴定评估。但目前我国的海洋环境损害鉴定评估存在诸多突出问题，如各地普遍缺乏专业化的、具有公信力的鉴定机构，具备司法鉴定资质的鉴定机构更是寥寥无几；鉴定评估技术规范存在缺失和冲突；鉴定评估周期长且费用高。一些行政机关也怠于向检察院提供鉴定评估的基础资料，致使鉴定评估效率极低。基于这种现状，如果所有案件不区分具体情形一律严格要求采用损害鉴定评估的方式确定索赔数额，将过度加重原告的诉讼负担，增加公益保护的难度，最终可能导致诉讼活动无疾而终。

（2）虚拟成本治理法

虚拟成本治理法是在无法量化实际修复费用时采用的推算方法。虚拟治理成本其逻辑思路非常简洁，即如果污染物在排放之前进行了无害化处理，那么再排放至生态环境之中就不会导致生态环境的破坏，因此修复环境污染所造成的生态损害，其成本至少为对污染物排放前的处理成本。《环境损害鉴定评估推荐方法（第Ⅱ版）》中定义虚拟治理成本是按照现行的治理技术和水平治理排放到环境中的污染物所需要的支出。

在泰州市环保联合会与泰兴锦汇化工有限公司等环境污染侵权赔偿纠纷案中，最高人民法院认为"虽然河流具有一定的自净能力，但是环境容量是有限的，向水体大量倾倒副产酸，必然对河流的水质、水体动植物、河床、河岸以及河流下游的生态环境造成严重破

[①] 楚道文、唐艳秋：《论生态环境损害救济之主体制度》，载《政法论丛》2019 年第 5 期。

坏。如不及时修复，污染的累积必然会超出环境承载能力，最终造成不可逆转的环境损害。因此，不能以部分水域的水质得到恢复为由免除污染者应当承担的环境修复责任"。同时，最高人民法院认为在无法计算实际人工治理、修复污染所需费用时，可以采用虚拟治理成本法来计算环境修复费用。

在涉海域检察公益诉讼中，由于大气、水流的流动性，使检察机关在较多情况下难以通过鉴定评估的方式直接去认定生态环境价值的损失，而运用虚拟成本治理法，通过已获得的船舶基本参数，估算船舶节约的污染物处置成本，再乘以污染排放环境系数，使损害评估的司法成本大为降低，也起到提高违法成本，督促公众守法的积极作用。①

（3）修复行为

在灌南县检察院诉某渔业公司非法捕捞刑事附带民事公益诉讼案的诉请中，检察院提出若被告接受增殖放流、劳役代偿、修建海洋牧场等具备可行性的修复方案，则可以取代此前这类案件均会索求的赔偿。这比单纯要求赔偿更适合解决实际问题，同时也有可能减轻被告的经济负担。而且，被告作为专门从事渔业工作的公司，对于增殖放流、修建海洋牧场等专业性较强的工作也有一定基础，故而交由其承担海洋生态环境的恢复工作是极为合适的。而检察院作为司法监督机关，在监督其执行方面也比一般的社会环保组织更具科学性。

三、涉海域检察公益诉讼的实践探索

上海市人民检察院第三分院作为全国首家跨行政区划检察院，在涉海域检察公益诉讼领域进行了一定探索，其中"Hyundai New York（现代纽约）"轮非法排放超标尾气污染环境损害公共利益案具有一定的典型性，体现了检察机关对涉海域船舶大气污染的关注。

（一）基本案情

2019 年 5 月，浦东海事局通过无人机在我国船舶大气污染物排放控制区内对过往船舶尾气进行监测，发现新加坡籍 H 轮涉嫌使用硫含量超标的船用燃油，浦东海事局执法人员登船取样，经检测该轮使用燃油的硫含量达到 2.67%m/m，而根据我国《船舶大气污染排放控制区实施方案》规定，2019 年 1 月 1 日起，海船进入我国排放控制区，应使用硫含量不大于 0.5%m/m 的船用燃油，该轮使用燃油硫含量超出国家标准五倍多，浦东海事局对该轮处以 5 万元行政罚款。

（二）履职过程

经查，H 轮进入我国沿海海域划定船舶大气污染物排放控制区后，使用船用燃油硫含量超出国家标准五倍多，违反了《环境保护法》第六十四条、《海洋保护法》第四十一条、交通运输部《船舶大气污染物排放控制区实施方案》第五条第一款第一项等规定，造成大气成污染，损害社会公共利益。2020 年 8 月 7 日，该院按照法律规定在《正义网》发布公

---

① 刘伦善、张少坤：《浅谈虚拟治理成本法的适用》，载《中华环境》2016 年第 9 期。

告，督促有关机关和社会组织在法定期限内提起民事公益诉讼。

因 H 轮排放超标尾气已进入大气，造成大气环境损害属于无法通过恢复工程完全恢复、恢复成本远远大于其收益的情形，根据《环境损害鉴定评估推荐方法（第Ⅱ版）》规定，该轮造成的损害后果采用虚拟治理成本法进行量化。

2020 年 8 月 28 日，检察院委托上海海事大学就 H 轮使用超标燃油出具节约成本的量化意见，上海海事大学结合相关数据推算出该货轮在进入长江口航道前排放控制区内使用高硫燃油约 2.64 吨（单位时间耗油量 3.3 吨×排放控制区航行时间 0.8 小时）、进入长江口航道后使用高硫燃油约 9.16 吨（单位时间耗油量 2 吨×排放控制区航行时间 4.58 小时），该货轮进入我国排放控制区后使用高硫燃油合计约 11.8 吨，计算结果基本符合 7 万吨级集装箱货轮在该区域航行正常耗油量。该货轮排放控制区内使用高硫燃油节约成本共约 14 309.86 元（高硫燃油用量 11.8 吨×高低硫差价 1 212.70 元/吨）。

2020 年 9 月 11 日，上海环境科学研究院根据上海海事大学专家意见，同时结合中国生态环境部《关于虚拟治理成本法使用情形与计算方法的说明》规定，根据受污染影响区域的环境功能敏感程度确定虚拟治理成本，其中对于环境空气的敏感系数推荐值具体为，Ⅰ类功能区为 5 倍，Ⅱ类功能区为 3 倍。Ⅰ类功能区为自然保护区、风景名胜区和其他需要特殊保护的区域；Ⅱ类功能区为居住区、商业交通居民混合区、文化区、工业区和农村地区。考虑到该案污染发生地在海域，建议参照Ⅱ类功能区取 3 倍的敏感系数确定虚拟治理成本。从而具体的虚拟治理成本应为 1.43 万元×3 = 4.29 万元。

2020 年 9 月，检察院根据上海海事大学出具的专家意见以及上海环境科学研究院鉴定结论制定赔偿方案，并与船东达成赔偿协议并向上海海事法院申请司法确认。

（三）典型意义

该案的办理，首先体现了检察机关积极维护海洋环境的态度，在行政机关执行行政处罚的同时，还要追究违法者的民事赔偿责任；其次，检察院积极贯彻《上海市人民代表大会常务委员会关于加强检察公益诉讼工作的决定》，采取诉前磋商解决小额公益诉讼纠纷，节省了司法成本；再次，针对该案公益受损量化问题，检察机关借助"外脑"，听取环境、海事方面的专家意见，提升公益诉讼的精准度；最后，积极和海事局等单位沟通，努力争取多方共识和支持，形成海洋环境保护工作合力，推动问题逐步解决，助推海洋生态保护和绿色发展。

（四）完善建议

1. 建立涉海域公益保护的制度化方案

（1）对内，可以对涉海域公益诉讼实行集中管辖。跨行政区划改革与长三角一体化是相互关联、不可分割的，在长三角区域基于涉海域案件管辖不明的情况，由特定检察院、法院行使管辖权，由专门的办案组织、审判组织办理特殊、专业的案件，既有利于案件专业化的办理，又可以避免办案受到地方干预，对跨行政区划司法改革有着积极意义。

（2）对外，可以探索多行政机关圆桌会议机制以解决多头管理、权责不明的问题。行政公益诉讼正在不断发展完善，特别是磋商程序对于加快行政公益诉讼的办案质效起到推动作用。上海市人民检察院第三分院在处理一起涉水源地保护行政公益诉讼案件中，探索性地开展行政公益诉讼圆桌会议磋商，将三家市级机关通过圆桌会议的形式，分清权责、制定计划，解决了单一行政机关无法解决的治理难题，形成检察机关与行政机关公益保护的合力。

2. 完善公益诉讼调查取证制度

（1）加强检察机关调查核实权的法律保障。检察机关的调查核实权仅在《人民检察院组织法》中有原则性条款，并没有具体的细则。《上海市人民代表大会常务委员会关于加强检察公益诉讼工作的决定》以人大立法的形式对检察机关的调查核实权予以保障，长三角其他省市亦相应地规定了检察调查核实权的保障。如能通过制度化的方式，明确异地调查核实权的制度保障，有利于涉海域等跨区划检察公益诉讼的进一步推进。

（2）明确对逃逸、抗拒执法行为的举证责任分配。《民事诉讼法》第一百一十二条规定了文书提出命令制度，用以对抗证据妨碍行为。在行政处罚案件中，如交通肇事逃逸，被处罚人拒收或不在场，并不影响处罚的成立。因此，对于检察机关在公益诉讼调查取证过程中，如遇到被调查人抗拒执法、拒绝签字的情况，在有一定证据补正的情况下（如执法记录仪、见证人见证等），建议可以参照行政处罚案件中的举证责任分配规则，推定被调查人违法事实成立。

3. 明确评估基础参数，结合专家意见以构建涉海域损害评估机制

现阶段，对于水流、大气等特定流动污染物，虚拟成本治理法是损害评估的最佳方式，应当制定相应的参数标准和工作流程，使虚拟成本治理法更广泛地应用于水流、大气污染公益诉讼鉴定评估流程中。但同时，虚拟成本治理法也可能面临缺乏历史数据、行政机关不提供数据或拖延推诿、相关数据涉密等实际情形。如局限于虚拟成本治理法，当遇到评估数据存在障碍之时，对案件的办理会造成影响，公益保护的质效也会相应降低。

根据《环境民事公益诉讼解释》第二十三条，生态环境修复费用难以确定或者确定具体数额所需鉴定费用明显过高的，人民法院可以结合专家意见等，予以合理确定。对于一些无法通过虚拟治理成本法进行损害评估的案件，适当地采用专家意见和法官心证相结合的方式予以补充，有助于鉴定难题的解决。

（责任编辑：徐　翀）

公益诉讼观察员制度完善和立法思考

王　强　徐自广*

2017 年 6 月，全国人大常委会审议通过关于修改《中华人民共和国民事诉讼法》和《中华人民共和国行政诉讼法》的决定，正式确立了检察机关提起公益诉讼的制度。如何摸石头过河开展检察公益诉讼，公益诉讼线索又该如何发现，怎样让人民群众了解、参与、监督检察公益诉讼等一系列问题摆在了检察机关面前，为此，全国各地检察机关结合工作实际，探索了许多开展检察公益诉讼的有益制度。其中，上海市宝山区人民检察院在全国率先探索建立公益诉讼观察员制度，于 2018 年 5 月印发《关于建立检察公益诉讼观察员制度的规定（试行）》，首批聘请 11 名公益诉讼观察员，标志着检察公益诉讼观察员协助、监督检察机关开展公益诉讼的首次尝试迈出了新的一步。首批聘请公益诉讼观察员中有人大代表、政协委员、行政机关业务人员、律师、媒体记者等有专业知识人员，聘期两年。2019 年、2020 年又分别增聘一批公益诉讼观察员、公益诉讼联络员、公益诉讼特别检察官助理等。

一、公益诉讼观察员制度的定义及法理依据

公益诉讼观察员制度是指检察机关聘请人大代表、政协委员、人民监督员、有专门知识的人、媒体记者等作为检察公益诉讼观察员，为检察机关提供社会公共利益受损线索，并协助、监督检察公益诉讼的一项制度。①

公益诉讼观察员制度是检察机关为更好地落实法律赋予职责，积极发现公益诉讼案件线索，发挥人民检察"人民性"，弥补检察机关专业性和视角缺陷的一种制度探索。目前，在国家层面尚未出台检察公益诉讼专门的法律，但公益诉讼观察员制度的建立仍然有充分的法理依据。首先，《宪法》第二十七条明确规定"一切国家机关和国家工作人员必须依靠人民的支持，经常保持同人民的密切联系，倾听人民的意见和建议，接受人民的监督，努力为人民服务"；其次，《人民检察院组织法》第七条也规定"人民检察院在工作中必须坚持实事求是，贯彻执行群众路线，倾听群众意见"；《检察官法》第十条第一款第六项也明确规定"检察官应当履行下列义务：依法接受法律监督和人民群众监督"。

2021 年 7 月，最高人民检察院发布《人民检察院公益诉讼办案规则》，其中，第二十

---

* 　王强，法学学士，上海市宝山区人民检察院党组成员、副检察长；徐自广，法律硕士，上海市宝山区人民检察院公益诉讼检察室检察官助理。
① 　参见上海市宝山区人民检察院《关于建立检察公益诉讼观察员制度的规定（试行）》。

四条规定公益诉讼案件线索的来源包括自然人、法人和非法人组织向人民检察院控告、举报，也包括国家机关、社会团体和人大代表、政协委员等转交的，同时也明确，人民检察院办理公益诉讼案件接受人民监督员监督。可见，公益诉讼观察员制度的法理依据是非常明确的，检察公益诉讼工作要充分依靠广大人民群众，发挥人民群众的强大力量，同时，要接受人民群众的监督，监督检察机关正确履行检察公益诉讼职能，保护国家利益和社会公共利益。

二、公益诉讼观察员制度的优势

公益诉讼观察员制度在宝山区人民检察院推行三年以来，制度优势明显，有效提升公益诉讼工作实效，取得了良好社会效果和法律效果的统一。

（一）发挥视角优势，提供案件线索

公益诉讼观察员来自不同的领域、行业，其中有人大代表、政协委员、人民监督员，也有职能部门执法人员、媒体记者，他们有着共同的特点，就是在社会生活和管理中承担着重要监督角色，活跃在基层为民服务第一线，他们更贴近群众，熟悉区域内生态环境卫生、食品药品安全、国土保护等领域人民群众关心的社会热点问题，有着成为公益诉讼观察员的天然优势。一方面，他们通过自己的履职视角，对身边损害社会公共利益的违法情况监督和举报，履行为人民群众发声、维护国家和社会公共利益、督促政府机关履职作为等一系列的监督职责；另一方面，作为公益诉讼观察员，充分发挥城市"啄木鸟"的作用，为检察机关提供社会管理中涉及多领域的国家利益和社会公共利益受损线索，帮助检察机关有效、快捷地发现社会治理中的热点、难点、堵点问题，解决检察公益诉讼线索发现难、受案范围窄等问题。宝山区人民检察院2019年、2020年排摸的公益诉讼线索中，来自公益诉讼观察员提供案件线索占比17%，线索类别涵盖生态环境领域、城市公共安全、食品药品安全、城市环境卫生、文物保护等领域。如，某公益诉讼观察员是多届区人大代表，有丰富的履职经验，他经常深入基层调研，为人民群众发声。在成为公益诉讼观察员之后，他多次提供案件线索、参与现场调查取证，其中提供的部分战争时期遗留的军事碉堡长期得不到保护受到损坏的公益线索，检察机关通过走访调查，向有关行政机关制发检察建议，督促加强对军事碉堡文物的保护，取得了良好的社会效果；又如，某公益诉讼观察员提供辖区内某镇有关单位违规向河道内排放污水，污染河道水体，检察机关精准发力，督促有关机关依法履职维护生态环境。

（二）发挥专业能力，协助案件办理

公益诉讼观察员中除了有人大代表、政协委员、人民监督员、媒体记者之外，还聘请了具有专门知识的行业专家、行政机关业务能手、公益团体相关人员等，他们都是各自领域的业务专家，为检察机关办好公益诉讼案件提供专业协助、咨询等服务。一方面，公益诉讼观察员有其特定的专业知识和职业视角，其提供的案件线索往往经过自身专业知识筛选，从而具有较强的指向性，线索成案率较高；另一方面，公益诉讼观察员不仅具有较强

的专业性，而且有其特殊的身份性。在公益诉讼案件办理过程中，公益诉讼观察员可以提供协助调查、专业咨询、矛盾化解等多重角色扮演，成为公益诉讼工作的"调查员""智囊团""润滑剂"。宝山区人民检察院 2019 年、2020 年共立案公益诉讼案件 78 件，其中来自公益诉讼观察员提供线索立案达 20 件，占比达 25%，同时，参与协助案件 25 件，提供业务咨询达百次，这都与公益诉讼观察员的专业能力和职业素质是分不开的。如，在办理一起危险废物未被合法处置行政公益诉讼案件，某公益诉讼观察员在受邀参加检察建议"回头看"协调推进会上，以执业经验的专业视角晓之以法，又以群众的主观视角动之以情，起到沟通协调的润滑作用，职能部门更加愿意接受建议，并承诺依法整改，确保社会公共利益得到有效顺利的保护。又如，在办理生态领域二氧化碳排放公益诉讼案件时，具有相关专业知识的公益诉讼观察员对二氧化碳排放权及其交易等监管及政策法规提供咨询。

（三）发挥监督作用，督促依法履职

人民监督员制度也是检察机关主推的，旨在职务犯罪案件中引入的一项外部监督制度，该制度主要回应外部对检察机关"既当运动员又当裁判员"问题。[1]公益诉讼观察员制度与人民监督员制度的监督作用有相似性，即监督检察机关从调查核实、诉前程序、起诉程序等案件办理的全过程，但也有其明显的不同之处，公益诉讼观察员不仅仅只监督检察机关履职，还监督民事公益诉讼中公益诉请是否精准、保护效果是否到位，行政公益诉讼中诉前建议是否精准、行政机关履职整改是否尽职到位，公共利益是否得到有效维护等，可以说，公益诉讼观察员也是检察机关公益诉讼成效的"评估员"。

公益诉讼观察员制度体现人民检察的"人民性"，是贯彻执行"司法为民"的具体体现，也通过强化外部监督提高检察机关公益诉讼案件的办理质量、效果。公益诉讼观察员对检察机关制发的诉前检察建议案件，行政机关反馈整改后，可参与整改成效的评估，跟踪确认监督的成效，经评估确认行政机关履职不到位或受损公益未得到有效恢复的，检察机关可依法提起行政公益诉讼。案件办结后又出现反弹回潮的，公益诉讼观察员可将相关情况及时向检察机关反映，检察机关应当立即启动跟进监督，确保公益保护落到实处。公益诉讼观察员充分发挥内部监督和外部监督相结合，使公益诉讼工作能够取得更佳的法律效果和社会效果。三年来，宝山区人民检察院邀请公益诉讼观察员参与个案监督、"回头看"专项监督达 20 多件。如 2020 年某镇河道公益诉讼案件中，邀请多名人大代表公益诉讼观察员参与现场调查、沟通协调会等，对公益诉讼案件办理进行监督；又如，公益诉讼诉前检察建议落实情况"回头看"专项监督活动中，每次回访均邀请公益诉讼观察员参加，公益诉讼观察员作为第三方，对行政机关整改落实效果评估，通过"实地察看＋当面评议"，参与回访监督，切实提升诉前建议的质量及整改落实的成效。又如，在一起非法行医民事公益诉讼案件中，邀请公益诉讼观察员见证检察机关、行政机关、侵权行为人开

---

[1] 参见王学辉、刘昕苗：《新监察体制下人民监督员制度的转向》，载《时代法学》2019 年第 2 期。

展的民事磋商，监督检察机关依法履职，节约司法资源，实现双赢多赢共赢。

（四）发挥宣传效果，凝聚保护合力

检察公益诉讼价值取向就是保护国家和社会公共利益，与人民群众追求美好生活息息相关，必须以人民群众为基础，通过人民群众的力量发挥公益保护的最大效能，绝不是检察机关的"独角戏"，也不可能只靠检察机关一家就能维护好公益，而是要做到"大合唱"，获得政府、各相关职能部门和社会各界的支持。公益诉讼观察员制度就是提供了这样的一个平台，人大代表、政协委员、媒体记者、公益人士、专家学者等社会各界通过公益诉讼观察员的身份参与检察公益诉讼，代表社会各界的民意，了解、参与、监督检察公益诉讼为检察公益诉讼宣传、代言、发声。如在区人大代表公益诉讼观察员的推动下，检察机关向区人大常委会主任会议作公益诉讼工作专项报告，为人大对公益诉讼相关工作监督同时给予更多支持、指导，提升检察公益诉讼影响力，汇聚更多保护共识；又如，借助媒体公益诉讼观察员的职业优势，广泛宣传公益诉讼工作职能及成效。如上海电视台公益诉讼观察员对办理的"家门口的垃圾山"案件，制作"特勤组追踪——垃圾山被搬走了"节目，宣传公益诉讼回应社会热点，解决人民群众关切的公共利益，扩大公益诉讼的社会知晓度。

公益诉讼观察员作为检察机关联系人民群众的桥梁和纽带，通过学习公益诉讼有关法律政策，能够更深入地了解检察公益诉讼工作的目的、成效，把人民群众关心的、反映强烈的生态环境和食品安全等问题反馈给检察机关，让检察公益诉讼找准人民群众利益、找准着力点，有的放矢地开展公益诉讼，回应人民群众的需求，同时，公益诉讼观察员就是人民群众的代表，更便利于向人民群众宣传检察机关公益诉讼职能，让更多人民群众了解、支持和参与到公益诉讼中来，营造出人人参与社会公共利益保护氛围，共同捍卫我们赖以生存的青山绿水和美丽家园，实现检察公益诉讼价值目标。

三、公益诉讼观察员制度的探索现状和不足

检察公益诉讼工作是一项新的检察职能，制度还没有定型，制度和理论供给还不充分，不少实践中的问题还需要在探索中进一步解决。当前，检察公益诉讼工作无论是办案数量规模，还是质量效果和社会认同等都取得快速发展，[①]全国各级检察机关探索建立公益诉讼相关制度，积极引入公益诉讼观察员制度，为公益诉讼观察员制度全面发展增添了许多有益的实践经验。如，深圳市罗湖区人民检察院聘请来自法律、生态环保、卫生健康等领域的 28 名专业人才为检察公益诉讼观察员，每届任期三年，将为公益诉讼工作的重要事项协助论证，提供法律、政策和理论依据及具体公益诉讼案件中涉及实体和程序上的疑难问题提供分析论证意见等。[②]

---

① 胡卫列：《当前公益诉讼检察工作需要把握的若干重点问题》，载《人民检察》2021 年第 2 期。
② 《罗湖区人民检察院聘请公益诉讼观察员》，载《深圳特区报》2019 年 7 月 4 日第 A08 版。

目前，公益诉讼观察员制度已获得各级检察机关的引入和效仿，但更多的是停留在制度的建立上，而缺乏对制度的进一步深入探索和完善，未能及时研究制度与公益诉讼的实际联系，特别是针对实践中出现的新问题、新情况，如何推进公益诉讼观察员制度的健全、管理和发展，以及相关配套措施的跟进。从宝山区人民检察院探索公益诉讼观察员制度三年来的实践经验来看，公益诉讼观察员制度仍存在薄弱和不足地方。

（一）立法空白导致定位不明

相对人民监督员制度而言，公益诉讼观察员制度虽有法理依据，但至今未得到相关立法确认，2021 年 7 月 1 日起施行的《人民检察院公益诉讼办案规则》对公益诉讼观察员制度未有明确规定，最高人民检察院也未出台相关推进公益诉讼观察员制度的规范性文件。在实践层面上，全国各地关于公益诉讼观察员制度的探索实践也各不相同，赋予公益诉讼观察员的定位也不尽相同，履职内容及作用由各级检察机关自行确定，随意性大，存在定位不明，进一步深度完善存在固有瓶颈。

（二）保障不足导致兼顾困难

公益诉讼观察员大多有其本职工作，有些是媒体记者、律师，有些是行政机关、高校、企事业单位的领导，平日业务工作比较繁忙，参与公益诉讼观察员工作是兼职，参与检察机关公益诉讼案件的现场取证、研讨会、听证会等工作，往往不得不请假。目前，公益诉讼观察员无相关明确的履职保障，仅靠公益诉讼观察员的公益之心，但随着检察公益诉讼的深入开展，公益诉讼观察员工作量也势必会增加，将导致部分公益诉讼观察员工作难以兼顾的情况。

（三）机制不清导致管理松散

公益诉讼观察员由各级检察机关自行聘任，聘任程序相对简单，基本上包括确定名额、推荐报名、审查公示、公布名单、颁发证书等程序，未开展对公益诉讼观察员的资质考核和岗前培训，同时，公益诉讼观察员的聘任、管理及退出等程序未建立机制，就如何对已聘任的公益诉讼观察员进行管理、如何对其履职情况进行评价、评价不达标如何退出等一系列管理机制都未明确。

（四）定位不明导致效力不高

公益诉讼观察员制度的探索是主权在民的体现，也是检察机关实现公共利益保护的有益探索。但是，目前对于公益诉讼观察员制度的属性和定位还不明确，主要是法律依据、选聘资格、诉讼地位等，成为公益诉讼观察员制度发展的主要瓶颈。公益诉讼观察员作为人民群众的公益代表，参与协助检察机关开展相关公益诉讼工作，并对公益诉讼工作予以监督，是检察公益诉讼工作的创新和发展，但公益诉讼观察员制度在立法上定位尚不明确，公益诉讼观察员选任条件应该以专业性为标准还是以大众性为标准，是否要具备一定领域的专业知识，在参与公益诉讼案件办理过程中具体履职行为、意见建议等效力存在不确定，进入司法诉讼程序是否能够得到法院的认定存疑。同时，也有公益诉讼观察员更多的是将之作为类似于人大代表、政协委员的称号，对公益诉讼观察员的监督职责不是很明晰，履职作为也仅当过场。

四、公益诉讼观察员制度的完善和立法思考

（一）完善公益诉讼观察员管理机制

《人民检察院公益诉讼办案规则》的施行，基本确立了检察公益诉讼作为四大检察之一的重要地位，同时，随着检察公益诉讼受案范围的不断拓展和深入，对相关领域的公益诉讼观察员的需求也会增加。以宝山区人民检察院为例，目前公益诉讼观察员23人，根据工作需要适时增聘公益诉讼观察员，但公益诉讼观察员队伍的增加，为有效发挥公益诉讼观察员制度效用，必须进一步完善公益诉讼观察员的管理机制。一方面，完善公益诉讼观察员聘用、退出程序。检察机关应当通过公开选聘、推荐报名等方式聘用公益诉讼观察员，以公益诉讼所涉案件领域为标准确定公益诉讼观察员人数，明晰公益诉讼观察员职责及履职评价标准，畅通人员退出机制，保证公益诉讼观察员人员流动。另一方面，创新公益诉讼观察员履职方式。检察机关应当发挥互联网技术、云平台等新手段，辅以电话咨询、工作例会、座谈会等方式，强化联络协调，发挥公益诉讼观察员团队优势，及时分享案件线索、提供案件咨询、监督案件办理等；设立公益诉讼联络专员，具体负责公益诉讼观察员团队的日常联络、信息汇总、后勤保障等协调工作，确保公益诉讼观察员联络机制的正常运行，保障公益诉讼观察员工作的开展。

（二）强化公益诉讼观察员履职保障

公益诉讼观察员履职保障，不仅包括经费保障、时间保障，还包括办公地点及监督保障等方面。根据《上海市人民代表大会常务委员会关于加强检察公益诉讼工作的决定》，检察公益诉讼工作相关经费应当由市级财政部门予以保障，将相关办案经费纳入财政预算。公益诉讼观察员的经费应当在公益诉讼办案经费中进行列支，纳入财政预算体系。公益诉讼观察员有其本职工作，利用工作之余配合检察机关开展公益诉讼工作，应当给予工作补助，应以补助公益诉讼观察员因履行监督职责所支出的交通、就餐、住宿等费用为主，特殊情况下给予误工补贴。公益诉讼观察员在履职中，应当有获得了解具体案件情况的权利，查阅相关案件卷宗，对公益诉讼观察员出具的相关意见应当书面记录，并放入案卷中予以归档。对年度表现优异的公益诉讼观察员应当给予精神激励，予以表彰。公益诉讼观察员提供公益诉讼案件线索，应该参照有关案件线索举报奖励规定给予奖励，进一步调动公益诉讼观察员在线索发现、履职监督等方面的积极性。同时，检察机关仍应保证公益诉讼观察员临时办公场所，为其履职提供必要的办公条件和相关用品。

（三）加快公益诉讼观察员立法统筹

公益诉讼观察员制度具有一定的立法基础，首先公益诉讼观察员制度有充分的宪法和法理依据，其次公益诉讼观察员制度也具有广泛的实践基础。目前，公益诉讼观察员制度看似合法，却又无法可依，实践中全国各地已经热火朝天开展起来但许多制度和理论还没有定论，公益诉讼观察员制度的立法十分有必要，亟须通过立法统筹，给予公益诉讼观察

员制度准确的定位，明确鼓励引导全国检察机关推进公益诉讼观察员制度。一方面，在检察公益诉讼探索和发展中，建议各省人大立法或最高人民检察院司法解释对公益诉讼观察员制度进行正确的定位，明确公益诉讼观察员制度建立的法律依据。同时，最高人民检察院在制定推进检察公益诉讼制度立法过程中，也应当将公益诉讼观察员制度等有益的创新制度，通过原则性规定予以明确，鼓励各省积极探索制定本区域公益诉讼观察员制度的规范细则，尤其是对公益诉讼观察员的选任标准、参与方式、监督形式、诉讼地位、公信力等方面开展创新探索。另一方面，各省检察机关应当积极建议将公益诉讼观察员制度纳入本区域检察公益诉讼立法计划中，通过地方立法的形式把好的经验、做法上升为地方性法规，体现区域特色，增强工作合力，加快推进公益诉讼工作的法治化，为检察机关更好地开展公益诉讼提供法制保障。

（责任编辑：徐　翀）

逻辑与进路：控告申诉检察中的听证植入

韩建霞*

听证在我国从无到有，并随着民主法治建设进程，从立法、执法到司法领域逐步扩大应用，成为人民群众在每一个司法案件中都感受到公平正义的制度保障。人民检察院听证程序的早期应用出现在民事、行政抗诉工作规程中，但未有确切和完整表述。最高人民检察院 2011 年颁发的《人民检察院刑事申诉案件公开审查程序规定》明确将公开听证作为刑事申诉案件的审查模式，由听证启动、听证准备和听证评议等不同环节构成，其目的在于通过对话交流，达到明辨是非、辨法析理、化解矛盾的效果，确保公平正义以人民群众"看得见"方式实现。①

检察机关内设机构的改革驱动控告、申诉职能的转型融合，尤其是信访件件有回复制度机制的确立，以及信访事项案件化办理的探索实践，使得公开听证逐步由刑事申诉案件拓展到控告申诉检察工作全门类。当前，控告申诉检察中植入听证制度，成为保障公民行使知情权、参与权和监督权的有效方式，在增强监督实效、提高检察公信力和实现定分止争等方面发挥着积极作用。

一、控告申诉检察听证制度植入的现实逻辑

(一) 制度运行现状

进入新时代，最高人民检察院将听证作为常态化工作，制定下发《人民检察院审查案件听证工作规定》（以下简称《规定》）《人民检察院检察听证室设置规范》等规范性文件，保证检察办案听证有章可循。人民检察院控告申诉检察部门围绕群众"急难愁盼"问题，建立健全领导接待群众来访、阅批群众来信和包案清理积案等各项工作机制，积极发挥入额院领导、部门负责人等的示范引领作用，将听证制度植入控告申诉检察办案工作，对疑难复杂、新型、有一定社会影响等的信访矛盾突出案件，在诉讼监督结论作出前制定听证方案、启动听证程序、引入社会监督，搭建当事人与检察官、原案承办人之间沟通平台，促进审查办案与化解矛盾同步，最大限度地实现案结事了人和。依托中国检察听证网和其他公共媒体，对听证会进行图文、音频、视频直播，接受律师、专家等的专业监督，丰富公开听证的内涵，提升检察公信力，赢得人民群众的赞誉。诚如最高人民检察院张军

---

* 韩建霞，大学学历，上海市人民检察院检察官。

① 宋能君：《检察听证实践探讨》，载最高人民检察院第十检察厅编：《控告申诉检察工作指导（2021 年第 1 辑）》，中国检察出版社 2021 年版。

检察长指出："公开听证有社会上、政治上、法律上的好效果，既锻炼了办案人员的能力、提升了水平，又体现了公正，也有助于息诉，同时是对法制的宣传，让更多的人了解、理解和支持检察工作，应进一步做好。"

（二）实践中遇到的问题

任何事物都有两面性，回顾听证在控告申诉检察工作中的运用，既要看到在引导群众理性表达诉求、公开听取意见、助力解决合理诉求、推进落实"法治信访"中的积极作用，也要看到控告申诉检察部门"一家"主导、独立第三方参与不足、后续制约乏力等因程序设计粗疏带来的局限性。

1. 在案件种类上有避重就轻之嫌

随着《刑事诉讼规则》《民事诉讼监督规则》等的修订施行，人民检察院控告申诉检察部门受理审查、初核复查的案件种类和数量都有所增加。与"群众信访件件有回复"、重复信访专项治理等工作部署相适应，各地检察机关进一步加大办案化方式处理信访事项的力度，控告申诉检察案件种类、数量均有所增长。根据权威统计，在各级人民检察院控告申诉检察部门开展的公开听证案件中，司法救助案件约占60%，刑事申诉案件占到35%以上，其余为国家赔偿案件。从减少信访当事人争议、促进息诉止访的听证功能定位看，假若对控告申诉检察案件不予区分，一概导入公开听证程序，甚至对当事人接受监督结论、承诺接受国家司法救助后息诉息访的案件也纳入听证范围，易招致为听证而听证、避重就轻和舍本逐末的诟病。况且，在司法资源不够充分的地方，救助案件听证的增多，势必降低立案监督、刑事申诉等具有突出信访矛盾的案件的适用比率。

2. 在听证与否上易受"一家"主导

根据《规定》第九条的规定，"人民检察院可以根据案件办理需要，决定召开听证会。当事人及其辩护人、代理人向审查案件的人民检察院申请召开听证会的，人民检察院应当及时作出决定，告知申请人。不同意召开听证会的，应当向申请人说明理由"。案件是否公开听证，检察官具有当然的裁量权，但是，无论是依职权决定听证，还是依申请许可听证，与检察官是否关切控告申诉人的听证权、自觉规范履职等有内在的联系。而实践中，即便搭建起公开听取意见的平台，因"其他参加人"如原案侦查人员、审判人员等相关人员以种种理由不到场，听证工作往往由控告申诉检察部门一家承揽，控告申诉检察人员既是裁判员，也是运动员，在"申诉＋说明＋问答＋评议"的听证架构中，当事人对于与原法律监督意见或刑事处理决定之间的争议难以充分释放和得到有效回应，听证效果大打折扣。

3. 对听证员知情权保障尚待优化

按照《规定》第十一条的规定，听证员由与案件无利害关系的社会人士担任。人民检察院应当向听证员介绍案件情况、需要听证的问题和相关法律规定。而对介绍方式、内容等未予明确，实践中多以案件尚未终局、案卷资料供内部使用为由，采取电话、邮件等相对保守的方式简要介绍，未向听证员提供原案法律文书等相关资料；还有个别地方片面强调听证员客观、中立和保密义务，忽视其履职应有的便利保障，甚至将公开听证视作法院庭审活动，受邀的听证员直接"坐堂"听证，现场提问和发表评议意见的针对性、有效性不尽如人意。规范公开听证程序，其中对于听证员知情权、阅卷权等的保障具有现实重要的意义。

4. 在听证人员范围上存在局限

从控告申诉检察职能看，组织进行听证的目的是在社会第三方介入的情况下，搭建听取意见、平等对话的平台，把办案过程"晒"出来，从而增强当事人和社会公众对检察工作的信任、认可和接受度。一方面，要提高公民参与听证的热情，另一方面，听证员要具有公认度、权威性，其他参加人要具有代表性。根据《规定》第十条的规定，人民检察院决定召开听证会的，应当做好确定听证会参加人员等的准备工作。实践中，根据案件特点和控告申诉人的不同，多以邀请与案件没有利害关系的人大代表、政协委员、人民监督员、特约检察员、人民调解员或者申诉人所在单位、居住地的居民委员会、村民委员会等有代表性的社会人士参加。其中，专家、学者的受邀率比较低，即使有专家受邀，也大多为法律专家，很少涉及专业领域的专家。[1]尤其是当法律适用争议较大的案件在听证过程中需要对事实认定进行说理时，专业人士的缺位易导致评议说理形式化、空洞化，难以在办案人员与控告申诉人之间搭建连接点，听证效果大打折扣。因此，从规范听证程序的角度出发，适当扩大其他参加人员的范围，建立司法鉴定、心理咨询等专业适格的听证员库，必要时，允许证人、鉴定人等参加听证应提上议事日程。

5. 在听证评议意见反馈上未形成闭环

公开听证作为辅助控告申诉检察办案的审查活动，听证员意见是人民检察院依法处理案件的重要参考。对经听证后能够作出决定的，由听证主持人根据承办检察官拟处理意见当场宣布决定并说明理由；不能当场作出决定的，应在听证会后，经检察官联席会或向检察长报告并获同意后作出决定。不能当场作出决定包含未形成听证员多数意见和不采纳其多数意见两种情形，无论哪种情形，对于作出的处理决定，既要向当事人宣告、书面送达，也应将决定和依据告知听证员。实践中，各地对听证意见采纳与否、案件审查处理决定是否反馈不尽统一。如何在保证检察官独立办案的前提下，使听证回归兼听则明、民主公开的功能定位，减少人民群众对司法机关的"神秘感"，体现"双赢共赢多赢"良好办案成效，[2]亟须建立完善听证反馈与评价的规程。

二、控告申诉检察听证制度的公开化、程序化逻辑

（一）公开化的现实需要

加强和改进控告申诉检察公开听证工作，应当在检视运行中存在的问题、不足的基础

---

① 柳州市人民检察院、鱼峰区人民检察院联合课题组：《推行和完善专家型听证员制度探析》，载《广西法治日报》2020 年 9 月 1 日第 B03 版。

② 莫媛媛等：《涉检信访案件公开听证机制实证研究》，载《法制与经济》2020 年第 11 期。

上，抓住公开化这一关键要素，完善听证的各项配套制度，以规范化程式满足群众法治新期待。

首先，公开听证的案件种类应进一步明确。《规定》将听证分为公开听证与不公开听证，包括刑事申诉案件在内的其他业务部门办理的"五类"案件的听证会一般公开举行，但对于其他的控告申诉检察案件是否实行公开听证，《规定》并未明确。笔者认为，检察听证"公开是原则、不公开是例外"，除案件涉及国家秘密、个人隐私、未成年人犯罪、商业秘密及其他法律另有规定的，不应向社会公众公开外，宜公开、尽公开。控告申诉检察与刑事、民事、行政等检察工作构成完整的法律监督体系，公开听证是联结司法机关与人民群众的平台，必须遵循听证的公开、公平和参与原则，反之，则背离听证作为民主、法治进步象征的制度原义。

其次，公开化程序构造应进一步规范。控告申诉检察是重要的民心工作，对其工作质效的评价应秉持群众立场、满足公众监督要求，并且要运用群众乐见和易于接受的办案化方式，实现维护人民群众合法权益与维护法律统一正确实施的兼顾统一。由此可见，听证标准、听证人员和听证程序的公开化是控告申诉检察听证的内在要求。针对实践中个别地方为听证而听证的形式化、走过场等问题，完善控告申诉检察官主持下的原案承办人、控告申诉人和听证员为主体的"三角"办案化构造，通过邀请立场中立、专业权威的听证员参与，使听证过程"看得见""听得到""证得明"，从而对控告申诉检察案件审查处理意见产生实质性影响，进而消弭信访当事人对公安、司法机关办案的疑惑，化解信访风险。

（二）程序化的逻辑思考

1. 坚持形式正义与实质正义相统一

控告申诉检察部门是人民检察院信访工作的主要承担者，办信是办案之始，在对符合本院管辖的控告申诉案件统一归口受理的基础上，要牢固树立办信就是办案的理念，不仅将每一封群众来信都当作案件来办理，[①]而且对负责的刑事申诉、司法救助、国家赔偿等法律监督工作，依托公开听证等案件化方式，实现维护当事人合法权益与维护司法公正相统一。当前，控告申诉检察案件类别可归结为七大类：（1）刑事申诉；（2）立案监督；（3）阻碍律师、诉讼代理人依法行使诉讼权利；（4）本院指定居所监视居住的决定与执行的监督；（5）国家赔偿；（6）国家司法救助；（7）上一级检察院对下一级检察院作出的不支持民事监督申请决定的初核。从前述案件类型看，控告申诉检察部门承担的刑事监督更加全面，承担的民事监督逐步从程序性审查向受理阶段推动矛盾实质性化解转变，公开听证作为控告申诉检察常态化办案机制，在借鉴发展过程中应以形式正义与实质正义相统一为工作目标。

2. 讲求听、证、说、议耦合互动

办案本身是一个过程，任何办案都离不开法律法规所明确的特定程序，单纯的实体性

---

① 徐向春、王庆民：《新时代控告申诉检察工作面临的形势任务》，载《人民检察》2021年第9期。

或者程序性办案是不存在的。①如前所述，人民检察院适用公开听证审查控告申诉案件时，听证主持人应以民主、平等和包容的姿态；按照既定的听证原则和步骤，有效调节各听证主体、参加人员的活动，其中，听的主体包括但不限于主持人、听证员和办案人员；证的对象包括但不限于原案事实、本案核查事实和法律适用问题，尤其对于控告申诉人提供了来源合法且有效的诉求依据的，更应秉持客观、全面原则，允许条分缕析、各抒己见；说的主体，既有控告申诉人申述，也有办案人员阐述，还有听证员评说；议的内容，既可以讲明证据、就事论事，也可以摆事理、讲法理和评情理。在"三角化"场景化构造下，包括主持人、听证员等各方人士在既定时间、听证场所参与到听证活动中，听、证、说有机融合，交互回应，听证员、其他听证参加人员地位平等、机会均衡、共守规则、接受监督。同时，听证会可邀请人民监督员、相关单位或者基层组织代表、社区公民等参加听证会，观摩评议。对控告申诉人提出申请的或依据案件办理的需要，证人、鉴定人、具有专门知识的其他诉讼参与人现场就专业性问题进行说明和释疑，可助力息诉。

3. 坚持案结事了人和的评价标准

立足新的百年起点，人民检察院坚持以人民为中心的发展思想，实行科学的办案质量评价，以激发公开听证程序的制约作用和实效。一是预后前延，减轻当事人诉累。对部分当事人与司法机关之间对于"合法却不合情理"终结性处理决定等的程序性争议，宜将听证向接待来访、受理审查环节前延，实行程序性诉求简易听证，发挥律师等社会第三方力量，增强程序性问题说理的信任度，防范矛盾集聚上行。二是立足办案，监督与救济并举。对导入法律程序的控告申诉案件，既要凸显法律监督工作的本质属性，实施精准监督，也要强化信访有限救济原则，对已穷尽法律程序的，经审阅材料、调查核实和公开听证等办案程式后，严格执行信访终结程序，彰显司法民主，增强检察人员办案信心。三是用好终结，注重答复说理。经调查核实和公开听证，对听证员多数意见予以维持原终局性刑事处理决定或诉讼监督结论的，应依法作出不予支持诉求的决定，并书面告知或公开宣告。牢固树立服务大局意识，立足听证平台，有效延伸检察机关在推进社会治理现代化、法治化的职能，做好信访终结后矛盾纠纷实质化解，并且依靠基层组织的支持，实现管辖外信访诉求的移出、落地，最大限度减少社会不和谐因素。

三、控告申诉检察听证制度的完善进路

完善控告申诉检察中的听证制度，怎么听、谁来听、听什么是制度构建的关键词，唯有贴合控告申诉检察职能特点，抓住实践中制约听证成效的显性问题，构建公开化、程序化的工作规范，才能进一步彰显制度魅力。具体来讲，应将公开听证作为控告申诉检察的

① 傅跃建、张晓东：《检察办案活动的运行机理与评价标准》，载《深化依法治国实践背景下的检察权运行——第十四届国家高级检察官论坛论文集》，2018 年 6 月 28 日。

审查办案程序确定下来，区分不同类型的信访争议，实行简繁分流，对案件处理等程序问题简易听证，对事实认定和法律适用有较大争议的实行公开听证。参照司法办案程序，建立以平等对话、可听可证和说理评议为主体要素的公开听证模式，完善听证主持、听证员权利和听证评议等配套制度规程，使之具有可操作性。

1. 诉访分离、分类听证，当简则简

控告申诉检察听证不能照搬套用其他听证程式，而是按照法治信访、阳光信访的方向，深化诉访分离工作，引导群众依照法定程序寻求合理诉求的解决。对符合本院管辖的首次控告、申诉，实行简"繁"分流，分别适用简易听证和公开听证。具体来讲，可依托律师参与涉检信访矛盾化解工作平台，对接待来访过程中信访人不服本院已作出监督结论或拟维持下级人民检察院处理决定的案件，信访人要求听证的，在值班律师的参与下实行简易听证，做好法律适用和司法处理的解释工作，帮助信访人理解和接受司法裁断；对接待环节信访人提供新证据线索，或在事实认定和法律适用上有较大争议、需调查核实相关问题的初信初访，经告知信访人公开听证的权利和义务，信访人同意参加的，先行导入受理审查程序，在定案结论作出前进行公开听证。

2. 凸显听证增信功能，主持宜权威

控告申诉检察工作具有司法属性，检察官依职权作出的审查处理意见具有权威性。但是，受长期以来行政化信访工作模式的影响，有的地方将控告申诉检察工作当作综合工作，在相关案件的公开听证程序上沿袭纯行政化方式，即便是事实认定、法律适用有较大争议，或者社会影响大、化解难度高的控告申诉，也未注意听证主持人的选任、独立和权威，不乏控告申诉检察官的助理担任检察官办理案件的听证主持人，主持的专业性、权威性受到质疑。承办案件的控告申诉检察官及其助理，宜尽量回避主持人的角色，防止先入为主，片面说理，既当证明人，又当说服者。理想的模式是由主持人与控告申诉检察官相对分离，可由入额院领导、控告申诉检察部门负责人主持听证。对适用公开听证的疑难、复杂控告申诉检察案件进行听证后处理，既在实质上回归司法独立，又在形式上满足老百姓官大一级好解决问题的心理诉求，节省诉讼成本，提升司法公信力。

3. 听证参加人员分别赋权，平等对话

控告申诉检察听证不同于行政事项听证，其对包括信访人、听证员和其他参加人员的知情权、参与权、监督权、救济权的保障，更具宪法和法律意义，应将相应权利配置给不同听证主体。一是信访人享有知情权、选择权，控告申诉检察部门在听证会前应告知听证权利，并允许信访人选择一定比例的听证员；二是听证员选任要有广泛性和代表性，熟悉听证流程，了解案件情况和相关法律法规；三是信访人、承办人负有举证责任，明确证明规则，对各自的意见或主张，负责提供相关的证明材料，保证公开听证不搞形式、不走过场。参与听证的承办人宜多元化，便于在听证会上查清案件事实、实现精准监督，促进矛盾化解。同时，允许社区居民、新闻媒体等各界人士参与旁听，让检察听证更加公开、透明、科学、公正。

4. 建立配套的听证回应评价机制，听证受制约

抓住民主、对话、公开、公正等核心要素，建立与听证会配套的监管、反馈、考评等制度措施。比如，公开听证前要提交分管检察长审核，听证过程要同步录音录像，听证活动全程留痕，听证效果要评估反馈。教育和引导控告申诉检察人员转变理念，适应公开听证工作要求，在听证活动中注意职能定位的转换，既是法律监督者，又是被监督对象。听证员不仅对既定听证议题负责评议，也要在听证意见回应过程中评鉴司法行为的规范化，以程序的正当性，推动实质正义，避免不应有的程序空转与程序回流，防止在听证环节产生新的争议。

四、余论

公开听证制度通过在当事人、检察官及其他诉讼参与人之间搭建公开对话平台，引入社会第三方即听证员、人民监督员等，促使检察机关广泛听取各方意见，其制度设计无论在理论上还是实践中，都是检察工作的重要创新。作为"十大业务"的重要组成部分，控告申诉检察部门是检察机关司法为民的重要窗口。在控告申诉检察中植入听证制度，在涉法涉诉信访工作实践中进一步完善平等对话、可听可证、释法说理、帮扶救助等多种方式融会贯通的制度路径，对于在控告申诉检察工作中平等保护各方利益，防范化解社会矛盾，营造社会和谐氛围，进而让人民群众以"看得见"的方式感受公平正义，获得切实的满足感、幸福感，具有重大的制度创新价值。

（责任编辑：薛莉萍）

新《档案法》语境下完善
检察机关归档工作的思考

赵　璐　倪小芸[*]

赵　璐　倪小芸*

一、检察机关归档工作的必要性分析

（一）检察档案归档工作的必要性

人民检察院诉讼档案是指各级人民检察院在依法办理案件过程中形成的具有保存价值的、各种形式和载体的诉讼文书材料，包括人民检察院在依法办理案件过程中形成的法律文书、证据材料及其他相关材料。人民检察院的诉讼文书，是国家重要专业文书的一部分，是检察机关在办案中贯彻执行党和国家有关法律、法规、方针、政策的真实记录。

检察机关归档工作是检察机关自身运行的必然要求，也是为国家积累法律史料，真实记录检察机关历史面貌的重要途径。做好诉讼文书的立卷归档工作，对于履行法律监督职能，促进检察机关公正执法、提高司法效率和司法服务水平具有重要意义。

（二）新《档案法》语境下对归档工作的要求

2020 年 6 月 20 日，第十三届全国人民代表大会常务委员会第十九次会议修订完成《中华人民共和国档案法》（以下简称《档案法》）（2021 年 1 月 1 日实施）。新修订的《档案法》，从现行法的 6 章 27 条增加到 8 章 53 条，增设"档案信息化建设""监督检查"两章，明确电子档案与传统载体档案具有同等效力，并对电子档案移交、检测和重要电子档案异地备份保管等方面作出新规定，对提高档案信息化建设水平提出新的要求。

2019 年 11 月，最高人民检察院为加强档案技术管理工作，修订完成《人民检察院检察技术档案管理办法》《人民检察院诉讼文书材料立卷归档细则》，对检察诉讼、检察技术档案归档范围和保管期限进行了规定。2020 年 11 月 9 日，最高人民检察院为进一步加强检察机关档案工作，适应"四大检察""十大业务"的格局的发展，出台《人民检察院诉讼档案管理办法（征求意见稿）》，用列举式明确规定了检察诉讼档案的归档范围，对归档材料形成要求与收集范围等方面进行了细化的规定。同年 11 月 17 日，最高人民检察院根据《档案法》《机关档案管理规定》《档案管理违法违纪行为处分规定》等法律法规，结合检察工作实际起草《人民检察院档案工作规定（征求意见稿）》，进一步完善了检察机关的诉讼文书档案的安全工作机制，明确了档案的信息化建设管理。检察档案工作在逐步

---

*　赵璐，法律硕士，长宁区人民检察院检察官助理；倪小芸，管理学硕士，长宁区人民检察院一级科员。

的细化中走向完善，促进了检察事业的全面发展。

在新《档案法》语境下，检察机关需要坚持整体性转变、全方位赋能、革命性重塑的内涵要求，加强检察档案数字化转型的顶层设计、制度引领和统筹协调，开展检察档案数字治理新模式，数字赋能检察档案治理、档案运用、档案安全，实现信息化数字档案与检察工作的深度融合，探索创新检察档案数字化转型实践。

二、检察机关归档工作存在的问题及原因剖析

检察机关归档预警系统运行以来，基本实现对归档情况的统计、提示和诉讼档案归档的专项督察，成效明显。随着《档案法》的出台，以及三大诉讼法修改带来的检察履职的变化，新形势下对检察机关归档工作有了更高的要求，应运而来的实践问题亦需剖析与应对。

（一）预归档案件后续跟踪措施不足

根据S市检察机关归档预警系统的设置，预归档案件是指有合理理由无法按期归档的案件，不计入超期未归档范畴，预归档案件在计算归档率①时视为已归档。当归档预警系统出现提示时，为避免发生超期归档，归档部门在系统中申请预归档，申请预归档的理由多达21种，比如"捕诉案件合并组卷，已办结的相关审查逮捕案件预归档""与相关捕诉案件合并组卷，已办结的提请延长侦查羁押期限案件预归档""没有对应捕诉案件的立案监督、侦查活动监督、检察建议、纠正违法案件，等待被监督对象文书回执或回函，该案预归档"等。

预归档模式随着办案情况变化亦仍在探索中，以往的预归档模式下，档案管理员通过系统申请之后案件即可成为预归档案件，预归档预警提示消除，预归档日期为档案管理员点击预归档时的日期，后续归档部门可以进行补归档。当前的预归档模式中，预归档申请之后重新进行归档30天的计算，在倒计时10天之内开始重新预警提示，以此提示归档责任部门补齐案卷材料进行归档，10天之内如果不重新申请即为超期归档。

以S市C区检察院为例，该院在"捕诉合一"模式改革进路下，归档工作亦随之变革，采取捕卷和诉卷合并归档的模式，在捕卷归档后，需等待诉卷合并归档。在全国即将推行捕诉卷合一归档模式的大趋势下，分析统计预归档模式尤为重要。2019年12月1日至2020年5月31日，区院受理案件数1 429件，预归档案件数428件，预归档案件数②比重为30%。2019年12月1日至2020年8月31日，受理案件数2 602件，预归档数658件，预归档案件数比重为25%。而以2020年1—10月为阶段统计，受理案件总数为2 989件，预归档③案件数713件，预归档案件数比重为24%。从预归档案件在归档案

---

① 归档率 =（按期归档数 + 超期归档数 + 预归档数）/已办结数。

② 预归档数：选择的受理日期内的预归档数 + 结存数中的预归档。

③ 系统内设的预归档理由：（1）此案已办结，需要与相关捕诉案件合并组卷；（2）相关二审程序尚未结束，一审公诉案件预归档；（3）相关抗诉程序尚未结束，一审公诉案件预归档；（4）并案后案件尚未办结，并案前原案件预归档；（5）拆案后部分案件尚未办结，拆案前原案件预归档；（6）拆案后部分案件尚未办结，拆案后已办结的子案件预归档；（7）未成年被告人尚在帮教中，相关公诉案件预归档；（8）缺少部分归档材料，尚在补充材料案件预归档；（9）其他。

件数中所占比重分析，预归档案件数在归档案件数中比重均超过20%。预归档案件数只增不减，久拖不归，"预归档"在某种程度上成为拯救超期归档的"避风港"，反复提示的预警系统仅呈现系统"重复点击"的表面成果。

从预归档案件的具体原因分析，以C区院主要业务部门为例，2020年1—10月，普通犯罪案件受理数1 202件，预归档案件248件。预归档案件中捕卷因需等待诉卷合并归档的案件222件。因缺材料尚未到三个月的案件22件，因缺材料已超过三个月的案件2件。重大刑事犯罪（含危险驾驶、刑事诉讼监督类）预归档案件中捕卷因需等待诉卷合并归档的案件8件，因缺材料尚未到三个月的案件116件，因缺材料已超过三个月的案件62件。职务犯罪、经济犯罪类预归档案件中因需等待诉卷合并归档的案件175件，因缺材料尚未到三个月的案件32件，因缺材料已超过三个月的案件60件。从以上的数据可以看出，预归档案件比重高的主要原因在于归档材料不齐全，预归档后督促制约措施不足，反复的预警提示并不能实际解决业务部门归档难题。档案管理部门只能采取线下督促手段，如每季度向检察官制发《归档提示反馈单》，督促提示补齐档案材料，成效明显不足。

"预归档"缺少后续跟踪措施，缺乏明确的预归档期限，导致案件实际归档率偏低，甚至存在隐性超期风险。对于因缺少材料而未归档案件，应当附卷的文件材料何时能够收集齐全，某些情况下取决于其他机关的发文时间和速度，尤其是公安、法院的配合程度，时间期限具有一定的不确定性，但是这种不确定性不能成为久拖不归的理由。预归档在设计上虽有一定的前瞻性，但是预归档模式下的后续跟踪措施明显不足，缺乏相应的配套措施和制约机制，难以解决实际归档难的问题，偏离其设计的初衷和考量。

（二）非诉讼类检察文件归档制度有待完善

2019年，S市C区人民检察院在以往文件的基础上出台《C区人民检察院诉讼文书归档管理办法（试行）》，诉讼类档案由S市检察院统一指导管理，在归档、借阅方面已经形成相当完整的责任体系。但是对于非诉讼类文书，比如党组会、检委会等会议文书材料以及办公室、政治部的发文等，由区档案局进行管理指导，其对基层院的文书归档范围、归档时间、归档要求缺少具体明确的要求。非诉讼类检察文件在归档方面没有与之配套的网上预警系统，以半年为周期的归档期限亦缺乏有力措施进行督导归档，而且对相关责任人的责任落实机制尚不健全。在相关责任人员的调出、转隶、退休、离职以及内部人员调动的交接上，多数没有明确相关档案交接的要求，既增加了非诉讼类检察文件遗失的风险，也加大了清查归档的难度。

（三）归档范围需进一步细化

归档需要对检察工作中形成的文件和材料是否具有保存价值进行判断。一是要判断各类检察文件和材料是否具有保存价值。其一，能否作为将来检察工作的依据或参考；其二，能否反映或记录当前检察工作的主要特点、面貌或特殊情况；其三，如果不保存，是否会对将来的检察工作造成不利的影响，造成检察工作历史记录存续上的断裂等。二是各类检察文件和材料的归档主体、范围、要求尽可能以列举的方式予以明确。

2021 年 1 月 11 日，S 市人民检察院废除 2013 年出台的《S 市人民检察院机关文件材料归档范围和文书档案保管期限表》，修订完成 2021 年《S 市人民检察院机关文件材料归档范围和文书档案保管期限表》，对文书归档工作进行了新的规定，但是归档责任部门是以省级院的内设机构设置为基础。各基层院在进行参考时仍然会出现机构设置上的对应差距，而且实践中常常出现一些例外情形不能涵盖，致使基层院在实际工作中对归档范围的理解不一、掌握不够、理解不透。

（四）诉讼文书网上借阅率不高

以 C 区人民检察院为例，确因工作需要借阅利用已归档的诉讼档案，需要登录档案综合应用平台后，填写《档案借阅单》并提交申请，凭借阅单经档案管理员审核通过，可以在该网站上查阅案卷。但是在实际工作中，诉讼文书网上借阅应用率不高，院内工作人员仍通过传统的纸质借阅记录册进行借阅，不仅要受场所和时间限制，而且费时费力、难以避免相关材料遗失的风险，影响相关材料流转的效率和透明度。究其原因，是由于档案综合应用平台上档案信息不全面，且登录平台的系统保障不足。此外，在《S 市人民检察院机关档案借阅管理办法》中，实物档案、音像档案等其他非纸质载体类型档案的借阅办法没有明确规定。

（五）档案管理队伍基础薄弱

以 S 市 C 区为例，目前 C 区院只有 2 名工作人员负责该院归档工作，档案队伍的薄弱限制了档案管理工作的创新与发展。当前，在全方位数字赋能的档案工作的趋势下，高素质的信息化档案工作人才更为紧缺。此外，检察机关的档案管理工作是一门政治性、专业性极强的工作，需要长时间的学习和积累，一方面需要检察干警的学习主动性，另一方面需要体制内部的培训和指导。从近三年看，每年针对档案管理人员的培训较少，且多是通过远程视频培训，缺少实务化的培训方式，难以适应新时期档案管理工作快速发展的要求。

三、完善文书归档工作的思考与进路

检察机关需积极应对当前检察机关诉讼档案归档现状，改变当下重办案、轻归档、轻利用，重被动、轻主动，重保密、轻开放，重传统、轻开发等问题，实现档案管理手段、档案服务方式、档案服务内容的转变，不断提升检察工作的科学化、规范化、信息化水平，更新检察归档工作理念，为检察工作科学发展提供更加丰富、便捷、优质、高效的服务。[①]

（一）构建多元主体参与的归档管理网络

以基层检察院为例，以院办公室档案科或者档案专员的管理模式过于单一，难以有抓手形成工作合力，需要进一步理顺检察档案接收、整理、保护、利用等一系列管理机制，

---

① 《关于新时期提高检察档案服务效能的思考》，http://m.xzbu.com/9/view-11650886.htm。

因此建设科学化的档案管理模式势在必行。

构建多元主体参与的归档管理网络，有利于凝聚监管合力、提升归档工作的准确性和完整性，档案管理部门要进一步落实案件归档监管机制，持续抓好《人民检察院诉讼档案管理办法》等规定的贯彻执行，结合统一业务应用系统建立诉讼档案归档检查，对照收案登记本、统计报表、诉讼档案移交登记本、诉讼案卷目录进行专项检查、逐条清理，要求案件承办人将案卷全部整理归档，推动历史案件和现行已结案件应归尽归，确保诉讼档案完整率。要严把归档入口关，由专职档案员对办案人员移交的档案进行审核，确保诉讼档案归档准确率。在制度层面，档案管理部门需要进一步整理修订、完善相关档案管理制度，深入推动归档工作机制顺畅运行。

档案管理部门要加强同案件管理部门的沟通合作，充分利用案件管理部门对案件流程动态实时管理的职能优势，合理开发归档结案应用软件，并植入案件流程管理过程，推行归档结案制度。案件管理部门要压实"线下"案件线上登记、案件流程监控及质量评查等工作要求，探索先评查后归档模式，及时纠正诉讼档案的材料缺失、格式不规范等问题。可以成立由办案人员、科室兼职档案员和档案质量督查小组，每月定期开展档案质量评查，联合案管部门统一管理诉讼档案质量，构成案件质量检查体系，提高档案质量管理效果和档案流转入库的安全性。①

针对档案制度落实不严、诉讼档案未及时归档等问题，政治部要严格根据档案管理部门的督查结果进行公共目标考核，凡逾期未归档的部门，按照逾期未归档案件数进行扣分。并将检察档案的考评纳入检察官业绩考评体系，建立离院、调岗人员诉讼档案归档和归还审核机制，办理案卷移交和借阅档案归还手续，严格落实"案结归档""事结归档"的刚性要求。对于应归未归、借阅未还的不能办理离岗或交接手续，从讲政治和防范化解风险的高度认真解决归档问题。

从部门层面，检察机关的归档工作是体现各业务部门工作质量和工作效率的重要内容，业务部门需要履行好归档主体责任，将案件归档工作与检察业务工作同时部署，将结案工作延伸到归档阶段，在强化办案质效的同时实现归档工作的高质量发展。从个人层面，全体检察干警需要进一步提高政治站位，深刻认识到不归档直接关系国家安全、法治安全、办案安全、检察安全，切实增强归档工作的责任感和使命感。

（二）深化数字档案室服务能力建设

新修订的《档案法》对档案全面信息化建设提出了明确的要求，为检察机关档案信息化工作的创新发展提出了新的标准。新《档案法》第五章第三十六条规定"机关、团体、企业事业单位以及其他组织应当积极推进电子档案管理信息系统建设，与办公自动化系统、业务系统等相互衔接"，第五章第三十七条规定"电子档案与传统载体档案具有同等效

① 山东省人民检察院：《山东沂南县检察院发挥四大功能提升检察档案管理水平》，http://www.sdicy.gov.cn。

力，可以电子形式作为凭证使用"。2020年9月，国家档案局在《国家档案局关于进一步推进机关数字档案室建设的意见》中提出，数字档案室建设是机关开展档案信息化建设的主要形式，对引领检察机关档案工作转型升级、提升检察机关档案工作水平具有重要意义。

档案数字化，是指利用数据库技术、数据压缩技术、高速扫描技术等技术手段，将纸质文件、声像文件等传统介质的文件资料和已归档保存的电子档案，系统组织成具有有序结构的档案数字信息库。与纸质档案等传统介质的档案资料相比，数字化档案资料具有节省档案存储空间、缓解档案原件频繁使用磨损、提高信息检索速度、加强档案信息资源的开发和利用等方面的优势。S市档案管理信息系统在全国范围内信息化进程发展较快，档案数字化水平稳中有进。C区院的诉讼档案均在档案管理系统中录入归档，非诉讼档案通过C区政务网完成在线归档，较好完成电子化录入，但是在数字化管理和深入运用上，仍与数字化档案室建设的要求存在差距。新时期下，需要进一步用数字化手段打造档案优质管理运行平台，突破目前对档案仅限于保管、储存的功能定位，提高检察档案的查阅利用率，突出档案在各项检察工作中的深化运用，努力挖掘档案资源在检察业务中的服务功能和使用价值，提高检察档案的深度信息化程度。通过深化数字档案室服务能力建设，对于有参考利用价值的档案信息进行深度整合、加工、提炼，积极稳妥推进检察档案的数字化管理、网络化应用，[①]实现档案管理工作的转型升级。

1. 建立档案信息资源共享库

建立档案信息资源共享库，需要将诉讼文书材料和非诉讼文书材料、音像档案资源实现全面电子化，并按照年度、案件类型等进行分层次梳理，对新类型、重大疑难案件进行重点标注，推动统一业务用系统与档案管理系统的对接，强化人工智能在司法场景中的应用，实现类案智能推送和智能统计，查阅者可以通过预先设定的权限，直接对相关案卷材料进行查阅和下载，方便办案人员有针对性地选择所需案卷材料作为参考，通过查阅参考同类型案件的检察工作，提高办理疑难复杂案件的效率，改变目前检察档案利用率低的现状，发挥已归档的案卷材料对检察办案的引领作用，探索检察案例、数据对科研院校的开放和共享，有利于进一步加强资源共享，提升检察档案的转化应用层面，形成司法实践供给与理论智慧支撑交互共进的良好格局。

2. 构建预归档档案跟踪系统

针对预归档的档案问题，不仅要从思想认识、规范化管理方面紧抓实际归档率，还需要深化利用信息技术，档案管理部门应当联合技术部门，针对各业务条线的具体情况在系统中制定预归档的标准操作流程，并不断进行完善，细化各业务条线预归档的要求和流程，将久拖不归、应归不归的案件和确实需要预归档的案件进行分流，保障预归档功能的发挥。同时，档案管理部门需要定期对预归档阶段的归档材料进行盘点，将预归档的案卷目录进行公示，一方面可以让遗漏的材料及时归位，另一方面可以让业务部门对照核查经

---

① 江苏省盐城市人民检察院、盐城市大中区人民检察院：《坚持"四为"着力"四新"助推检察档案工作升级发展》，http://www.zgdazxw.com.cn。

手的归档材料，及时让出现偏差的材料进行补正，确保预归档工作的规范性和系统性。

3. 主动提高检察档案的服务效能

一方面，检察档案管理部门需要充分利用档案资源，运用大数据、人工智能等新技术不断创新档案信息服务模式，为追捕追诉、控告申诉案件办理提供技术支撑。一是对另案处理、在逃等不能批捕、起诉的情形建立历史记录电子跟踪系统，对一些在逃的案犯在另案中到案而侦查机关又未发现的，发挥诉讼档案的信息管理功能进行归纳提示，助推案件质量的提高。二是建立涉访、再审案件专档。数字档案室应当对所有进入控申部门来访来信所涉案件、刑事、民行涉抗涉访案件档案进行特别标注。接访人员输入相关信息，档案管理人员就可即时查询相关档案内容，及时传输到接访人员的电脑上，促进档案工作在提升接访质效方面的重要作用。

另一方面，档案管理部门可以把诉讼档案和非诉讼档案资料作为重要信息源，进行深度分析和利用，围绕检察工作的重点、难点、热点问题以及社会关注的问题，为理论调研或领导决策提供参谋。档案管理部门可以利用档案信息资源，主动与相关科室加强合作，将特色部门的历史档案资料予以多角度、多层次的分析整理，为重大活动开展提供有效的档案信息服务。

4. 档案数字化工作要谨防失泄密

档案数字化工作流程中，生产、流转、存储、利用4个环节均可能存在失泄密隐患，如档案数字化资料流转不登记、存储载体丢失、违规复制扩散等风险。因此，在强调档案深度数字化的同时，需要进一步强化档案数字化全过程保密监管，对外包公司进行严格的保密审查和监管，规范档案数字化成果管理，对存储数字化档案的信息存储设备、系统要通过建立台账等方式完善后台管理机制，并严格区分数字档案涉密与非密，加强对数字档案的安全防护，定期进行检查。

（三）推进档案队伍专业化建设

检察机关要贯彻落实新《档案法》和机关档案管理规定，畅通选人用人渠道，配齐专业化档案人员，加强对档案管理人员的培训和培养，定期开展档案实务业务培训，培养"互联网＋档案"专业型检察档案人才，不断强化档案专员的数字化转型理念，塑造一支政治强、业务精、纪律严、作风好的档案管理人员队伍。档案人员要改变档案工作理念、熟练掌握档案工作基本规范，观摩交流档案信息化经验，不仅要严把归档入口关，还要积极适应新形势检察档案工作发展需要，统筹做好档案的电子化深入运用工作，服务保障检察工作高质量发展。

（责任编辑：薛莉萍）

检察指导案例的司法实务现状与完善机制

陈军标*

检察指导案例是指由最高人民检察院依检察监督职能，经适当程序确立并经适当形式公开发布的、具有典型和指导意义且处理结果已经发生法律效力的案例。①随着我国社会主义法治体系的不断完善，案例指导制度以及指导性案例日益被法学理论界以及司法实务界所认可，越来越多的法律人加入指导性案例的研究队伍中，无论是学术专著、论文，抑或是司法实务中发布的指导性案例的数量都呈现逐渐增加的态势，可见，案例指导制度的发展与完善是当前的大势所趋。但是，检察指导案例的实施在我国并没有实现应有的效果，探究造成现状的原因并提出针对性的解决方案，不断完善案例指导制度是检察机关当前面临的重大课题之一。

一、检察指导案例的现状分析

（一）检察指导案例的效力分析

最高人民检察院于 2010 年 7 月 29 日发布《关于案例指导工作的规定》（以下简称《规定》），由此，检察案例指导制度在我国开始了正式的探索。2018 年 10 月 26 日，修订的《人民检察院组织法》第二十三条规定：最高人民检察院可以发布指导性案例，检察案例指导制度在立法上正式被确立。与英美法系国家不同，我国是以成文法为判决依据的国家，因此，指导性案例处于什么样的地位，其是否具有强制拘束力，是需要进行确认的。自 2010 年发布《规定》后，最高人民检察院于 2015 年和 2019 年两次对《规定》进行修订。对于检察官在办理具体案件时是否需要参照指导性案例，2010 年的规定是"可以参照"，2015 年经过修订改为"可以引述作为释法说理根据"，2019 年经过修订则更改为"应当参照指导性案例办理"，内容也从最初的"要旨、基本案情、诉讼过程"拓展至"关键词、要旨、基本案情、检察机关履职情况、指导意义以及相关规定"。由此说明，最高人民检察院在不断完善指导性案例的内容，并且也在逐渐增强指导性案例的适用刚性。但是，从《规定》的第十五条"但不得替代法律或者司法解释作为案件处理决定的直接依据"的表述中可以看出，检察指导案例在我国的法律体系中起到的是一种补充或"样板"的作用，通常学者们认为指导性案例具有"准司法解释"的地位。可见，检察指导案例的

---

* 陈军标，法律硕士，上海市黄浦区人民检察院党组成员、副检察长。

① 黄佑力、张廷波、刘金龙：《检察机关指导性案例探究（一）》，载 2020 年《第三届全国检察官阅读征文活动获奖文选》。

适用在司法实践中虽有一定的强制力，但是相较于判例法国家的判例的刚性效力还是较为薄弱的。

（二）检察指导案例司法应用现状分析

虽然最高人民检察院于 2010 年就发布了《关于案例指导工作的规定》，但是，根据北大法律网指导案例研究组于 2016 年发布的《"两高"刑事指导性案例的司法应用年度报告》中指出，截至 2015 年，在最高人民检察院发布的 23 个刑事指导性案例中，尚未发现被应用于司法实践的现象。[①]而截至 2015 年，最高人民检察院也没有通过公开的渠道发布指导性案例，直至 2016 年才开始陆陆续续对外发布检察指导案例。截至 2021 年 2 月，最高人民检察院发布的指导案例总数为 102 个。（每一年发布的检察指导案例具体情况见图 1）

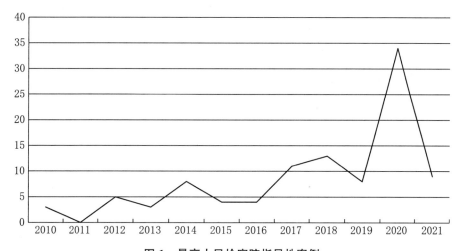

图 1　最高人民检察院指导性案例

自《规定》发布至今，已超过十年，但是，最高人民检察院发布的指导性案例仅有 102 个，数量少也意味着所涉及的罪名和程序的范围较为狭窄，反映在司法实践中就自然会导致大多数案件无法参照检察指导案例、检察指导案例的适用率低下的情况。从现实状况来看也确实如此，检察官在办理具体案件时，经常忽略对指导性案例的查询与参照，即使有所引用，也只是对指导性案例的要旨或指导意义进行把握，指导性案例中的案件细节没有进行类案的对照，处于"含糊"适用的状态。甚至存在一部分检察办案人员对于指导性案例只知其存在，但是对于其具体的内容以及相关的规定并不了解。

二、检察指导案例现存问题剖析

通过对检察指导案例的现状分析可以看出，检察指导案例在司法实践中的适用状况并不理想。而造成如今这种情形的原因也是综合性的。

---

① 参见北大法律网指导案例研究组：《"两高"刑事指导性案例的司法应用年度报告》，http://www.cssn.cn/fx/fx_yzyw/201601/t20160126_2844989.shtml。

（一）数量不足、类型稀少

如前所述，自《规定》发布的十余年来，最高人民检察院发布的指导性案例相较于刑法的四百多个罪名而言，可以说是杯水车薪，因此，在司法实践中，检察官常常也面临"无案可考"的状况。而分析公布的这 102 个检察指导案例，还反映出两个特点：其一，指导性案例来源集中。指导性案例来源以东部发达地区为主、以基层检察院为主。①上海、浙江、广东等地区的案源较多，一些省市报送的案例还没有被最高人民检察院收录为指导性案例。而我国是一个幅员辽阔的国家，各省各地的情况是不一样的，此现状导致各地检察机关对于指导性案例的需求实际上是多样化的，而较为集中的案例来源显然无法满足多样性的需求。其二，指导性案例类型比例失调。当前，"四大检察""十大业务"的检察新格局已经基本形成，但是从发布的检察指导案例来看，主要还是集中在刑事检察的内容。虽然 2020 年发布的检察指导案例的类型相较于以往来说已经较为丰富，但是民事检察、行政检察和公益诉讼检察的数量依然较少，呈现出失衡的状态，与"四大检察"全面协调充分发展的要求不相符合。而即使是发布若干个与公益诉讼相关的指导性案例，也大多与环境有关，其他范围的公益诉讼案件并没有发布指导性案例。

（二）机制缺陷

案例遴选的方式主要是通过下级检察机关逐级申报至最高人民检察院。实践中，很多时候办案部门的检察官对于报送典型案例没有敏感度，而会由检察机关的法律与政策研究部门来进行案件的挑选，然后呈报给上级检察机关。据调研发现，指导性案例的采纳适用与案件的类型、案由、提供主体、提供方式、诉讼程序等具有显著相关性。②这样一来，就会导致推送案例的部门可能并非实际办理该案的部门，那么报送案例对于司法实践的指导意义和实际价值就有待考察。因此，从顶层设计的角度来看，如何弥补案件报送机制上的不足也是需要进行探讨的。

制度层面，还存在另外一方面的问题，即制度不全、缺乏细则的问题。当前，最高人民检察院发布的《规定》一共只有二十条，而且这二十条的规定基本都是一些原则性或者方向性的规定，对于检察官在实践中应当如何具体适用检察指导案例的内容并没有过多涉及。如何判断办理的案件与指导性案例属于类似案例，如何对指导性案例中的要旨进行把握，是否能够适用指导性案例中的所有法律法规等，对于检察官而言都是至关重要的，但是这些内容目前尚属"空缺"。

（三）案例呈现及释法说理问题

可以看到，最高人民检察院发布的指导性案例是经过重新编辑之后的版本，并非案件的原文书的体现，尤其是对案件的事实描述有很大程度上的删减。虽然案件或文书的要点得到较为全面的呈现，但是不能排除因为一些细节的不同而导致办理案件与指导性案例并

---

① 黄祖师、李国宝：《中国特色的检察案例指导制度研究》，载《检察调研与指导》2019 年第 5 期。
② 彭中礼：《司法判决中的指导性案例》，载《中国法学》2017 年第 6 期。

非同类案例的情况，从而排除对指导性案例进行参照的情形。因而，目前的指导性案例的呈现较为简单，形式也比较单一，无法满足司法实践的需求。除了前述的缺陷，案例的只增不减也是现存隐患之一。随着时代的不断进步与发展，犯罪形式日益多样，社会背景也在不停变换，但是现有的检察指导案例从未做过删减工作。当年的检察指导案例是否还符合当下的现实状况，是否存在因政策变化或法律法规的更新而不再适用于现行的法律体系的情况？这些似乎没有引起重视。如果确实存在这些情况，那么检察官在办理具体案件时可能就会陷入纠结，进一步导致指导性案例适用率的下降。

此外，指导性案例的释法说理其实是不够充分的，这会严重阻碍检察指导案例在司法实践中的适用。法律的推理过程对于检察官在办理具体案件的过程中类比进行推理是非常关键的。在我国的法律文书中，存在很大一部分法律文书释法说理不充分的情况，检察机关由于其本身的定位有别于法院，没有最终的案件决定权，因此，检察机关相较于法院而言，在释法说理的能力上有所欠缺。但是，既然选择某个案例作为指导性案例，就要破除该案例的相关文书在释法说理方面的局限，完善指导性案例的说理内容。

（四）法检各自发布指导性案例

指导性案例分为最高人民法院发布的指导性案例与最高人民检察院发布的指导性案例，由于检察机关与审判机关的职责定位不同，因而发布指导性案例的侧重点也不一样。目前，也尚未形成法检共同发布指导性案例的机制，各自独立发布，导致指导性案例之间欠缺衔接的制度，从而可能会产生矛盾，让下级机关对于指导性案例的适用无所适从，也间接降低了审判机关与检察机关的积极性。此外，除了在指导性案例上最高人民法院与最高人民检察院之间缺乏交流，检察机关所面临的问题可能更多，检察机关的诉讼地位决定了检察指导案例的作用发挥是很有限的。众所周知，审判权是掌握在法院手中的，检察机关提出的量刑建议只是作为"建议"，并不会成为终局性的决定，因而，在参照指导性案例时，办案检察官可能更加倾向于参照法院发布的指导性案例，以避免案件移送至法院，进入审判阶段后与法院的审理发生冲突。但是，如此做法又违背最高人民检察院发布指导性案例的初衷，无法发挥检察指导案例的价值。

（五）观念淡薄、缺乏配套机制

从实践来看，相当一部分检察官并没有形成参照指导性案例的习惯。当然，究其原因，也是多方面的。如案例数量少而无可参照、机制缺乏或释法说理不明而不会参照、害怕与法院冲突而不敢参照等，都是造成检察官在办理具体案件时养成案例法观念的障碍。如前所述，我国属于成文法国家，指导性案例在实践中的作用相较于法律法规是要低得多的，并且，我们的案例指导制度在本土的发展时间也比较短暂，理论体系和制度框架等都还不够成熟，因而没有形成良好的氛围帮助检察官塑造正确的案例法观念。当然，缺乏相应的配套机制也是原因之一。这里的机制不仅仅是对检察人员的培训或考评机制，也包括案例应用和管理机制等。检察人员对于指导性案例的敏感度不高的很大一个原因在于检察机关对于指导性案例的专项培训并不重视，更别说将其作为一项常态化的制度。而在当前的检察官考评机制当中，没有突出检察指导性案例的作用，检察官们大都不愿意主动去参照指导性案例，因为参照指导性案例与否并不会对考评的结果产生太大影响，如果参照错误反而有可能降低考评的结果。而从其他的配套机制来看，在检察机关的办案系统中，也没有设置相应的模块，对检察官适用指导性案例进行形式上的要求，因此，检察官在办理具体案件时，只有《规定》第十五条中"各级人民检察院应当参照指导性案例办理类似案件"的引领性的规定，但并没有实操的具体硬性要求。

三、检察指导案例的完善路径

（一）顶层建设

1. 加强指导性案例的数量和质量

如前文所述，目前，最高人民检察院发布的指导性案例的频率和数量都较少，无法满足司法实践多元化的办案需求，限制了案例指导制度的应有价值的实现。因此，增强指导性案例的发布力度和案例质量是关键。而增加案例数量的方法，除了需要最高人民检察院有意识地增加指导性案例发布的频率和每批的数量之外，还可以通过扩宽案例来源途径的方法，间接帮助增加指导性案例发布数量。检察指导性案例备选案例的来源有多种渠道，但在实践中主要还是最高人民检察院各检察厅和法律政策研究室向下级人民检察院征集。[1]这样的方式虽然较为高效，但在实施的过程中，出现了负责报送案例的部门与实际的办案部门并非同一部门等问题，所以这种较为单一的案例选送模式一定程度上也限缩了案例的储备数量。因此，拓展案例报送的渠道，可以通过如向法学专家、律师等法律专业人士征集有关案例等途径，增加备选案例的储备。

而在案例的质量方面，首先应当解决的是释法说理问题。文书常见，但质量高的文书并不常有。由于发布的指导性案例的篇幅都比较简短，对于案情的整体呈现与法律逻辑的推演等并没有进行深入的剖析，因而，需要在这两方面着重加力。对于案情的呈现，可以通过在每个指导性案例的后面附加案件的所有法律文书的链接，让检察人员对指导性案例能有整体的把握。而在释法说理方面，更需要下功夫，因为这直接影响到指导性案例的适用与否，说理越细越清晰，检察机关就更容易进行把握。除了上述的两点，最高人民检察院还可以调整过往零星式、碎片式的发布方式，开展案件的类型化探索，一方面能对某些类型案件进行体系性的梳理，另一方面也便于下级检察机关依据主题开展具体的指导与培训。在数量达到一定程度时，可以按照案件类型或程序进行归类整理，以便实践适用。

2. 增强指导性案例的强制性、注重比例调节

虽然《规定》对适用指导性案例作出了一定的刚性要求，但是，实践中，检察机关对于《规定》第十五条并没有非常深入地领会、学习，也没有进行大面积地适用。体现出的是检察指导案例还是存在刚性不足的情况。因此，最高人民检察院可能还需要对案例指导

---

[1] 刘占勇：《检察案例指导制度：实践现状与发展完善》，载《中国检察官》2020年第11期。

制度的重要性、意义等内容进行进一步的强调，并且出台相应的政策或制度在程序上强化指导性案例的适用。对于检察机关在办案过程中如何适用指导性案例明确步骤，虽然可能做不到非常详细的规定，但是可以明晰适用指导性案例的几个大方向的要求，再由各地检察机关因地制宜地逐渐细化适用规则。

另外，在筛选检察指导案例的时候，最高人民检察院应当要注重比例的均衡。正如笔者前文所阐述的那样，比例失衡的表现不仅仅体现在"四大检察"的布局上，某一领域内的指导性案例的类型比例也是存在轻重不一的情况。因而，最高人民检察院在注重增加指导性案例发布的数量和频率的同时，也需要把握好案件类型的比例与平衡，注重民事检察、行政检察和公益诉讼检察的指导性案例的发布以及在各个检察业务中不同类型案件的筛选，以体现检察机关对于"四大检察"业务的重视程度。

3."两高"联合发布指导性案例

目前，最高人民法院与最高人民检察院都是各自发布指导性案例，未有共同发布的先例，因此，可以探索建立指导性案例共同发布机制。虽然检察机关与审判机关办理案件的职责是不一样的，发布的指导性案例的侧重点也是不一样的，但是如果能够在一个案件中形成共识，就一个案件的全流程进行清晰的呈现，并且在发布之前就调和程序上或实体上的矛盾，能够大大提升法检对指导性案例的适用率与适用深度，同时也能够缓解检察机关不知参照最高人民检察院指导性案例还是最高人民法院指导性案例的尴尬处境。

4.修、减案例制度和回应说明机制建设

自最高人民检察院颁布指导性案例以来，从未有过修改或者减少指导性案例的情况，这与不断发展与完善的法律体系实际上是并不相符的。随着刑法、刑事诉讼法或一些法规、政策的修改或出台，对于那些已经不适应现有法律体系或与规范发生冲突的指导性案例应当进行修改或者删减，以确保检察机关在适用指导性案例的时候不会因为指导性案例与法律规范不一致而陷入纠结，也能够间接提升指导性案例的适用。

再者，可以建立指导性案例的回应说明机制。不仅仅是在发布新一批的指导性案例时对这一批指导性案例进行较为全面的说明，而且可以就上述例如修、减相关指导性案例的时候作出解释。而回应说明机制应当是一种常态化的机制，在下级检察机关提出适用疑问的情况下，由专门的部门进行解答，一方面可以减少下级机关适用指导性案例的顾虑，另一方面也可以帮助最高人民检察院反复审视已经发布的指导性案例，查缺补漏，不断完善案例指导制度。当然，除了内部回应，对于外部也要建立相应的机制，对案件的当事人、诉讼代理人等外部人员的疑问等，也需要进行回复，从内部和外部双管齐下共同推进检察指导案例的适用。

（二）基层实践

1.开展培训，树立正确理念，养成习惯

从实践来看，下级检察机关，尤其是基层检察机关对于检察指导案例大多只有概念，而没有切实地将该制度融入日常办案中。因此，就实践层面最为根本的方法是改变检察办案人员的办案思维。检察机关，尤其是下级检察机关，在领会最高人民检察院的精神后，应当积极开展相应的培训，传达检察案例指导制度的理念、原则等，让检察办案人员能从内心产生对于指导性案例适用的认同，并在不断的培训与实践中逐渐养成正确的案例指导思维。除了在每次发布指导性案例时积极邀请相关法学专家给检察办案人员进行较为系统性的培训与解读，也要将这种培训机制常态化，直至检察办案人员将其融入日常工作中，养成良好习惯。

2. 健全参照方法

最高人民检察院发布的指导性案例是宏观层面的举措，而落实到检察机关的办案工作中，应当要更加细化指导性案例的适用程序和规则，让检察办案人员有可操作的细则可以遵循。细化参照方法的第一步应当是要明确判断标准。笔者认为，需要细化的内容主要有以下几个方面：首先，要明确类案判断规则。关于类案的判断标准，学界及实务界多数意见认为是基本案情相同或基本事实相同。①类案的判断应当以事实为依据，如果对照案例与指导性案例的基本案件事实可以相互呼应，就可以初步判断属于类案，当然，这里的类案判断并非是指所有的案件事实都要一一对应，对于一些不会改变案件整体情况，不会影响案件定性的内容可以不用过分关注，只要基本事实与案件的争议焦点基本相同即可。其次，要明确指导性案例中的可参照内容。指导性案例的参照内容，以当前的指导性案例的体例为例子，在判断属于类案之后，需要重点关注的应当是案例要旨、指导意义和相关规定为主。而检察机关履职过程可以从中提炼办案的技巧和规范流程，加以借鉴。

3. 设立专业团队负责信息传输

下级检察机关可以设立专业的团队，先以团队的这一小部分人为切入点，邀请专家对团队进行全方位的培训，让整个团队的专业化水平达到要求，对指导性案例的适用有深入的认识和准确的把握。在最高人民检察院每一次发布指导性案例的时候，可以由专业的团队先对指导性案例进行整合，传达这一批指导性案例的主要信息，归纳其中的重点，提炼精华部分。通过制作简要和详尽的两份信息让检察办案人员在需要的时候可以快速掌握和适用。专业团队可以结合本地或本院的情况，对指导性案例的传达有所侧重。此外，可以邀请院内的检察人员积极加入团队的研究工作，群策群力，共同推进检察指导案例的适用。

（三）配套机制

1. 构建数据库建设、设置应用程序

实际上，在《规定》中已经为数据库的建立提供了正当的基础，《规定》指出"最高人民检察院加强指导性案例编纂工作，建立指导性案例数据库，为各级人民检察院和社会公众检索、查询、适用指导性案例提供便利"。检察机关应强化指导性案例的信息化检索功能，将人工智能应用于指导性案例工作，利用人工智能系统提供案件对比、指导性案例

---

① 陈真楠：《司法体制改革背景下的检察案例指导制度》，载《人民检察》2019 年第 7 期。

推送、类似案例推送的智能化便利服务。①然而，目前，数据库的建立情况并不理想，设置的模块、相应的技术还有待完善。笔者认为，可以通过以下几个方面加以改善：首先，数据库的案例储备可以增加除指导性案例以外的与指导性案例类似或相关联的案例，以增加示例的数量，帮助检察机关更快把握；其次，设置案例的分类储存和类型化的检索的功能，在检索案例的时候能够自动推送相关的案例，以便检察人员能够更加快速、准确提取需要的信息；最后，可以建立辅助的数据库系统，例如法律、司法解释和业务规范的数据库等，以完善数据库的整体建设。

除了借助信息技术手段建立数据库之外，还可以依托当前的检察统一业务应用系统来帮助提升指导性案例的适用率。在系统中的案件管理的部分，设置相应的选项，要求检察人员必须填写是否参照指导性案例，以及参照与否的原因。尤其是当案件文书的内容与指导性案例的关键词、要旨、指导意义和相关规定发生较多重合的时候，检察办案人员若不适用指导性案例，必须进行详细地说明与解释。

2. 激励措施

探索将检察指导案例的适用作为检察办案人员考核的一个模块，当然制度的设置无法一蹴而就，可以先行建立相应的激励措施，鼓励检察办案人员在办理案件的过程中积极主动适用指导性案例，对适用主动性强、适用准确度高的检察人员予以一定的精神和物质上的奖励，安排他们对实践中如何把握和应用指导性案例在院内进行交流，从而激发大家的热情，逐渐推进检察指导案例的适用纳入检察人员日常的考核中。

（责任编辑：薛莉萍）

---

① 张杰、苏金基：《检察指导案例的实践应用效果》，载《国家检察官学院学报》2018 年第 4 期。

审查批捕起诉环节律师辩护全覆盖的实践探索及路径选择

上海市闵行区人民检察院课题组*

现代刑事诉讼制度是由审判、控诉、辩护三方按照控审分离、审判中立、控辩平等的构造组成的。在我国,刑事辩护的方式主要是委托辩护和法律援助辩护,经统计,我国的刑事辩护率不到30%,其中,通过自行委托和法律援助获得辩护的比例约各占一半。①自行委托辩护受到被追诉人知识水平和经济情况的影响,把辩护率的提高寄希望于自行委托,从现阶段乃至今后较长一段时间内看都是不现实的。从我国国情出发,刑事辩护率的提高、"刑事辩护全覆盖"的推行,主要还是要依靠对法律援助制度的探索。本文侧重于对检察环节即审查逮捕及审查起诉环节刑事辩护全覆盖的探讨,重点研究如何保障律师在检察环节参与的普遍性与有效性,包括如何促进法律援助律师及值班律师的及时有效参与、如何更好地发挥律师在逮捕诉讼化及认罪认罚从宽制度中的作用、如何保障律师在审前阶段的各项辩护权利等,以期将刑事辩护律师全覆盖真正落到实处,全面加强人权保障。

一、上海检察环节刑事辩护全覆盖方面的实践探索情况

(一)相关实施办法与指导意见的制定

近年来,上海检察机关结合本地区工作实际情况,积极探索刑事辩护全覆盖工作,制定了一系列刑事案件律师辩护相关的具体工作办法,其中与检察环节刑事辩护相关的文件如下:2013年9月上海市高级人民法院、上海市人民检察院、上海市公安局及上海市司法局签订《上海市刑事法律援助工作实施办法》,2016年上海市人民检察院出台《上海检察机关侦查监督部门逮捕公开审查工作实施办法》及操作规范,2017年8月上海市人民检察院、上海市司法局签订《关于加强审查逮捕阶段听取律师意见工作的实施意见》,2017年上海市高级人民法院、上海市人民检察院印发《刑事案件认罪认罚从宽制度试点工作实施细则(试行)》,上海市人民检察院、上海市司法局印发《关于审查起诉阶段律师参与认罪认罚从宽制度试点工作的指导意见》,等等,为保障检察阶段律师参与的全面性和有效性提供有力支撑。目前,上海市在刑事案件审判阶段已基本做到刑事辩护律师全

---

* 课题组组长:彭志娟,法律硕士,上海市闵行区人民检察院原副检察长;课题组成员:张斌(上海市闵行区人民检察院)、郑晶晶(上海市闵行区人民检察院)、张潇雨(上海市闵行区人民检察院)。

① 顾永忠:《刑事诉讼律师辩护全覆盖的挑战及实现路径初探》,载《中国司法》2017年第7期。

覆盖，但从提高刑事辩护质量、实现有效辩护的角度看，刑事辩护理应逐步覆盖到刑事诉讼的侦查、审查逮捕、审查起诉全阶段，实现各阶段刑事辩护的有效衔接。

（二）闵行区人民检察院在检察环节刑事辩护全覆盖方面的实践探索

2018 年 8 月上海市闵行区人民检察院制定《关于开展刑事案件律师辩护全覆盖试点工作的实施办法（试行）》，该办法明确在审查逮捕、审查起诉阶段对没有委托辩护人的犯罪嫌疑人，符合规定的，由检察机关通知法律援助机构指派值班律师提供法律帮助或辩护律师提供辩护；检察官有应当告知犯罪嫌疑人有权委托辩护人的义务；列举了值班律师可以依法开展的工作；探索建立刑事案件律师专属辩护制度；检察官应积极听取律师的辩护意见；等等。同时，区检察院与区司法局、法律援助中心签订协议、建立协作，形成相应的工作机制，提高犯罪嫌疑人获得法律援助的比例，在实践中亦取得了良好的效果。

二、检察环节刑事辩护全覆盖的现状与问题

（一）审查逮捕阶段

1. 审查逮捕阶段值班律师全面覆盖

值班律师是特殊的法律援助律师，值班律师提供的无偿法律服务也是一种法律援助形式，在特定场所为受援人提供及时、临时的法律服务。在审查逮捕阶段，值班律师的会见范围应覆盖到所有被提请审查逮捕的犯罪嫌疑人（已聘请辩护律师或已申请法律援助的嫌疑人除外），为其及时提供法律帮助，具体内容包括：告知嫌疑人享有的诉讼权利及所需承担的诉讼义务、解答嫌疑人提出的有关诉讼程序方面的问题、询问嫌疑人在侦查过程中是否遭受侦查违法行为等，但在此过程中不应涉及案件事实、证据等实体性内容的咨询和交流。目前闵行区已建立了驻看守所值班律师制度，为在押犯罪嫌疑人指派值班律师入所会见，并提供法律帮助。但因审查逮捕阶段只有七天期限，值班律师每周一次或数次定期在看守所提供援助服务，不一定能够做到及时为嫌疑人提供法律帮助；审查逮捕阶段属于公安侦查阶段，涉及侦查秘密的保护，且值班律师并无对案件事实、证据的实质咨询权限，无法提出变更羁押、排除非法证据等意见，能够对嫌疑人提供的帮助十分有限。

2. 逮捕公开审查中律师全面参与

逮捕公开审查制度是推动审查逮捕程序向诉讼化方向转变的重要制度安排，检察机关以一个中立的裁判者身份充分听取侦查机关、辩护律师等各方就逮捕措施的合法性与合理性的意见，综合案件情况加以裁决。目前逮捕公开审查所涉及的案件限于事实清楚、证据充分，情节较轻，犯罪嫌疑人认罪，但对社会危险性有争议的案件。控、辩、侦三方围绕犯罪嫌疑人有无社会危险性及社会危险性大小，重点审查羁押的理由是否充分、证据是否充分，公开审查不涉及事实证据和法律适用。从闵行区律师参与逮捕公开审查的实践中看，大多数逮捕公开审查的案件是依检察机关的职权启动，通知嫌疑人委托的律师或者法律援助律师参与，司法局在接到申请文书后，基本能够及时派遣援助律师。但在七天时间内，留给律师会见、准备辩护意见的时间十分有限，律师无法提供新的证据材料或线索；

且现有制度未能明确律师在公开审查中的权利，如申请回避、排除非法证据等，律师发挥的实质作用有限；现阶段，公开审查案件数量占比不高，未得到办案人员充分的重视，依律师申请比例低。

3. 审查逮捕阶段听取辩护律师意见的情况

辩护律师在审查逮捕阶段的实质、有效参与度低，表现在以下几方面：一是检察机关在这一阶段一般不主动告知律师提请逮捕的时间、犯罪事实等情况，更不会主动征求律师意见，在审查逮捕法定期限较短的情况下，律师难以及时得知提请逮捕的确切时间；二是在此阶段辩护律师无阅卷权，仅可以向侦查机关了解犯罪嫌疑人涉嫌的罪名、案情的轻重以及案件侦查的部分情况，无法知悉案件的证据情况，很难针对案件事实提出有效的辩护意见；三是实践中律师在此阶段提出的意见得到检察机关的采纳率不高，部分检察人员缺乏听取律师意见的主动性、积极性。

（二）审查起诉阶段

1. 认罪认罚程序中律师的全面参与

认罪认罚从宽制度贯穿于整个刑事诉讼程序始终，辩护律师在不同的诉讼阶段均扮演重要角色。当前主要存在以下一些问题：一是认罪认罚的量刑标准法律规定模糊，包括量刑起点或基准刑期的确定、坦白自首赔偿等从轻处罚情节适用的幅度，量刑建议往往依据类似案件的判决模糊确定，缺乏统一、清晰的标准，律师或者嫌疑人无法根据确切的标准衡量检察机关提出的刑期是否在实质上有利于己；二是检察机关在认罪认罚案件中的量刑建议往往不会征求律师意见，即使律师提出异议，被采纳的概率也不大，律师大多无法充分表达意见，仅仅起到见证者、说服者的作用。

2. 值班律师参与认罪认罚程序的情况

犯罪嫌疑人自愿认罪认罚，没有辩护人的，检察机关应当通知值班律师为其提供法律咨询、程序选择、申请变更强制措施等法律援助。在认罪认罚案件中，许多犯罪嫌疑人经济条件不好，加上其自身认罪认罚，也认为没有必要委托律师协助辩护，故实践中律师辩护率很低，大多数犯罪嫌疑人只能通过值班律师获得法律帮助。但值班律师因为不具有辩护律师所拥有的阅卷、调查取证等辩护权利，无法全面客观地了解案件的全貌，在对案件情况处于没有明确掌握的情况下，无法完全投入地帮助被告人，为其提供有效的法律帮助。检察机关在办理认罪认罚案件时，在犯罪嫌疑人没有律师的情况下，通知值班律师到场，在形式上保障犯罪嫌疑人获得律师帮助的权利。

3. 律师在审查起诉阶段的辩护权

目前，辩护律师在此阶段的主要辩护权利体现在以下几方面：一是会见权。对于普通案件，律师可以凭借三证要求会见犯罪嫌疑人，同时不被监听，但未规定犯罪嫌疑人有权申请要求会见律师，会见权应当是被追诉人与律师的双向权利，当权利受到侵害时，以何种方式救济，是需要司法机关解决的问题。二是阅卷权。辩护律师自审查起诉阶段起可以查阅、摘抄、复制案件的卷宗材料，有利于律师更好地把握案件的整体情况。但阅卷时间尚未提前到审查逮捕甚至侦查阶段，与律师介入诉讼程序的时间不匹配，有待进一步完善。三是调查取证权。实践中，司法机关往往对辩护律师的调查取证请求持消极的态度，此项权利在证人或有关单位和个人以及被害人不同意作证或是司法机关不批准的情况下几乎很难实现。四是发表意见权。虽然在审查起诉环节，由于案件已经侦查终结，控辩对抗相对审查逮捕阶段有所缓和，但因为办案机关移送案件及案件所处的诉讼阶段很少主动告知律师，律师对案件进展的知情权很难得到充分保障，无法及时提出意见。即使律师提出意见，检察机关也很少制作笔录并附卷，给予充分的重视。

三、进一步推进检察环节刑事辩护全覆盖的路径

（一）完善刑事法律援助制度

1. 确保检察环节刑事法律援助应援尽援

实践中可从以下几方面保障律师参与的全面性：一是检察机关与司法局、法律援助中心建立协作，在看守所、检察机关设立值班律师常驻点，保障嫌疑人自被拘留时开始，全面、及时从值班律师处获得相应的法律帮助。二是检察机关自审查逮捕阶段开始，发现嫌疑人符合申请法律援助条件的，应当及时为其向法律援助机构申请指派律师，犯罪嫌疑人自行提出法律援助申请的，及时将申请转达法律援助中心，启动审查核准程序。三是逐步放宽申请法律援助指派律师的具体条件，逐步实现在检察阶段，除嫌疑人自行委托律师外，法律援助指派律师全覆盖。

2. 构建多元化刑事法律援助模式

推进刑事案件律师辩护全覆盖，前提需要有足够数量的刑辩律师作为人力资源保障，面对庞大的刑事辩护需求，有必要对现有的刑事辩护进行"供给侧"结构性改革。[1]一是壮大刑事辩护律师队伍。司法部门、律师协会应当提升对刑事辩护业务领域的重视程度，加强对青年律师的引导和培训，缓解我国刑事辩护的压力。二是加强公职律师队伍建设。为进一步解决部分地区刑事辩护工作案多人少的状况，有必要加强公职律师队伍建设，以公务人员的身份和相对稳定的收入吸引人才投身于法律援助事业、刑事辩护领域。在公职律师队伍的组成方面，未入额办案人员及从公检法机关退休的工作人员均是法律援助机构可以吸纳的优质资源。三是探索建立政府购买法律服务。[2]在有条件的地方可以开展合同制政府购买刑事法律援助服务，着力探索合同招标等公共服务市场化的方式在刑事法律援助领域的应用。

（二）完善检察环节的值班律师制度

1. 明确认罪认罚制度中值班律师身份定位

尽管修正后的《刑事诉讼法》将认罪认罚从宽程序中的值班律师认定为法律帮助者，

---

[1] 顾永忠、陈效：《中国刑事法律援助制度发展研究报告（上）》，载《中国司法》2013 年第 1 期。
[2] 吴羽：《我国刑事法律援助中合同制度的建构》，载《江西社会科学》2017 年第 3 期。

不是辩护律师，但要完善我国值班律师制度及其在认罪认罚程序中的作用，首要任务就是赋予值班律师享有辩护人的身份，或者起码定位为享有辩护权的法律帮助者。值班律师的法律帮助应当是实质性的，包括为嫌疑人提供不限于程序方面的法律咨询、见证认罪认罚，签署具结书、帮助嫌疑人与检察机关量刑协商等，这便要求值班律师的权利应当包括阅卷权、会见权和调查取证权等关键性的权利。值班律师只有通过阅卷才能全面了解案情，从而在控辩协商的过程中获得与检察机关对话、协商的能力。值班律师只有通过行使阅卷等权利，才能进一步加深对案件事实的了解和对证据的整体把握，恰当分析被追诉人罪与非罪，权衡认罪、认罚的必要性和可行性，从而保证其提出法律意见的合理性。最高人民法院、最高人民检察院、公安部、国家安全部、司法部《关于适用认罪认罚从宽制度的指导意见》赋予值班律师会见犯罪嫌疑人、被告人，自审查起诉之日起查阅案卷材料、了解案情的权利，这是一个重大的进展。

同时，值班律师在充分阅卷的基础上，当发现案卷中遗漏了无罪或罪轻的证据材料时，还应当赋予其向检察机关申请调查取证、补充证据等权利，从而帮助被追诉人与检察机关进行量刑协商时获取更低的量刑结果。

2. 完善值班律师的配套保障机制

值班律师在被追诉人没有委托辩护人或法律援助律师辩护的情况下，发挥着临时性的补救作用。尽管在实践中值班律师参与率很高，但其法律帮助的效果却不尽如人意。要使值班律师发挥实质性的参与作用，必须建立相关的配套保障机制，提高其法律帮助的质量和效果。

一是建立值班律师数据库，设置较为严格的准入门槛。应当严格审查值班律师的准入条件，选择政治素养高、职业道德水平高、业务能力强并且具有一定执业经验的专业律师，建立一支有别于法律援助律师的专门的值班律师队伍，提高值班律师的业务素质，确保其提供法律帮助的责任心和案件质量。二是法律援助机构在检察机关常设法律援助工作站，派驻值班律师。实践中，因值班律师办案补助较低，固定坐班模式难以实现，一般为轮流值班模式，但容易导致工作衔接不畅。故可以采用信息化的办案新方法，如通过远程视频技术会见被追诉人或者与办案机关联系、了解案件情况等，从而摆脱时间和空间方面的限制，节约成本、提高便利性和工作成效。三是构建值班律师与辩护律师的工作衔接机制。值班律师在会见和阅卷的过程中应当及时将犯罪嫌疑人的情况和本人意见汇集，在完成职责之后与辩护律师进行案件交接。还可设置值班律师与法律援助辩护律师的转化机制，在被追诉人同意后，签订委托协议书就可以成为其审判阶段的辩护律师。

（三）保障检察环节律师辩护权利

1. 检察机关办案人员应当进一步转变司法理念

实践中检察机关办案人员对律师介入案件、行使法律赋予的权利有时会设置各种障碍，导致在检察环节律师的辩护权未能得到充分的尊重、辩护律师的执业环境不理想。故而检察机关办案人员首先应当强化程序正义、保障人权、依法办案等司法理念，确立保障律师刑事辩护权的客观公正原则。其次，办案人员应当树立尊重和保障辩护律师执业的意识。在刑事诉讼关系中，控辩双方应当具有平等的诉讼地位与对等的诉讼权利，办案人员与律师同为法律职业共同体中的人员，应当互相尊重，共同维护社会的公平正义。再次，办案人员应当全面正确认识辩护律师在刑事诉讼中的积极作用。在办理案件过程中，依法履行告知义务，主动与律师沟通，充分听取律师提出的辩护意见，对律师提出的有关程序上、事实证据上的异议，应当认真对待、及时回复。

2. 保障检察环节律师调查取证的权利

《刑法》第三百零六条关于辩护人毁灭、伪造证据、妨害作证罪较为模糊的规定是导致辩护律师不敢进行调查取证的最重要原因，此种情况下辩护权是不完整的。为了保障辩护权的充分行使，应对《刑法》第三百零六条进行更为具体的规定，对其犯罪构成进行更为明确的表述，为辩护律师如何调查取证提供指引。

应当在侦查、审查逮捕阶段即赋予辩护律师调查取证的权利。侦查阶段能获得的证据往往是最直接、最关键的，律师无法调查取证很容易错失对被追诉人有利的证据。

此外，可以赋予辩护律师相对独立的自主调查取证权。刑事诉讼法规定只有在有关单位和个人的同意下辩护律师才能对被害人及相关人员进行调查取证，从而使得律师调查取证时面对的困难更多。故建议在司法机关的同意下，辩护律师对被害人及相关人员的调查取证权具有强制性，被害人及相关人员有义务配合辩护律师的调查和取证。

3. 规范检察环节听取律师意见模式

听取律师辩护意见是实现当事人辩护权的重要体现，也是确保案件质量、防止冤假错案的必然要求。要求检察机关办案人员在办案过程中，应依法主动听取律师意见；法律未作规定但律师要求听取意见的，应当及时安排听取意见并制作笔录；律师提供书面意见的，应当附卷。具体规范如下：

一是明确辩护律师提出意见的时间和方式。审查逮捕阶段，公安机关提请逮捕的同时应当告知辩护律师在知道案件移送审查逮捕后3日内向检察机关提出意见，既可以给辩护律师一定时间充分行使权利，又不会影响检察机关的审查决定。①审查起诉阶段，应当规定在辩护律师阅卷完毕后的合理期限内可以向检察机关提出意见。关于辩护律师提出意见的方式，不应有所限制。二是对辩护律师意见材料的审查。对于辩护律师提出的与案件事实有关的证据材料，检察机关应当更加严格审查其真实性与合法性，进行实质性审查。审查完毕后，在相关文书中说明是否采纳及理由，附卷并随案移送。三是明确检察机关的意见反馈义务。实践中辩护律师的意见不受重视，致使其提出意见的积极性不高，因此，应当明确规定检察机关在经过审查后将意见是否采纳及理由以书面或口头方式回复辩护律师。

（四）探索建立刑事案件律师专属辩护制度

根据我国《刑事诉讼法》第三十三条的规定，除执业律师之外，人民团体或犯罪嫌

---

① 谢闻波：《审查逮捕阶段听取辩护律师意见工作机制研究》，上海市人民检察院内网，2015年3月20日。

人所在单位推荐的人、监护人、亲友等均可以担任其辩护人。但上述规定已然不适合现行刑事诉讼活动，有必要结合实际情况进行修改。在刑事案件中，获得辩护人有效帮助的权利，在被追诉人的所有权利中最具有影响力，因为它决定了被追诉人其他权利的行使。为保障辩护权得以充分而完整地行使，促成有效辩护的实现，应当建立刑事案件律师专属辩护制度。

规定非执业律师不可担任刑事案件辩护人。律师在刑事辩护中相较于非律师有着更高的专业性，对于法律程序的参与和实体法律的运用更为熟悉，刑事诉讼中，司法机关的工作人员也更愿意与律师就案件情况进行沟通，交流更为顺畅，更有条件为被追诉人争取合法的权益。因此有必要对《刑事诉讼法》第三十三条进行一定的调整，仍然允许法条中涉及的人员担任辩护人，但必须是具有执业资格的律师。①检察机关在办理案件中发现犯罪嫌疑人委托上述法条涉及的几类人员为辩护人的，应当通知法律援助机构指派律师为其辩护。

探索建立刑事辩护律师准入制度。刑事辩护是律师实务中较为复杂、相对具有难度的工作，可充分发挥律师协会的作用，设立统一的刑事辩护律师资格考试，提高准入门槛，使得有资格承办刑事案件的律师均具备相应的专业素养和办案能力。同时，还可建立相应的考核制度，对律师承办案件的数量和质量提出硬性的要求，帮助律师积累经验，提高专业素养。

（责任编辑：薛莉萍）

---

① 冀祥德：《刑事辩护准入制度与有效辩护及普遍辩护》，载《清华法学》2012 年第 4 期。

检察前终结诉讼案件跟踪监督机制研究

陆　平　邢光英*

检察前终结诉讼案件跟踪监督是由检察机关对未进入检察环节或从检察环节退回的刑事案件进行的监督。我国《宪法》《刑事诉讼法》和《人民检察院组织法》明文规定，检察机关是国家的法律监督机关，依法对刑事诉讼实行法律监督。探索构建检察前终结诉讼案件跟踪监督机制，是上海检察机关加强刑事诉讼监督，提升前端侦查环节的办案质量，充分履行法律赋予的监督职权的重要探索，能填补以往传统监督的空白，有利于做优做强法律监督主责主业。

一、检察前终结诉讼案件跟踪监督的必要性

（一）全面履行法律监督职能的内在要求

宪法是国家的根本法，《宪法》第一百三十四条明确规定人民检察院是国家的法律监督机关。此外，《人民检察院组织法》《刑事诉讼法》《人民检察院刑事诉讼规则》等法律法规及规范性文件，都明确了人民检察院的法律监督职能。作为法律监督机关，检察院对公安机关刑事立案、刑事侦查活动进行监督，是法律所赋予的工作职能。检察机关对刑事诉讼的监督，实际上是覆盖刑事诉讼全过程的监督。[①] 检察机关刑事诉讼监督机制的设计，应能够实现对所有刑事诉讼案件的诉讼活动进行监督。

（二）刑事诉讼监督过程中存在监督盲区

从以往司法实践来看，检察机关对刑事诉讼活动的监督职能实现主要依托于诉讼职能，即检察机关在办理审查逮捕、审查起诉案件时，一并审查报捕、移诉案件中诉讼行为的合法性，监督纠正其中的违法行为。基于这种监督理念与机制，在客观上，检察机关依职权进行的刑事诉讼监督被限制于报捕、移诉案件。然而在司法实践中，存在大量未经报捕、移诉即告终结，以及因不捕、不诉、退补等原因从检察机关退出且不再回归的刑事案件。

2017 年上海市各级公安机关刑事立案 18 万余件，刑事拘留 4.9 万人，但是提请审查逮捕的只有 3 万多人，移送审查起诉的 4.3 万人，约有 84% 的刑事案件立案后没有进入检

---

* 陆平，法学本科，上海市崇明区人民检察院副检察长；邢光英，法学硕士，上海市崇明区人民检察院检察官。
① 喻建立：《完善诉讼监督理论推进诉讼监督工作——第十二届全国检察理论年会观点综述》，载《人民检察》2011 年第 11 期。

察环节。①事实上，长期以来，大量未进入检察环节的这些刑事案件几乎脱离了检察机关的监督视野，而这类案件又是群众反映比较多的，既可能存在严重违法问题，还可能因为公安机关的侦查失误、违法取证，造成本应成案的刑事案件下行转为治安处罚，侵犯了相关当事人的合法权益。检察机关对该类案件开展监督，能弥补检察监督体系中缺失的一环。

（三）提高司法公信力的现实需要

"侦查活动往往伴随着强制力的行使，与人权保障存在着密不可分的联系。换而言之，侦查阶段是刑事诉讼中控制犯罪和保障人权两种利益最容易发生冲突的阶段。"②侦查权作为重要的国家公权力，被滥用的可能性要远大于检察权和审判权。③侦查权的行使只有在接受充分的监督和制约的前提下，才能发挥其应有的作用。侦查活动是侦查权的有效行使手段之一，法律赋予检察机关侦查活动监督权，就是为了保证公正司法，防止侦查权被滥用。当前人民群众的权利意识越来越强，对司法的公开和公正、权力的监督和制约都极为关注。加强前端侦查环节的监督，保证立案、侦查活动合法进行，保证刑事诉讼任务的顺利完成，是增强司法公信力，提升人民群众安全感和满意度的重要抓手。

二、检察前终结诉讼案件跟踪监督的概况

（一）上海检察机关的实践探索

为了解决刑事诉讼监督过程中存在的监督盲点，2017 年年底，上海检察机关加强对未进入检察环节刑事案件的监督，比如立案后没有侦查、久侦不结、立案后下行、采取强制措施后转行政处罚等案件，创设了检察前终结诉讼案件跟踪监督机制，对传统检察监督未覆盖的检察前终结诉讼案件进行主动性审查，对其中发现的诉讼违法情形予以监督。各基层检察院在上海市人民检察院的指导下，积极探索创新，加强对检察前终结诉讼案件的跟踪监督。伴随着上海市检察机关内设机构改革的完成，上海市人民检察院及各基层检察院都设立了第二检察部，其中对检察前终结诉讼案件的跟踪监督，将是第二检察部的重要工作职能之一。

（二）检察前终结诉讼案件释义和监督范围

2018 年，上海市人民检察院印发《关于办理"检察前终结诉讼监督案件"的指导意见（试行）》，其中明确了检察前终结诉讼案件的定义、范围和监督重点。所谓检察前终结诉讼案件，是指未进入检察诉讼环节或从检察诉讼环节退回的案件中，侦查机关自行决定或应当决定撤销、终止侦查或者已实际停止侦查的案件。主要包括以下五类：（1）公安机关刑事受案后作出不立案决定或在规定期限内未决定是否立案的案件；（2）刑事立案后未经审查逮捕或审查起诉而被撤销、终止侦查或转行政处理的案件；（3）审查起诉阶段退回补

---

① 张本才：2018 年 7 月 31 日在全市检察长会议暨学习贯彻习近平新时代中国特色社会主义思想交流会上的讲话。
② 宋英辉、吴宏耀：《刑事审判前程序研究》，中国政法大学出版社 2002 年版，第 112 页。
③ 江明：《强化对公安派出所侦查活动的检察监督》，载《犯罪研究》2018 年第 1 期。

充侦查后不再移送审查起诉或公安机关撤回案件；（4）适用取保候审、监视居住等强制措施期满未移送检察机关处理等立而不侦、侦而不决案件；（5）其他检察前终结诉讼案件。

（三）检察前终结诉讼案件监督的现行运行机制

为规范检察前终结诉讼案件办理，上海市人民检察院先后下发规范性文件，对办理的每一起检察前终结诉讼案件，都要求填写《检察前终结诉讼跟踪监督案件表》，做到一案一表，经审查发现轻微违法情形的，可以由检察官当面陈述纠正意见，纠正意见填入《检察前终结诉讼跟踪监督案件表》，不另作监督案件立案；经审查发现公安机关刑事立案、侦查活动等存在违法情形，需要制发书面监督意见予以纠正的，作监督案件立案；经审查发现立案监督线索的，作立案监督线索受理审查案件立案。

2018 年 7 月至 2019 年 5 月，崇明区人民检察院共办理检察前终结诉讼案件 189 件，发现监督线索 98 条，提出口头纠正 48 件，制发个案通报 1 份、一类问题通报 2 份、检察建议 2 份。主要做法是联合崇明公安分局制定《检察前终结诉讼案件跟踪监督工作中加强协作配合的若干意见》，建立联络员、联席会议制度，明确及时移送刑事案件执法数据，适时通报检察前终结诉讼案件跟踪监督情况，共同研究检警双方在执法规范、证据标准、法律适用中存在的分歧，并专设前端监督检察官，定期对公安机关立而不侦、侦而不结等情况进行调查核实，强化信息沟通、咨询答复，切实夯实监督工作基础。

三、现行运行机制中面临的监督困境

2018 年 7 月以来，崇明区检察院主动加强同区公安机关的联系，对检察前终结诉讼案件探索开展一系列工作，也取得了一定成效，但区检察院发现对于该类案件的监督一定程度上取决于公安的配合程度，公检双方在监督理念上尚未形成共识，目前对案件的监督存在随机性、片面性、监督渠道不通畅、监督力度不足等问题，监督工作深入开展还存在不少困难。

（一）监督理念有待提升

在实践中，由于检察机关与公安机关同处于控诉的地位，"重配合、轻监督"的观念长期占主流位置，配合有余、监督不足，对监督的必要性认识不足，把监督放在了一个次要的位置。[1] 同时在以审判为中心的诉讼制度改革大背景下，公检双方基于指控、打击犯罪的共同需要，双方的工作人员建立了工作联系，为避免监督者与被监督者关系紧张，产生摩擦，检察干警在行使监督职能时有时会碍于情面，不想监督。另外，作为被监督方的公安机关，对于检察机关对未进入检察环节的案件开展监督，认为检察机关手伸得太长，是专门来"挑毛病"的，对检察机关开展的工作有一定的抵触情绪。

（二）监督方法较为单一

目前，区检察院在开展检察前终结诉讼案件跟踪监督过程中，主要定期与区公安分局

---

[1] 江明：《强化对公安派出所侦查活动的检察监督》，载《犯罪研究》2018 年第 1 期。

法制支队、审理支队进行联系，要求其定期提供未进入检察环节的刑事案件。审查方式主要是以案卷材料为载体，进行书面审查，但书面审查具有缺陷，立案、侦查活动是否合法一般不会直接反映在案卷上，除非确有重大而又明显的错误或矛盾之处。另外，在书面审查过程中，检察机关有疑惑时一般会要求公安机关提供同步录音录像，但在实践中，当检察机关要求调取讯问过程的同步录音录像时，常常会发生同步录音录像灭失、同步录音录像设备故障等"案外因素"，给检察机关的监督工作带来难度。另外，检察机关在开展监督工作中，调查手段有限，除了愿意配合的当事人能接受询问外，对于案件的调查核实没有更多的手段，这也限制了监督工作的开展。

（三）监督渠道尚不通畅

目前，区检察院开展检察前终结诉讼案件跟踪监督的主要渠道是定期调阅符合条件的案卷材料及受理本院控申窗口移送的监督线索。但在实践中，每当检察机关要求其提供符合条件的案件开展监督时，公安机关往往以阶段工作任务重、工作繁忙为由要求缓一缓，对有些工作要求能拖就拖。检察机关没有其他办法，只有通过多提醒、多督促，工作效果才会好些。

另外，公安机关内部有专门的业务系统，所有的刑事案件都会录入业务系统，但需要权限才能登录查看，区检察院希望公安机关能给检察机关专门负责监督职能的检察官登录公安机关内部业务系统的权限，但区公安机关认为这不符合规定，暂不能开通权限。同时，因宣传力度还须加强，人民群众对检察院的监督职能不是很了解，通过接受群众控告、来信来访的方式发现监督线索的情况也不多。总之，监督渠道不通畅，导致监督工作开展困难重重。

（四）监督手段缺乏刚性

目前，区检察院对于检察前终结诉讼案件跟踪监督中发现的问题，一般都以口头纠正、情况通报、检察建议等形式进行。违法情形严重的，才会制发纠正违法通知书。但在司法实践中，会出现公安机关对检察机关的纠正意见或建议的反馈情况不及时，甚至是不反馈的情况。2018年10月26日修订的《人民检察组织法》第二十一条规定：人民检察院行使法律监督职权，可以进行调查核实，并依法提出抗诉、纠正意见、检察建议。有关单位应当予以配合，并及时将采纳纠正意见、检察建议的情况书面回复人民检察院。但并没有明确公安机关不配合、不反馈的情况下所应承担的后果。正是由于缺乏强制性的监督保障措施，导致公安机关对检察机关的监督意见不重视，经常会在同一类问题上屡纠屡犯，达不到监督的效果。

四、完善检察前终结诉讼案件跟踪监督机制的建议

针对崇明区检察院在探索实践中存在的问题，需要在更新监督理念、配齐监督力量、打通监督渠道、建立监督机制、完善配套措施、提升监督质效上下功夫，从而深入做实检察前终结诉讼案件跟踪监督，充分履行法律监督职能。

（一）在更新监督理念、配齐监督力量上下功夫

1. 完善相关规定，提供支持保障

虽然《宪法》和相关法律规定检察机关是法律监督机关，赋予了检察机关法律监督的职责，但这些规定较为原则性和抽象化。目前上海各基层检察院探索对检察前终结诉讼案件开展跟踪监督的一些操作性依据，多为基层检察机关、公安机关自己探索会签的规范性文件，文件的效力层级不高，造成基层公安机关对此重视程度不够、支持力度不大，监督落实效果不佳。现阶段迫切需要更高层面的、更加详细的规定，建议上海市人民检察院、上海市公安局就检察前终结诉讼案件跟踪监督工作加强沟通，出台规定，明确监督内容、方式、重点，监督文书的流转、反馈等，为基层检察院落实全方位、无死角的监督提供可靠保障。

2. 转变监督理念，实现双赢多赢

要加强同公安机关的沟通，从内心深处消解对检察监督存在的抵触情绪，形成"监督就是支持和帮助"的理念，[①]明确对检察前终结诉讼案件开展跟踪监督是宪法和法律赋予检察的职责，有利于帮助公安机关提升侦查环节的办案质量。同时检察机关必须转变理念，要从不敢监督、不愿监督向主动监督、善于监督转变，积极主动联系公安机关，争取配合与支持，建立长期监督机制，要深入公安机关调研考察，了解其刑事办案规律，有针对性地开展监督，并定期反馈侦查监督数据，发布类案取证指引，提出改进意见或建议等，不断增强检察监督的刚性和品质。

3. 配齐监督力量，提升监督水平

目前，上海检察机关各基层检察院均设有第二检察部，其中一项重要职能就是紧紧围绕检察前终结诉讼案件这一刑事诉讼监督新的增长点，加强对未进入检察环节的检察前终结诉讼案件的跟踪监督。总体来讲，各基层检察院都设有专人履职，但由于基层检察院第二检察部还承担办理"三危"案件的职能，相对于数量庞大的未进入检察环节就终结的案件而言，往往有心无力，有些工作从检查变成了抽查，无法实现全程、动态、高质量的监督。为此，需要进一步整合现有资源，挑选业务能力强的专人承担此项工作，同时加强培训，提高监督检察官敢于和善于监督的责任意识，提高业务能力水平。

（二）在打通监督渠道、建立监督机制上下功夫

1. 建立案件报备和案卷材料移送机制

在推动公检双方转变理念的基础上，以公安机关推进刑事案件"统一审核、统一出口"工作机制为契机，加强同公安机关的沟通协商，构建第二检察部与法制支队专人联络模式。由区公安分局法制支队每月向第二检察部通报未进入检察环节备查案件名单，各办案单位按要求向检察机关移送案卷。第二检察部将监督意见送达法制支队，由法制支队督促各办案单位整改并统一反馈，从而确保监督数据的准确性和监督整改的高效性。

---

① 汪燕、谭远磊、李淮：《公安派出所侦查活动检察监督机制研究》，载《太原理工大学学报》2017 年第 4 期。

2. 建立公检联席会议制度

公检双方应建立联席会议制度，定期通报检察前终结诉讼案件跟踪监督相关工作情况，共同探讨法律适用、执法规范、配合协作等问题，及时解决工作中遇到的新情况、新问题，促进规范执法，提升办案质效。召开联席会议前，公检双方应共同协商确定中心议题，双方均应当以书面形式围绕中心议题提出问题、分析原因，并提出解决问题的建议和措施。同时检察机关应当结合大调研大走访活动，详细了解公安机关侦查一线在前端侦查环节工作中遇到的新情况、新问题，探讨解决的有效方式，并提出规范建议，力争实现监督工作的双赢多赢共赢。

3. 建立刑事案件共享信息平台

人类已经进入信息化时代，各项工作离开信息化将寸步难行，法律监督工作也不例外。目前，公检双方应大力加强信息化建设，积极搭建刑事案件共享信息平台，公安机关应将所有刑事案件的受案、立案、不予立案、侦查及撤案等信息及时传送到共享平台，自觉接受检察机关监督，实现检察监督由事后到事中、由被动到主动的转变，提升监督的效率和及时性。当然，在目前的条件下做到这个程度如有难度，还可尝试另一条途径，由公安机关向检察机关专门负责监督工作的检察官开放公安机关执法办案系统权限，实现监督检察官能及时获取检察前终结诉讼案件电子卷宗，一定程度上解决调阅纸质卷宗手续繁琐、书面卷宗审查存在缺陷的弊端。

4. 加强职能宣传，畅通线索通道

群众的举报、控告以及申诉是检察机关开展检察前终结诉讼案件跟踪监督的重要线索来源之一。检察机关应加强普法宣传，充分利用检察机关"两微一端"等媒体平台，向人民群众多宣传刑事诉讼监督职能，使人民群众了解、掌握法律赋予检察机关的监督职能，鼓励人民群众主动检举、申诉，从而扩大监督线索来源。另外，检察机关专门负责监督职能的检察官，也应当加强工作主动性，化被动为主动，主动走访公安机关等职能部门，关注报纸、杂志等媒体信息，及时发现和掌握有价值的线索，进而开展调查，使检察机关的监督职能真正发挥实效。

（三）在完善配套措施、提升监督质效上下功夫

1. 健全内部工作机制

一是同控申窗口加强联系。传统的"控告申诉检举"不仅应该，而且可以成为诉讼监督案件的重要来源，对诉讼当事人的申诉控告，检察机关必须依法调查，限期书面答复。[①]笔者认为，应加强同控申窗口的联系，建立控告、举报监督线索流转机制。控申窗口对受理的线索，先进行初查，需要启动监督程序的应及时移送诉讼监督部门。二是建立部门内检察官联席会议制度，视情况还可组织跨部门的检察官联席会议，共同对疑难复杂的个案线索进行讨论并形成处理意见，定期对一段时间以来的检察官终结诉讼案件中发现

---

① 王会甫：《试论"小院整合"后诉讼监督机制构建》，载《人民检察》2011 年第 2 期。

的违法问题分析研判。三是健全工作台账，对检察前终结诉讼案件设立分类台账，逐案登记案件办理情况及监督、反馈情况，定期统计相关数据，对违法线索进行分类梳理，查找共性问题、突出问题，为开展专项检察、类案监督奠定基础。

2. 定期开展专项检察

针对检察前终结诉讼案件监督过程中发现的突出、常见及多发问题，检察机关应定期开展专项检察，也可与公安机关联合开展重点工作专项检察，查找发生工作不规范的源头性、机制性原因，有效减少公安机关应当立案而不立案、不应当立案而立案、以罚代刑、违法动用刑事手段插手民事经济纠纷、侦查活动中刑讯逼供、暴力取证等现象的发生。同时，对专项检察中发现的问题，不能只就事论事，而应总结提炼，力争发现普遍性规律，并推动公安机关为解决某一类问题而建设长效机制，使监督效果最大化。

3. 开展同类问题监督

检察机关在开展检察前终结诉讼案件跟踪监督过程中，应开展类案研究，汇总办案过程中发现的类案违法线索，及时予以记录，并借助侦查监督活动平台、"206系统"等多个监督平台，集中分析、梳理公安机关在法律政策执行、司法程序实施、当事人权利保障等方面存在的问题，集中调研分析，梳理、汇总，提高类案监督的科学化、规范化水平，同时在条件成熟时可制定类案证据指引，对公安机关的刑事侦查活动进行有效引导，从而实现更高层面、更高质量的法律监督。

（责任编辑：薛莉萍）

未成年人监护监督考察制度研究

——以检察机关开展未成年人司法保护工作为角度

丁慧洁　徐丽春 *

近年来，私法公法化的趋势进一步明显，2017 年出台的《民法总则》初步确立了"以家庭监护为基础，社会监护为补充，国家监护为兜底"的未成年人监护体系。[①] 未成年人监护制度不再局限于家庭监护模式，国家公权力介入未成年人监护领域被更多地提出和强调。2014 年最高人民法院公布了十二起撤销未成年人监护权的典型案例，体现了国家监护制度对未成年人监护权益的保障和补充。而检察机关作为国家法律监督机关，在督促提起未成年监护权撤销之诉和监督考察未成年人监护行为的过程中发挥必不可少的作用。本文立足于上海市普陀区人民检察院的实践探索，分析检察机关参与未成年人撤销案件的可行性和合理性，并探讨在撤销监护权过程中必然会涉及的未成年人监护监督考察工作，以期完善未成年人国家监护监督机制，健全未成年人的权益保护。

一、未成年人监护权撤销和监督考察的检察实践

2017 年 10 月 1 日开始实施的《民法总则》，细化了《民法通则》关于撤销父母监护权的条款，在第三十六条第一款明确列举了有权提起撤销监护权之诉的主体，第二款明确了民政部门兜底行使撤销之诉的职权。在司法实践中，受亲权本位和"法不进家门"传统思想的影响，村（居）委会、近亲属等诉讼主体往往会碍于情面或回避因诉讼带来的麻烦和风险，怠于行使法律赋予撤销监护权的权利，即使是民政部门，虽然担负着提起撤销监护权之诉的职责，但也有可能因日常事务繁杂、人手紧张、不熟悉诉讼流程等原因，滞后履职。此时，检察机关作为国家法律监督机关，发挥自身的职权优势，以立案监督、支持起诉、社会调查、司法救助等方式参与到未成年人监护权撤销案件中，与民政部门等行政机关加强协作配合，将大大增加未成年人监护权撤销之诉的实际可操作性，促进未成年人监护权撤销程序的正确适用，进一步挽救和保护未成年人的权益。试以两个实际案例说明：

案例一：被告人徐某得知其子患有智力发育迟滞等可能影响今后健康生活和成长的情况后，将其子遗弃在医院长达三年有余。2019 年 7 月，徐某因犯遗弃罪被法院判处有期徒刑六个月。徐某到案后经训诫教育，真诚悔罪并表示愿意继续履行监护职责。检察机关

---

* 丁慧洁，法律硕士，上海市普陀区人民检察院检察官助理；徐丽春，法律硕士，上海市普陀区人民检察院检察官助理。

① 夏吟兰：《民法典未成年人监护立法体例辩思》，载《法学家》2018 年第 4 期。

经实地走访调查，确认其家庭监护意愿和能力后，决定附条件暂不撤销其监护权，并对其开展为期三个月的异地监护考察工作。最终，经听取考察小组成员意见，决定由徐某继续担任其子监护人。

案例二：被告人徐某产下与男友常某之子常某某后，以人民币 13 万元的价格将二人之子出卖，并分赃。2018 年 9 月，徐某、常某被判处拐卖儿童罪。刑事判决后，检察机关立即启动撤销二人监护人资格程序，并探索开展异地协作社会调查工作，对多名监护候选人开展深入、全面、细致的调查，提出指定监护的倾向性意见，为法院判决指定监护人提供坚实的依据。

由于原生家庭对未成年人健康成长的不可替代性，在开展困境未成年人的权益保护工作时，应坚持"以家庭监护为主，国家干预为辅"的原则，充分尊重未成年人的意愿，在穷尽各种救济手段仍无法保证未成年人的最大利益时，才考虑撤销不适格的监护人资格。我国作为缔约国之一的《儿童权利公约》也体现这一原则：该公约第九条明文规定，国家权力机关必须经法定程序审查，撤销父母监护权是符合儿童最大利益且是必要的。①第二十条规定，国家权力机关在撤销父母监护权后，需要妥善安置脱离家庭的儿童，对其进行适当照顾。②因而在撤销失格监护人监护权的过程中，势必需要建立和完善监护权的监督考察制度，审慎考虑撤销监护权的必要性以及困境未成年人的安置办法。

上海市普陀区人民检察院（以下简称上海市普陀区院）在与民政部门合作办理未成年人监护权撤销案件的过程中，发现部分案件存在未成年人回归家庭尚有可能、亲情尚可维护的情形，例如上述案例一。虽然根据法律规定，徐某已符合撤销监护人资格的法定情形，但犯罪情节相对较轻，悔改意愿明显，且被侵害儿童只有 3 岁，相对年幼，考虑到亲生父母对未成年人的无可替代性和未来亲情回归的可能性，决定附条件不撤销监护权，适用监护监督考察制度，将被侵害儿童交由涉案父（母）暂时抚养，并给予一段时间的考察期，由检察机关主导，对考察期内的监护能力、现状和亲情修复情况进行全面监督和评估，若在考察期内涉案父（母）有效履行了监护职责，未出现侵害未成年人权益的行为，则可在考察期满后最终决定不启动撤销监护人资格程序，实现未成年人权益保护效果的最大化。还有部分案件需要从妥善安置未成年人的目的出发，加强对新确认的监护关系的监督和考察，避免被侵害未成年人受到二次伤害，例如案例二。被侵害未成年人的权益保护不仅仅体现在监护权撤销之诉上，还需要检察机关团结行政机关、社会团体等各方力量，开展未成年人监护监督考察工作，妥善安置和保护未成年人。

在此实践基础上可以看到，构建和完善检察机关作为主体之一的未成年人监护监督考

---

① 《儿童权利公约》第九条第一款：缔约国应确保不违背儿童父母的意愿使儿童和父母分离，除非主管当局按照适用的法律和程序，经法院审查，判定这样的分离符合儿童的最大利益并确有必要。在诸如由于父母的虐待或忽视、或父母分居而必须确定儿童居住地点的特殊情况下，这种裁决可能有必要。

② 《儿童权利公约》第二十条第一款：暂时或永久脱离家庭环境的儿童，或为其最大利益不得在这种环境中继续生活的儿童，应有权得到国家的特别保护和协助。

察制度，是检察机关团结各未成年人监护监督主体，做好做实未成年人司法保护的重要路径和必要手段。

二、检察机关参与未成年人监护权监督考察的可行性探究

根据 2014 年 12 月最高人民法院、最高人民检察院、民政部、公安部（以下简称四部委）制定的《关于依法处理监护人侵害未成年人权益行为若干问题的意见》（以下简称《意见》），"有关人员和单位"可以提出监护权撤销之诉，①2017 年 10 月 1 日开始实施的《民法总则》第三十六条也明确列举了有权提起监护权撤销之诉的主体，②当中虽然没有提到检察机关，但实践中检察机关一般以法律监督者的身份，参与未成年人监护权撤销案件中。事实上，检察机关与行政机关都参与到监护权撤销案件并不矛盾，还能起到互相补充、互相增强的作用。同时，检察机关开展未成年人监护监督考察工作有其职能依据和时代意义。

（一）国际趋势之使然

近年来，未成年人监护的社会化和公法化已是现代国际监护制度的共同特点。同时，国外检察机关对未成年人撤销监护权案件有广泛的参与权，并发挥着积极的作用。法国《民事诉讼法》第四百二十一条规定了检察机关可以由主当事人和从当事人两种身份参与诉讼，③检察机关在参与撤销亲权民事诉讼活动时，是以主当事人的身份参与。《日本民法典》第八百三十四条规定出现虐待和恶意遗弃的情形时，子女、未成年人监护人、未成年人监护人监督人、检察官有权向家庭裁判所提出申请，停止父母亲权。④《德国民法典》第一千七百九十二条第二款规定，监护与财产管理相关，应当任命监护监督人。《法国民法典》第四百二十条第一款规定，任何监护都应当有监护监督人，⑤并强制设置监护监督人，即监护法官和共和国检察官。他们对其所在辖区的监护活动进行一般监督，监护人及其他监护人的组织，都需服从他们的传召并向其述职。同时，还赋予检察院撤销监护权的诉讼主体权利。⑥我国作为《儿童权利公约》的缔约国之一，由检察机关推进国家公权力机关介入和监督未成年人监护各环节，参与未成年人监护权的撤销与监督考察，是顺应国际趋势，进一步强化未成年人司法保护的体现。

---

① 《意见》第二十七条第一款：下列单位和人员有权向人民法院申请撤销监护人资格：（一）未成年人的其他监护人、祖父母、外祖父母、兄、姐、关系密切的其他亲属、朋友；（二）未成年人住所地的村（居）民委员会，未成年人父、母所在单位；（三）民政部门及其设立的未成年人救助保护机构；（四）共青团、妇联、关工委、学校等团体和单位。

② 《民法总则》第三十六条第二款：本条规定的有关个人和组织包括：其他依法具有监护资格的人，居民委员会、村民委员会、学校、医疗机构、妇女联合会、残疾人联合会、未成年人保护组织、依法设立的老年人组织、民政部门等。

③ 参见《法国新民事诉讼法典》（上册），罗结珍译，法律出版社 2008 年版，第 435 页。

④ 参见《日本民法典》，王书江译，中国法制出版社 2000 年版，第 151 页。

⑤ ［意］彼得罗·彭梵得：《罗马法教科书》（黄风译），中国政法大学出版社 2005 年版，第 383 页。

⑥ 参见李霞：《监护制度比较研究》，山东大学出版社 2004 年版，第 322 页。

（二）立法背景之应然

2014年《中共中央关于全面推进依法治国若干重大问题的决定》提出"完善对涉及公民人身、财产权益的行政强制措施实行司法监督制度""检察机关在履行职责中发现行政机关违法行使职权或者不行使职权的行为，应当督促其纠正""探索建立检察机关提起公益诉讼制度"等改革任务。2017年习近平主席在致第二十二届国际检察官联合会的贺信中指出，中国检察机关是国家的法律监督机关，检察官作为公共利益代表是保护国家利益和社会公共利益的一支重要力量。同年《民事诉讼法》和《行政诉讼法》的修改明确赋予检察机关在特定领域提起公益诉讼的职权。[1]可见，在当前行政检察改革和民事、行政公益诉讼入法的背景下，检察机关可以维护公益的身份，以督促起诉、支持起诉、提请公益诉讼等形式参与到未成年人监护权撤销案件中，这也符合四部委《意见》第三条"人民检察院对公安机关和法院处理监护侵害行为的工作进行法律监督"以及第五条"人民法院、人民检察院、公安机关、民政部门应当加强与妇儿工委、教育部门……等的联系和协作，积极引导、鼓励、支持法律服务机构、公益慈善组织和志愿者等社会力量，共同做好受监护侵害的未成年人保护工作"的立法本意。

（三）法律监督职能之必然

检察机关是国家法律监督机关，同时在刑事诉讼过程中又担任审查逮捕、起诉等诉讼职责，在参与监护权撤销案件，开展未成年人监护监督考察工作时具有先天优势。在刑事犯罪领域，办理涉嫌遗弃、虐待、组织乞讨等犯罪时，容易发现侵害被监护人权益的情形，及时告知权利主体依法履行权利，督促职能部门依法履职；在民事行政领域，可以通过书面建议的形式督促涉监护权的法定诉讼主体及时履职，通过帮助调查取证、出庭应诉、宣读支持起诉书、发表法律意见、旁听合议庭评议等方式，利用自身职权优势去支持帮助利益受侵害人或利害关系人参加诉讼，弥补其他主体在维护困境未成年人权益方面的不足。因此，检察机关参与到未成年人监护权撤销之诉中，开展监护行为的监督考察工作，不仅有效发挥法律监督作用，还能积极引导各主体有效行动，共同维护受侵害未成年人的合法权益。

三、检察机关开展未成年人监护监督考察工作的实践困境

未成年人监护的监督考察工作虽然在全国部分地区已有部分案例先行先试，但该制度仍属于新生概念，没有形成可复制可推广的成熟经验，司法实践中也存在不少难点和困境。

（一）监督考察的主体规定模糊

我国长期以来的亲权本位思想导致我国"国家监护"概念在理念和制度层面均起步较晚，虽然随着《民法总则》的制定及未成年人保护制度日渐完善，国家监护理念已日趋成

---

[1] 梁春程：《公法视角下未成年人国家监护制度研究》，载《理论月刊》2019年第3期。

熟，但以公权力加固对未成年人监护的监督和考察的相关法律和制度仍然存在缺失，也没有形成相应的监护监督机制，实践中存在"谁来监督，怎么监督，职能分工，如何救助"等配套支持的问题。依据 2012 年《未成年人保护法》、2014 年四部委《意见》等现行法律，单位、基层组织、民政部门、法院、公安机关、检察机关等机构均是未成年人监护监督主体，在各自职权范围内履行一定的监护监督职责，但是这些规定分布较散，分工不明，职责不清，极易导致无人行使监督权的情形，进而出现监护人滥用监护权或怠于行使监护权并侵害被监护人合法权益的情形。为确保该制度的执行更具刚性和可操作性，应进一步规定实施具体监督管理活动的主体资格。

（二）监督考察工作缺少衔接配合

未成年人监督考察工作作为未成年人司法保护工作的一部分，是一种专业化的社会福利服务，需要专业化、独立运行的机构支撑。但由于缺乏此类专门机构的支持，目前主要是依赖检察机关作为支持源与被支持者之间的中介，即检察机关通过个案委托的形式将未成年人的司法需求委托给相关社会组织和相关部门，实现社会资源与司法需求的对接。在这种委托模式下，检察机关既是服务需求的提出者、接受者，又是服务的组织者，背离司法专业化的属性。同时，在我国现行体制下，检察机关属于司法机关，不具备社会管理职能，其与其他政府职能部门处于平行关系，难以直接向政府职能部门提出保护涉案未成年人权益的工作要求。跨机构、跨区域协作及资源链接机制不健全，使社会力量在发挥各自优势并形成合力方面存在一定的障碍，影响了社会参与的综合效益。

（三）监护监督措施不健全

监护考察制度目前仍处于摸着石头过河的探索实施阶段，对于考察的职责权力、方式方法等仍有待细化和明确。"我国目前的法律仅规定了零星且分散的监护监督措施，且注重于事后救济，缺乏事前干预，不能及时发现、干预、监督监护人实施的监护侵害行为和侵害被监护人财产权益的行为。"[1]在监督考察方式上，依赖形式较为单一的社会调查、走访谈话；在监督考察的内容上，缺乏监督监护人在履行有关未成年人人身或财产方面职责方面的内容。只能在造成一定的人身伤害或财产损害后果时予以救济，具有一定的滞后性。

四、完善未成年人监护监督考察制度的具体设想

为了加强对未成年人监护行为的监督，可以借鉴域外成熟经验，建立和完善"未成年人监护监督考察"制度，从监护人的选定到监护人履行监护职务，全面予以监督。

（一）监督考察主体由"国家公权监护"与"监护监督人"相结合

"国家公权监督机关"可由检察院或民政部门担任，具体可由基层检察院未检部门、民政部门儿童福利处的专职干部或未成年救助保护机构的专职人员，作为国家公权监督机

---

① 卢秀平：《未成年人监护监督制度研究》，西南政法大学硕士学位论文 2015 年。

构履行国家监督职能。"监护监督人"，则在监护考察开始之时，由国家公权监督机关委托或指定从事家事领域的专业社工、妇联、街道居委等工作人员担任该职务。这些人员可以成立专门的监护监督考察小组，通过定期的和不定期的跟踪联系，对监护人的行为表现来判断监护人履职情况，进而对监护人的监护资格予以评估和判断。

（二）加强监督考察主体间的衔接配合

建立服务供求信息共享平台，集中社会相关组织和个人的力量监督监护人履行职责，如公安、学校、医院、妇联、民政部门，形成监督考察网，一旦发现监护人侵犯未成年人合法权益的情况，均应向国家公权监督机关进行相应的报告和及时的处置；对于未成年人出现经济困难、无法上学、生活难以为继的情况，启动开展救助程序，帮助未成年人家庭走出困境。同时，紧密团结社会力量，整合资源加强对未成年人的保护，如依托专业的亲职教育团队对监护人进行亲职教育，督促其履行义务，改善亲子关系；依托专业的社会组织及机构临时看护遭受家庭暴力、遗弃、虐待等被监护人严重侵害权益的未成年人和监护人缺失的困境未成年人；等等。此外还需加强异地协作和配合，增进共识，打通渠道，为全面推开未成年人监护考察工作打开局面，创造更优条件。

（三）细化监督考察内容的职责和方式

1. 监护监督考察的职责范围和内容

从域外经验来看，对于涉及监护人执行被监护人关于人身、财产利益等等重大问题时，均具有一定的监督权。如对被监护人的就学、就业等的重大事项作出决定；监护人处分被监护人大宗财产，必须取得监护监督机关的同意；对监护人的失职行为或滥用监护权的行为采取制裁措施；等等。[①]我国也可以借鉴这种国家干预未成年人监护的立法理念，树立未成年人也是独立权利主体的意识，转变将未成年人监护是"一家之事"的观念，在未成年权益受到侵害时，体现出国家监护权的作用和价值。结合四部委《意见》第十八条，监督考察的职责范围和内容应当包括未成年人生活状况、身体健康与否、教育状况、心理状态、财产动态等，监护人曾因失格被（拟）撤销过监护权的，还应当对监护人的悔过情况、监护情况和未成年人家庭基本情况、未成年人意愿进行动态调查评估，同时应当对监护人开展适时的教育和指导，帮助监护人更好地履行监护职责。在涉及被监护人就学、就业、处分被监护人大宗财产，应当要求监护人及时报告。

2. 监督考察的期间设置

未成年人监护监督考察包括以下情形：一是未成年人的监护权发生撤销或转移；二是出现足以撤销监护权的事由但尚未撤销可以进一步考察的。设置一定期限的监护监督考察，一方面是从未成年人利益最大化的原则出发，确保未成年人的成长环境最有利于其自身；另一方面需要防范未成年子女遭受监护人侵害的二次风险。实践中，并没有法律文件明确规定监督考察的期限，参考附条件不起诉的考察期限，一般不应当少于六个月。此

---

① 参见李霞：《监护制度比较研究》，山东大学出版社 2004 年版，第 172—186 页。

外，参考法国、挪威等国家未成年人监护监督经验，还应当确立定期报告制度，确保监督权的有效行使。在监护权发生变动的一年内，可以要求监护人每月向考察小组报告未成年人的基本情况，体现监护监督考察制度的审慎性。

3. 监督考察的具体方式

未成年人监护监督考察，具体来说可以分为监护监督和监护考察。监护监督侧重于对监护行为的监督，是一种动态的、长期的监督；监护考察侧重于对监护人的考察，是一种定时、定期的考察。

对于监督监护的方式，一是事前的干预。除了定期的走访调研，还可以联合民政部门开通监护投诉举报热线、微信、微博。一旦发现监护人实施侵害未成年人权益的监护行为，需及时制止并提出改进意见；联合社区提供对困境家庭中的父母和未成年人提供方方面面的帮助，包括教育、医疗、职业指导等。二是在未成年人的合法权益遭受严重侵害时，督促国家监护的执行主体、监护权撤销程序的申请主体依法及时履行职责，必要时以支持起诉的方式推进国家监护制度的运行。三是事后的监督，对新建立起来监护关系或原有的监护关系进行跟踪回访，及时了解未成年人及其家庭的生活现状，给予必要的亲情关怀和帮助。

对于监护考察的方式，可以以实地考察与委托考察的方式相结合。探索为监护人监护行为制定"负面清单"和"正面清单"，对行为进行分级并设置不同分值，监督人通过日常定期走访、外围调查、谈话等方式，对监护人的监护情况进行打分，在基础分值进行加分和扣分，不同的得分情况设置不同的处置方式，以达到动态衡量、综合判断的目的，最终出具考察报告和意见。

（责任编辑：薛莉萍）

检察建议类型划分与功能定位中
存在的问题与完善对策

——以提升法律监督质效为视角

崔晓丽 *

党中央关于推进全面依法治国、推进国家治理体系和治理能力现代化的重大战略部署，对新时代检察工作提出了新的更高要求，检察机关法律监督的功能内涵、途径方式也发生了新的变化调整。检察机关在国家监察体制改革和司法体制改革之后，法律监督的地位与作用更加突出。检察建议作为人民检察院依法履行法律监督职责的重要方式，具有参与社会治理，维护司法公正，促进依法行政，预防和减少违法犯罪，保护国家利益和社会公共利益，维护个人和组织合法权益，保障法律统一正确实施等监督功能。随着检察建议工作制度的日趋完善，检察建议的内容与形式更加丰富，功能效果也更为多样。实践中检察建议的大量制发，确实起到了强化法律监督的作用，但同时也产生一些问题，如功能混乱、归类不清、辨识度不高等，影响法律监督的严肃性和权威性。同时由于监督类法律文书较少，不同类型、功能的检察建议都通过《检察建议书》一种法律文书制发，使之成为"不能承受之重"。笔者试图通过对当前检察建议制发情况的梳理分析，从发展和完善法律监督权角度，提出对检察建议类型与规制的一点思考。

一、新规定对检察建议类型划分与功能作用的规制

2018 年 11 月 26 日，全国人大常委会审议通过了修订后的《人民检察院组织法》（以下简称《组织法》），将"检察建议"作为检察机关行使法律监督职权的方式之一。最高人民检察院高度重视检察建议工作，《组织法》出台仅一个月，就制定下发《人民检察院检察建议工作规定》[①]（以下简称《规定》），对检察建议的功能属性、类型、适用范围及程序性要求进行明确。根据《规定》第五条，检察建议包括再审检察建议、纠正违法检察建议、公益诉讼检察建议、社会治理检察建议和其他检察建议等五种类型。检察建议的生命力在于落实，而落实的关键在于刚性，2019 年 10 月，最高人民检察院下发《人民检察院检察建议督促落实统管工作办法》，为进一步增强检察建议刚性，提升检察建议效果提供了制度保障。

---

* 崔晓丽，法律硕上，上海市虹口区人民检察院党组成员、副检察长。
① 2018 年 12 月 25 日，最高人民检察院第十三届检察委员会第十二次会议通过。

（一）再审类检察建议兼具监督属性与诉讼功能

再审检察建议是针对已生效的刑事、民事、行政判决裁定，检察机关认为确有错误应当予以纠正的，向法院提出重新审理的建议，以启动再审程序。检察机关提出再审检察建议在刑事、民事、行政诉讼法中均有相应的规定，是检察机关履行诉讼监督职责的重要方式之一，也是一项重要的程序性权力。再审检察建议既具有监督属性，也具有诉讼功能，是诉讼程序的有机组成，主要是对确有错误、应当再审的已生效判决、裁定，建议法院重新审理，并非针对诉讼中的审判机关和审判人员的违法行为进行纠正。目的是启动法院再审程序，对于法院是否改变原审判决裁定没有制约力。

（二）纠正违法类检察建议适用广泛且具有法律强制力

检察机关在履行对诉讼活动的法律监督职责中发现有关执法、司法机关具有违法情形的，可以提出纠正违法检察建议。根据《规定》第九条，纠正违法类检察建议主要针对刑事、民事、行政诉讼活动中，审判机关、行政机关、公安机关、监狱、社区矫正机构、强制医疗执行机构存在违反法律规定情形，以检察建议形式提出纠正违法意见。这是检察机关依据《刑事诉讼法》第八条、《民事诉讼法》第十四条、《行政诉讼法》第十一条规定，行使诉讼监督职权。检察机关对诉讼活动的监督不仅可以提出检察建议，还包括直接提出纠正意见。监督范围不仅包括上述机关，还包括机关工作人员，以及律师、鉴定、公证、调解等诉讼参与人。

纠正违法类检察建议是检察机关行使诉讼监督职权的方式之一。符合《组织法》第二十条规定范围的，检察机关均可以采用检察建议的形式进行监督。而且根据该法第二十一条规定，人民检察院在行使此类监督职权时，"可以进行调查核实，并依法提出抗诉、纠正意见、检察建议"。在这种情况下，检察机关提出的检察建议具有法律强制效力，建议对象应当予以配合，并将采纳情况及时书面回复检察机关。

（三）公益诉讼类检察建议是行政公益诉讼案件的法定诉前前置程序

公益诉讼是检察机关的新增职能，公益诉讼中的检察建议是检察机关在办理公益诉讼案件中的一项法定职权，也是法定的诉前前置程序，主要目的是督促行政机关主动依法履职。此类检察建议被称为"诉前检察建议"，仅适用于行政公益诉讼，不适用于其他监督办案，也不适用于民事公益诉讼。诉前检察建议具有强制性法律效力，《行政诉讼法》第二十五条第四款明确规定，检察机关提出检察建议后，"行政机关不依法履行职责的，依法向人民法院提起诉讼"。《检察机关行政公益诉讼案件办案指南》进一步明确："行政机关应当在收到检察建议书之日起两个月内或者紧急情形下的十五日内依法履行职责，并将办理情况及时书面回复人民检察院。"

（四）社会治理类检察建议是检察机关法律监督职能的延伸

检察建议植根于检察机关的司法职能，涉及的内容带有公共利益性质，检察机关在办理案件中发现社会治理工作存在管理方面的疏漏，可以向有关单位和部门提出改进工作、完善治理的检察建议。如针对预防违法犯罪方面的制度不健全、存在监督管理漏洞，或者需要完善风险预警防范等，检察机关可以通过制发检察建议的形式，帮助有关单位和部门堵漏建制，完善监管。社会治理类检察建议的适用范围极为广泛，是检察机关法律监督职能的延伸，也是参与社会治理的有效方式。在此类情况下，有关单位、部门本身并不存在违法行为，检察机关制发检察建议，只是一种善意的提醒、柔性监督，不具有法律强制力。被建议对象可以采纳，也可以不采纳。

（五）其他类检察建议目前多用于建议表彰和处分等情形

《规定》将不属于再审、纠正违法、公益诉讼、社会治理的检察建议统一纳入"其他"范畴。"其他"主要是指"建议表彰、处分"等。根据《规定》第十一条第五项，"需要给予有关涉案人员、责任人员或者组织行政处罚、政务处分、行业惩戒，或者需要追究有关责任人员的司法责任的"可以提出检察建议。此外，《规定》中虽未明确，实践中检察机关在办案中发现公民有见义勇为或者违反社会公序良俗等行为，还可以向其所在单位提出给予表彰或者处分的建议，弘扬社会正气。此类检察建议也属于检察工作的延伸，目的是鼓励单位或公民与违法犯罪行为作斗争，弘扬社会主义核心价值观，促进实现社会公平正义。对被建议单位、部门不具有法律约束力，被建议对象可以采纳，也可以不采纳。该种检察建议也可以从类型上划归于社会治理类。

二、检察建议分类边界与功能定位中存在的不足

《规定》虽然对检察建议的类型、适用范围进行了明确，但更多的是对实践中检察建议使用情况的汇总和归纳，并未从发展和完善法律监督权的角度进行规制。由于多种类型的检察建议都存在着制发部门、对象、事由的交叉重叠，还有部分检察建议难以明确归属被纳入"其他"范畴，导致检察建议在类型划分、功能发挥、监督效果上都存在模糊、弱化的现象。

（一）检察建议功能定位不明晰，类型边界易混淆

新时代检察法律监督，承载着诉讼、监督、治理三大功能。根据《组织法》第二十条规定，人民检察院行使职权有八项，其中第1—3项规定了刑事侦查、审查批捕、审查起诉、提起公诉等刑事检察权，属于刑事诉讼；第4项是新增加的公益诉讼；第5—7项规定了"对诉讼活动实行法律监督、对判决、裁定等生效法律文书的执行工作实行法律监督、对监狱、看守所的执法活动实行法律监督"，属于诉讼监督；第8项为"法律规定的其他职权"。第二十一条同时规定："人民检察院行使本法第二十条规定的法律监督职权，可以进行调查核实，并依法提出抗诉、纠正意见、检察建议。"可见，检察建议作为法律监督的重要方式，主要发挥的是监督功能而非诉讼、治理功能。

检察机关的各项法律监督职权因其所处诉讼程序、事由的不同而不同，刚性程度也存在差异。由于检察建议的监督功能不明确，造成多种类型的检察建议被广泛适用于不同的诉讼类型、阶段、环节，发挥着办案、监督、治理等不同的功能效力，缺乏细分与规制，极易产生混淆。2018年以来，最高人民检察院相继向教育部、最高人民法院、金融监管部门、住房和城乡建设部制发了四份《检察建议书》，分别就未成年人权益保护、民事公告送达、防范金融风险、窨井盖安全等问题，向相关行政监管部门、司法机关提出加强和完善管理方面的意见建议。从类型上看，"二号检察建议"应当属于纠正违法检察建议，

其他三份检察建议应当属于社会治理检察建议，但也与正在探索的行政检察中的督促行政履职的检察建议存在交叉混同，需要予以明确。

（二）"检察建议"与"检察建议书"概念混同，限缩法律监督职能发挥

《组织法》第二十一条规定人民检察院行使法律监督职权，可依法"提出抗诉、纠正意见、检察建议"。这里的"提出检察建议"是法律监督权行使的方式。至于以什么样的文书载体来"提出检察建议"，应当由检察机关自行规范，并非专指制发《检察建议书》。检察机关提出检察建议的方式多种多样，既包括检察建议，也包括实践中采用的检察意见、问题通报、情况反映、检察公函、告知函等。正如该条文中规定的"提出纠正意见"，也不是专指制发《纠正意见书》。

将检察职权与法律文书混同，不同类型、功能、效力的检察建议均以《检察建议书》的形式制发，混用检察建议书、检察意见书和纠正违法通知书等法律文书，进一步加剧了检察建议的适用混乱。此外，检察机关内部管理、考核、统计也限制了其他检察建议方式的使用。在现行考核评价体系中，对于"提出检察建议"的方式往往只认可《检察建议书》，在内部业务管理软件应用系统中，也只有《检察建议书》一种口径标准。各种检察意见、问题通报、情况反映、检察公函、告知函等均无法计算到监督工作成效和"提出检察建议"的数量当中，也在实际上限制了"提出检察建议"其他方式的使用。

（三）《检察建议书》功能超载导致外部识别弱化和内部管理无序

检察机关行使审查批捕、审查起诉、提起公诉等职权时，每一诉讼阶段均有不同的法律文书为载体，各不相同，易于区分。相较而言，监督类的法律文书种类较少，且缺乏诉讼类型、监督事由的区分。目前使用最多的是《纠正违法通知书》《检察建议书》，这两种文书通用于刑事、民事、行政检察监督办案的各个环节，只看文书名称不看内容，不会知道是在哪个诉讼阶段、针对什么情形而制发。就《检察建议书》而言，制发中主要存在以下问题：

一是外部识别度较差。对被建议对象而言，无论哪种类型、哪种情形的检察建议，都只会认定是检察机关制发，不会也不可能再作进一步区分。如某个行政部门可能会先后收到纠正违法类、公益诉讼类、社会治理类三份《检察建议书》，三份检察建议的功能与效力并不相同，但行政部门很难把其中的利害关系弄清楚。有时会认为检察机关多管闲事，小题大作，重复监督；有时还会简单认为就是建议而已，并不知晓公益诉讼类检察建议到期不回复不履职的，将面临被检察机关提起诉讼的风险。

二是内部管理不规范。检察机关各业务部门均可以制发《检察建议书》，文书的格式、编号各不相同，审批、报送要求不相一致。内设机构改革后，业务部门对应的外部单位、部门增多，提出检察建议的情形、角度、标准尺度的把握各不相同，有时会出现多个业务部门同时或者先后向同一家单位提出检察建议的情况。尽管《规定》明确了法律政策研究部门对检察建议实行归口管理，但实践中，面对数量庞大、情形各异的检察建议，法律政策研究部门统一管理职能的发挥依然非常有限。

（四）检察建议的形式逻辑规范尚未建立，监督效果缺乏层次性

目前，检察建议的形式还不够精细化、完善化、周延化，对检察建议形式的研究还只

是停留在类型化这一比较笼统和初步的阶段，缺乏对各种检察建议的特征进行更为深入、分门别类的研究和归纳，也尚未有针对性地构建相应的检察建议规范。司法实践中，检察机关制发的检察建议中，个案建议和诉讼监督类的建议占绝大多数，这符合检察机关在监督中办案、在办案中监督的一贯思维，而需要归纳和提炼的普遍性、倾向性类案建议与综合性建议的数量相对较少且质量不高，所提出的问题具有明显的同质化倾向，建议内容和处置措施也大同小异，反映出检察建议的监督点层次单一。

检察机关对外从个案到类案的监督、从诉讼类监督到社会综合治理类监督的递进式监督逻辑还未形成。在形式笼统、程序不明、刚性不足的情况下，虽然大多数被建议单位在接到检察建议后，能够在回复期内给出采纳建议的回复，但问题也显而易见，有的仅有形式化的书面回复，后续整改措施和动作并没有落到实处；有的纠正措施非常程式化、虚无化，甚至有的单位对检察机关提出的不同建议都套用同一笼统的回复内容，即便能够判断出被建议单位没有进行认真地自查自纠，但是检察机关也很难开展进一步的监督和督促。

三、细化检察建议制度规定提升法律监督质效

法律监督是中国检察制度的本质特征。新时代检察机关在推进全面依法治国、推进国家治理体系和治理能力现代化中，法律监督职能还需要进一步发展完善。监督类法律文书是检察机关履行法律监督职能的重要载体，但与诉讼类法律文书相比，检察机关自身对监督类法律文书的重视、研究不够，缺乏系统规划和设计，亟待从检察建议与其他法律监督手段，以及不同类型的检察建议这两个层面进行更加细化和明确地类型划分、功能划分、效力划分，对适用范围、功能作用、法律文书进一步规范，以便检察机关在司法实践中更加精准有效地通过检察建议履行法律监督职责。

（一）聚焦主责主业，突出检察建议诉讼监督功能

人民检察院是国家的法律监督机关，《组织法》第二十条规定的职权均属于法律监督权，具体可以划分为刑事检察、公益诉讼、诉讼监督三大类。虽然《组织法》第二十一条规定的"提出检察建议"适用于法律监督全部职权，但检察机关参与诉讼，主要依据诉讼法的具体规定，是诉讼程序的有机组成，有明确的阶段、方式和法律文书。检察建议并非诉讼法律文书，是检察机关为了更好地履行监督职责，实现"在办案中监督"而采取的一种监督方式，与侦查、批捕、起诉等诉讼功能有明确区别。

检察建议作为检察机关行使监督职权的重要方式，《检察建议书》也应主要适用于诉讼监督领域。《规定》要求，检察机关在提出检察建议前，应当"对相关事项进行调查核实，做到事实清楚、准确"，并对调查核实的 7 项具体措施予以明确。从措施内容来看，都是针对以往监督手段缺乏的完善。通过强化调查核实权，做实做强诉讼监督，推进监督办案化。

（二）延伸社会综治职能，做深做细社会治理检察建议

社会治理不是法律监督职权，是法律监督功能的体现。实践中检察机关参与社会治理普遍采用提出检察建议的形式，向被建议单位、部门制发《检察建议书》。在检察建议还

没有法律规定的时候，就作为检察机关执法办案活动的延伸广泛应用，是检察机关参与社会治安综合治理的主要措施，沿用至今转变为实现社会治理功能的主要方式。这些检察建议范围广泛、对象多样、情形各异、效力较弱，与刚性的、具有监督功能的检察建议一并采用《检察建议书》作为载体，是造成混乱的主要原因。

鉴于检察机关最早提出检察建议并使用《检察建议书》适用于综合治理，而且从称呼上看，"建议"本身就是一种柔性的督促、善意的提醒，与社会治理类（包括其他类）检察建议的法律效力相符合，将《检察建议书》继续作为检察机关参与社会治理的形式更为妥当。这种统一称谓的《检察建议书》从名称上对外没有识别困难，也较适合社会治理类检察建议。《规定》中应当对社会治理类检察建议与监督类检察建议进行区分，分别进行规制，明确各自的适用范围、情形、效力等。对于社会治理类《检察建议书》的格式内容应当做到统一，以检察院的名义制发，文书统一编号，统一进出。

（三）细化监督类法律文书，提升检察建议外部识别度

法律文书具有规范性、明确性、说理性、权威性等特征。诉讼监督是检察机关的法定职能、专门职责，是主责主业，应当根据具体的监督职能、监督事项、监督效力设计相应的监督办案法律文书，不宜采用《检察建议书》这一泛称，应当根据具体监督情形设计不同的法律文书。

首先，将监督类检察建议的《检察建议书》进行具体和细化。如《刑事再审检察建议书》《民事再审检察建议书》《行政再审检察建议书》，法律文书名称直接明示诉讼阶段和功能作用；如《公益检察建议书》或《诉前检察建议书》，直接明确公益诉讼属性；再如《给予行政处罚检察建议书》《没收违法所得检察建议书》等。名称上细分后，其格式、内容自然可以做到统一规范。其次，将实践中的检察意见、问题通报、情况反映、检察公函、告知函等进行规范化、格式化，作为检察机关"提出检察建议"的有效方式和制发检察建议的法律文书形式。如《×××检察意见书》《关于×××的情况通报》《×××通知书》《×××告知函》，根据不同的监督事项采用不同的名称，相互区分。强化法律监督主责主业，推进"四大检察"全面协调充分发展，必须把诉讼监督做细做深、做实做强，需要有完备的监督法律文书体系作为配套和支持。

（四）构建具有层次性的检察建议形式规范，逐步显现监督成效

对不同类型的检察建议进行区分，划分出不同层次，可以按照监督内容的重要性，用递进的逻辑循序渐进地推进，要实现从具体性监督上升到制度性监督，从个案监督上升到类案监督，从对人的监督上升到对事的监督，从对事的监督上升到对体制机制的监督。在实现不同监督效果的过程中，要积极寻求上级机关的支持，善于运用宣告送达等方式，以公开促公正、赢公信，把检察监督变成社会关注，不断提升检察建议的监督成效。

（责任编辑：薛莉萍）

论技术调查官制度在检察办案中的引入

——兼议知识产权犯罪技术事实查明制度

薛阿敏[*]

随着科学技术的迭代更新、经济社会的高速发展，实践中司法案件涉及的专业领域越来越广，司法人员虽具备法律知识但并非精通所有。最高人民检察院于 2018 年 4 月出台《关于指派、聘请有专门知识的人参与办案若干问题的规定（试行）》（以下简称《规定》），该规定相对比较原则、适用范围非常广泛，且对有专门知识的人没有特殊领域限制。相比较而言，人民法院在审理知识案件中引入的技术调查官制度，虽然适用范围有限，但是工作机制、选任资格、管理制度等较为完善，尤其是运行模式和司法地位值得重点参考。本文在洞察技术调查官制度法规范和实践运行现状的基础上，结合检察业务的特殊性，捋顺与其他技术事实查明制度的关系，构建"技术调查、专家咨询、司法鉴定"三位一体的检察辅助办案机制，助推"四大检察"提质增效。

一、知识产权技术调查官制度述评

进入知识经济时代以来，对知识产权的保护日益重视。与普通民事行政案件相比，技术事实是知产案件得以解决的关键，尤其是涉及专利、技术秘密、集成电路设计等复杂事实的案件，最大限度地查明案件事实是法律适用的基础，但是司法人员并不了解专业技术知识。2014 年 12 月，最高人民法院颁布《关于知识产权法院技术调查官参与诉讼活动若干问题暂行规定》（以下简称《暂行规定》），随后，北京、上海、广州的知识产权法院相继成立技术调查室，聘请专职或者兼职的技术调查官参与案件审理。2017 年 8 月，最高人民法院印发《知识产权法院技术调查官选任工作指导意见（试行）》（以下简称《指导意见》），明确了技术调查官资格条件及准入要求等内容。2019 年 5 月，《最高人民法院关于技术调查官参与知识产权案件诉讼活动的若干规定》（以下简称《若干规定》）公布实施，技术调查官制度的适用扩大到审理知识产权案件的所有法院，并明确参与程序和具体职责等，该规定标志着我国技术调查官制度正式建立。

（一）技术调查官制度基本内容

据考证，技术调查官概念最早由日本创立，主要目的是协助法官查明知识产权案件的技术事实。随后，韩国及我国台湾地区引进了该制度，使其作为技术辅助人员参与知识产

---

* 薛阿敏，法学硕士，上海市人民检察院第一分院检察官助理。

权审判。我国对技术调查官进行直接规定主要是前述《暂行规定》《指导意见》《若干规定》三个规范性文件，基本涵盖了技术调查官的定位、适用范围、主要职责、选任及管理、技术调查意见效力等。

1. 技术调查官不是法官，不具有审判权

《指导意见》第一条规定，技术调查官是审判辅助人员，负责对知识产权案件中涉及的技术问题进行调查、询问、分析、判断等，为法官裁判案件提供专业技术意见。换言之，技术调查官只在法官根据案件审理需要经指派才能参与到案件具体审理过程，协助法官查明、认定案件事实，中途也可能更换技术调查官。《若干规定》第三条、第九条明确技术调查官确定或者变更后，法官应当在三日内告知当事人，并依法受回避制度约束；在案件评议前技术调查官应当就案件所涉技术问题依据专业知识提出技术调查意见，但不能发表关于法律适用的意见。

2. 技术调查官的职责

《若干规定》第六条、第七条、第八条、第九条对技术调查官参与知识产权案件办理承担的主要职责作了明确，涉及诉讼过程的多个环节。比如，开庭审理前，参与调查取证、勘验、保全的，技术调查官应当提前查找文献阅看资料，针对取证的方法、步骤、注意事项等提出建议；参与庭审过程中，经过法官同意，技术调查官可以向诉讼参与人进行发问；庭审结束后，技术调查官可以列席合议庭，对案件所涉技术问题提出技术调查意见，作为合议庭评议的参考依据。

3. 技术调查意见的性质与效力

《若干规定》第十一条规定技术调查意见可以作为合议庭认定技术事实的参考。进言之，技术调查意见仅仅对法官认定技术事实具有参考作用，认定技术事实时法官仍然可以作出与技术调查意见不一致的结论。应当注意的是，技术调查意见不是证据，更不是鉴定意见。一方面，技术调查意见由技术调查官作出，由法官内部参考，不同于鉴定意见需要双方当事人共同指定或者由法院指定。另一方面，证据需要向当事人公开，经过法庭质证、辩论等环节，而技术调查意见不对外公开，当事人并不知晓法官所参考的技术调查意见内容，更不会对技术审查内容发表意见。此外，证据是法官的裁判依据，技术调查意见仅仅对法官认定技术事实具有参考作用，不能直接作为判决依据。

（二）技术调查官与传统技术事实查明制度的区别

在技术调查官制度引入之前，我国诉讼中已有的传统事实查明方式主要有鉴定人、专家辅助人、技术咨询、专家陪审等制度，在以往的技术事实认定过程中发挥着至关重要的作用，但也有其不足之处，如司法鉴定的成本较高、耗时久，专家陪审"陪而不审"制度虚设，技术咨询相关制度配套不完善等。技术调查官具有中立性、专业性、高效性的特点，能够较好地弥补传统技术事实审查制度的不足。以鉴定人和专家辅助人为例，通过比较明晰技术调查官制度在法律地位、审查意见效力、基本职责等方面的特殊性，使之与其他传统技术事实查明制度更好地衔接与融合。

1. 与鉴定人的区别

鉴定人是指司法机关或者当事人委托具有法定资格的鉴定人或者机构，针对专业性技术问题作出鉴定报告，为司法人员和当事人查明案件事实提供参考依据。[1]技术调查官与鉴定人在法律地位、职能、适用范围等方面存在区别，在具体诉讼程序中发挥的作用也各有侧重。其一，鉴定人是受司法行政监管的第三方盈利机构，通过专业技术设备进行鉴定；技术调查官是法院工作人员，可以依靠专业技术知识对涉案技术事实发表意见。其二，鉴定人出具的报告属于证据的一种，需要在法庭上质证，而技术调查意见是法官认定案件事实的内部参考，不对外公开。其三，鉴定人是当事人共同委托或者法官依职权、依申请委托，而技术调查官参与案件是法官根据案件情况指派。相对来说，虽然通过专业设备出具的鉴定报告更受当事人重视，但技术调查官可以结合案件事实推荐最合适的司法鉴定机构，也可以对鉴定人、鉴定程序、方法等进行审查，对鉴定活动进行监督，还可以通俗地解读鉴定报告，便于司法人员和当事人充分理解，庭审过程中还可进行技术翻译、技术术语解释等。[2]

2. 与专家辅助人的区别

专家辅助人是指诉讼参与人经法院批准，聘请具有专门知识的人针对案件的专业问题或者鉴定报告发表意见。[3]技术调查官与专家辅助人最核心的区别是，两者的立场不同，技术调查官是法院指派的工作人员，具有科学性、中立性，专业性，可以从第三方角度提出客观意见；专家辅助人由当事人聘请，一般来说针对鉴定意见或者技术事实往往发表有利于当事人的意见。此外，专家辅助人在诉讼中阐明的意见是公开的，可以视为当事人陈述，但不能作为证据使用；技术调查官提出的技术调查意见不对外公开，既非证据也非当事人陈述。

二、检察环节引入技术调查官制度的必要性可行性分析

技术调查官制度已在法院审理知识产权案件中得到较为成熟的应用，通过指派技术调查官参与案件审理，增强专门性技术问题认定的科学性、专业性、准确性，取得显著成果。2021年5月，国家知识产权局发布《关于技术调查官参与专利、集成电路布图设计侵权纠纷行政裁决办案的若干规定（暂行）》，技术调查官制度由过去适用于司法程序，延伸至知识产权案件行政裁决中，为依法判定技术类侵权提供重要技术支撑。最高人民检察院《规定》中有专门知识的人与技术调查官制度在法律地位、选任管理、具体职责等方面存在一定差别：如在选任制度上，有专门知识的人没有硬性条件要求，而技术调查官具有特定领域专业知识和经验要求；在具体职责方面，有专门知识的人主要是在检察官的主持下进行勘验、检查或就需要鉴定但没有法定鉴定机构的专门性问题进行检验；而技术调

① 蔡雪恩：《技术调查官与鉴定专家的分殊与共存》，载《法律适用》2015年第5期。
② 黎淑兰等：《技术调查官在知识产权审判中职能定位与体系协调》，载《中国知识产权法学研究会2015年年会论文集》第985页。
③ 李雯娟：《论我国专家辅助人制度的完善》，西北师范大学硕士论文2014年。

查官职责范围更广泛，还可参与询问、听证、庭前会议、开庭审理、列席合议庭评议等；在司法地位方面，技术调查官是审判辅助人员，是法院的专职工作人员，具有明确司法地位。部分基层检察院为进一步落实《规定》精神，已在检察办案中引入技术调查官制度，如上海市宝山区人民检察院于 2020 年 6 月制定《关于探索技术调查官参与检察办案活动的若干意见》，明确在办理生态环境和资源保护、食品药品安全、知识产权等专业性较强的案件时，可以指派有技术专长的人员担任技术调查官提供专业技术支持。①为有效解决案件办理过程中遇到的技术问题，在综合成熟经验的基础上，检察机关应当探索建立技术调查官制度，弥补检察官知识储备和视野局限，突破专业技术瓶颈，推动案件办理客观、公正、高效。

（一）案件技术性事实问题越来越复杂

随着人工智能、生物科技、数字经济的高速发展迭代，案件涉及的专业面越来越广，布图设计、信息技术、医学、生态环境、机械制造等，如利用深度链接、加框链接等计算机技术手段复制他人享有著作权的作品，如何厘清技术原理、是否构成技术中立，需要专业技术知识才能理解犯罪行为的本质。类似专业性案件办理过程中，检察人员往往难以直接凭借法律经验将专业性技术问题转换为法律范畴的事实认定问题，需要运用专业技术知识、科学原理进行分析判断事实证据关系。实践中新型犯罪、侵权案件层出不穷，手段日趋复杂、多元化，办案中还会碰到需要进行检验或鉴定的案件无法找到对应的鉴定机构或者数份鉴定意见观点不一等问题，检察人员由于缺乏专业技术知识很难作出准确判断，进而影响法律事实的认定甚至可能由于鉴定不专业而被撤案等。

（二）弥补现有事实认定制度的不足

为了准确认定案件事实，检察实践中主要依赖鉴定人制度和技术咨询制度，但这两种制度并未完全耦合，也各有自身缺陷。司法机关自设的鉴定机构取消后，私有资本开始涉足鉴定机构，为争夺有限的鉴定资源，行业潜规则不断滋生，市场化乱象导致鉴定人的资格、水平、鉴定方法和技术、鉴定材料和设备、鉴定人与案件的关系等方面的问题不一而足，严重影响鉴定的科学性、可靠性，难以保障公正的实现。检察机关聘请临时或者长期的技术咨询专家，是检察机关办理疑难复杂案件寻求专业技术支持的重要路径。但是专家成员往往是兼职或者临时的顾问，一般是高校或者科研机构的教授、研究员，均有本职工作，受时间、地点、精力的限制并不能全程参与案件，更不能与当事人进行交流，是否涉及案件回避等更是无从得知，相关经费配套措施也不完善，实务中效果并不好。

（三）对"有专门知识的人"实现分层管理

检察环节不管是对刑事案件的批捕、公诉、提前介入侦查，还是对法院判决的民事行政案件以及侦查活动的监督，在涉及技术事实、多重鉴定时，检察官同样捉襟见肘难以判断，需要专业人士协助解决。如在认罪认罚从宽案件中，检察人员依法提出精准量刑建

---

① 宝山检察：《宝山检察探索技术调查官参与检察办案》，载《上海检察》微信公众号 2020 年 6 月 10 日。

议，而如何准确认定专门性技术事实是法律适用之前提，应当建立专门的技术辅助团队，帮助承办人准确认定专业技术问题，提高案件的办理效率。但是，不同案件类型、不同承办人、不同阶段对有专门知识的人需求不同，有的案件从介入侦查开始就要辅助办案，有的案件只需要协助解决某个或某类专业问题，有的只需要咨询意见。基于此，应当对有专门知识的人实现分层管理，需要深度参与的，指派技术调查官直接并入办案组；对于开展一般性审查或协助的，可以放宽条件要求，让更多有专门知识的人参与辅助；对于需要提供专业的意见的，可以通过专家咨询等进行专业或技术咨询。

三、检察环节引入技术调查官制度的问题探讨

司法正义和诉讼效率是我国司法改革的核心目标。人民法院在审理知识产权案件中引入技术调查官制度协助法官认定技术事实、采纳科学证据，在多种事实查明制度中扮演了核心关键角色。以刑事案件办理为例，检察官在提前介入侦查需要引导侦查人员及时搜集保全证据，在批捕阶段负有排除非法证据的职责，在审查起诉阶段还要对案件事实、证据进行全面客观审查，面对多份鉴定意见观点不一、找不到鉴定机构、鉴定方法是否符合鉴定规则等专业技术问题时，同样需要"技术外脑"监督司法鉴定活动、协助认定技术事实，从而达到排除合理怀疑的证明标准。《若干规定》《暂行规定》《指导意见》对技术调查官的选任、职责、管理等进行全面规定，但是在我国法院引入实践的发展历程却只有数载，实践中也暴露出亟待完善的问题，下文在讨论检察环节引入构建技术调查制度时一并分析。

（一）技术调查官的司法地位

技术调查官是检察辅助人员。技术调查官的司法地位直接决定技术调查官在诉讼程序中发挥的作用和职责。有观点认为，应当提升技术调查官的地位，赋予技术调查官与司法人员同等法律地位，使其实质参与案件审理。笔者认为，我国实行员额制度改革，很难有人选既满足专业技术要求又具有法律经验，不应该赋予技术调查官直接决定案件事实的权力，可以参照法院模式赋予技术调查官检察辅助人员的身份，适当延伸技术调查官的参审范围、职责、权力，灵活构建检察环节的技术调查官制度。

技术调查官的适用范围。《若干规定》第一条明确了技术调查官有限参与的原则，即技术调查官只能参与专利、植物新品种、计算机软件等知识产权案件。随着科技的日新月异发展，其他非知识产权案件也包含疑难复杂的技术事实，根据规定只要不属于前述规定明确的案件类型，技术调查官便不得介入，技术调查官的作用受到很大限制。检察环节引入技术调查官制度不应局限于知识产权案件，应涵盖四大检察业务，如上海市静安区人民检察院制定的《关于探索技术调查官参与检察办案活动的意见》，明确技术调查官可以在刑事检察、民事检察、行政检察、公益诉讼检察工作中协助解决专门性、技术性问题或者提出专业意见，并不局限于知识产权案件。[①]

---

① 徐梦格：《技术调查官：检察官的技术参谋》，载《静安检察》微信公众号 2021 年 5 月 24 日。

技术调查官的主要职责。结合《若干规定》第七条和检察业务内容，技术调查官主要是协助检察官判断认定案件中的专门性技术事实问题。具体而言，可以赋予技术调查官以下职责：查阅相关文献和案卷材料，对案件专业性技术问题提出审查意见；从专业角度对涉案专业技术事实查明范围、顺序、方法等提出建议；针对专业技术问题如何讯问犯罪嫌疑人、询问诉讼参与人等提供协助或建议；从客观事实出发，建议可行的最优鉴定方案，必要时组织鉴定人、相关领域专业人士进行鉴定，提出咨询意见；对专业技术事实的勘验、检查等侦查活动的方法、步骤等提出建议，在检察官的主持下参与现场勘验、调查取证等工作；列席检察官联席会议，参与询问、听证、诉前检察建议圆桌会议等；经过法官许可，作为检察官办案组成员出席法庭，就专门性问题询问当事人、证人等。

（二）技术调查官的选任及管理

《指导意见》第二至六条对技术调查官的选任的总体要求和资格条件进行了全面规定，检察环节引入该制度时可以参照进行，分别明确挂职交流型、兼职型、聘任型三种技术调查官的选任条件。就技术调查官的管理问题，检察机关可以在检务保障部设置检察技术中心，负责技术调查官日常管理，并为技术调查官开展工作提供必要条件。鉴于近几年专业性极强的刑事案件和新型犯罪案件频发，在审查起诉阶段不仅对刑事侦查活动具有监督义务，还应对案件事实、证据进行全面客观的审查，但是术业有专攻，检察人员并不具备专业技术知识审查鉴定意见以及新型技术事实问题。笔者认为，应着力增加在编型技术调查官。在编型技术调查官在人民检察院工作，没有时间、地域、精力等限制，可以随时就涉案技术事实问题进行沟通交流，在没有参与到案件审理时，还可以深入钻研专业技术，有利于培养建立专业化的技术调查官队伍。

关于技术调查官参与案件并没有严格准入程序，《若干规定》仅明确在审理专业性较强的案件时，可以指派技术调查官参与。一方面，技术调查官参与案件缺乏程序规范，司法人员拥有绝对的自由裁量权，容易导致该制度名存实亡；另一方面，技术调查官的数量有限，但凡涉及专业性技术事实就指派技术调查官参与审理，某种程度上也会浪费司法资源。笔者认为，技术调查官协助参与检察办案应当设置程序条件。以刑事案件为例，满足以下条件承办人可以指派技术调查官参与诉讼：第一，案件中具有专门性技术事实或者科学证据，或者辩护人对涉案的专门性技术事实或者鉴定意见提出异议的；第二，案件罪名可能判处三年以上有期徒刑的。当然，对于特别疑难复杂、专业性技术事实难度较高的案件，可以增加指派1—2名专家咨询人员共同参与检察办案，助力案件科学、公正、高效地办理。

（三）技术调查意见的属性与采信标准

有观点认为，应当赋予技术调查意见证据属性，甚至还有观点认为，应当赋予技术调查意见裁判属性，司法人员须无条件采纳。上述两种观点都比较极端，不符合引入技术调查官制度的初衷。检察环节技术调查意见的效力应当参照法院的规定，对于检察官办案具有参考作用，就其本质而言是供检察官认定技术事实参考的内部咨询意见，是否采纳由检察官决定。现有规定中并未明确司法人员的采纳标准，很大程度上导致技术调查意见淹没在自由裁量权之下，不利于技术调查官制度的长远发展。检察环节应当设置具体明确的标准指引检察人员对技术调查意见进行判断取舍，如，技术调查意见只能针对专门性技术事实或者科学证据发表意见，不能超出范围对法律适用进行评判；再如技术调查意见仅针对个案作出，不具有普适性，个案中的具体信息应当全面体现等。

理论界关于技术调查意见是否公开的问题一直争执不下。多数观点认为，当事人享有对影响其权利义务的裁判过程进行充分辩论的机会，对于可能影响裁判结果的技术调查意见应当享有知情权。笔者认为，技术调查意见只具有参考作用，不具有证据属性，不应当接受当事人的反驳或者质证，况且裁定、判决等司法文书的释法说理部分会对技术事实认定依据进行阐述，没有公开的必要性。此外，技术调查官参与案件审理过程中也可能根据认知变化修正技术调查意见，司法人员亦可能作出与技术调查意见不一致的决定。因此，检察环节技术调查意见可以参照人民法院的制度规定，不对外公开，但是应当明确技术调查意见的规范要求，进而明确技术调查官对其出具的技术调查意见承担的责任，提高技术调查意见的科学性。

（四）几种技术事实查明制度协调配合

司法鉴定、专家辅助人、技术咨询、专家陪审是我国已有的传统技术事实查明机制，相应的每种技术事实审查方式都有自己的特点和不足，功能作用上虽有交叉重合，但不可互相取代。引入技术调查官制度，并不是对传统技术事实查明制度的抛弃、替代，而是基于各种制度之间优劣互补、有机协调，实现1加1大于2的效果。就公正性而言，技术调查官属于内部工作人员，具有天然的中立性，没有利益偏向；就效率而言，首选技术调查官和技术咨询，鉴定一般是穷尽他法无法查明才选择借助专业鉴定设备，不适用鉴定的案件，检察官可以指派技术调查官进行协助，适用鉴定的案件，技术调查官可以协助选择合适的鉴定机构，对鉴定事项、方法等提出专业要求，并对鉴定意见的合法性可靠性进行审查。就专业性而言，技术咨询、专家辅助由于受时间、空间、地域等多方面因素限制，很难有足够精力投入案件，而技术调查官可以是专职的，能够大大提高办案效率。

在充分考虑各种事实查明方式衔接、协调的基础上，保证各种技术事实查明方式优势互补，根据案件技术事实复杂程度，针对性择取不同查明方式，因案而异，设计繁简分流的机制。总体思路是对于简单的技术事实，应当首先考虑技术调查官，成本小且便捷；对于复杂的技术事实，先由检察官对技术事实问题进行判断，超出个人理解范围的，申请技术调查官介入，需要动用外部机制才能查明的，可以由技术调查官根据案件事实情况针对性选择鉴定机构；对于疑难复杂技术事实，如涉及高精尖知识前沿等领域的，需要深厚的理论基础和实践功底，可以综合运用技术调查官和专家咨询等方式查明，先由技术调查官或技术专家确定争议焦点，然后针对有争议的技术问题提供鉴定方案，并审查鉴定方法、鉴定程序等是否符合相关规定，对技术术语进行解释翻译，协助检察官解读鉴定意见，提高检察官审理案件的质量和效率。

（责任编辑：李文军）

贯彻落实"少捕慎诉慎押"司法理念的检察实践研究

上海市人民检察院、上海交通大学联合课题组*

改革开放以来，我国经济快速发展、社会长期稳定，创造了世所罕见的两大奇迹。刑事犯罪从立法规范到司法追诉发生深刻变化，人民群众对社会发展内涵有新期待。但是目前我国刑事诉讼中每年有上百万人被采取逮捕强制措施，在羁押状态下候审，这一现状与刑事犯罪结构变化、司法办案理念更新、国家法治发展进程尚不相适应，也不利于进一步优化司法资源配置、提升人民群众获得感、夯实党的执政根基。而法律制度日趋健全、经济科技快速发展、司法能力水平不断提升，为降低审前羁押率提供良好基础。有必要、有条件转变过分依赖逮捕的诉讼方式，贯彻落实"少捕慎诉慎押"，以更好体现习近平新时代中国特色社会主义思想，实现全面依法治国、国家治理体系和治理能力现代化。

一、基础与概念："少捕慎诉慎押"司法理念基本问题研究

（一）"少捕慎诉慎押"司法理念提出的时代背景

1. 刑事犯罪结构巨大变化带来转型需求

伴随着我国经济社会全面发展进步的同时，我国刑事犯罪结构态势发生了深刻变化。首先，我国严重暴力犯罪大幅下降，轻罪案件大幅攀升。二十年来，全国批准逮捕和提起公诉的人数分别增长了64%和169%，2020年比1987年更是增长了224%和550%。刑事案件总量增长的情况下，重罪案件却从1999年的16.2万人下将至2019年的6万人，占比从19.6%下降至2.7%。与之相反，三年有期徒刑以下的轻罪案件人数占比从1999年的54.6%上升至2020年的81.7%。其次，传统犯罪占比明显下降，违反经济社会管理规定等新类型犯罪增幅明显。1999年至2019年，检察机关起诉严重暴力犯罪从16.2万人降至6万人，年均下降4.8%；被判处三年有期徒刑以上刑罚的占比从45.4%降至21.3%。通过跨越20年的数据对比，直接反映出我国目前刑事犯罪的整体走势，也清晰折射出世情、

---

* 课题组组长：皇甫长城，法学硕士，上海市人民检察院法律政策研究室主任；林喜芬，法学博士，上海交通大学凯原法学院教授、博士生导师。课题组成员：陈超然（上海市人民检察院）、欧阳昊（上海市人民检察院）、郭大磊（上海市杨浦区人民检察院）、施誉求（上海市人民检察院）、祁堃（上海市人民检察院）、姜臣云（上海市杨浦区人民检察院）、周健（上海市虹口区人民检察院）、王晗（上海市人民检察院）、王延延（上海交通大学）、梁爽（上海交通大学）。

国情、社情发生的动态变化，现阶段随着我国经济社会秩序的规范和管理更加精细化，社会治理和法治要求也进入新阶段，刑事犯罪结构发生的巨大变化带来的是司法理念和政策亟须转型。

2. 刑事检察理念和政策的发展和更新

我国法律制度不断完善，为"少捕慎诉慎押"提供了法律支撑，其中认罪认罚制度的适用及企业刑事合规法律政策的试点探索工作，为"少捕慎诉慎押"的落实提供良好法律制度基础。2018 年 10 月我国刑事诉讼法确立了以优化诉讼资源、分流诉讼程序、提升诉讼效率为重要价值目标的认罪认罚从宽制度，经过检察机关着力推动落实，全国适用率 2019 年当年就从 20.5% 上升至 83.1%，目前保持在 80% 左右，已成为我国刑事诉讼领域覆盖大多数犯罪的重要诉讼制度。适用认罪认罚从宽案件以轻罪为主，犯罪嫌疑人、被告人已经签署认罪认罚具结书，羁押必要性得以降低，认罪认罚从宽制度成为扩大非羁押强制措施适用的支撑。

3. 国家治理体系和治理能力现代化的内在要求

国家治理现代化要求坚持和完善中国特色社会主义法治体系，贯彻宽严相济刑事政策，保障人民权益。降低审前羁押率是刑事司法领域落实国家治理现代化的重要体现，也是法治现代化的重要方面。刑事司法要促进国家治理的深度，减少逮捕羁押有利于厚植执政根基，促进社会和谐。在法治现代化背景下，应当根据罪行轻重、社会危险性大小更加细腻审慎判断有无羁押必要。对于轻罪的大量逮捕，容易助长公民对国家的对抗情绪，不利于宽松良好社会环境的营造。特别是对被认定为无罪人员的逮捕，更会使司法陷入被动。而对科研人员、民营企业等特殊群体不加区分一律逮捕，减少了其继续创造社会价值的可能性，容易导致相关领域的科研中断、生产停滞、工人失业。去年突如其来的新冠肺炎疫情对我国经济社会造成较大冲击，国际社会疫情蔓延和西方国家的逆全球化政策，加大了疫后经济恢复难度，加之我国劳动力优势逐渐减弱，有必要通过刑事政策调整，进一步降低审前羁押率，增加司法善意，促进社会和谐发展。

（二）"少捕慎诉慎押"司法理念的概念及内涵

所谓少捕，是指在刑事诉讼中应当尽量少逮捕人，并且严格将逮捕措施限定为确保刑事诉讼顺利进行的一种预防性措施，使非羁押诉讼成为刑事诉讼的常态。所谓慎诉，是指从严掌握刑事案件进入审判程序的实体条件和证据标准；对于符合起诉条件的案件，如果检察机关根据案件事实、情节以及犯罪嫌疑人的具体情况和认罪认罚态度，认为不起诉更加有利于维护公共利益和犯罪嫌疑人、被害人的合法权益，有利于促进经济社会发展和修复社会关系的，尽量适用不起诉手段终止诉讼。所谓慎押，是指在少捕的基础上，通过落实捕后羁押必要性审查制度等，保障被逮捕人及其法定代理人、近亲属和辩护人申请变更或者解除强制措施的诉讼权利，尽量缩短审前羁押期限，减少审前羁押人数。[①]

---

① 孙长永、苗生明、彭胜坤：《少捕慎诉慎押刑事司法政策的内涵功能及其落实》，载《人民检察》2021 年第 15 期。

一是要正确把握"少捕慎诉慎押"与司法规律的关系。"少捕慎诉慎押"对逮捕条件的全面落实，是对包括检察权运行规律、诉讼活动规律、犯罪治理规律、社会修复理论在内的司法规律的正视和尊重，是对司法活动人本性实施、科学性考核的回归。二是要正确把握"少捕慎诉慎押"与严格司法的关系。"少捕慎诉慎押"不是一概不捕、不诉，该捕该诉的还是一定要严格进行捕、诉；当然也不能一捕了之、一诉了之，或是不捕、不诉了之，捕后仍应继续进行羁押必要性审查，加强逮捕与其他强制措施的互补衔接，同时不捕不诉也要加强说理和论证。"少捕慎诉慎押"应严格执行逮捕和起诉的条件，特别是社会危险性评估与逮捕必要性审查，关注捕诉的必要性与比例性原则，强调综合分析犯罪嫌疑人、被告人的主体身份、法定刑、犯罪情节、主观方面、犯罪后的表现、犯罪证据收集固定情况、有无固定住所等因素，严格执行有逮捕、起诉必要即捕、诉，无逮捕、起诉必要即不捕、不诉的原则性规定。三是要正确把握"少捕慎诉慎押"与司法效果的关系。司法效果通过法律效果、政治效果及社会效果来呈现。司法效果与捕诉数的关系具有一定的复杂性：从法律效果上讲，捕诉人数与法律效果并不存在必然的正相关关系。从政治效果上讲，捕诉人数越多，政治对立面越多，政治效果越差。研究表明，被羁押后释放人员在部分社会影响较大的群体性事件中扮演了关键角色，甚至是促使事态扩大化的决定性力量，对社会造成的实质性影响也较为严重。

（三）"少捕慎诉慎押"司法理念的价值

1. 贯彻宽严相济，尊重保护人权

近年来，我国法治建设不断进步，刑事政策呈现出从严从重向宽严相济的重大变化。2004年"国家尊重和保障人权"写入宪法；2005年中央确立宽严相济刑事政策；2012年和2018年两次修改刑事诉讼法，不断完善细化尊重和保障人权的刑事程序和制度。特别是刑事诉讼法的修改，对于"少捕慎诉慎押"理念的导向也十分明显；对逮捕条件进一步细化，更加明确"有社会危险性"条件适用标准；完善取保候审和监视居住规定，扩大非羁押强制措施适用范围；确立羁押必要性审查制度；设立认罪认罚从宽制度；等等。并且在如今现代科技发达的时代，社会治理方式和手段日渐智能化、科学化，通过降低诉前羁押率，使罪行较轻、社会危险性较小的犯罪嫌疑人在不被羁押状态下候审，使得更多的犯罪嫌疑人在未被确定有罪情况下仍然享有人身自由，在人权价值上也凸显社会主义制度优势。同时让当事人在诉讼过程中保持正常的工作生活，降低对于家庭的影响，也有利于增加司法善意，促进司法文明进步。

2. 以人民为中心，促进社会和谐

刑事司法要体现国家治理的温度，减少逮捕羁押有利于以人民为中心，促进民生福祉。新时代人民群众在民主、法治、公平、正义、安全、环境等方面有内涵更丰富、水平更高的新需求。以往人们只关注被羁押的犯罪嫌疑人是有罪还是无罪，"构罪即捕"倾向明显，而现在法治理念与权利意识明显增强，对羁押是否合理、是否必要愈加关注，因错误逮捕而申请国家赔偿的案件数量也逐步增多。司法机关必须并有责任回应人民群众在新

时代对公平正义、对司法办案更高水平、更高期待的新要求。因此通过审慎把握逮捕标准，减少审前羁押，可以最大限度维护诉讼当事人合法权益，让人民群众感受到刑事司法的文明进步和国家的为民情怀，让人民群众对中国社会的发展成就有更真切的获得感。

3. 加强系统治理，保障良法善治

刑事司法要促进国家治理的精度，通过"少捕慎诉慎押"司法理念的贯彻落实，有利于加强系统治理，促进共治善治。从"管理"到"治理"，反映时代变革。以往，强调注重打击来维护社会稳定，认为只有逮捕才能"管"好犯罪嫌疑人让其不能逃跑、无法毁灭证据，以此保障诉讼和惩治犯罪。但那是在经济科技不发达的时代背景之下，以"逮捕为原则"成为司法惯例的时代。高羁押率依赖司法资源的大量投入，反映出强制措施领域"管理为主、治理欠缺"的传统。而国家治理现代化更加强调"善治"、各方"共治"，因此"少捕慎诉慎押"在依托大数据、人工智能等现代科技手段并与之深度融合下，依靠社会各方参与，发挥基层社区作用，可以实现国家的良法善治和社会共治。

二、检视与分析：贯彻落实"少捕慎诉慎押"司法理念的检察实践

司法实践中，逮捕率、审前羁押率、不诉率的高低受到刑事司法理念的影响。之前逮捕、羁押、起诉率一直高位徘徊。近年来，检察机关严格把握逮捕标准、加强羁押必要性审查，在公安机关侦查能力提升、扩大取保候审适用等举措的推动，以及我国社会和谐、经济发展、司法进步等因素的推动下，"少捕慎诉慎押"司法理念有了多方面支撑。2010 年至2020 年，全市逮捕率从 92.7%降至 78.6%，不起诉率从 1.1%上升至 6.5%，取得较为显著的成效。

（一）检察机关落实"少捕慎诉慎押"司法理念的现状与成因分析

1. 检察机关落实"少捕慎诉慎押"司法理念的现状评析

一是积极推动不捕直诉。不捕直诉即公安机关在侦查终结后，以非逮捕状态，移送检察院审查起诉。①公安机关严格把握报请逮捕的标准与尺度，过滤分流轻微刑事案件，对不符合条件的案件不再提请逮捕而是直接移送起诉。不捕之诉案件的犯罪嫌疑人可能处于取保、监视居住或拘留状态，但监视居住和拘留的比例非常低，多数嫌疑人被取保候审。据统计，近年来，全市公安机关移送检察机关审查起诉的案件中，适用取保候审措施的人数占比逐年递增，2020 年达 39.4%，2021 年前 10 个月已达 44.9%。

二是严格把关逮捕社会危险性条件。2015 年最高人民检察院与公安部联合发文，明确逮捕社会危险性的证明程序与认定标准。近年来，检察机关强化社会危险性审查，2020 年上海市检察机关共对 1 913 人作出无社会危险性不捕决定，人数是 2010 年的 3.8 倍。这也一定程度上倒逼公安机关提高报捕标准，更多案件不再报捕。

三是积极推进审查逮捕公开听证。检察机关自上而下推动逮捕审查模式改革，改变逮

---

① 谢小剑：《审前未决羁押率下降：基本特点与成因分析》，载《中国刑事法杂志》2021 年第 4 期。

捕行政化审批方式，建立由侦、辩、检多方参与的公开听证机制，突出强调对逮捕社会危险性条件的审查，上海、安徽、广东、重庆、四川五省市试点期间平均不捕率57.6%，高出全国同期1倍以上，也并没有影响诉讼顺利进行。

四是积极落实羁押必要性审查制度。2016年最高人民检察院出台规定细化羁押必要性审查，探索量化评估、定期复查等方法，改变"一押到底"、没有变更途径局面。2021年7月，最高人民检察院在全国检察机关组织开展羁押必要性审查专项行动，进一步落实少捕慎诉慎押司法理念。上海市从2017年探索开展羁押必要性审查工作以来，建议变更获采纳人数占同期执行逮捕人数从4.8%逐渐提高至9.6%，少捕慎诉慎押的司法理念逐渐深入人心。

在看到进步的同时，也应注意，目前在司法制度推进过程中，仍然存在一些亟须解决的问题。

一是羁押候审仍是刑事诉讼的常态。本应优先适用的取保候审、监视居住等非羁押强制措施适用比例不高。2021年，全市受理审查起诉犯罪嫌疑人中，受理时强制措施为逮捕、刑拘的占55.3%，大量案件在羁押状态下推动。另一方面，捕后羁押时间长。2021年，全市延长侦查羁押期限4 397人，退回补充侦查4 470件次，延长审查起诉期限3 624件，约有30%的案件不同程度延长了犯罪嫌疑人羁押期限。"一押到底""关多久判多久"等不合理现象仍不同程度存在，甚至羁押"绑架"起诉、定罪、量刑，影响司法公正。

二是捕后轻缓刑比例高。有学者指出，"有社会危险性即捕"的倾向，是当前实务中审查批捕环节的最大症结所在，也是改革的关键点所在。[①]2021年，全市捕后被判处三年有期徒刑以下刑罚人数占所有逮捕人数的72.0%，其中，判处拘役、管制、单处附加刑的人数占18.0%，判处有期徒刑缓刑的人数占9.2%。一方面，"可能判处有期徒刑以上刑罚"是批准逮捕的前提条件，捕后被判处拘役、管制的被告人是否应当被批准逮捕值得商榷；另一方面，对可能判处较轻刑罚、没有社会危险性的犯罪嫌疑人、被告人适用羁押强制措施，背离了强制措施制度设立的初衷，也不符合宽严相济刑事政策的要求。

三是不起诉适用率低。2020年全市不起诉率为6.5%，与2011年1.1%相比，有显著提升。尤其是相对不诉比例，从占不诉人数的仅6.4%逐年上升到43.5%。但同时，在提起公诉案件中，被法院判处免于刑事处罚、管制、单处罚金等刑罚的有613人，占起诉人数的1.5%，被判处拘役、拘役缓刑的有13 472人，占起诉人数的32.8%。诉后被判处拘役以下刑罚的人数是不起诉人数的4.8倍，除部分案件在起诉后被告人在审判阶段退赔退赃、补缴罚款、达成和解外，大多数案件犯罪事实和情节均没有发生变化，对这部分嫌疑人是否可以适用不起诉，课题组认为有进一步拓展空间。

---

① 万毅：《解读逮捕制度三个关键词——"社会危险性""逮捕必要性"与"羁押必要性"》，载《中国刑事法杂志》2021年第4期。

四是延长侦查羁押期限批准率高。《刑事诉讼法》第一百五十六条至第一百五十九条规定，检察机关对重大、疑难、复杂案件延长侦查羁押期限享有决定权。根据最高人民检察院《刑事诉讼规则》的规定，检察机关受理侦查机关延长侦查羁押申请后，应当进行实质审查，对于"公安机关在对犯罪嫌疑人逮捕后两个月内未开展有效侦查工作或者侦查工作未取得实质性进展的"，可以不批准延长侦查羁押期限。[①]这样规定有助于减少非必要羁押时间，避免超期羁押、以押代侦情况，然而实践中，2021 年全市检察院一延、二延的批准延长侦查羁押期限率均达到 99.5%以上，三延批准延长侦查羁押期限率为 67.6%，尤其是提请一延、二延案件中，仅个别案件不批准延长侦查羁押期限，审核制度的作用尚未有效落实。

2. "少捕慎诉慎押"司法理念落实难的成因剖解

一是司法机关还未形成统一认识。由于"重实体轻程序""重打击轻保护"的观念惯性，以及长期使用逮捕手段的路径依赖，"少捕慎诉慎押"的司法理念尚没有真正落实到实际办案中。一些侦查人员仍然希望通过逮捕突破案件、获取口供，认为犯罪嫌疑人关在看守所省心省力，存在"以捕代侦""一关了之"等问题。一些检察人员仍然把追诉犯罪作为唯一目标，没有贯彻客观公正立场，为了起诉便利不愿变更逮捕强制措施。一些法官也存在"不在押不受理""以捕代罚"倾向。另外，从公检法三家部分考核指标的冲突也能看出理念的冲突。如检察机关将不捕不诉以及减少审前羁押作为正面评价指标，公安机关重视批捕率、起诉率，通常将刑拘转逮捕作为正面评价指标，将捕后不诉作为负面评价指标，逮捕分值高于取保候审分值。法院将被告人到案作为受理案件的必备条件，对未被羁押的被告人习惯要求检察机关收监。这也是导致三方在是否适用羁押性强制措施上产生分歧的重要原因。

二是社会公众误解形成压力。因长期司法实践的惯性和法治普及的不足，人民群众仍然习惯于把"捕与不捕"当作"罪与非罪"的象征，取保候审往往被误读为"没事了"。被害人及其家属往往认为不捕就是司法不公，动辄申诉上访。[②]一些党政机关领导也存在把逮捕作为维稳手段、打击犯罪工具的认识。2015 年，江苏南京发生的养母李某某虐待儿童施某案，检察机关作出不捕决定引发社会舆论关于放纵犯罪、保障妇女儿童权益不力的质疑，需要召开发布会等花大力气说明不捕不等于不追究犯罪，不影响其最终被判处实刑。这给司法机关适用取保候审措施带来了无形的压力，担心会招致"人情案""关系案""金钱案"的误解，担心不捕引发诉讼风险、办案瑕疵，会面临纪律和法律的责任追究。

三是"构罪即捕""以捕代侦"等情况仍然较为普遍。虽然立法对逮捕规定了明确条件，但是一些办案人员对逮捕标准只顾"有犯罪事实"的硬条件，选择性地忽视"有社会危险性"这一软条件，异化成"构罪即捕"，没有正确执行法律标准。在全市认罪认罚制

---

① 王子毅：《降低审前羁押率的影响因素分析与对策研究》，载《中国刑事法杂志》2021 年第 4 期。
② 孙长永、苗生明、彭胜坤：《少捕慎诉慎押刑事司法政策的内涵功能及其落实》，载《人民检察》2021 年第 15 期。

度适用率、轻罪案件占比都为 80% 左右的情况下，2020 年不捕率也只达到 21.4%，况且其中对社会危险性的考虑也仅占三分之一。同时，由于审查逮捕阶段处于侦查初期，部分证据、情节在捕后可能发生变化，部分承办人在审查逮捕阶段全面化审查力度不够，忽视征求当事人的赔偿或谅解意愿，影响对捕后退赔工作的预判。加上仍有部分承办人存在"以捕代侦"心理，捕后又未有效督促公安机关继续侦查或者及时启动自行侦查程序，补侦未达预期进而导致轻刑。

四是羁押替代措施运用状况不尽人意。取保候审强制措施适用条件模糊，"不致发生社会危险性"缺乏明确的判断标准，带来适用的随意性。受"外来人员逃跑可能性大""对外来人员适用取保候审风险大""无固定住处人员不好到案"影响，在未全面、充分审查案件情况下，对可能具备取保候审条件的外地籍犯罪嫌疑人仍予以逮捕。2020 年，上海市刑事犯罪羁押中外来人员占比达 76.2%。作为逮捕替代措施的监视居住在实践中适用率一直偏低，主要原因在于监管成本较高、监管难度大，2020 年在检察机关受理审查起诉的 5 万余人中，监视居住人数仅 69 人，该制度并未发挥其应有作用。

五是检察机关内外监督制约机制不足。于检察机关内部而言，是否羁押影响到犯罪嫌疑人、被告人人身自由，尤其在捕诉一体化背景下，检察机关存在一定权力寻租风险。当前尚缺乏相应的监督监管机制，导致一些担心被误解滥用权力的承办人不愿主动变更强制措施，也一定程度上造成外界质疑检察机关存在选择执法的情况。于检察机关对外而言，以羁押必要性审查为例，对于经审查不需要继续羁押的犯罪嫌疑人、被告人，在侦查、审判阶段，检察机关只能向侦查机关、法院建议释放或者变更强制措施，仅在审查起诉阶段，才能够直接决定释放或者变更强制措施。实践中发现，部分案件检察机关提出变更强制措施建议后，公安、法院既不执行也不回复。虽然《刑事诉讼规则》赋予检察人员制发纠正违法通知书的权力，但由于该规则是针对检察机关内部的规定，对外部办案机关缺乏制约，监督略显苍白。

三、完善与改进：检察机关贯彻落实"少捕慎诉慎押"司法理念的系统建议

"少捕慎诉慎押"司法理念的贯彻落实，是一项关乎人权保障和司法公正的系统工程，需要深入解构现状成因，在理念转型、制度重构和办案模式优化等方面多措并举、寻求突破。

（一）建议的总体构想

深入贯彻党的十九届四中全会精神，以习近平总书记提出的良法善治重要精神为指导，适应我国社会主要矛盾变化要求，坚持和发展"枫桥经验"，将"少捕慎诉慎押"上升为党和国家刑事政策，对重罪案件采取羁押方式从严从重的同时，将非羁押强制措施作为轻罪案件诉讼的主要方式、普通犯罪案件诉讼的重要方式，推动完善中国特色社会主义法治体系，促进国家治理体系和治理能力现代化。

"一项好的司法政策就是一项好的社会政策。"为降低审前羁押率，适应国家治理能力

治理体系现代化的要求，需要在坚持对危害国家安全、严重暴力、涉黑涉恶等少数犯罪案件严厉打击的同时，依法从严控制适用逮捕强制措施，发挥认罪认罚从宽制度优势，对轻刑犯罪、过失犯罪、未成年人犯罪等案件，确立"以非羁押为原则，羁押为例外"的刑事政策。通过对轻罪案件的审慎逮捕、宽缓处置，完善取保候审等非羁押强制措施适用，深化诉源治理，尽可能减小"犯罪打击面"，减少对抗，最大限度保障经济平稳运行、保障社会和谐稳定、保障人民安居乐业，促进国家治理体系现代化，助力新时代中国实现"良法善治"。

（二）落实"少捕慎诉慎押"司法政策的具体建议

一是细化逮捕适用标准。注重对犯罪嫌疑人社会危险性的审查。批准或决定逮捕必须同时具备事实条件、刑罚条件和社会危险性条件，特别是社会危险性条件。区分严重犯罪和较轻犯罪，认罪与不认罪，针对科研人员、民营企业主等特殊群体，制定不同的逮捕社会危险性适用标准。对可能判处三年有期徒刑以下刑罚的犯罪嫌疑人，除有证据证明人身危险性、再犯可能性较大等情况外，原则上不适用逮捕强制措施；对认罪认罚、积极赔偿取得谅解、社会危险性不大的犯罪嫌疑人、被告人，原则上不适用逮捕强制措施；对过失犯罪，主观恶性较小的初犯，共同犯罪中的从犯、胁从犯，除拒不悔罪外，原则上不适用逮捕强制措施。对特殊群体，如未成年人、老年人、残疾人和重大项目科研人员、经营一定规模民营企业主等，除严重犯罪外，原则上不适用逮捕强制措施；夫妻双方都涉嫌犯罪，但有未成年子女或老人需要照顾，一般只考虑逮捕一人；对事实清楚、关键证据已基本固定的案件，侦查机关原则上不提请逮捕，检察机关原则上不批准逮捕。规范审查逮捕程序，对犯罪嫌疑人及其辩护律师提出的不构成犯罪、无社会危险性、不适宜羁押等意见，要说明是否采纳和具体理由。对于有重大影响案件，应当通过公开听证的方式，听取各方意见，作出妥当决定，以公信促公正。

二是完善取保候审制度。完善保证方式，允许机关团体、企事业单位、社会组织作为保证人；允许多人共同充当保证人；允许使用有价证券、实物或者房屋抵押等方式提供财产担保；对于犯罪情节轻微、社会危险性小的未成年人犯罪等特殊案件允许具结保证。加大违法成本，提高取保候审保证金数额标准；加重取保候审保证人责任承担；取保候审时应同时办理边控措施，交存护照等证件。进一步明确违反取保候审、监视居住规定的法律责任，明确告知被取保候审人一旦违反相关规定则要承担严重不利后果，打消弃保潜逃的侥幸心理。建立非羁押风险动态评估机制，通过电子手表等电子设备的实时定位、轨迹查询与报警，通过观护基地定期提供表现动态报告等方式，动态掌控非羁押风险。

三是强化羁押必要性审查。建立对羁押必要性的定期审查制度，连续羁押期满两个月后，检察机关应主动开展羁押必要性审查，确无羁押必要的，及时变更强制措施。对逮捕羁押超过两年仍未获得终审判决的，应当变更强制措施。经补充侦查没有新证据导致案件达不到起诉条件的，原则上应当变更强制措施。案件不能在法定办案期限内办结的，对被羁押的犯罪嫌疑人、被告人应当变更强制措施。统一羁押必要性审查标准，并加强对羁押持续时间、延长羁押期限和重新计算羁押期限的规范。

四是发挥认罪认罚从宽、刑事和解制度优势。除在危害国家安全、公共安全或者社会秩序等重大犯罪中具有较高社会危险性外，对犯罪嫌疑人、被告人认罪认罚、刑事和解的案件，原则上不适用逮捕强制措施。这主要是考虑到，犯罪嫌疑人认罪认罚，说明刑罚的教育作用已初步显现，对于此类案件贯彻"少捕慎诉慎押"刑事司法政策，有助于激励犯罪嫌疑人在更早阶段、更加彻底地认罪认罚，进一步节约司法资源。此外，将非羁押期间表现纳入量刑情节，对非羁押期间没有违规、表现良好的，作为从轻情节，反之依法从重。

（三）完善落实"少捕慎诉慎押"司法政策的制度保障

一是统筹全局，强化党的领导。确立、落实"少捕慎押"刑事政策涉及重大政策调整，要坚持党对政策制定、执行的统一领导，确保政策推进始终坚持正确的政治方向。鉴于各地区经济发展水平和社会治理发展程度不一，在政策推行中，应因地制宜、逐步推进、稳步过渡。在具体工作落实和机制建设层面，建议党委政法委统一部署，各政法机关统一思想认识，加强协同配合，加大宣传力度，采取多种措施，逐步降低审前羁押率，以更高标准、更优水平维护社会和谐稳定、保障和改善民生，为经济社会发展创造良好条件，助推国家治理体系和治理能力现代化。

二是完善立法，强化法律保障。建议修改刑事诉讼法的逮捕条款，将认罪认罚作为逮捕社会危险性、羁押必要性审查的考量因素，增设社会危险性条件中社会经济发展因素的考量条款。建议修改刑事诉讼法中有关取保候审条款。增加单位保、多人保、具结保、多形式财产保等多种方式。适用取保候审时，建议增加佩戴电子监控设备、接受观护教育、接受出境限制、禁止从事相关活动或进入相关场所、定期到司法机关报到、上缴护照等证件、参与社区劳动等多种限制条件；增加人民检察院对上述决定和执行是否合法进行监督的规定。建议增加刑事诉讼法中相关权利救济条款，被逮捕的犯罪嫌疑人、被告人认为逮捕决定不正确，有权向司法机关提出复查申请。建议修改社区矫正法，将取保候审、监视居住人员纳入社区矫正范围，完善与刑事诉讼法对应的保障措施。建议完善量刑指导意见，明确违反取保候审、监视居住规定不主动到案的，按照原被指控罪名的轻重，增加基准刑。

三是加强协作，强化司法保障。各政法机关加强跨部门、跨地区联动，形成落实非羁押诉讼的合力。公安机关进一步扩大取保候审强制措施适用力度，完善社会危险性标准及证明方式，减少不必要的报捕。检察机关积极履行审查逮捕、审查起诉等职能，严格把握逮捕标准，逮捕后无羁押必要的及时变更强制措施，认罪认罚的快速作出起诉或者不起诉决定。法院不得以被告人未羁押为由不予受理案件，在审理期间及时审查有无羁押必要，减少羁押候审比例。各政法机关统一羁押条件审查标准，适时开展同堂培训，确保适用尺度前后一致。适当调整各政法机关的考核标准，建立科学追责免责制度，在加强办案人员行为监管的同时，对因客观原因导致非羁押诉讼不能正常进行，承办人无过错的，免予责任追究，解除办案人员顾虑，释放适用非羁押强制措施的积极性。

四是社区联动，强化社会保障。建立公检法司、社会力量联动的工作机制，加大对非羁押强制措施适用的法律宣传，减少人民群众误解，为推进非羁押诉讼创造良好的社会环境。与社区矫正法相衔接，建立健全社区矫正体系，在条件允许的地方建立思想教育基地、技能培训基地、就业安置基地和公益劳动基地。推动社区、事业单位、公益组织参与非羁押强制措施的共同监管，充分发挥基层自治组织的调解功能，化解社会矛盾。宣传、推动全社会关心、管护、教育非羁押犯罪嫌疑人、被告人，最大程度帮助涉罪人员回归社会，最终实现"捕人少，治安好"的社会治理目标。

五是创新手段，强化科技保障。深入推进"互联网＋司法服务"，加快建设全国一体化在线服务平台，克服信息采集中不全面、不规范、各自为政、录入滞后等问题，为非羁押强制措施适用提供完备的信息基础。建设跨部门刑事案件信息共享平台，统一数据规格和交换标准，实现公检法司办案系统互联互通、数据自动推送、资源共享利用。推动科技手段运用，采用"健康码"理念，推广电子手表、电子脚环等方式，既能使犯罪嫌疑人、被告人回归日常生活，又能确保其活动行为轨迹时时可控，最大限度防止脱逃风险。

谦抑、审慎、善意的现代司法价值一直是检察办案工作的追求，也体现在每一次办案活动中。刑事诉讼活动追求的不应仅仅是法治，更应是一种善治。适用强制措施本身不是目的，更重要的是通过依法、合理、规范适用强制措施，平衡打击犯罪和保障人权，发挥司法职能助推国家治理体系和治理能力现代化，以良法促善治。如何将"少捕慎诉慎押"理念落实到案件处理，体现出社会治理成效，符合群众内心期望，是摆在新时代司法工作者面前的一道重要命题，需要在深入解构"少捕慎诉慎押"司法理念的基础上，自我检视、转变理念、多措并举、持续提升，履行好新形势下检察机关做优刑事检察、参与社会治理的高要求。

（责任编辑：李文军）

未经许可经营医用酒精、消毒液的行为不宜认定为非法经营罪

——以"违法认识可能性"为视角

王伟伟　阮　婷[*]

一、未经许可经营医用酒精、消毒液行为的定性之争

(一)案情介绍

被告人李某某在经营上海某甲公司期间,在取得营业执照但未取得经营危险化学品许可证情况下,通过淘宝、拼多多、阿里等多个电商平台销售利尔康、海诺、欧洁等多个品牌医用酒精、消毒液(民用)产品。案发后,公安机关在被告人租用的仓库中查获待销售的医用酒精、消毒液共计18万余瓶,与此同时上海化工院根据《危险化学品目录》(2015版)的规定对上述产品进行检测,证实被告人李某某销售的利尔康、欧洁酒精等25种产品的酒精含量超过75%、闭杯闪点小于60℃,均属于危险化学品,且本案的待销售金额达35余万元。因此,对于上述被告未经行政法规许可经营医用酒精的行为应当如何认定,是否构成非法经营罪?[①]

(二)司法实践现状

1. 相关法律规定

根据《刑法》第二百二十五条之一款的规定"未经许可经营法律、行政法规规定的专营、专卖物品或者其他限制买卖物品",扰乱市场秩序,情节严重的是非法经营行为,与此同时,行为人经营的对象是否属于"专营、专卖物品或者其他限制买卖物品"需结合法律或者行政法规予以判断。根据《危险化学品安全管理条例》第三十三条的规定"国家对危险化学品(包括仓储经营)实施许可制度,未经许可,任何单位和个人不得经营危险化学品",危险化学品属于"行政法规规定的专营、专卖物品或者其他限制买卖物品"。因此行为人未取得危险化学品许可证而从事危险化学品的经营行为,情节严重,构成非法经营罪。除此之外,从我国刑法总则对故意犯罪规定可知故意犯罪要求行为人明知自己的行为会产生危害社会的后果,故意犯罪中认识的内容是行为的社会危害性而非行为的违法性。

---

[*]　王伟伟,法学学士,上海市静安区人民检察院检察官;阮婷,法学硕士,上海市静安区人民检察院检察官助理。

[①]　本案非法经营的对象是医用的酒精、酒精类消毒液,为便于文章语言表达的流畅性和精简性,在之后表述中将本案简称为"医用酒精案"。

2. 司法判例现状

通过检索 2020 年的判决，其中对于未经许可经营医用酒精的行为共有三例生效判决，并均定性为非法经营行为。第一例是上海市浦东新区人民法院作出的刑事判决书，其认定被告人成某某违反国家规定，未经许可经营危险化学品（工业医用酒精），行为已构成非法经营罪；第二例是沈阳市浑南区人民法院作出的刑事判决书，其认定被告人违反国家危险化学品安全管理条例，在未取得危化品经营许可证的情况下销售酒精（供述显示系75%酒精），构成非法经营罪；第三例是陕西省榆林市中级人民法院作出的刑事裁定书，其认定被告人属于未取得《危险化学品经营许可证》即对外销售医用酒精（同时另有哄抬物价情节），已构成非法经营罪。①

3. 行政执法现状

在案件办理过程中，经走访后发现上海市的应急管理部门仅对工业酒精予以监管，而对主要成分为 75% 酒精的消毒类危险化学品未曾发放过危险化学品许可证。不仅如此，目前市场上销售酒精（乙醇 75% 及以上）的各大药店、超市、便利店也均未取得危险化学品的经营许可证。

（三）问题的提出

结合相关法律规定以及司法判例可知，行为人未取得危险化学品经营许可证，一旦行为人所经营的医用酒精、消毒液被鉴定为危险化学品，则认定该行为符合《刑法》第二百二十五条第一款规定，属于"未经许可经营法律、行政法规规定的专营、专卖物品或者其他限制买卖物品"所规定的情形，构成非法经营罪。②但是结合行政执法现状看，这一结果是极不合理的。一方面被告人未经许可经营的酒精被鉴定为危险化学品，由于酒精是危险化学品，被告人经营行为属于无证经营，从犯罪构成形式上看应当将其行为定性为非法经营行为；但另一方面负责颁发经营许可证的行政机关实际上未按照《危险化学品安全管理条例》对酒精类危险化学品的经营行为进行监管、发放经营许可证，且案例中被告人李某某就其经营范围在工商行政机关进行登记并取得经营执照。若认定被告人构成非法经营罪，变相来说行为人承担刑事责任的原因恰恰就是因为行政机关对医用酒精的不监管，国家将行政机关执法错误带来的风险转嫁到行为人身上。

因此为了避免上述不合理的结果出现，对于未经许可经营医用酒精的行为进行定性时，应考虑行为人"违法认识可能性"的问题。③

---

① 上海市浦东新区人民法院（2020）沪 0115 刑初 870 号判决书；沈阳市浑南区法院（2020）辽 0112 刑初 99 号判决书；陕西省榆林市中级人民法院（2020）陕 08 刑终 136 号刑事裁定书。
② 哪些行为是法律、行政法规规定应当许可的，或是行政法规是否包括部门规章等问题不在本文讨论中。
③ 违法性认识可能是违法性认识侧面引出概念，即行为人对其行为违法性出现认识错误时是否可以避免，是否有可能认识到其行为的违法性。狭义的违法性认识错误，仅指行为人对自己的行为是否为刑法所禁止存在着错误认识，故在理论上也称之为禁止错误。

二、忽视"违法认识可能性"理论带来的负面影响

(一)对"违法认识可能性"的否认有违责任主义之嫌

从责任主义角度出发,刑法之所以对行为人科处刑罚是因为行为人有能力禁止实施刑法规定的行为或者有能力实施某一行为从而防止危害社会结果发生,但行为人积极作为或者不作为,此时行为人主观上对法规范存在强烈的反对动机,因此存在非难可能性。从规范责任理论层面而言不法和责任应当是同时具备的,如果行为人在实施行为时并无可能认识到其行为的违法性,此时对其科处刑罚就违背不法和责任同时的原则,并且也反映了行为人实施不法行为时其主观上对法规范不存在反对动机。只有能够认识到自身行为是被法律禁止的人,才是有责的行为主体,[①]因此在责任主义原则下,否认违法性认识错误作为阻却责任事由和责任主义相悖。

(二)加剧责任主义和刑法规制功能、刑罚预防功能冲突

随着刑法的发展,其逐步蜕变为一项规制性管理事务,[②]即刑法所涵摄的范围不仅包括传统的人身安全、财产安全,还逐步延伸到社会经济秩序、网络空间治理、智力成果保护等多个领域以适应积极的社会治理模式,因此刑法的触手在不断扩大和延伸。除此之外,在目前司法实践中之所以忽视"违法性认识"的最大原因是因为该理论不具有可操作性,一旦在具体案件中考量,则任何公民实施了犯罪行为后都会以其主观上不知道该行为是违法的作为辩解,逃避法律的制裁。因此再遵守责任主义刑法观将导致放纵罪犯和突破责任主义刑法观使提升刑法规制和预防能力两者之间存在紧张关系,而如何平衡两者是目前面临的困境,在这一困境中,司法实践更多从刑法的预防和规制功能出发,选择了只能通过舍弃"违法性认识"来保护后者的路径。

但是上述观点恰恰是错误的。从一般预防的角度而言,如果犯罪的成立不考虑行为人是否具备违法性的认识,这可能会背离一般民众心中基本的是非、正义观。例如近年来随着公民法治意识的觉醒和互联网的发展,在一些轰动社会案件中被告人往往提出"不知道自己的行为是犯罪的",而法院对被告人的辩解置之不理并简单作出"违法性认识不影响案件认定"等结论,引发一般民众对司法判决强烈的质疑。[③]从特殊预防角度而言,被告人认为自己对行为的违法性缺乏认识,也必然难以信服判决,更不利于其社会化。因此只有否认违法认识可能性,只会加剧责任主义和刑事预防政策之间的紧张关系。[④]

(三)错误地运用法律"推定"方法

由于司法实践在对待"违法性认识"问题上普遍采取否定的态度,这导致在行政犯的认定中错误的运用法律"推定"方法,从而引发非法经营罪扩大化适用。违法性认识的最

---

① 陈璇:《责任原则、预防政策与违法性认识》,载《清华法学》2018 年第 5 期。
② 劳东燕:《责任主义与违法性认识问题》,载《中国法学》2008 年第 3 期。
③ "天津大妈赵春华非法持有枪支案""内蒙古王力军非法收购玉米案""河南农民采摘兰草案"等。
④ 车浩:《法定犯时代的违法性认识错误》,载《清华法学》2015 年第 4 期。

典型的推定逻辑是：行为人对事实具有认识，推定行为人对其行为违法性当然具有认识。例如针对故意杀人行为，行为人认识自己持刀将他人杀害的事实，则推定行为人认识到其杀人行为的违法性，上述的推定逻辑在自然犯中是适用的；在行政犯中，在司法实践判决中曾认定被告人在向上家采购的过程中提出疫情对危险品控制的特别严，因此推定被告人认识到医用酒精属于危险化学品从而推定其对经营危险化学品行为需要经许可是有所认识。从上述两种推定过程看，很明显在非法经营这一类的行政犯中不能推导出具备违法性认识的结论，其原因在于行政犯的认定依赖于行政法规的规定。非法经营酒精类危险化学品，行为人经营酒精的行为是否构成非法经营罪依赖于危险化学品条例的相关规定，这意味着可能出现这样的情形——"尽管行为人知道自己经营的产品是酒精，这也不表示行为人必然知道酒精属于危险化学品、经营酒精的行为必须要获得行政机关许可等事实"。

因此，认识到酒精属于危险化学品以及未经许可经营危险化学品是违反现有危险化学品许可制度，这是两个不同的问题但又同属于违法性认识的层面。所以要认定行为人经营医用酒精行为构成非法经营罪，必须要证明行为人是否有可能认识到酒精属于危险化学品以及经营医用酒精的行为应当经过行政许可这一系列"违法性认识可能性"的问题，而不能根据行为人对其经营对象存在认识就直接推定其存在违法性的认识，又或是对前一个事实存在认识即肯定其对后者存在违法性认识。

三、在认定非法经营罪时应考量"违法认识的可能性"

违法认识可能性是德国关于违法性认识问题研究从理论层面转为技术操作层面后提出的概念。罗克辛教授用违法性认识错误的不可避免性来判断"可能性"，即认为当一种禁止性错误是不可避免时，行为人此时是不应受谴责的时候，它至少必须是免责的。因为一个不具有从规范中要求认识这种可能性的人，在规范上就是不可交谈的。[1]换句话说，如果行为人对其行为的违法性缺乏认识的可能性，那么此时其陷入违法性认识错误这一结果不可避免，则其违法行为就不存在非难可能性。因此《德国刑法》将违法性认识可能性作为法定的责任阻却事由，并在第十七条规定"行为人行为时没有认识其违法性，如该错误认识不可避免，则对其行为不负责任。如该错误认识可以避免，则对其行为依第四十九条第一款减轻其刑罚"。[2]虽然我国在刑法中未将违法性认识可能作为法定免责事由，但是在非法经营罪这一类行政犯中确有考量的必要。

（一）行政犯的本质要求

意大利法学家加罗法洛将犯罪类型划分成为自然犯和法定犯。[3]自然犯与道德联系较为紧密，基本上和道德直觉相一致，自然犯的违法性认识几乎无需刻意论证，因此只要行为

---

① ［德］克劳斯·罗克辛：《德国刑法学总论（第 1 卷）——犯罪原理的基础构造》，王世洲译，法律出版社 2005 年版。
② ［德］汉斯·海因里希·耶赛克：《德国刑法教科书》，徐久生译，中国法制出版社 2016 年版，第 637 页。
③ ［意］加罗法洛：《犯罪学》，耿伟、王新译，中国大百科全书出版社 1996 年版，第 67 页。

人实施了符合构成要件的行为即推定具有违法性的认识。以故意杀人罪为例，杀人行为从道德直觉上判断就是不对的，如果行为人持刀杀人，只要其知道自己实施的是杀人的行为，则其对自己行为的违法性必然有所认识。但法定犯和自然犯不同，刑法规范内容和行为人道德异常无关，而是基于国家社会治理、经济发展、刑事政策需要制定的刑事法规。由于刑法规范对于法定犯构成要件的描述和人民的道德直觉相差很远，因此行为人在行为时可能出现这样的怪状——对其行为的内容有基本的认识，但是该行为是否违法缺乏认识。正如蒂德曼为代表的部分学者主张："对于大量的法定犯来说，刑法对构成要件的描述与法价值判断的联系过于微弱，仅凭它尚不足以为推定行为的法律属性提供充分的基础。"①由于在法定犯中违法性认识的判断无法直接推定，而根据储槐植教授的观点，我国已经进入"法定犯时代"，刑法规范中法定犯的比重逐步加重，因此违法性认识这一问题应当引起重视。

（二）非法经营罪的必然选择

引入违法认识可能性理论，能限制非法经营罪的扩大化倾向。非法经营罪不仅是典型的行政犯，更为重要的是该罪在立法特点上还采取了"空白罪状"的方式，即在行为事实前冠以"非法""违反法律（法规）"等表述，从而将判断行为违法与否之具体标准的设定权委诸行政法。这种"空白罪状"的立法特点使行为的判断无法单纯根据《刑法》第二百二十五条列举的四种情形予以认定，而必须借助相关的禁止性或命令性的行政法规范来判定。②在实践中，行为人的经营行为是合法还是非法，必须凭借法律、行政法规等国家规定进行判断，由于行政法规的多变性，规范的认识又依赖于行政机关是否在行政法规和行政相对人之间建立沟通的桥梁，因此很难避免行为人在实施经营行为时存在缺乏违法认识可能性。如果忽视了行为人是否具备违法认识可能，就会导致法律、行政法规作出禁止性规定，而行为人只要违反规定进行经营，其行为就会一律被认定为非法经营，这可能使得非法经营罪彻底沦为口袋罪，逐渐扩大化适用。

因此，对于非法经营罪这类行政犯而言，由于法条并未构建完整的构成要件，需要借助行政法的相关规定进行判断，而行政法涉及范围较广、变动频繁，如果不考虑违法性认识可能就是变相要求每一个公民在从事相关行为时均应对其行为是否违法审慎的思考和审查，这是将应然层面法义务推及实然层面，是一种空想主义。因此在认定行为人是否构成非法经营罪时，必须要考量行为人是否存在"违法认识可能性"这一要素。

四、"医用酒精案"中行为人缺乏违法认识可能性的具体表现

正如上文所言，违法认识可能性是从违法性认识的技术操作层面引出的概念，相比于违法性认识而言，"可能性"的判断具有可操作性。德国刑法学家罗克辛提出了判断违法性认识错误可避免性的三个条件：一是行为人必须有机会对自己的行为可能具有违法性进

---

① ②　陈璇：《责任原则、预防政策与违法性认识》，载《清华法学》2018 年第 5 期。

行思考或者询问；二是存在这个机会时，行为人必须完全不努力去查明真相；三是这种努力必须非常不充分。当然上述三个条件的判断必须需要结合行为人自身的认识水平、涉案领域法律法规修订的频率、行为人获取信息的难易程度等一系列个别化因素综合判定。结合上述三个条件，违法认识可能性可以成为责任阻却事由时存在以下两种情形：

情形一：从外在环境看，行为人对其行为的违法性不存在认识的机会。

情形二：从自身条件看，当存在认识机会时行为人已尽到注意义务。

如何判断是否具有违法认识的"可能性"，一是从外在环境看，行为人是否存在认识其行为存在"违法性"的机会，如果不存在则行为人缺乏违法认识可能性；二是从行为人自身出发，当存在认识其行为"违法性"机会时，行为人是否尽到其注意义务。如果行为人尽到注意义务或者该注意义务要求超出行为人的能力范围时，此时行为人也缺乏违法认识可能性。因此上述两个条件只要满足其中之一，即行为人对其行为不可避免的缺乏违法性认识，应当免除责任。下文将上述判断规则结合"医用酒精案"具体判断被告人是否存在违法认识"可能性"。

（一）外部环境：行为人不存在认识其行为违法性的机会

1. 行政机关监管缺失

根据《危险化学品安全管理条例》第六条规定，安全生产监督管理部门负责核发危险化学品的生产、使用、经营许可证；工商行政管理部门依据相关部门的许可证件核发危险化学品生产、储存、经营、运输企业的营业执照。从法条规定的"先证后照"监管模式看，在客观上使得行为人对"未经许可不得从事危险化学品经营"这一违法性应当存在认识的可能性，但是从行政机关对于危险化学品监管的现状看，安全生产监督管理部门对企业、个人经营民用酒精均未曾发放危险化学品经营许可证。

2. 行政机关间缺乏有效的职能衔接机制

2014年起国务院开始落实"先照后证"商事登记制度的改革，[1]该举措一方面降低了市场主体的准入门槛，有利于释放市场主体的活力；但另一方面也导致不同行政机关之间职能衔接出现混乱情形。目前工商行政管理部门采取"先照后证"的登记制度，这意味着有些行政许可的行为在未获得其他行政机关许可之前也能取得营业执照，因此行政机关在此期间应当告知行政相对人或者定期进行行政检查尤为重要。因为一旦告知行政相对人或者其因为无证经营行为已被采取行政处罚，则可以判定行为人存在明确的违法性认识。但本案中的被告人李某某、郑某某在办理工商登记时，其营业执照上明确标明企业的经营范围是包括销售医用酒精的，此时工商行政部门并未明确告知被告人事后需要办理危险化学品的许可证，这就导致被告人在受领了营业执照且行政机关对医用酒精监管空白的情况下陷入"销售医用酒精是正常的经营业务，只要取得经营执照即可"这样的错误认识中。

---

[1] 参见卢建平、楼伯坤：《对非法经营罪罪状要素的新思考》，载《人民检察》2018年第6期。

（二）自身条件：超出行为人注意义务的范围

1. 超出一般人对于危险化学品的认知范围

为什么在经营柴油、烟草、电信等非法经营案件中被告人是否存在违法性认识错误比较容易判断？这是因为经营的产品较为特殊，但本案中医用酒精在社会生活中具有普遍性，其不像烟草、柴油等专营专卖的商品必须在特定的场所才能购买，在药店、便利店或者超市都可以购买。因此从一般人的角度而言，酒精和危险化学品之间联系较为微弱，销售酒精要经过行政许可似乎超出一般人认知的范围。

2. 超出行为人自身认知能力范围

本案的被告人李某某曾经在药店工作，经走访可知目前药店销售医用酒精也并未取得危险化学品许可证，因此被告人李某某相对于普通民众而言属于专业人士，正因为其是专业人士而药店也并未取得危险化学品经营许可证，因此要求其认识到医用酒精属于未经许可不能从事的"专营、专卖或是限制买卖"的商品超出其专业领域的范畴。

综上，引入违法认识可能性会出现两种后果：一是如果行为人在实施行为时就不具备违法性认识的可能性，无论行为人是否尽到注意义务，其必然不可避免地陷入违法性认识错误，此时应阻却责任；二是如果行为人实施行为时具备认识的可能，但由于尚未尽到注意义务导致自己陷入违法性认识错误，此时行为人的责任程度和存在违法性认识的人相比有一定程度降低，因此应当或者减轻处罚。在"医用酒精案"中被告人李某某的行为虽然在形式上符合《刑法》第二百二十五条第一款的规定，但是由于行政机关的监管缺失，使行为人丧失了认识其行为存在违法性的机会，并且要求行为人此时能认识到经营医用酒精行为是非法经营的行为也超出其注意义务的范围。因此本案被告人缺乏违法认识可能性，不构成非法经营罪。

事实上"医用酒精案"只是非法经营罪这类的行政犯在司法实践运用过程中的一个缩影，其反映出司法机关在认定行政犯时仅仅关注行为人的行为是否违反法律、行政法规的规定，而忽视了违法性认识可能的判定，更忽视了行政机关的监管行为对于认定违法性认识的重要性。真正应该需要关注的是如何提高行为人对其行为违法认识的可能性，让行为人在知"违法"的前提下谨慎思考，做出正确行为，并且更好应对被告人提出"我不知道自己行为是违法"的辩解。这就要求行政机关在特殊领域加强监管、完善行政机关之间职能衔接、建立畅通的信息沟通机制，为行为人违法性认识打开一条最重要的途径，以避免"医用酒精案"中由于行政机关对部分危险化学品监管缺失以及行政机关之间职能衔接不当，使得被告人对其违法性认识缺乏可能性的情形再次出现。

（责任编辑：李文军）

毒品数量认定若干问题探讨

陈柏新*

在毒品案件的办理中，毒品数量的认定是一个极其重要而又非常复杂的问题。笔者在梳理相关法律、司法解释、最高人民法院会议纪要等规范性文件的基础上，结合司法实践展开研究。限于篇幅关系，本文仅就走私、贩卖、运输、制造毒品罪加以探讨。

一、毒品纯度对数量认定的影响

毒品数量基本反映了毒品对社会的危害性，故我国法律在惩处毒品犯罪时，一直以毒品数量作为量刑的依据。但是，对毒品纯度的规定，相关法律、司法解释、最高人民法院会议纪要等却历经反复。

（一）1997 年刑法前的相关规定

1990 年《关于禁毒的决定》中，只规定了毒品的处罚数量标准，而未规定处罚的纯度标准。1991 年 1 月最高人民法院发出《严格执行关于禁毒的决定的通知》，要求对查获的毒品进行定性定量分析，其中定性指的是确定何种毒品，定量即确定毒品的纯度。1994 年 12 月，最高人民法院发布的《关于执行全国人民代表大会常务委员会关于禁毒的决定的若干问题的解释》中规定："对毒品犯罪案件中查获的毒品，应当鉴定，并作出鉴定结论。海洛因的含量在 25% 以上的，可视为《决定》和本解释所指的海洛因。含量不够 25% 的，应当折合成含量为 25% 的海洛因计算数量。"从该司法解释来看，当海洛因的含量低于 25% 时，应当折合成含量为 25% 的海洛因计算数量，显然毒品纯度影响毒品数量的认定。如王某贩卖含量为 5% 的海洛因 100 克，应当认定为海洛因的数量为 20 克。

由于与 1997 年刑法的规定相悖，1997 年刑法生效后，上述法律和司法解释已经失效，一般不再成为办案的依据。然而，这有助于全面理解毒品纯度对毒品数量的影响。此外，根据从旧兼从轻原则，当毒品犯罪行为发生在 1997 年刑法生效前时，上述法律和司法解释在办案时应当适用。这类案件数量不多，但也不鲜见，包括 1997 年刑法生效前立案侦查，1997 年刑法生效后犯罪嫌疑人到案的毒品犯罪案件；1997 年刑法生效前实施毒品犯罪行为，1997 年刑法生效后发现且未过追诉时效的案件；1997 年刑法生效前实施毒品犯罪行为，1997 年刑法生效后发现已过追诉时效，经最高人民检察院核准追诉的案件等几类案件。

---

* 陈柏新，法律硕士，上海市金山区人民检察院检察官。

（二）1997 年刑法以及相关规定

1997 年刑法第三百五十七条第二款规定："毒品的数量以查证属实的走私、贩卖、运输、制造、非法持有的毒品的数量计算，不以纯度折算。"据此，毒品纯度对毒品数量的认定没有影响，换言之，认定毒品数量时，不需要考虑毒品的纯度。

2015 年 5 月 18 日公布的《武汉会议纪要》规定："办理毒品犯罪案件，无论毒品纯度高低，一般均应将查证属实的毒品数量认定为毒品犯罪的数量，并据此确定适用的法定刑幅度，但司法解释另有规定或者为了隐蔽运输而临时改变毒品常规形态的除外。"该会议纪要是 1997 年刑法生效后最高人民法院公布的会议纪要，在办案实践中应当遵照适用。从该纪要的规定来看，在某些情况下，毒品纯度似乎可以影响毒品数量的认定，主要有：

1."司法解释另有规定"的情形

查阅现行有效的司法解释，可以发现这里的"司法解释另有规定"其实只有一种情况，就是 2016 年 4 月 6 日最高人民法院《关于审理毒品犯罪案件适用法律若干问题的解释》第一条第二款规定的"国家定点生产企业按照标准规格生产的麻醉药品或者精神药品被用于毒品犯罪的，根据药品中毒品成分的含量认定涉案毒品数量"，当然不排除以后的司法解释再有类似的规定。

上述司法解释的规定，主要基于以下几点考虑：一是药品中水分、淀粉、糖分、色素等成分占有相当大的比重，有效药物成分（即毒品成分）的含量较低，如果按药品的总重量认定涉案毒品数量，势必同毒品成分的实际数量存在明显差距，难以体现罚当其罪。二是对于不同厂家生产或者同一厂家生产的不同规格的同类药品，其有效药物成分的含量可能存在较大差异，如果根据药品的总重量认定涉案毒品数量，会影响量刑平衡。三是从药品生产、使用单位流入非法渠道的麻醉药品和精神药品，其有效药物成分的含量有严格标准，不涉及毒品的含量鉴定，不会给司法实践带来操作上的困难，有关实务部门也均同意这种毒品数量认定方法。四是本款规定仅适用于国家定点企业生产、流入非法渠道的麻醉药品和精神药品，非国家定点企业生产的麻醉药品和精神药品以及海洛因、甲基苯丙胺等没有临床用途的麻醉药品和精神药品不在此列。[①]

对于该款规定，有一些争议，包括与刑法第三百五十七条第二款有关毒品数量不以纯度折算的规定不甚一致；仅对国家定点企业生产的麻醉药品和精神药品按含量折算，有厚此薄彼的嫌疑；实践中，有些掺杂掺假的毒品的含量非常低，有的甚至只有千分之几、万分之几，比麻醉药品和精神药品的含量还低很多，却不能按含量折算等。有效的司法解释对办案有拘束力，尽管有上述种种争议，仍必须遵照执行。

2."为了隐蔽运输而临时改变毒品常规形态"的情形

为了隐蔽运输而临时改变毒品常规形态的情况，在实践中并不鲜见，如为躲避检

---

① 叶晓颖、马岩、方文军、李静然：《〈关于审理毒品犯罪案件适用法律若干问题的解释〉的理解与适用》，载《人民司法》2016 年第 13 期。

查，将 20 克甲基苯丙胺晶体溶于 180 克水中进行运输，到目的地后，再通过将水蒸发等方式取得甲基苯丙胺晶体。对于该种情形下，如何计算毒品重量没有明确规定。实践中有三种做法：第一种做法是按含量折算毒品数量。如上述案例中，经鉴定甲基苯丙胺的含量为 7%，则毒品数量认定为 14 克。第二种做法是将查获的毒品变回原来的形态，按原有形态下的重量认定为毒品数量。如上述案例中，将水蒸发后留下的甲基苯丙胺晶体重量认定为毒品的数量。第三种做法是按原有的毒品数量认定。如上述毒品数量认定为 20 克。

采取第一种方法认定毒品数量，存在一些问题：与《刑法》第三百五十七条第二款有关毒品数量不以纯度折算的规定不甚一致。实践中，由于毒品往往含有杂质，纯度达到 100% 的几乎没有，根据相关部门提供的数据，在终端消费市场，海洛因的正常纯度为 5%—60% 左右，甲基苯丙胺的正常纯度为 50%—99%，甲基苯丙胺片剂的纯度为 5%—30%，[1] 以这种方法认定的毒品数量低，具有鼓励犯罪分子采取隐蔽运输毒品的负面效果，显然不利于打击毒品犯罪。仅仅运输方式不同就使认定的毒品数量大相径庭，有失公平等。此外，据专家称，用液态毒品的重量乘以毒品含量得出一个数值来对液态毒品比照固态毒品进行定量是不妥的。因为液态毒品的转化率受很多因素影响，包括制毒原材料、制毒工艺、使用的反应釜、制毒频率等。另外，在转化过程中受很多不确定因素的影响，因此无法定量。[2]

采取第二种方式认定毒品数量，也存在较多的问题，如在司法实践中存在操作上的困难，现实可行性不强，需要较多的司法资源。同时，如上所述，也存在液态毒品的转化率受很多因素影响的问题。此外，查获的毒品是作为证据使用的，不宜改变其形态，这是难以回避的法律障碍。

采取第三种方式认定毒品数量，能避免以上问题，但在实践中也存在难以查清原有毒品数量的问题，如犯罪分子拒不交代原有毒品的数量，又没有上下家的供述、聊天记录、转账记录等证据证明的情况下，则无法认定，即使犯罪分子愿意交代，由于没有精确称量、记忆不清等，也难以准确认定。

笔者认为，第三种方法契合刑法的规定，有利于打击毒品犯罪，也比较公平，相对于第一种方法更为合理。2000 年《南宁会议纪要》规定：为掩护运输而将毒品融入其他物品中，不应将其他物品计入毒品的数量。因此处理案件时原则上应当选择第三种方法认定毒品数量，当然，在确实没有证据证明原有毒品数量的情况下，也可以采取第一种方法认定，但量刑时应当酌情考虑实践中毒品纯度不高的事实，即按含量确定毒品数量进而确定法定刑幅度后，在该幅度内适当从重处罚。

---

① 最高人民法院实务小全书编写组：《毒品案件办理小全书》，人民法院出版社 2016 年第 1 版，第 397 页。

② 《林清泉制造毒品案——制造毒品案件中，缴获的毒品系液态毒品，判处死刑应当特别慎重》，载《刑事审判参考（总第 112 集）》，法律出版社 2018 年版，第 67—68 页。

二、毒品累计的问题

1997 年刑法第三百四十七条第六款规定："对多次走私、贩卖、运输、制造毒品，未经处理的，毒品数量累计计算。"法条规定非常简单，但司法实践中的情况异常复杂，下面逐一探讨。

（一）对同一宗毒品走私、贩卖、运输、制造的累加

《大连会议纪要》规定：走私、贩卖、运输、制造毒品罪是选择性罪名，对同一宗毒品实施了两种以上犯罪行为，并有相应确凿证据的，应当按照所实施的犯罪行为的性质并列适用罪名，毒品数量不重复计算，不实行数罪并罚。《最高人民检察院、公安部关于公安机关管辖的刑事案件立案追诉标准的规定（三）》也作了完全相同的规定。这充分说明，对同一宗毒品实施走私、贩卖、运输、制造中两种以上行为的，不累计计算。如在 A 地制造 100 克海洛因后，运输到 B 地贩卖，毒品数量只认定 100 克。

（二）对不同宗毒品分别实施数个毒品犯罪行为的累加

对不同宗毒品分别实施数个毒品犯罪行为可以分为两种情况：第一种是对不同宗毒品实施数个同种的毒品犯罪行为，如某犯罪嫌疑人于 2018 年 4 月贩卖海洛因 10 克，2018 年 5 月再次贩卖海洛因 4 克；第二种是对不同宗毒品实施数个异种的毒品犯罪行为，如某犯罪嫌疑人于 2018 年 4 月运输海洛因 10 克，2018 年 5 月贩卖海洛因 4 克。对于第二种情况如何处理，相关司法解释和会议纪要有明确规定。《大连会议纪要》规定："对不同宗毒品分别实施了不同种犯罪行为的，应对不同行为并列适用罪名，累计计算毒品数量。"《最高人民检察院、公安部关于公安机关管辖的刑事案件立案追诉标准的规定（三）》作了完全相同的规定。对于第一种情况如何处理，虽然司法解释和会议纪要没有明确规定，但笔者认为，对不同宗毒品实施数个同种毒品犯罪行为与对不同宗毒品实施数个异种毒品犯罪行为的危害性相当，同样应当累加。

（三）走私、贩卖、运输、制造、非法持有两种以上毒品的累加

对走私、贩卖、运输、制造两种以上毒品的情况，是否需要累加，最高人民法院的相关会议纪要以及批复有一个逐步明确的过程，司法实践中也有一个不统一到统一的过程。在当前的司法实践中，仍存一些争议问题。

1. 最高人民法院相关答复以及《大连会议纪要》的规定

1995 年最高人民法院《关于办理毒品刑事案件适用法律几个问题的答复》规定："对被告人一人走私、贩卖、运输、制造两种以上毒品的，不实行数罪并罚，量刑时可综合考虑毒品的种类、数量及危害，依法处理。"2008 年《大连会议纪要》作了相同的规定。上述答复、会议纪要仅规定"量刑时可综合考虑毒品的种类、数量及危害"，并未明确规定可以按比例折算予以累加后量刑。

由于上述规定不明确，可以有不同的理解，实践中有不同的做法，一种做法是按其中一种毒品的数量确定案件的毒品数量，据此法定刑幅度，量刑时考虑其他毒品的种类、数量以及危害，酌情增加刑期；另一种做法是将毒品按一定比例折算后累加，按累加后的数量确定为案件的毒品数量，再据此确定法定刑幅度。如贩卖海洛因 8 克、氯胺酮 40 克，按第一种做法，根据海洛因的重量，确定法定刑幅度为三年以下有期徒刑、拘役或者管制，并处罚金，考虑氯胺酮 40 克的情况，在此法定刑幅度内酌情增加刑期；按第二种做法，40 克氯胺酮可折算海洛因 4 克，累计达到海洛因 12 克，确定法定刑幅度为七年以上有期徒刑，并处罚金；两种做法确定的刑期存在相当大的差别。

2. 最高人民法院相关批复的规定

2009 年 7 月四川省高级人民法院向最高人民法院请示，提出对被告人一人走私、贩卖、运输、制造两种以上毒品的，应当将案件涉及的不同种毒品按一定比例折算后予以累加进行量刑。2009 年 8 月最高人民法院研究室作出《关于被告人对不同种毒品实施同一犯罪行为是否按比例折算成一种毒品予以累加后量刑的答复》："根据《全国部分法院审理毒品犯罪案件工作座谈会纪要》的规定，对被告人一人走私、贩卖、运输、制造两种以上毒品的，不实行数罪并罚，量刑时可综合考虑毒品的种类、数量及危害，依法处理。故同意你院意见。"故该批复明确肯定了可以折算后累加的做法。

"对不同宗毒品分别实施了不同种犯罪行为"与"一人走私、贩卖、运输、制造两种以上毒品"具有相类性，都不数罪并罚，但对如何量刑，前者规定的是"累计毒品数量"，后者是"综合考虑毒品的种类、数量及危害"。据此，在不实行数罪并罚的情况下，"综合考虑毒品的种类、数量及危害"，其精神实质就是可以折算后累计毒品数量后进行量刑。而且，折算后累计毒品数量进行量刑，符合罪刑相适应原则的要求，更能做到罚当其罪，真正体现对毒品犯罪的严厉打击。因此，该批复完全符合法律精神与法律原则。

上述批复，对统一司法实践的做法，严惩毒品犯罪，发生了积极的作用。然而，由于该批复以最高人民法院研究室的名义发布，不具有司法解释的性质，权威性不够，且没有对如何折算进行具体规定，司法实践中仍存在分歧，做法也不完全统一，影响了司法权威。

3. 《武汉会议纪要》的规定

《武汉会议纪要》对走私、贩卖、运输、制造两种以上毒品是否需要累加、如何累加以及在裁判文书如何表述作了较为明确的规定，[1]主要内容为：

(1) 明确规定折算后累加。由于各种毒品的毒害性、成瘾性、滥用情况等不同，显然

---

[1] 《武汉会议纪要》规定：走私、贩卖、运输、制造、非法持有两种以上毒品的，可以将不同种类的毒品分别折算为海洛因的数量，以折算后累加的毒品总量作为量刑的根据。对于刑法、司法解释或者其他规范性文件明确规定了定罪量刑数量标准的毒品，应当按照该毒品与海洛因定罪量刑数量标准的比例进行折算后累加。对于刑法、司法解释或者其他规范性文件没有明确规定定罪量刑数量标准，但《非法药物折算表》规定了海洛因的折算比例的毒品，可以按照《非法药物折算表》折算为海洛因后进行累加。对于既未规定定罪量刑标准数量标准，又不具备折算条件的毒品，综合考虑其致瘾癖性、社会危害性、数量、纯度等因素依法量刑。在裁判文书中，应当客观表述涉案毒品的种类和数量，并综合认定为数量大、数量较大或者少量毒品等，不明确表述将不同种类毒品进行折算后累加的毒品数量。

不能直接累加，所以会议纪要规定"可以将不同种类的毒品分别折算为海洛因的数量，以折算后累加的毒品总量作为量刑的根据"。应当注意的是，虽然这里表述的是"可以"，但法律用语中的"可以"是有倾向性的，除特殊情况外，就是应当折算后累加并据以量刑。

（2）明确折算的方法。会议纪要对如何折算作了较为明确具体的规定，便于司法实践中操作：

对于刑法、司法解释或者其他规范性文件明确规定了定罪量刑数量标准的毒品，应当按照该毒品与海洛因定罪量刑数量标准的比例进行折算后累加。如走私甲基苯丙胺 40 克、美沙酮 600 克的案件如何折算。根据 2016 年《关于审理毒品犯罪案件适用法律若干问题的解释》，"其他毒品数量大"的标准为：美沙酮 1 000 克以上；刑法第三百四十七条规定的海洛因 50 克以上为数量大；故美沙酮与海洛因的折算比分别为 20∶1，上述案件折算后的毒品数量为 70 克（40＋600/20＝70）。

对于刑法、司法解释或者其他规范性文件没有明确规定定罪量刑数量标准，但《非法药物折算表》规定了海洛因的折算比例的毒品，可以按照《非法药物折算表》折算为海洛因后进行累加。如贩卖可卡因碱 0.5 克，卡马西平 5 000 克，可以按《非法药物折算表》的规定，分别折算为海洛因 10 克（0.5×20）、0.5 克（5 000×0.000 1），累计为 10.5 克海洛因。

对于既未规定定罪量刑标准数量标准，又不具备折算条件的毒品，综合考虑其致瘾癖性、社会危害性、数量、纯度等因素依法量刑。司法实践中，新型毒品不断涌现，对于一些新型毒品，由于出现时间不长、危害性评估不充分等原因，虽然已列入麻醉药品和精神药品管制目录，作为毒品处理，但尚未制定定罪量刑数量标准，也未列入《非法药物折算表》，只能综合其致瘾癖性、社会危害性、数量、纯度等因素依法量刑。在办理此类案件时，需要咨询相关专家，听取专家意见。

（3）规定了裁判文书的表述方法。《武汉会议纪要》规定：在裁判文书中，应当客观表述涉案毒品的种类和数量，并综合认定为数量大、数量较大或者少量毒品等，不明确表述将不同种类毒品进行折算后累加的毒品数量。之所以这样规定，是因为刑法没有毒品折算的规定。

4. 司法实践中的困惑

（1）对于刑法、司法解释或者其他规范性文件没有明确规定定罪量刑数量标准，《非法药物折算表》没有规定海洛因的折算比例，但规定了甲基苯丙胺折算比例的毒品，如何折算？如根据 2016 年国家禁毒委员会发布的《104 种非药用类麻醉药品和精神药品管制品种依赖性折算表》，N，N-二异丙基本-5-甲氧基色胺与甲基苯丙胺的折算比例为 1∶1，但没有与海洛因的折算比例。

对于这种情况，有两种观点：一种观点认为，由于不完全符合"对于刑法、司法解释或者其他规范性文件没有明确规定定罪量刑数量标准，但《非法药物折算表》规定了海洛因的折算比例的毒品，可以按照《非法药物折算表》折算为海洛因后进行累加"的规定，应当按照"综合考虑其致瘾癖性、社会危害性、数量、纯度等因素依法量刑"的规定处理；另一种观点认为，刑法与司法解释明确规定了甲基苯丙胺的定罪量刑数量标准，所以直接按折算后的数量依照甲基苯丙胺的定罪量刑标准处理。

笔者赞成第二种观点，主要理由有：①"综合考虑其致瘾癖性、社会危害性、数量、纯度等因素依法量刑"费时费力，影响司法效率，同时属于自由裁量，难以避免司法不统一，也难以杜绝权力滥用，实属不得已的情况下才用该方法；而直接按甲基苯丙胺的折算比例定罪量刑则简易明了，能保证司法效率与司法统一，避免权力滥用。②《武汉会议纪要》是2015年形成的，当时的《非法药物折算表》均是按照海洛因折算的，而《104种非药用类麻醉药品和精神药品管制品种依赖性折算表》是2016年发布的，形成会议纪要时没有考虑到按甲基苯丙胺折算的问题，而不是排斥按甲基苯丙胺折算。③按《非法药物折算表》，甲基苯丙胺与海洛因的折算比例为1:1，综合考虑致瘾癖性、易被滥用性、毒害性等，两者是相当的。

（2）对不同时期定罪量刑数量标准或折算比例不一致的案件如何处理。确定各类毒品的定罪量刑标准时，需要综合考虑毒品的药物依赖性（致瘾癖性）和对人体的危害、毒品的滥用情况、毒品的犯罪形势、毒品的药用价值、毒品的交易价格等因素。[1]由于毒品的滥用情况、毒品的犯罪形势、毒品的交易价格等因素经常发生变化，各类毒品的定罪量刑标准也可能发生变化，从而导致毒品的折算比例发生变化。如按2016年《关于审理毒品犯罪案件适用法律若干问题的解释》的规定，氯胺酮与海洛因的折算比例为10:1，甲卡西酮与甲基苯丙胺的折算比例为4:1，而根据2007年《关于办理毒品犯罪案件适用法律若干问题的意见》，其折算比例分别为20:1、2:1。

在这种情况下，如何适用折算比例？笔者认为，应当坚持有利于被告的原则，坚持从旧兼从轻的原则，选择对被告人有利的折算比例办理案件。如某犯罪嫌疑人2006年贩卖氯胺酮80克、甲卡西酮100克，折算海洛因为29克（80/20+100/4=29）。

（3）无法探究折算过程与结果。按照《武汉会议纪要》的要求，在判决书、裁定书等裁判文书中对不同种类毒品折算的过程以及结果进行表述，只是客观表述涉案毒品的种类和数量，并综合认定为数量大、数量较大或者少量毒品等。司法实践中，起诉书等法律文书也采取同样的做法。这样的做法，使案件当事人以及社会公众无法知悉认定为毒品数量大、数量较大或者少量毒品的依据与理由，不符合司法公开的要求，有碍于犯罪嫌疑人、被告人认罪服法，不利于维护其合法权益，同时也不利于教育社会公众以及社会对司法裁判的监督。为维护司法公正，推进司法公开，应当在起诉书、判决书等法律文书中明确表述毒品折算的方法、过程与结果。虽然刑法没有明确规定毒品折算的问题，但毒品折算有合理性，有助于司法公正，符合刑法的精神，完全可以在裁判文书、起诉书等法律文书中

---

[1] 叶晓颖、马岩、方文军、李静然：《〈关于审理毒品犯罪案件适用法律若干问题的解释〉的理解与适用》，载《人民司法》2016年第13期。

明确表述。

三、未查获实物时毒品数量的认定

在查办毒品犯罪中，未能查获毒品实物的情况屡见不鲜。毒品是贩卖毒品案件的核心，是定罪量刑的主要依据，但因其性质的特殊，在司法实践中很难取证。[①]毒品具有易损易耗品的特征，毒品犯罪的行为人在面临侦查人员的搜查时常会将毒品销毁或者丢弃，同时毒品作为一种消费品，被消费人员购入之后很快被吸食，造成实物的灭失。另外我国当前贩毒最常见的是零星贩毒形式，这样的贩毒方式更加灵活多样，也增加了侦查人员的取证难度。未查获实物时毒品数量的认定便成了一个难点。

（一）仅有被告人供述能否认定毒品数量

在大部分未查获实物的毒品犯罪案件中，除了被告人的供述外，还往往有证人证言、微信聊天记录、转账记录、通话记录等证据印证，在这种情况下，认定毒品数量一般不存在困难。然而，对于仅有被告人供述的案件，能否据此认定毒品数量，却颇有争议。一种观点认为，根据《刑事诉讼法》第四十六条的规定，只有被告人供述，没有其他证据时，不能认定被告人有罪和处以刑罚，因此在毒品灭失的情况下，仅有被告人供述，无其他证据印证的，不能认定毒品数量，不能认定有罪。

笔者认为，上述观点有失偏颇，在只有单个被告人供述的情况下，固然不能认定毒品数量和认定其有罪，但在有数个被告人供述且相互印证的情况下，是可以认定毒品数量和认定有罪。因为相对某个被告人，其他被告人的供述可以视为证言，在起诉书、判决书等中也往往表述为同案关系证人证言，在数个被告人供述且相互印证的情况下，也完全符合证据印证的要求。《大连会议纪要》规定："有些毒品案件，往往由于毒品、毒资等证据已不存在，导致审查证据和认定事实困难。在处理这类案件时，只有被告人的口供与同案其他被告人供述吻合，并且完全排除诱供、逼供、串供等情形，被告人的口供与同案被告人的供述才可以作为定案的证据。仅有被告人口供与同案被告人供述作为定案证据的，对被告人判处死刑立即执行要特别慎重。"从上述规定来看，在被告人供述相互印证的情况下，即使没有其他证据，也是可能认定毒品数量，认定有罪。

（二）未查获实物的混合型毒品数量的认定

2015年《武汉会议纪要》规定：对于未查获实物的甲基苯丙胺片剂（俗称"麻古"）、MDMA片剂（俗称"摇头丸"）等混合型毒品，可以根据在案证据证明的毒品粒数，参考本案或者本地区查获的同类毒品的平均重量计算出毒品数量。在裁判文书中，应当客观表述根据在案证据认定的毒品粒数。

尽管有上述规定，在未查获毒品实物的情况下，认定毒品数量还是存在一些困难：一是在本案没有查获同类毒品实物的情况下，需要根据本地区的同类毒品的平均重量计算出

---

① 宋萍：《贩卖毒品案件的证据运用与法律适用》，载《法治论坛》2009年第3期。

毒品数量，此时在操作上存在两个方面的困惑：（1）何为"本地区"，是指省级区域、地级区域（指设区的市或省管辖的地区）还是县级区域（包括县级市、市辖区）？不同的界定对案件的处理有实质性的影响。《武汉会议纪要》没有作出规定，也没有任何权威的规范性文件涉及这个问题。笔者认为，将"本地区"认定为县级区域为妥，主要理由有：首先，省级区域、地级区域尤其省级区域以及省管辖的地区的地理范围较大，内部差异性可能比较大，县级区域更接近实际；其次，便于办案机关统计同类毒品平均重量，也便于办案机关查询和获得相关数据。此外，"本地区"是指办案机关所在地还是犯罪地？这个也需要界定。一般情况下，办案机关所在地与犯罪地是一致的，但在指定管辖、并案管辖、依被告人居住地管辖等情况下，两者可能不一致。考虑到犯罪地的同类毒品平均重量计算更准确反映案件的实际情况，故将"本地区"认定为犯罪地为妥。需要进一步探讨的是，在毒品案件中，犯罪地包括犯罪预谋地、毒资筹集地、交易进行地、运输途经地、毒品生产地等，犯罪地按什么确定？笔者认为，犯罪预谋地、毒资筹集地、运输途经地与"同类毒品的平均重量"关系不大，交易进行地、毒品生产地尤其是毒品生产地与"同类毒品的平均重量"关系最为密切，因此以交易进行地、毒品生产地尤其是毒品生产地认定为"本地区"为妥。二是应当由哪个办案机关统计同类毒品的平均重量？统计的周期如何确定？考虑到判决时认定的毒品重量经过控辩双方的质证，相对移送审查起诉、提起公诉时认定的毒品重量，生效判决确定的毒品重量更加准确和权威，故由法院统计同类毒品的平均重量为妥。统计的周期不宜过短，否则不具有代表性；统计周期也不宜过长，混合型毒品日新月异，统计周期过长可能也不利于反映实际情况；故统计周期以一年为宜。三是没有本地区的同类毒品的平均重量数据的情况下，如何处理？司法实践中，对混合型毒品同类毒品的平均重量作出统计的不多，在没有统计数据的情况下，需要法官查询以前判决案件的情况，据此确定"同类毒品的平均重量"，这不是一件轻而易举的事情，在判决书仅"客观表述根据在案证据认定的毒品粒数"而不表述毒品重量的情况下更加不易，但也是无奈之举。在这种情况下确定的"同类毒品的平均重量"的准确性可能不高，因此在量刑时也留有余地。

（责任编辑：李文军）

类案检索系统的新近建构与功能拓展

涂龙科　刘　东*

法谚有云：类似情况类似处理，不同情况不同处理。古罗马法学家的法学理念在今天依然具有强大的生命力。由于人为因素、制度因素、地域因素的影响，司法实践中普遍存在"同案不同判"的现象，[①]这不仅严重损害当事人对司法公正的信心，也严重阻碍我国统一法律体系和法治体系的建设，[②]"同案同判""类案同判"以及"类案类判"都充分反映了学界对于统一法律适用标准的呼吁。最高人民法院则以《关于完善统一法律适用标准工作机制的意见》（以下简称"统一法律适用标准意见"）和《关于统一法律适用加强类案检索的指导意见》（以下简称"类案检索指导意见"）来回应现实需求。建立类案检索系统并充分运用是统一法律适用标准的关键步骤，并且能够与案例指导制度充分结合，解决指导性案例流于形式的问题。[③]传统的案例检索数据库不能满足"类案类判"的要求，应当推动司法理论、司法需求与科学技术深度融合，建立高效智能的类案检索系统，以技术驱动破除司法难题与困境，促进我国司法审判体系和审判能力的现代化。[④]

一、建立类案检索系统的价值

以中国裁判文书网为代表的案例数据库提升了司法活动的透明度，当事人开始自发运用类似案例来评估待决案件，在数千万个案例中寻求支持，更注重司法理性、经验和法律规则的自然生成。[⑤]而类案检索系统是司法办案人员有意识地进行类案检索的重要工具，遵循类案符合"统一法律适用标准意见"关于促进法律适用标准的统一，实现司法公平公正的要求，具有普通案例数据库难以实现的价值。

（一）限制法官自由裁量权

自由裁量权是法院在审理案件过程中，根据法律规定和立法精神，秉持正确司法理念，运用科学方法，对案件事实认定、法律适用以及程序处理等问题进行分析和判断，并最终作出于法有据、公平公正、合情合理裁判的权力。法律规范的完善总是滞后于社会的

---

* 涂龙科，法学博士，上海市杨浦区人民检察院副检察长；刘东，法律硕士，上海市杨浦区人民检察院检察官助理。

① 孙海波：《"同案同判"：并非虚构的法治神话》，载《法学家》2019 年第 5 期。
② 刘作翔：《"类案同判"是维护法制统一的法治要求》，载《人民法院报》2020 年 10 月 20 日第 002 版。
③ 泮伟江：《论指导性案例的效力》，载《清华法学》2016 年第 1 期。
④ 刘艳红：《大数据时代审判体系和审判能力现代化的理论基础与实践展开》，载《安徽大学学报（哲学社会科学版）》2019 年第 3 期。
⑤ 于同志：《我们应如何研究司法案例》，载《人民法院报》2018 年 1 月 9 日第 2 版。

发展，并且法律规范的原则性规定也要求赋予法官一定的自由裁量权，如果法官行使自由裁量权不符合目的正当性、手段必要性以及限制妥当性的要求，将严重破坏司法的公平公正。建立类案检索系统有助于限制法官自由裁量权，从消极方面看，判例约束法官的审判行为，限制其任性和防止其专断；从积极方面看，判例指导法官高效处理常规案件，公正合法地处理疑难、新型案件。①经过类案检索后，法官办理案件应当尊重先前已经作出的裁判，与其保持一致，如果没有重大的理由不能推翻或违背先前的判例。②虽然我国尚未实行判例制度，但"应当参照"使指导性案例已经初步具备判例的特征和效力，甚至有学者认为依据法律功能主义，我国案例指导制度可纳入广义的判例制度之中。③

（二）提高司法活动可预测性

具有可预测性是司法活动的重要特征，也是法律实施的重要目标。《左传》曰"刑不可知，则威不可测"，代表了奴隶制时代的秘密法，早在公元前 536 年就被郑国执政子产"铸刑书"所否定。司法活动的目的在于定分止争，大陆法系的成文法具有高度的概括性和一定的局限性，无法涵盖社会生活的方方面面，如随着移动支付技术发展产生的"偷换二维码"案，有的法院认定诈骗罪，有的法院认定盗窃罪，导致司法实践中出现"同案不同判"的现象。普通法系的判例法则具有更高的灵活性，能够及时回应社会的发展变化，传统的大陆法系国家如德国、法国均吸收了判例制度的精神，建立了本国的判例制度，④以弥补成文法的缺陷。

虽然我国目前仅"指导性案例"具有"应当参照"的效力，但是类案检索的范围还包括最高人民法院发布的典型案例及裁判生效案件、本省高院发布的参考性案例及裁判生效案件、上一级法院及本院裁判生效案件，这些案件中的类案可以作为作出裁判的参考。对于法官来说，通过类案检索系统查询到类案能够增强或者修正内心确信，可以从前人的经验和智慧中寻找解决当下问题的答案，使待决案件得到与过去的类似案件一以贯之的裁决，从而减少审理困惑，缩短法官认知、理解和判断的过程。⑤对于当事人来说，通过查询在先类案，能够从过去的案件中预测到自己的纠纷将如何裁决，可以更好地安排自己的行为和法律关系，这也是对普通民众合理信赖的保护。

（三）实现形式正义与实质正义

加强类案检索，实现"同案同判"是形式正义原则的内在要求。⑥"同案同判"本身具有一种内在的价值或内在的善良，在这种审判规则下，裁判者处理类似案件时可以遵循过去的处理原则和方法，免受外在因素的干扰和影响。在普通法系中，出于公平的考虑法官倾向于将基本事实相似的案例作为遵循的判例，⑦形式正义在这个过程得到体现。于实质

① 张骐：《论中国案例指导制度向司法判例指导制度转型的必要性与正当性》，载《比较法研究》2017 年第 5 期。
② 江必新：《论司法自由裁量权》，载《法律适用》2006 年第 11 期。
③④ 宋晓：《判例生成与中国案例指导制度》，载《法学研究》2011 年第 4 期。
⑤ 郑通斌：《类案检索运行现状及完善路径》，载《人民司法（应用）》2018 年第 31 期。
⑥ 孙海波：《"同案同判"与司法的本质——为依法裁判立场再辩护》，载《中国法律评论》2020 年第 2 期。
⑦ 转引自［英］彼得·斯坦、约翰·香德：《西方社会的法律价值》，王献平译，中国法制出版社 2004 年版，第 233 页。

正义而言，加强类案检索，实现"同案同判"意味着法律适用的平等性，任何公民不因身份地位优势而获得超越法律的特权，身份不应成为逃避或受到惩罚的依据，并且法律惩罚机制的激活只能以回顾性的已然行为为主要根据，这可以具化为"同等情况同等对待"。①这大致属于司法活动所追求的"校正正义"。②

此时存在一个疑问，遵循过去的类案判决一定能实现实质正义吗？答案是不一定，过去的裁判可能并不正义或者过去正义的裁判在将来可能并不符合正义的要求，这就涉及类案的效力问题，当法官决定不遵循类案时，应当重点论证不遵循类案的理由，也可以通过赋予当事人上诉的法定理由来推动实质正义的实现。当形式正义和实质正义在类案检索和裁判中得到实现，司法公信力自然就得到了提升。

二、现有的类案检索系统及其功能局限

大数据与人工智能技术的迅速发展在司法领域掀起了一场技术革命，从中央到地方，从司法机关到民间力量均大力发展智能类案检索系统，传统的案例数据库也得到了不同程度的革新。但现实状况与智能化目标还有很大差距，人工智能技术尚不能有效处理海量的司法大数据，千变万化的案件给类案识别带来巨大难题。对此，应该从类案检索系统的基本功能如案例检索功能、量刑辅助功能、文书生成功能着眼进行深入研究。

（一）现有类案检索系统的类型

根据研发主体的不同可以分为两类，一类是司法机关主导建设型，一类是民间主体主导建设型。③前者可进一步划分为中央主导建设型和地方主导建设型，中央层面有2013年7月1日最高人民法院主导建设的中国裁判文书网；2016年3月31日最高人民法院主导建设的法信平台；2018年1月5日最高法院主导建设并试运行的类案智能推送系统；2018年5月20日司法部主导建设上线的中国法律服务网等。其中类案智能推送系统覆盖1330个案由，从案件性质、案情特征、争议焦点、法律适用四个方面通过机器自动学习构建出超过10万个维度的特征体系，整体案件推送准确率在60%以上，热门案件准确率在80%以上。地方层面有2016年6月21日安徽省高级人民法院与安徽富驰技术有限公司合作开发的"类案指引"项目，涵盖离婚纠纷、民间借贷纠纷、机动车交通事故责任纠纷、盗窃罪、诈骗罪及交通肇事罪六大案由；2017年4月重庆江北区法院上线的金融案件"类案智能专审平台"；2018年1月8日重庆渝北区法院上线的知识产权纠纷"类案智能专审平台"；2018年1月26日，贵州省高级人民法院开发类案裁判标准数据库，建立类案及关联案件强制检索机制。地方层面对类案检索系统的开发如火如荼。

民间主体主导建设的检索数据库，一般由文献出版商、高校或法律科技公司开发，如

① 白建军：《同案同判的宪政意义及其实证研究》，载《中国法学》2003年第3期。
② 张志铭：《中国法院案例指导制度价值功能之认知》，载《法治文明与法律发展》2012年第3期。
③ 李鑫：《从信息化呈现到体系性构建：判例运用视角下判例检索系统的建设与发展》，载《四川大学学报（哲学社会科学版）》2020年第2期。

威科、万律、无讼、北大法宝、北大法意等，这类数据库主要面向社会公众，一般包括法律法规、司法案例、法学期刊、合同范本、实务指引、律师等内容。与司法机关提供类案检索工具，进而统一法律适用标准的公益目的不同，民间主体主导建设的检索数据库具有鲜明的"商业目的"属性，最主要的营利方式是提供会员充值服务，使用者可以检索到案例的标题和主旨，要查看具体内容则需要开通会员进行充值。其次是提供法律增值服务，这些平台会招募律师和其他法律工作者全职或兼职在线提供法律咨询、代拟文书、诉讼代理等服务。还有一些平台采用法律中介模式，与律所或者法律咨询公司合作，通过线上检索、咨询、推广等业务为其引流。案例数据库的公益目的和营利目的并不完全对立，官方的"法信"平台也面向市场推出检索服务，合理安排检索系统的公益性和营利性才能使之保持创造性和生命力。

（二）类案检索系统应具备的基本功能

最基本的功能应该是案例检索功能，并且具备准确的类案识别、类案关联、类案分析机制。检索者的目的是拥有对于能够回答他们问题的法律的透彻理解并且为思考中的各种法律问题提供背景和细微差别等方面的知识，[1]现在的法律人已不满足于简单的检索—呈现功能，尤其是司法办案人员需要更加准确的检索工具，从庞杂的案例库中找出可以参照适用的类案，这对类案识别技术提出了更高的要求。类案关联机制指的是通过知识图谱将相关案例连接在一起，形成一个可以供机器学习并自动更新的类案体系。为了提高检索效率，还应当建立类案分析机制，重点是分析疑难复杂案件的分歧和争议解决的过程，在前期人工参与的基础上，培育机器分析案件事实、争议焦点和法律适用的能力，根据使用者的需求展示准确、全面的信息。

其次是量刑辅助功能和文书生成功能。检察官可以根据检索结果提出量刑建议，法官可以根据检索结果进行定罪量刑。量刑辅助功能可以约束法官的行为，克服估堆量刑的弊端，但是需要警惕量刑辅助系统存在的机械性风险、不透明风险和不可接受性风险。应当坚守法官的主体性和辅助量刑系统的工具性，建立算法审查与问责程序，防止法官过度依赖。[2]司法办案人员更加青睐文书自动生成工具、法律文书纠错工具等智能辅助系统，输入审查报告等基本案情以后，这些系统能自动生成检索报告、起诉书、判决书、裁定书等法律文书，大大减轻了法官、检察官的工作量。[3]从技术实现的难易程度和检索的目的来看，先行开发类案检索报告自动生成功能是建立类案检索系统的题中之义。

（三）现有类案检索系统的功能局限

我国司法案例数据库的发展已经有三十多年的历史，从1985年开发的北大法宝到近些年的类案智能推送系统，案例数量越来越多，检索功能也不断丰富。但不可否认的是，

---

① 王昶：《美国法律文献与信息检索》，中国政法大学出版社2014年版，第1页。
② 林家红：《人工智能辅助量刑的风险及其防范》，载《河北科技大学学报（社会科学版）》2019年第4期。
③ 魏新璋、方帅：《类案检索机制的检视与完善》，载《中国应用法学》2018年第5期。

与声量甚大的"人工智能""大数据技术"宣传相比，现有的类案检索系统的智能化程度并不高，各级法院积极建立的类案智能专审平台仍处于初步阶段。一方面，类案识别准确度较低。类案检索的底层技术是以程序识别关键词和文书结构，将检索结果系统呈现给使用者的过程，但是关键词的多样性导致机器学习经济成本和时间成本十分巨大，就连司法办案人员自身对于类案的判断都存在很大的难度，更遑论现今仍不成熟的人工智能技术，唯一可行的办法是由机器按照相似程度高低呈现检索结果，由司法办案人员自行判断是否为类案。

另一方面，量刑辅助功能不够成熟。量刑辅助功能的作用在于为法官办理刑事案件提供技术性支持和偏离预警，量刑工具的使用会不同程度影响法官的心证，这就对量刑建议的准确性提出了较高的要求。上海市高级人民法院主导建设的"206工程"比先前各地的"电脑量刑系统"有一定进步，可以自动推送相似案件或者输入法定、酌定量刑情节获取量刑建议，但是对于量刑的理论和实证分析仍然缺乏系统性，而民间主体主导建设的绝大多数检索数据库则不具备量刑辅助功能。此外，检索报告生成功能不够完善。多数检索数据库不具备自动生成检索报告的功能，部分具有自动生成功能的存在格式不规范、内容不全面的问题，这与整个检索系统的底层数据库、检索逻辑、类案判断标准、类案识别方式有重要关系。

三、类案检索系统的新近建构与功能拓展

鉴于现有类案检索系统存在识别准确度较低、量刑辅助功能不成熟、检索报告生成功能不完善等问题，应该立足于类案检索系统的辅助定位，避免工具理性驱逐价值理性，然后通过大数据和人工智能技术①开发底层数据库、类案识别功能、量刑辅助功能和检索报告自动生成功能，构建一套智能化的类案检索系统。

（一）底层数据库的自动更新与案例解构

运用大数据和人工智能技术自动更新底层数据库。建立类案检索系统必须采集足够的案例和相关数据，以上海市人民检察院和杨浦区人民检察院共同研发的"司法案例智能查询系统"为例，该系统目前收录了以下案例：一是"两高"发布的指导性案例、公报案例、典型案例等具有权威性的案例；二是市人民检察院、市高级人民法院以检委会、审委会通报、典型案例、参考性案例等形式内部或者公开发布的对本市司法办案有重要参考意

---

① 麦肯锡全球研究所将大数据定义为：一种规模大到在获取、存储、管理、分析方面大大超出了传统数据库软件工具能力范围的数据集合，具有海量的数据规模、快速的数据流转、多样的数据类型和价值密度低四大特征。人工智能是计算机科学的一个分支，它是研究、开发用于模拟、延伸和扩展人的智能的理论、方法、技术及应用系统的一门新的技术科学，研究领域包括机器人、语言识别、图像识别、自然语言处理和专家系统等。大数据和人工智能虽然关注点不同，但是两者具有密切的联系，一方面人工智能需要大量的数据作为"思考"和"决策"的基础，另一方面大数据技术也需要人工智能技术进行数据价值化操作，如利用机器学习进行大数据分析。在法学领域，众多的司法案例和法规体系构成了司法大数据，需要人工智能技术进行分析、识别和应用，在构建类案检索系统方面具有不可替代的作用。

义的案例;三是被媒体报道的引发社会广泛关注或者对司法办案具有引领性、影响性作用的案例;四是其他对检察办案有重要参考作用的案例。随着检索系统的进一步完善,未来考虑纳入更多的司法案例,并且自动更新案例库和法律、司法解释、法规、指导性意见、会议纪要等规范性文件,形成动态的底层数据库。

运用大数据和人工智能技术解构案例并提取关键词。要提高检索结果的精准性,必须对案例进行深层解构,可以从案例的基本案情、证据标准、法律适用三个方面提取案例的关键词和相关裁判规则,如"昆山反杀案"可以提取出"醉驾""管制刀具""反杀""正当防卫""自首"等关键词,形成"案由—基本案情—关键词—裁判或办案规则"四层解构体系,其中关键词对应的规则包括证据认定标准、法律适用规则、办案规则等,形成系统的检索图谱。与此同时,还可以学习"法宝联想"功能,以知识图谱方式显示关键词的上下左右结构关系,如电信网络诈骗可以联系到电子数据、境外证据、犯罪集团、主从犯、首要分子等关键词,并且为关键词关联相关法律、司法解释及其他规范性文件,形成可视化、体系化的检索结果,供使用者查询学习。

(二)检索图谱促进类案识别的规范化与智能化

建立完整、动态的底层数据库仅仅是类案检索的第一步,搜索关键词一般会得到案例群,如何在这个案例群中找到可以参照的类案则是整个系统的核心所在。将可能的类案与待决案件之间进行相似性判断,就好比法官将自己手上的案件的色彩与摊在他们桌上的许多样品案件的色彩进行对比,色彩最接近的样品案件提供可以适用的规则。[1]法学界对案件相似性的判断有较大争议,一是"构成要件类似说",主张以构成要件之比较作为相似性的框架基础;二是"实质一致说",主张相似性之认定应视系争法律规定之法定案型与待决案件事实之间是否具有实质一致性;三是"同一思想基础说",若两者具有同一利益状态,即可认定两者具有相似性。[2]"类案检索指导意见"的观点是在基本事实、争议焦点、法律适用问题等方面具有相似性的已经人民法院裁判生效的案件,按照这种观点,类案的判断标准其实并不明确,只要在基本事实、争议焦点、法律适用等方面符合其一即可,还是在所有方面均应符合时才能认定为类案,理论上值得探讨。

本文认同"实质一致说",应该以基本事实为基础来判断案件相似性,而争议焦点是从基本事实中二次加工提取而来的,法律适用是法官对"大前提"的具体运用,后两者可以作为寻找类案的辅助,最终判断是否属于类案应该以基本事实为准。目前实务界对识别类案提出的方法有"结构化案例要素识别规范"[3]"整体比对识别点"[4]"基本法律关系和犯

---

① [美]本杰明·卡多佐:《司法过程的性质》,苏力译,商务印书馆 1998 年版,第 8—9 页。

② 孙海波:《"同案同判":并非虚构的法治神话》,载《法学家》2019 年第 5 期。

③ 吴玲、殷蔚:《从模糊到规范:类案检索与裁判尺度的统一——以结构化案例要素识别规范的构建为解决契机》,载《司法体制综合配套改革与刑事审判问题研究》,人民法院出版社 2019 年版,第 637 页。

④ 谢春晖、何依然:《"智慧司法"融合"司法智慧"类案及关联案件检索机制的实践路径——基于 SWOT 分析视角》,载《司法体制综合配套改革与刑事审判问题研究》,人民法院出版社 2019 年版,第 672 页。

罪构成作为识别点"①等观点，这些比对方案各有优势，但没有同大数据及人工智能技术结合起来。考虑到大数据技术的巨大效用以及未来人工智能的进步，在对底层数据库形成检索图谱的情况下，本文提出检索图谱比对法，使用者可以输入单个或多个关键词以及反向选择的关键词，或者直接上传（粘贴）待决案件的基本案情、审查报告等材料，根据人工智能后台计算的匹配程度高低向使用者按序呈现，然后使用者可以继续细化检索条件或者直接查看检索图谱，寻找基本案情相似的案件。在类案识别过程中，大数据和人工智能技术的作用在于精准呈现基本案情相似的案例，能否认定为类案应取决于法官的判断。

（三）理论和实证量刑分析推动量刑建议的精准化

自从 2015 年最高人民法院提出建设"智慧法院"以来，各地法院积极探索人工智能辅助办案系统的开发和应用，推出了"数据法院""睿法官""云柜互联""206 工程"等辅助办案系统，其中上海市高级人民法院主导建设的"206"工程涵盖了信息共享、证据认定、类案推送、量刑建议等功能，避免司法办案人员进行大量重复的机械性活动，减轻了司法办案人员的压力。②民间开发的量刑辅助工具以"小包公智能量刑辅助系统"③为代表，该系统采取机器深度学习和自然语言分析等人工智能技术，提供的量刑建议准确性较高。在借鉴前述系统优势的基础上，可以从理论和实证两个维度研发量刑辅助功能。

理论量刑分析应该立足法律规定，利用大数据和人工智能技术将不同罪名量刑规则统合起来，首先在犯罪事实对应的罪名下展示不同幅度的法定刑，然后根据犯罪数额、犯罪次数、犯罪后果等事实，在量刑起点的基础上确定基准刑，再根据从重、从轻的量刑情节展示不同的调节比例，最后提出拟定的宣告刑。与底层数据库的自动更新逻辑相同，还应当及时收录新的指导意见、会议纪要等有关量刑的规范性文件，与对应罪名共同展示。实证量刑分析则更能体现大数据和人工智能技术的巨大作用，在解构底层数据库的同时，可以统计并分析不同罪名的量刑、共同犯罪的量刑和数罪的量刑情况，从地域、时间等角度统计各个罪名的刑期、罚金、没收财产情况，以及对应的案件数量。进一步，可以深入分析不同刑期下犯罪情节的异同，用可视化的图表来展示同一罪名下犯罪情节对刑期的影响。再进一步，将量刑辅助功能与类案检索结果对应起来，可以选择罪名查看量刑建议，也可以根据选定的案件范围生成量刑建议，为司法办案人员提供更加精准的预测。

（四）检索报告内容标准化与生成自动化

"类案检索指导意见"认为应当进行类案检索的案件包括拟提交专业（主审）法官会议或审判委员会讨论的案件、缺乏明确裁判规则或尚未形成统一裁判规则的案件、院长、庭长根据审判监督管理权限要求进行类案检索的案件以及其他需要检索的案件，对于这些

---

① 钟明亮：《类案检索机制研究——以类案识别技术在审判中的应用为视角》，载《黑龙江省政法管理干部学院学报》2019 年第 1 期。
② 张勇：《人工智能辅助办案与量刑规范化的实现路径》，载《上海政法学院学报》2019 年第 2 期。
③ "小包公智能量刑辅助系统"是由王燕玲博士主持开发的以刑事定罪量刑为核心的人工智能法律产品，该系统目前已在全国三百多家法院、检察院和一百多家律所应用。

案件应该在相关会议上说明检索情况或者制作专门的类案检索报告。这解决了何种情况下需要启动类案检索机制并制作检索报告的问题。类案检索报告的目的在于解决裁判的分歧和差异，统一法律的适用标准，[1]因此重点是如何规范检索报告的生成内容和过程。

标准化的检索报告内容至少应包括：待决案件的基本案情、输入或自动提取的关键词、类似案件的数量、层级和地域分布、相似程度排名靠前的部分案件的裁判结果及简要理由、涉及的相关法律法规。实际上，在利用大数据与人工智能技术实现前述功能以后，自动生成检索报告就水到渠成了。这个过程可以描述为采用检索图谱比对法识别待决案件与数据库中的案件，精确锁定基本案情相似的案例，然后利用大数据和人工智能技术从检索图谱中提取相关的关键词、基本案情、法律适用规则、量刑建议，以及类似案件存在争议的观点等。

（责任编辑：李文军）

---

① 北京市三中院课题组：《类案检索报告制作和运用机制研究》，载《法律适用》2020 年第 12 期。

人工智能背景下智慧刑检构建的路径选择

马春辉*

科技是第一生产力仍是当今世界的主题。随着互联网科技的不断发展，人工智能技术的日趋成熟，数字化、网络化、信息化水平的不断提高推动着国家治理能力和治理体系的现代化，检察能力和检察体系现代化建设是其中重要的环节。随着人工智能时代的到来，"向科技要检力，向信息化要战斗力"的智慧检务建设正如火如荼地进行，用科技助力检察官高质效办案，加强产学研用的紧密结合，与高校、科研院所和高科技企业共商智慧检务建设，共同推动智慧检务建设更上一层楼是当下以及今后必须一以贯之的路径选择。

一、人工智能背景下智慧刑检构建的背景梳理

刑事检察是检察机关"四大检察"中的关键一环，与检察业务是局部与整体的关系，智慧刑检建设包含于智慧检务的建设过程之中。回顾过去三十年，检察业务信息化建设包含四个阶段：数字检务、网络检务、应用检务以及智慧检务，[1]每个阶段都有不同的政策指引和建设原则，明晰过往才能更好地指导未来。

在数字检务建设阶段，其核心就是实现检察办公自动化。在1992年国务院牵头启动"全国行政首脑机关办公决策服务系统"，明确在1997年底实现全国行政首脑机关的办公自动化的时代大背景之下，检察机关进行办公自动化的初步探索，迈出数字检务建设的第一步，此阶段的工作可以概括为"配设备、建网络、用软件"。详言之，配设备就是采购计算机设备，建网络就是在检察机关内部（包括高检院、省市县检察机关）搭建检察局域网，用软件就是应用OA办公自动化系统，包括基层检察机关检察信息系统、分州市级检察信息系统、最高人民检察院机关管理信息系统等。数字化检务建设为检务建设向更高阶段发展奠定硬件基础，其发展到一定程度便突破局域网的限制，借助互联网与外界沟通，网络检务建设顺势而为。[2]

在网络检务建设阶段，其核心就是建设全国检察专线网络。2000年，最高人民检察院颁布《关于在大中城市加快科技强检步伐的决定》，明确分三年建成一级、二级、三级检察专线网络的任务。2004年，最高人民检察院颁布《2003—2007年检察信息化建设与发展规划》，明确在第一阶段检察专线网的建设基础之上，完善和进一步推进一级、二级、三级检

马春辉，法学硕士，上海市崇明区人民检察院一级科员。
[1] 赵志刚：《检察智能化建设的战略转型和发展趋势》，载《中国法律评论》2018年第2期。
[2] 赵志刚：《电子检务的演变与政策变迁》，载《人民检察》2017年第5期。

察专线网建设。在顶层设计的指引下，网络检务建设持续向前推进至应用检务建设阶段。

在应用检务建设阶段，其核心就是建设全国性检察信息应用系统，实现检察业务信息化，以 2008 年为始 2015 年为止，2008 年在积累了数字检务和网络检务的软、硬件资源的基础之上，全国检察机关信息应用系统建设提上日程。2009 年，最高人民检察院党组确定"四个统一"原则推进全国性的检察机关信息化建设，即"统一规划、统一标准、统一设计、统一实施"。2010 年最高人民检察院颁布《全国检察机关信息化应用软件统一实施方案》，启动软件建设，2013 年印发《全国检察机关统一业务应用软件总体方案》，启动软件测试。截至 2014 年年底，检察机关基本实现了从"纸上办案"到"网上办案"的信息化变革，四级检察机关的办案信息实现互联互通。①

2015 年是"十二五"科技强检规划的收官之年，也是在这一年曹建明检察长提出"智慧检务"的概念，要求把全国检察机关的电子检务工程打造成"智慧检务工程"。2016 年出台的《"十三五"时期科技强检规划纲要》明确提出"智慧、融合、创新"的总体思路。2017 年印发的《检察大数据行动指南（2017—2020）》，提出"一中心四体系"建设任务，要求建设国家检察大数据中心和省级分中心，完善检察大数据的标准体系、应用体系、管理体系、科技支撑体系。2018 年印发《关于深化智慧检务建设的意见》，明确提出智慧检务的"一个战略、两个步骤、三个体系、四个架构、五个原则"，②明确了当前和今后一个时期内的智慧检务建设的任务表和路线图。

二、人工智能背景下智慧刑检的概念与特征

（一）智慧刑检的概念

从文理解释的角度出发，智慧刑检包括两个方面的内容，智慧＋刑检。"刑检"顾名思义是指检察机关的四大检察之一——刑事检察，智慧用于修饰刑事检察，也是刑事检察从数字化、网络化、应用化向智慧化发展的高级形态表述。"智慧"一词在古汉语中包括"智"和"慧"两个层面的内涵，智是指通过学习掌握各种知识，注重的是知识积累的程度，慧是指对事物的鉴别能力和领悟，并据此采取后续行为的能力，注重的是灵性和创造力。③简言之，智慧就是能积累、会运用。智慧刑检作为智慧检务的子命题，其概念的界定必然离不开智慧检务内涵的明晰。智慧检务一词来源于智慧城市概念的提出，智慧城市是指运用信息和通信技术感知城市运行核心系统的各项关键信息，从而对包括民生、环境、安全等在内的各种需求作出智能响应。④2017 年最高人民检察院印发《关于深化智慧

---

① 赵志刚：《电子检务的演变与政策变迁》，载《人民检察》2017 年第 5 期。
② "一个战略、两个步骤、三个体系、四个架构、五个原则"具体是指：一个战略是指智慧检务战略；两个步骤是指到 2020 年年底，充分运用新一代信息技术，推动检察工作由信息化向智能化跃升，研发智慧检务的重点应用；到 2025 年年底，全面实现智慧检务的发展目标，打造新型检察工作方式和管理方式；三个体系是指加强智慧检务理论体系、规划体系、应用体系建设；四个架构是指形成"全业务智慧办案、全要素智慧管理、全方位智慧服务、全领域智慧支撑"的总体架构；五个原则是指"统筹发展、需求导向、以人为本、融合创新、信息共享"。
③ 林语堂：《生活的艺术》，长江文艺出版社 2015 年版，第 277 页。
④ 王红霞：《北京智慧城市发展现状与建设对策研究》，载《电子政务》2015 年第 12 期。

检务建设的意见》，明确"智慧检务是检察机关依托大数据、人工智能等技术手段，进一步推进检察信息化、智能化建设的更高形态"。由此，智慧检务是指运用大数据、云计算等技术手段，对搜集、积累的司法数据予以智能整合、分析，服务于司法办案、司法管理、司法便民、司法公开，有效提升维护公平正义的效能。[①]其借助大数据技术进行司法知识积累，借助云计算、人工智能技术运用于司法办案，是一种智慧的体现。但是笔者认为智慧刑检应当突出智慧的理念，这种理念是一种人与科技相互磨合、适应，交互体验、相互学习的动态的过程，而不仅是科技或者个人单方静态的积累与运用。因此笔者认为，智慧刑检是指刑事检察人员借助能够运用大数据、云计算、人工智能等技术手段积累学习司法数据知识并服务司法办案的智慧刑事辅助系统，提高司法质效的新型刑事检察工作模式，即智慧的人借助智慧的机器进行刑事检察工作的创新模式。[②]

（二）智慧刑检的特征

智慧刑检作为智慧检务的一部分，同属于国家电子政务工程的重要组成部分，应当体现五个基本的特征："感知、融合、共享、协同、智能。"智慧刑检依托"一主多辅"的检察系统格局，具象化其特征。具体而言，"一主"是指全国统一业务操作系统，智慧刑检依托全国统一业务操作系统，全面获取检察机关内部各部门的各项数据，数据来源具有一定的广度和深度，使其对司法数据具有更加全面、透彻的感知。2014 年检察机关电子数据云平台建成，实现 31 家检察机关电子数据实验室的互联互通，用大数据服务司法办案，实现远程办案协助、远程取证，数据资源积累，平台资源共享。[③]"多辅"是指各地检察机关研发运用的智能辅助办案系统，是集公诉办案、评查、反馈等辅助功能于一体，兼具硬件设备与软件系统的智能辅助体系，辅助检察人员判断决策。例如浙江省杭州市江干区开发应用的"危险驾驶案件智慧公诉办案辅助系统"、江苏检察机关研发的"案管机器人"、上海市检察机关应用的"上海刑事案件智能辅助办案系统"（以下简称"206 系统"）等。以上海市检察机关为例，其应用的"206 系统"将故意杀人罪、盗窃罪等 24 项罪名纳入其中，通过证据标准指引、单一证据审查、逮捕条件审查、社会危险性评估等 13 项具体功能，将法定的统一证据标准嵌入到公检法的数据化刑事办案系统中，做到数据共享、证据协同、智能处理，大大提高案件办理质效，切实维护司法的公平正义。智能化是智慧刑检的核心特征，智慧刑检依托检察机关智能辅助办案系统，已经拥有智能阅卷、智能标注、智能参考、智能生成、智能共享等通用功能，当下各地检察机关也在积极吸取其他区域检察机关辅助系统建设的先进经验，在前期建设的基础上进行本地性的适配和外挂式的辅助工具、辅助模块的二次开发，为适用全国统一业务操作系统 2.0 版本，推动智慧刑检向更高层次发展而不懈努力。

---

① 李霞：《大数据背景下的智慧检务之建构》，载《渤海大学学报》2017 年第 4 期。
② 鲍键、王瑛：《智慧公诉建设与未来发展》，载《人民检察》2018 年第 4 期。
③ 许一航：《检察机关电子数据云平台建成使用》，载《检察日报》2014 年 12 月 28 日第 1 版。

三、人工智能背景下智慧刑检构建的挑战

毋庸置疑，人工智能技术应用到智慧刑检的构建中，用大数据思维来思考、用人工智能来解决一些重复劳动、人工价值低的工作，能智能化的智能化、能标准化的标准化，不仅可以将检察官从日常繁杂的工作中解放出来，专心处理案件的法律问题，在提高案件办理效率的同时，促进案件办理的科学规范精准，而且可以助力检察队伍专业化建设，检察官通过审查案件得出案件性质与智慧辅助系统得出的结论进行偏离度分析，科学评判结论对错，让科技为实现公平正义发挥更大作用。[①]但是，在看到智慧刑检构建存在价值的同时，不能忽视当下在智慧刑检构建过程中遇到的挑战。

（一）理念问题

目前虽然有顶层设计的强力推动，检察机关对于科技强检的理念有了很大的提高，但智慧刑检的构建仍处于弱人工智能阶段，部分检察干警对其认识存在误区，主要表现在两个方面：第一，对智慧刑检的理解方面存在不足，包含两个层次：其一，认为智慧刑检就是单纯的技术工作，与刑事检察业务工作无关，智慧刑检的构建可有可无，直接导致应用科技到检察工作中的主观能动性不高；[②]其二，认为智慧刑检就是刑事检察工作的数字化、网络化，将智慧刑检简单等同于刑事检察工作的信息化，然而通过上述智慧刑检构建的背景梳理可知，智慧刑检是从数字化、网络化、应用化等信息化的阶段发展而来的，其是刑事检察工作信息化后的一个更高级的发展阶段，在此阶段不仅是借助科学技术搜集司法数据，而是借助人工智能、云计算将搜集的数据加以分析、整合，总结一定规律服务于司法工作，为司法办案提质增效，称之为智慧刑检。[③]第二，对智慧刑检的应用理念走向两个极端，对于部分资深的员额检察官来说，习惯于传统的办案模式，对于智能辅助系统存在排斥心理、恐惧心理，主动运用科技服务检察工作的积极性不高，僵化思维在作祟；对于年轻干警（尤其是检察官助理）而言，经历了整个互联网浪潮的洗礼，对大数据、人工智能、云计算的分析能力是认可的，认为大数据是万能的，出现"唯数据论"的倾向。[④]然而这两种思维在一个办案组中难免产生矛盾。不仅如此，司法体制改革之后，检察权由检察官行使，检察官助理辅助检察官办理案件，对于新入职的检察官助理而言，这就形成了类似"师徒"关系的教授模式，如果检察官对智能辅助系统的兴趣不高，则必然导致检察官助理应用智能辅助系统的积极性不高，造成资源的浪费。

（二）数据问题

"数据是新石油。"[⑤]"掌握了数据，你将无往而不利。"[⑥]在人工智能时代，数据的价值

---

① 郑智、谢文英：《刘庆峰代表谈 AI 助力检察》，载《检察日报》2019 年 3 月 9 日第 5 版。
② 刘俊祥：《"互联网＋"环境下的"智慧检务"工程进展》，载《中国检察官》2016 年第 7 期。
③ 李霞：《大数据背景下的智慧检务之建构》，载《渤海大学学报》2017 年第 4 期。
④ 季美君：《十位法学院长专家对话检察智能化建设》，载《人民检察》2018 年第 15 期。
⑤ ［美］埃里克·西格尔：《大数据预测》，周昕译，中信出版社 2014 年版，第 86 页。
⑥ ［美］迈克尔·刘易斯：《魔球——逆境中致胜的智慧》，游宜桦译，早安财经出版社 2011 年版，第 4 页。

凸显无疑。在智慧刑检的构建中，数据是最核心也是最基础的单位，当下司法数据却存在着以下问题：第一，数据壁垒、数据孤岛现象严重。许多检察机关都在研究开发大数据、人工智能软件，但各自为政，缺乏共享机制。从横向上看，各省检察机关之间各类数据处于分割状态，数据共享程度非常低，以上海市检察机关"206系统"和浙江检察机关的"浙检云图"为例，两者在大数据开发运用方面成效显著，但是两者之间并不能互联互通，取长补短；从纵向上看，上级院和下级院之间成为信息孤岛，最为典型的例子就是未能实现侦查信息库的数据共享，无法深度聚合侦查技术的能量，导致自行侦查效率不高、质量不佳。第二，数据真实性、准确性无法保障。真实、准确的数据是智慧刑检的生命，智慧刑检系统是对数据分析、整合作出判断，数据是智能辅助系统的训练基础，一旦数据失真，将导致整个智能辅助系统计算分析出错误结论，严重的可能造成冤假错案的产生。在司法实践中，数据的真实性仍然存在一些问题，比如信息录入系统不完整、不及时，某些数据仍以报表形式予以备案，存在一定的滞后性，以上海检察机关为例，检察建议是检察机关行使监督权的重要手段，检察建议的制发数、制发类型等均能在系统中抓取，但仍然要求每月以报表的形式汇总数据，存在一定的重复性和滞后性，也存在着一定数据修改的风险，数据本身的真实性难以保证。再比如在刑事司法领域，把大量正当防卫的案件当作故意伤害进行判决，以此为基础数据，人工智能分析的结论永远是过去错误的结论，数据的可靠性存疑。第三，数据安全存在问题。检察机关在数据的搜集、整体、分析的过程中，尚无系统有效的方式方法来保证数据信息不外泄，数据运用环境的安全保障存在漏洞，保障力度不够，数据安全漏洞补强和风险防范尚未提前做好预案。[1]

（三）法定证据陷阱

法定证据制度是一种形而上学的形式证据制度，其要求每一种证据的价值均由法律明文规定，而不是根据证据本身的实际情况来确定，司法工作者没有自由裁量的空间，不能根据内心确信和良知意识作出认定。刑事案件只要存在那种符合法定证明力要求的证据，法官即作出有罪判决。[2]其弊端在于只能在诉讼中满足法律上的形式真实，而往往忽略了案件的实质真实。人工智能对证据的运用与法定证据制度相似，其通过将法定的统一的证据标准嵌入到公检法三机关的数据化刑事办案系统中，倒逼公检法三机关办案人员在刑事诉讼中执行统一的证据标准、规范的办案程序。但是计算机只能作出纯粹的法律实证主义的预设，能进行三段论推理以及对类案作出倾向性的判断，但不能区分规则之优劣，无法理解诸如常识常理常情等思辨性要素。[3]如果人工智能设定的证据标准只重视统一规范化，而忽视证据认定所需要的经验法则、逻辑规则以及理性良知等，其对证据的认定必然走向法定证据制度的陷阱而无法实现实质正义。[4]

---

① 陶建平：《检察工作中运用大数据的价值》，载《人民检察》2018年第10期。
② ［法］贝尔纳·布洛克：《法国刑事诉讼法》，罗结珍译，中国政法大学出版社2008年版，第79页。
③ 季卫东：《人工智能时代的司法权之变》，载《东方法学》2018年第1期。
④ 程凡卿：《我国司法人工智能建设的问题与应对》，载《东方法学》2018年第3期。

（四）复合型人才缺乏

目前检察机关内存在技术人才和法律人才、技术部门和业务部门两层皮的现象，技术人才不太懂法律，法律人才又对技术原理知之甚少，两者之间未能深度融通，技术与法律存在脱节现象，检察机关内部技术部门与业务部门也存在一定的脱节现象，能够在技术与法律之间相互融通的复合型人才缺乏，只有解决人才问题，智慧刑检才能更加深化，大数据、人工智能、云计算才能真正成为检察业务创新发展的助力。

四、人工智能背景下智慧刑检构建的破局之道

（一）理念先行

理念是行动的先导。人工智能时代的到来，不仅带来了技术上的变革，也带来人类思维方式、意识理念的转化。检察人员应当在掌握法律知识的同时，与时俱进牢固树立大数据理念，培养大数据思维，转变传统的依靠因果关系认定线索价值与否、逮捕与否、犯罪与否的法律思维，注重对数据的搜集以及相关性的分析，用数据"捕捉现在、预测未来"。[①]唯有积极拓展智慧刑检的内涵与外延，将因果关系分析和相关性分析并置于检察工作之中，才能紧跟大数据、人工智能时代步伐。在具体的办案过程中，应当坚持"信息化＋检察"的理念，坚持信息化与司法办案深度融合，最大限度地发挥信息数据资源对司法办案的促进作用，让数据"发声"，从关联数据中发现问题、解决问题。[②]与此同时，检察人员应当转变对智慧刑检的看法，改变僵化的思维方式和"唯数据论"的错误观点，应当认识到智慧刑检是智慧的人与智慧的机器相互理解、交互数据、相辅相成的"你中有我，我中有你"的创新办案模式，是不断发现问题、判断趋势、分析问题和找出解决方案的动态过程。[③]因此，智慧刑检建设与运用应当坚持需求牵引的理念，找准业务部门的内生需求，确保实用性。一线检察人员处在需求侧，是信息反馈、真实需求的一手数据来源，应当及时将使用智慧辅助系统的意见、建议反馈给技术部门，避免"一头热"的现象出现，形成业务部门与技术部门的合力，及时更新、完善智慧刑检系统，助力提升办案的整体效能。当然，数据不是万能的，人工智能也不是万能的，在司法办案过程中，哪怕是最简单的刑事案件也离不开价值判断，人工智能虽然可以通过超强的计算能力去模仿人类，但在价值判断上的局限性显而易见，因此在司法办案过程中，检察人员不能存在对人工智能过度的路径依赖，要独立进行判断，做到"依靠但不依赖"。

（二）数据作基：共享、真实、安全

人工智能时代就是数据时代，要建设好智慧刑检，数据是基础，也是关键。面对数据存在的问题，笔者认为可以进行以下机制的探索：

① 陈焰、聂云飞：《智慧侦监建设路径分析》，载《第十四届国家高级检察官论坛论文集》。
② 王效彤：《顺应人工智能时代推进智慧检察》，载《人民检察》2017年第20期。
③ 孙谦：《推进检察工作与新科技深度融合 有效提升办案质量效率和司法公信力》，载《人民检察》2017年第19期。

1. 打破数据壁垒，建立数据共享机制

依托全国检察大数据中心、检务大数据资源库，最大程度地进行数据共享，盘活沉睡的数据，激发数据活性，让大数据真正服务于司法办案及其监督管理等。具体而言，可以分三步走：第一步，突破时间限制，进行原始检察数据的积累与盘活，各级检察机关内部均有大量的司法办案数据，可充分利用，录入全国检察业务统一操作系统，作为基础数据、共享数据；第二步，突破行业限制，打通省级区域内部政法单位之间、政法单位与银行、税务、金融、证券等重点行业之间的限制，建立数据共享机制，比如上海市检察机关的"206系统"以及苏州覆盖市县两级政法单位的政法信息综合管理平台就是打通省级区域内政法单位数据壁垒的典例，下一步可以尝试与其他重点领域、重点行业进行数据共享；第三步，突破空间地域限制，不同地区的检察机关之间应当逐步有权限地开放数据查询和共享机制，[1]比如长江三角洲地区的政法单位之间可以尝试将数据贯通，取长补短，更好地服务"长三角"地区的发展。

2. 引入司法数据鉴真机制，保证数据真实

大数据是客观的、直观的以及静态的，存在失真的风险。此时应当发挥人的主观能动性，鉴别数据的真伪，检察人员可以在数据完整性和客观性的基础之上，进行经验、逻辑验证，实事求是。具体而言，司法数据的鉴真规则以鉴别司法数据本身为主。一方面，鉴别司法数据来源的真实性。可通过诸如物理特征识别、多类证据互证、电子签名印证、附属信息印证等方式进行数据真伪鉴别；另一方面，鉴别司法数据使用过程中的真实性。此时以技术鉴定为主，应当对司法原始数据的电子签名、附属信息、关联痕迹、变更更新情况等影响数据真实的因素进行加密固定并备份至不同的网络节点，保证数据的连续性，消除篡改可能性，以备后查，保证司法数据的完整真实。[2]

3. 技术和法律两个维度保护数据安全

从技术的维度出发，利用跨行政区域全国大数据分中心建立的契机，借助区块链技术保障数据的存储安全，在大数据运用于检察工作的过程中，建立健全数据安全运营维护保障体系，加强数据运营的风险防范，落实电子检务工程运营维护管理平台和安全保密平台建设，从技术上强化数据安全。从法律的维度出发，立法上应重视对数据信息权利的保护，健全和完善诸如公民个人信息、企业信息、信息保密等法律法规的完善，落实数据安全责任；司法上应注重数据本身与数据动态处理过程的双重保护，采用"结果犯"＋"行为犯"相结合的保护模式严厉打击非法采集、获取、出售、利用、篡改信息的犯罪行为，保护大数据时代的数据安全。[3]

（三）证据为王：程序、实体双管齐下

证据在刑事司法中的地位不言而喻，智慧刑检在刑事证据方面大有作为，也大有可

---

[1][3] 季美君等：《大数据时代检察机关遇到的挑战与应对》，载《人民检察》2017年第15期。
[2] 程凡卿：《我国司法人工智能建设的问题与应对》，载《东方法学》2018年第3期。

为。对于证据审查可以从程序和实体两个方面着手设计。具体而言，在程序方面，如所周知，程序正当才能保证实体正义，程序甚至能影响到最终案件的处理结果。因此在刑事诉讼中审查程序的合法性不可忽视。因为刑事诉讼程序有明确的法律规定，也有明确的程序要求，其不同于案件的实体审查工作，不需要掺杂个人的主观评价要素。人工智能技术可以通过 OCR 技术智能识别抓取每份证据的时间要素、地点要素、人员要素等合法性必备要素，经过大量数据训练和规则学习，一键审查、快速输出程序性合法的结论，省时省力，并且很少受到质疑。不仅如此，以人工智能技术开发辅助系统协助审查刑事案件程序合法性工作，可以突破空间的限制，因为刑事诉讼程序没有地域差异，这是技术力量投入合法性程序审查工作不同于实体性审查的关键点。今后刑事案件辅助系统的研发，其程序性方面应重点围绕侦查行为展开，兼顾审查起诉以及审判程序，最终形成刑事案件各环节全流程动态监管的合法性审查态势，保证程序正义。①在实体方面，人工智能技术具有超强的计算能力，能够综合、整理、分析海量数据，针对刑事案件统一证据标准，进行类案推送、量刑建议生成，减少同案不同判的司法不公现象，这些优势在今后应当进一步发扬。但是其过分追求证据形式标准，价值认定付之阙如也是其明显弊端，为了保证实质正义，应当在人工智能进行证据实体分析之后设置司法工作者审核环节，加入司法工作者的自由心证，由其依据职业道德、生活经验和实践逻辑对人工智能审查的结果进行二次审查和修正，并将二次结论反馈给人工智能系统进行整体预判工作，②这是一个人机交互的过程，也是符合智慧刑检的本质和内涵的。有些检察机关已经在智能辅助系统中设置了偏离度分析预警模块，针对司法工作者审查的结论偏离一定区间进行预警，然而这仅是针对人的失误发出预警，对机器也应当设置类似人工审核环节，防止其出错。这样既有利于案件实体正义最大限度的实现，也有利于技术开发者进行参数对比，不断改进人工智能技术，减少误差，避免陷入法定证据的窠臼，实现人机的良性互动，实现真正的智慧办案。

（四）复合人才：科技法律一体化培养

人工智能背景下智慧刑检的战略意义不在于掌握庞大的数据信息，而在于对大数据的分析整理，这其中的关键就是复合人才培养，尤其是近些年信息化技术日新月异、一日千里，人工智能技术、神经网络技术等飞速发展，对司法人员提出更高的要求，从宏观层面上看，应加大与高校、科研院所、高科技企业深化合作，进一步将"产、学、研、用"相融合，培育、壮大司法科技队伍。比如与北京大学法律人工智能研究中心、西南政法大学人工智能法学院、华东政法大学"互联网＋法律"大数据平台等加大合作力度，与此同时引导高校、科研院所从理工科本科生中进行法律硕士培养，开设辅修课程等方式加强法学生科技教育，科技与法律深度融合，培养复合人才，打造司法智能化建设和应用的中坚力量。从微观层面上看，应充分利用检察机关案管部门的作用，作为复合人才的"练兵场"。

① 朱青霄：《大数据背景下公诉案件程序性审查实证研究》，载《贵州警官职业学院学报》2018 年第 3 期。
② 程凡卿：《我国司法人工智能建设的问题与应对》，载《东方法学》2018 年第 3 期。

案管部门是检察机关的数据中心、案件管理枢纽站，大数据进入的前沿阵地。案管部门依托大数据平台建立案件管理数据通报机制，分析系统核心数据、辅助数据，创新"案件质量评查＋"模式，进行数据业态分析，挖掘数据价值，将其转变为检察官办案参考数据、领导决策支持数据等。这需要检察人员既有法律知识素养，又懂检察技术，是复合型人才培养的绝佳场所，应当加以充分利用，使检察机关办案与时俱进，从容顺应人工智能、大数据的时代潮流。

（责任编辑：李文军）

《上海检察研究》征稿启事

　　《上海检察研究》是由上海市人民检察院主办的检察理论与实务研究类专业刊物，每年公开出版四辑。《上海检察研究》前身是 1955 年上海市人民检察院创办的内部刊物《检察研究》。检察机关恢复重建后，1987 年市院开始不定期编发《检察业务研究》，并于 1994 年更名为《上海检察调研》，每月定期出版。

　　进入新时代，为更好服务检察决策和司法办案，扩大上海检察理论研究的社会影响力，自 2021 年起，《上海检察调研》更名为《上海检察研究》并公开出版。在改版之际，本刊编辑部正式向全市检察机关及社会公开征稿，欢迎全市检察人员、法学研究和司法实务界同仁惠赐佳作。

　　一、办刊宗旨

　　《上海检察研究》秉持"服务检察业务决策、服务检察司法办案"的办刊宗旨，坚持"关注司法办案、交流工作经验、探讨疑案难题"的办刊思路，致力全面、及时反映新时代上海市检察机关在司法办案和检察工作中的新情况、新问题、新成果，不断提升刊物的理论性、实践性和指导性，推动新时代"四大检察"全面协调充分发展、检察机关法律监督格局系统完善。

　　二、栏目简介

　　1. 专稿：主要展示检察业务专家、法学理论界专家学者等实务调研或理论研究佳作。

　　2. 本期专题：以相关法律热点为专题开展深入探讨，形成对热点问题的系统、全面解读。

　　3. 理论前沿：聚焦立法、司法及检察学研究中的前沿热点问题，形成的前瞻性研究成果。

　　4. 检察实务：主要展示对检察实务中热点、难点、重点问题的深入分析与思考，突出文章的现实指导意义和实践参考价值。

　　5. 司法改革：主要展示司法改革最新内容、成效以及相关思考。

　　6. 观点争鸣：主要展示法学理论界专家学者、检察实务界业务专家对检察前沿理论问题的辩证思考，突出观点的交锋与碰撞。

　　7. 案例指导：结合最高人民检察院指导性案例、典型案例、公报案例、上海市人民检察院检察委员会通报案例以及司法实践中的精品案例，进行深度解读，为司法办案提供参考。

8. 四大检察：主要展示刑事检察、民事检察、行政检察、公益诉讼检察理论与实践研讨研究成果。

9. 智慧检察：以检察大数据、人工智能为研究路径，梳理检察工作数字化转型发展中的突出问题，深入剖析内在原因，探索解决路径。

10. "75 号咖啡·法律沙龙"：主要展示检察机关知名学术沙龙文字实录，法学大家、高校学者、实务专家、司法一线工作者聚焦法治热点话题，畅谈法学、检察学前沿观点。

三、征稿要求

1. 字数：《上海检察研究》以稿件的学术水平及文稿质量作为辑录依据。普通稿件 8 000—10 000 字为宜，最多不超过 15 000 字；案例分析 6 000—7 000 字为宜。

2. 稿件要求：《上海检察研究》拥有辑录作品的相关知识产权。来稿需未在任何纸质和电子媒介上发表过；译稿请同时寄送原文稿，并附作者或出版者的翻译书面授权许可；作者应保证对其作品具有著作权并不侵犯其他个人或组织的著作权。稿件需注明作者身份、联系方式和投稿栏目信息。

3. 格式要求（见附件）。

四、来稿方式

来稿请以 Word 文档形式，通过电子邮件投稿。

上海市检察机关内部稿件可通过上海检察内网发送至电子邮箱 yjs-diaoyanke@sh.pro；外部稿件可以电子邮件方式发送至电子邮箱 80684567@qq.com。

五、辑录说明

1.《上海检察研究》公开出版后，将在"上海检察"微信公众号下设"检察观"栏目作为其电子版唯一发布平台。除作者在来稿时声明保留外，视为同意将投稿作品供上述微信公众号平台进行推送。

2. "上海检察-检察观"微信公众号平台已发布的优秀原创作品，将择优辑录入《上海检察研究》。

3.《上海检察研究》辑录所有文章的转载、摘登、翻译和结集出版事宜，均须得到《上海检察研究》的书面许可。

上海市人民检察院法律政策研究室

《上海检察研究》编辑部

2021 年 5 月 10 日

附：注释体例

稿中以下项目应完整。由于来稿数量庞大，格式规范的稿件优先审阅与采用。

（一）篇名：二号宋体，加粗，居中。

（二）作者：四号楷体，居中。作者所在单位（全称）以脚注形式注明，注释序号为

"*"，作者单位不一致的，需分别以"*、**"标注。作者署名不超过三人，三人以上应组成课题组或调研组，作者姓名及单位名称以脚注形式注明，多位作者用顿号隔开，涉及多个单位的，分别在作者后面以括号形式标注单位简称。若为基金项目或课题成果，应标明项目名称及编号。

（三）内容摘要与关键词：四号楷体。内容摘要字数在 200—300 字，关键词为 3—5 个。内容摘要为文章核心观点提炼。

（四）正文：正文为四号宋体，全文行距 28 磅。文内各级标题一般不超过 3 级，依次用采用"一、（一）、1."，一级标题为黑体，二级标题为楷体，三级标题为宋体。

（五）注释：文中引用他人观点必须注明出处，采用页下脚注形式，每页单独编号，序号为加圆圈的阿拉伯数字，如①、②、③，注释内容为小五号宋体。

示例如下

1. 专著类

① 陈兴良：《刑法哲学》，中国政法大学出版社 1992 年版，第 362 页。

② 公丕祥主编：《法理学》，复旦大学出版社 2006 年版，第 211 页。

③ 张智辉、向泽选、谢鹏程：《检察权优化配置研究》，中国检察出版社 2014 年版，第 9 页。

④［美］爱伦·豪切斯泰勒·斯戴丽、南希·弗兰克《美国刑事法院诉讼程序》，陈卫东等译，中国人民大学出版社 2002 年版，第 392 页。

2. 文章类

① 张晋藩：《论中华法制文明的几个问题》，载《中国法学》2009 年第 5 期。

② 倪培兴、陆剑凌：《检察职能论纲》，载张智辉主编：《中国检察》（第 9 卷），北京大学出版社 2005 年版。

③ 樊崇义：《关于刑诉法再修改中的认识问题》，载《检察日报》2009 年 5 月 18 日第 3 版。

④ 沈丙友：《公诉职能与法律监督职能关系之探讨》，http://www.china.com.cn/law/fg/txt/200608/08/content7064081hm，2019 年 8 月 10 日访问。

3. 有关文章内容的解释

① 本文系 2019 年度最高人民检察院检察理论研究重大课题《"四大检察"全面协调充分发展研究》【GJ2019A01】阶段性研究成果。

上述 1、2 两项，如系间接引文，须在注释前加"参见"字样。第 3 项中解释应尽可能简短，不宜过长。

4. 外文类

外文类学术期刊论文、判例遵从有关国家注释习惯。引用著作比照引用中文著作的要求，用该著作所属的文种写明各项要素，如：① Jeremy Philips, Trade Mark Law: A Practical Anatomy, Oxford University Press, 2003, pp.84—85。

图书在版编目(CIP)数据

上海检察研究.2021年.第2辑/龚培华主编.—
上海：上海人民出版社，2021
ISBN 978 - 7 - 208 - 17474 - 0

Ⅰ.①上…　Ⅱ.①龚…　Ⅲ.①检察机关-工作-研究
-上海　Ⅳ.①D926.32

中国版本图书馆 CIP 数据核字(2021)第 255560 号

责任编辑　　史尚华
封面设计　　孙　康

上海检察研究(2021 年第 2 辑)
上海市人民检察院　主办
龚培华　主编

出　　版　上海人民出版社
　　　　　（201101　上海市闵行区号景路 159 弄 C 座）
发　　行　上海人民出版社发行中心
印　　刷　常熟市新骅印刷有限公司
开　　本　787×1092　1/16
印　　张　18
插　　页　2
字　　数　381,000
版　　次　2021 年 12 月第 1 版
印　　次　2021 年 12 月第 1 次印刷
ISBN 978 - 7 - 208 - 17474 - 0/D · 3884
定　　价　68.00 元